主办单位：中国储备棉管理总公司
承办单位：中储棉花信息中心
协办单位：中纺棉花进出口总公司
中华棉花集团有限公司
中棉工业有限公司
北京全国棉花交易市场有限责任公司

2005/2006

支持单位：伊卡姆棉花集团
达利文北京办事处
嘉吉投资(中国)有限公司
路易达孚(北京)贸易有限责任公司
中国华芳集团
红豆集团公司远东有限公司
邓州市雪阳棉纺集团有限公司
山东省鲁棉集团有限公司
安徽省棉麻有限责任公司
南京通洋纺织有限公司
河北星宇纺织原料有限公司
FiberMax
Globecot

2005/2006

2005/2006

2005/2006

参与编写人员（按姓氏笔划排序）：

王旭东　王彦章　王　莹　王新龙　孔祥高　刘海林　刘远清　孙桂涛　李之汉
吴传信　张建德　陈兴峰　邵佳蕊　郄　伟　单　楠　赵鸿延　胡亚中　郭淑华
姚学义　徐平波　鹿春平

2005/2006

中国棉花年鉴

CHINA COTTON ALMANAC

中储棉花信息中心 编

Edited By China National Cotton Imformation Center

中国统计出版社
China Statistics Press

（京）新登字041号

图书在版编目（CIP）数据

中国棉花年鉴.2005 / 2006 / 中储棉花信息中心编
—北京：中国统计出版社.2007.3
ISBN 978-7-5037-5071-7

I.中...
II.中...
III.棉花－经济作物－中国－2005/2006－年鉴
中国版本图书馆CIP数据核字（2007）第031239号

中国棉花年鉴 2005 / 2006

作　　者 / 中储棉花信息中心
责任编辑 / 梁　超
装帧设计 / 魏　倩
出版发行 / 中国统计出版社
通信地址 / 北京市西城区月坛南街57号　　邮政编码 / 100826
办公地址 / 北京市丰台区西三环南路甲6号
网　　址 / www.stats.gov.cn/tjshujia
电　　话 / 邮购（010）63376907　　书店（010）68783172
印　　刷 / 河北天普润印刷厂
经　　销 / 新华书店
开　　本 / 880×1230mm　1 / 16
字　　数 / 570千字
印　　张 / 21.625
印　　数 / 1－3000册
版　　别 / 2007年3月第1版
版　　次 / 2007年3月第1次印刷
书　　号 / ISBN 978-7-5037-5071-7/F 2124
定　　价 / 480.00 元

中国储备棉管理总公司

CNCRC

CHINA NATIONAL COTTON RESERVES CORPORATION

HTTP://WWW.CNCRC.COM.CN

公司简介 COMPANY PROFILE

为完善中央储备棉管理体制，加强中央储备棉的管理，实现储备与经营分开，切实发挥棉花储备的宏观调控作用，经国务院批准，中国储备棉管理总公司（简称中储棉公司）于2003年3月成立。受国务院委托，中储棉公司具体负责中央储备棉的经营管理。国家发展和改革委员会对中储棉公司实行业务指导，在国家宏观调控和监督管理下，中储棉公司实行自主经营、统一核算、自负盈亏。

中储棉公司是国务院国有资产监督管理委员会直接监管的大型国有企业，注册资金10亿元。公司具有棉花进出口经营权和棉花国营贸易进出口资格。中储棉公司负责对中央储备棉经营管理系统的人、财、物实行垂直管理，公司直属储备库主要分布于全国各主要棉花产销区，初步形成布局合理、设施先进、管理规范的棉花仓储体系。

自成立以来，中储棉公司在国家有关部门的指导和支持下，扎实工作，艰苦创业，充分利用国内国际两个市场、两种资源，努力完成国家下达的棉花市场调控任务，公司改革发展取得长足进步，企业管理趋于规范，企业规模逐步扩大，企业核心竞争力不断增强，成为在国内外棉花市场具有较强影响力的企业之一。

诚信　高效　团结　进取

天津直属库鸟瞰图

经营范围
MAJOR BUSINESS

国家储备棉的购销、储存、运输、加工业务;仓储设施的租赁、服务业务;棉花储备库的建设、维修、管理;相关的信息咨询服务;自营和代理各类商品和技术的进出口;棉花国营贸易进出口。

经营宗旨
GUIDELINES

遵守国家法律法规，执行国家棉花政策，强化管理，搞活经营，不断提高企业经营管理水平和经济效益，确保国家储备棉存储安全，质量良好，调运通畅，促进国有资产的保值增值，完成国家宏观调控任务。

仓储体系
LOCATION OF WAREHOUSES

九江直属库	0792-8733508
阜阳直属库	0558-2377276
徐州直属库	0516-83508188
天津直属库	022-84988091
武汉直属库	027-81946586
兰州直属库	0931-6273808
漯河直属库	0395-3394666
泾阳直属库	029-36381355
盐城直属库	0515-6013006
绍兴直属库	0575-8324987
青岛直属库	0532-84821930
岳阳直属库	0730-8571813
广州分公司	020-82060988

北京西城区华远街17号
电　　话：010-58519398
传　　真：010-58519397
邮　　编：100032
网　　址：www.cncrc.com.cn
电子邮箱：cncrc@cncrc.com.cn

中纺棉花进出口公司

CHINATEX COTTON IMP.& EXP.CORP.

中纺棉花进出口公司是大型国有企业中国中纺集团公司的全资子公司，是一家集棉花进出口贸易和国内棉花经营于一体的大型棉花企业，也是全国棉花交易市场的第二大股东。公司拥有一支享誉业界的优秀管理团队和年轻的专业化队伍，自成立以来在中国棉花进出口贸易行业中一直保持着排头兵的地位。

公司业务范围包括：棉花进出口、代理棉花进口、棉花国内销售、棉花收购和加工、仓储业务和境内外期货套期保值业务。公司自成立以来，作为执行国家大宗棉花采购和出口业务的代理企业，长期发挥着棉花进出口的主渠道作用，承担并出色完成了国家棉花进出口统一经营的任务。

为顺应国内棉花经营体制改革和履行我国入世承诺，公司在保持原有进出口优势的同时，不断开拓国内业务，并逐渐完善经营管理机制和市场网络体系。公司在济南、南京、河北、宁波等国内棉花主产、主销区均设立有办事处，下辖控股企业有连云港中纺东耘棉花有限公司、东营河口中纺银星棉花有限公司、滨州中纺银泰实业有限公司，实现了从货源到最终销售的供应链控制。公司积极发展海外市场，并在澳洲投资农场参与棉花种植经营。凭借日益成熟的供应链控制模式，中纺棉花已形成了较为完善的市场网络体系。

作为中国入世承诺中指定的国家国有贸易代理商之一，中纺棉花将继续秉承锐意创新的经营理念，与棉花和纺织业的朋友携手共进，为中国棉花产业的发展做出更大贡献。

The Best One
You Can Trust

CHINA COTTON INDUSTRIES

中棉工业有限责任公司

China Cotton Industries, Ltd. is the leading group company in China's cotton processing industry, specializing in:

-- R&D, manufacturing and marketing of complete lines of machineries for cotton processing and cotton byproducts deeper processing

-- cotton chain management: contract cotton planting & procurement, cotton & cotton byproducts processing

-- cotton trade & marketing

-- international cooperation, import & export business

中棉工业有限责任公司是中国棉花加工工业的龙头企业集团，涉及棉花加工和棉副产品精深加工成套设备的研发、制造、营销，棉花产业化经营，棉花贸易，国际合作与进出口等业务。

sinocot

中棉工业

Guiding Cotton Farm
Creating New Mode
Cotton Chain Manage
引领棉农走向市场、
— 中棉工业棉花产

Add: 10th Fl., Tower B1, Chengming Mansion, No.2 South Xizhimen St.,
Xicheng District, Beijing, P. R. China 100035

地址：中国北京市西城区西直门南大街2号成铭大厦B1座10层，邮编：100035

Tel/Fax: +86-10-66139662 (Int'l) +86-10-66118619 (国内)

E-mail:postmaster@sinocot.com Website:www.sinocot.com

CHINA COTTON INDUSTRIES, LTD.

LTD.

The Cradle of China's Cotton Machinery
- Handan Cotton Machinery Co., Ltd.
中国棉机的摇篮—邯郸棉机有限公司

Main Subsidiaries:
主要下属单位:

The Largest Specialized Cotton Press Manufacturer in China - Nantong Cotton Machinery Co., Ltd.
中国最大的专业打包机生产企业
— 南通棉花机械有限公司

More Value On Cotton

花创造更多价值

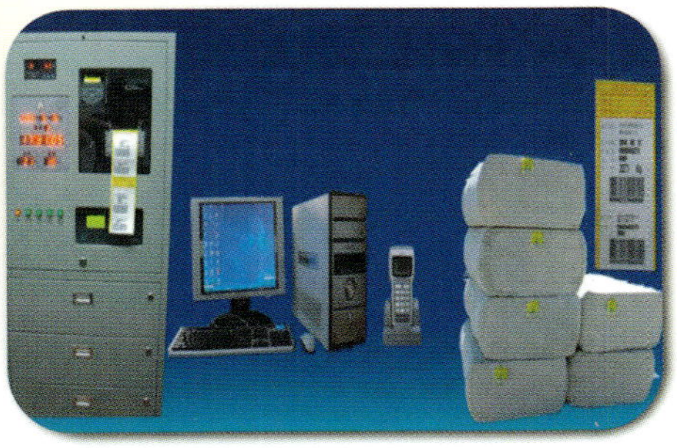

The Pioneer of Scientific & Technological Development in China's Cotton Processing Industry - China Cotton Machinery & Equipment Co.,Ltd
中国棉花加工行业科技开发先锋队 — 北京中棉机械成套设备有限公司

rientation &
siness - China
.
营模式
司

China's Largest Manufacturer of Complete Lines of Cottonseed Protein Processing Facilities - China Cotton -Unis Bioscience, Ltd.
中国规模最大的棉籽蛋白加工成套设备生产企业
— 北京中棉紫光生物科技有限公司

www.cnce.com

交易
商品棉自主选货界面
资金
信息
配送
中国棉花信息网
www.cottonchina.org

从田间到工厂的
全球合作伙伴。
www.ecomtrading.com

编 写 说 明

《中国棉花年鉴》由中储棉花信息中心编辑整理，是集史实性、资料性为一体的专业年鉴，也是全面实用、图文并茂的综合性年刊。公开出版发行以来，得到了广大涉棉人士的好评，取得了较好的社会效益。因此，我们继续编辑整理了《中国棉花年鉴 2005/2006》。

《中国棉花年鉴 2005/2006》全面系统地记录了 2005/2006 年度中国棉花市场的发展情况。全书分为行业发展概况、主产省区概况、专论专文、统计资料、大事记、国际棉花概况、政策法规等六个部分。

本书涉及大量数据和资料，除国家棉花市场监测系统统计数据外，主要来源于国家统计局、海关总署、美国农业部、国际棉花咨询委员会、纽约期货交易所、郑州商品交易所和纺织进出口商会等相关涉棉机构。

本书大部分数据按照棉花年度计算，为了增加可读性，我们对部分数据进行了二次整理，相应部分的原始数据以原出版单位为准。约稿中所涉及的数据、资料、观点，均由文章作者提供，不代表本书编委会的倾向。

在本书的编写过程中，得到了国家发展和改革委等主管部门的大力支持，各相关单位、地方相关机构也给予了热情的帮助，我们在此表示诚挚的感谢！

由于编写时间较紧，并囿于编辑人员水平有限，书中难免存在不足之处，望业内人士不吝赐教，我们将认真改进，并把《中国棉花年鉴》做得更好，为中国棉花行业的发展做出我们应有的贡献！

《中国棉花年鉴》编委会

2007 年 3 月

目录

第一部分　行业发展概况

第二部分　主要产棉省区概况

第三部分　年度报告

第四部分　统计资料

棉花生产

棉花价格

棉花进出口

第五部分　大事记

第六部分　政策文件

行业发展概况

第一部分

行业运行概况

按照促进棉花生产发展、保护棉农利益、满足纺织工业用棉需要、保持我国纺织业竞争力的总体要求，2005/2006年度国家各主管部门密切配合，做了大量工作，我国棉花产业出现了棉农增收、市场稳定、工业发展的良好局面。

棉农收益增加 2005年棉花播种面积7593万亩，产量570万吨，单产75公斤/亩。平均收购价格650元/担，比上年提高20.4%。农民因价格提高增收132亿元。

纺织工业继续较快发展 国家有关部门充分利用国内国外两个市场，按照棉花产需缺口及时发放进口配额，2005/2006年度我国进口棉花411万吨。纺织工业得到快速发展，并取得较好效益。2005/2006年度全国纱产量1602万吨，纺织品及服装出口1331亿美元，增幅均为22.2%。

棉花销售和银行贷款实现了“双结零” 农业发展银行积极支持棉花收购。广大棉花经营企业积极收购新棉。相关部门采取措施引导纺织企业采购国产棉。到2006年8月底，国产棉基本销完，其中新疆棉全部销完。中国农业发展银行棉花贷款基本上收回。

棉花市场比较稳定 针对棉花收购价格上涨过快的问题，2005年10月国家发展和改革委员会及时印发了《关于做好棉花收购等工作的紧急通知》，对抑制新棉价格过快上涨起到一定的作用。2005年9月到2006年2月，棉花市场价格稳步上涨，3月份以后国内市场价格有所回落。在调控政策的引导下，从2月份到8月份，国际棉价下跌9%，但国内棉价只下跌了2%。

质检体制改革取得新的进展 以普及公证检验、改革棉花检验标准和检测体系、改变棉花包型为主要内容的棉花质量检验体制改革全面推开，2005/2006年度末已有250家棉花加工企业完成了设备技术改造，23家承检机构已开展仪器化公证检验服务。按新体制运行检验出来的棉花，质量标识全面，检验数据可靠。

在宏观调控取得成效和行业得到发展的同时，以下几方面问题和不足需要得到改善。

一是棉花加工能力过大，新棉上市时部分企业盲目抬价，导致新棉收购价格偏高，给后期销售带来困难，增加了市场风险；二是在国际棉价大幅度下跌的情况下，国内棉花市场价格与国际棉花市场价格差价较大，增加了纺织企业国际竞争的压力，同时也导致棉纱进口增长过快；三是纺织工业增长仍未摆脱以低水平数量型扩张的方式，产品的技术含量、附加值和质量档次亟待提高；四是棉花混等混级收购的现象仍比较普遍，排除异性纤维的措施没有得到很好地落实，棉花中混入异性纤维仍然是影响国产棉质量的突出问题；五是部分产棉区棉花的统计数据与实际产量存在较大差异，给总量平衡、安排进口配额和组织铁路运输带来了困难；六是对棉花质检体制改革的宣传还不够，纺织企业对按新体制检验的棉花的认知度还有待进一步提高。

（本编辑部根据有关资料整理）

棉 花 生 产

2005/2006年度植棉面积减少，产量下降　按照国家统计局发布数据，全国棉花种植面积为7593万亩，较上年减少947万亩，减幅为11.08%。棉花产量为570万吨，较上年下降9.8%。其中黄河流域棉区面积下降幅度最大，当年种植面积为3554万亩，比上年减少756万亩，减幅达18%；其次为长江流域棉区，植棉面积为2092万亩，比上年减少了7%；西北内陆棉区相对稳定，种植面积为1837万亩，比上年上升3%；同期，在三大棉区中，产量下降幅度最大的是长江流域棉区，该棉区产量135.3万吨，比上年的165.4万吨下跌了30万吨，跌幅高达18%；其次为黄河流域棉区，产量为228万吨，跌幅为13%；西北内陆棉区产量为198.5万吨，同比增长了5%。

2005年我国棉花产量仍居世界首位　按照国际棉花咨询委员会(ICAC)和美国农业部(USDA)等机构的当年资料，我国植棉面积排名世界第三，但总产量稳居世界第一，这主要得益于我国棉花单产的世界水平。2005年我国棉花单产为75.1公斤/亩，而同期世界棉花平均单产为46公斤/亩，我国棉花平均单产比世界平均单产高56%。我国棉花单产在世界产棉国家中排名第五，位于澳大利亚、叙利亚、土耳其和巴西之后，但在世界棉花总产前5位国家中排名第一。按照美国农业部有关数据，2005年我国棉花单产分别比印度、美国、巴基斯坦和乌兹别克斯坦等国高150%、21%、70%和34%。

棉种质量提高，种植技术改进　据农业部"十五"期间我国棉种状况分析结果，我国棉种的总体合格率，单项指标水平均好于"九五"期间。转基因抗虫棉种植面积稳步扩大，品种国产化率进一步提高。杂交棉品种以其特有品质呈现出良好的发展前景。超早熟短季棉开始在黄河流域棉区试验示范，在一定程度上缓解了我国粮棉争地的矛盾。

棉花种植技术取得新突破。2005年我国棉花种植技术在原有适合我国棉花生产发展的基础上，如长江流域的育苗移栽技术、黄河流域地膜覆盖技术和粮棉(菜棉)套作、以及新疆棉区的宽膜覆盖与密度栽培技术、化学调控技术和膜下滴灌节水等基础上，又推出并已经开始示范无土育苗移栽技术。新疆棉区膜下滴灌面积进一步扩大。

棉花减产，但农户植棉效益增加　2005年尽管棉花种植面积下降，产量降低，但由于棉花市场收购价格提高，粮棉比较收益较好，以及棉花单位面积产量的提高，使得植棉总体收益好于上年。棉花收购价格提高是农户收益上升的直接导因，2005年农户植棉每亩纯收益仍然达到了331.4元，同比上涨了16.3%。同时棉花单产提高也增加了农户收益。

植棉比较收益提高　2005年我国粮棉比价为1：8.91，比2004年的粮棉比价提高了26%，其中黄河流域棉花与小麦比价达到1：9.6，扣除国家对粮食的各种补贴因素，比上年提高了27.8%；长江流域棉花与稻谷的比价1：7.8，扣除国家对粮食的各种补贴因素比上年提高了21%。由于2005年粮棉比价的提高，农民植棉收益高于往年。

棉花生产环节仍存在问题　主要是棉花品种多乱杂的问题比较严重，棉花生产减灾抗风险能力较弱，棉花价格与成本脱节。

(农业部农村经济研究中心　杜　岷)

棉 花 收 购

2005/2006年度，中国农业发展银行继续发挥棉花收购资金的主渠道作用，积极支持涉棉企业 一是重点支持了规模大、效益好、风险承受能力强、有发展前景的棉纺企业和其他棉花深加工企业，贷款投放量明显增大。当年发放商品棉收购贷款411.37亿元，同比增加98.82亿元，增幅31.6%，支持企业收购皮棉6648万担，同比增加746万担，增幅13%，占全国棉花产量的52.6%，收购均价631元/担，平均每担占用贷款547元。二是加大棉花调销贷款支持力度。2005/2006年度，全国累计发放调销贷款136.6亿元，同比多发放52.01亿元，增幅61.5%，调入商品棉1997万担，同比多调入665万担，增幅50%。调入皮棉均价为652元/担。其中，发放调销贷款给收购加工一体化棉纺企业46.95亿元，占全部调销贷款的34%。

截至2006年8月末，调销贷款收回率为58%，其中，收购加工一体化棉纺企业的贷款收回率为39%，购销企业贷款收回率为61%，与去年同期持平，贷款收回情况正常。

中国农业发展银行的信贷资金供应对棉花市场调控的作用在2005/2006年度比较突出 一是通过制定贷款上限和价格上限措施，有效的防止棉花市场的过度波动而损害棉农利益和影响纺织行业成本；二是通过积极支持产购销一体的棉花产业化龙头企业，增强中国农业发展银行贷款辐射面和影响力，以资金为纽带，连接棉花生产和深加工，提高了棉花的质量，促进了棉花产业的健康平稳发展；三是配合国家发展和改革委、质检总局的质检体制改革规划，积极投放棉花企业技术设备改造贷款，为落实国家质检体制改革发展规划打下基础；四是利用信贷作纽带实行购销对接，通过在中国农业发展银行的贷款企业中牵线搭桥，在平等互利的基础上实行购销对接，为收购企业协调用棉单位，同时为用棉企业协调供棉单位，降低了交易成本，满足各方的需要，取得了较好的效果；五是利用信贷杠杆，积极推动供销社企业进行社企分开和现代企业制度改革工作。

2005/2006年度是中国农业发展银行自深化棉花流通体制改革以来，棉花收购贷款投放量和棉花收购量最多的一年。充分发挥了政策性银行在棉花购销中资金供应主渠道的作用，较好地保护了国内棉农的利益和保障纺织原料的供应，促进纺织行业的协调发展，为国家兼顾棉农、购销企业和纺织企业三方利益提供了有效的资金支持。

从2005/2006年度收购贷款运行看，截至2006年8月底，中国农业发展银行的收购贷款收回率达到99%，说明绝大部分企业能够主动配合中国农业发展银行的信贷管理，按照中国农业发展银行的管理要求使用资金，资金安全回笼，实现银企双赢。但也存在部分企业资金使用不合规的问题，一是少数企业利用中国农业发展银行资金抢购棉花并实行囤积，没有及时出库，造成损失；二是个别企业将2005棉花年度贷款弥补2003棉花年度形成的亏损；三是企业联营机制不完善造成中国农业发展银行无法收回货款等等。

（中国农业发展银行客服二部 吴奇强）

棉　花　消　费

棉花消费总量快速增长　2005/2006 年度，我国棉花消费继续保持快速增长。据国家统计局数据，当年全国纱产量 1605 万吨，同比增长 22.34%，继续保持了近年来相对较高的增长幅度。如果按照 59%的配棉比，1.06 的吨纱耗纤维量计算，2005/2006 年度我国纺纱用棉量接近一千万吨，当年度棉花需求总量达到 997 万吨。

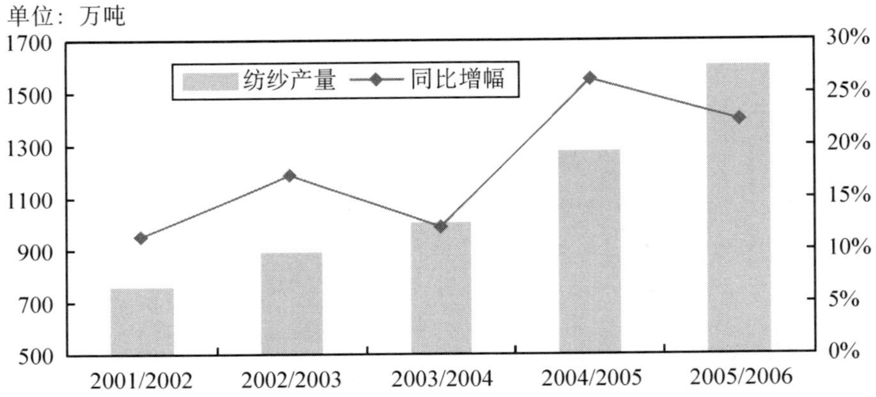

图 1－1　近年来我国纺纱产量及同比增幅水平

当年我国棉花消费内外并举，进口棉使用比重明显增大　利用年度内国棉产量和棉花进口数量的对比可以粗略地看出纺织企业对内外棉的消费结构。从 2002/2003 年度以来，进口棉花数量占当年棉花供给总量的比重分别为 10%、29%、21% 和 41%（未考虑期末库存因素）。2005/2006 年度期初及期末，我国棉花商业库存水平均较低，可见当年纺织企业对进口棉花消费比重有一个较快速的增长。

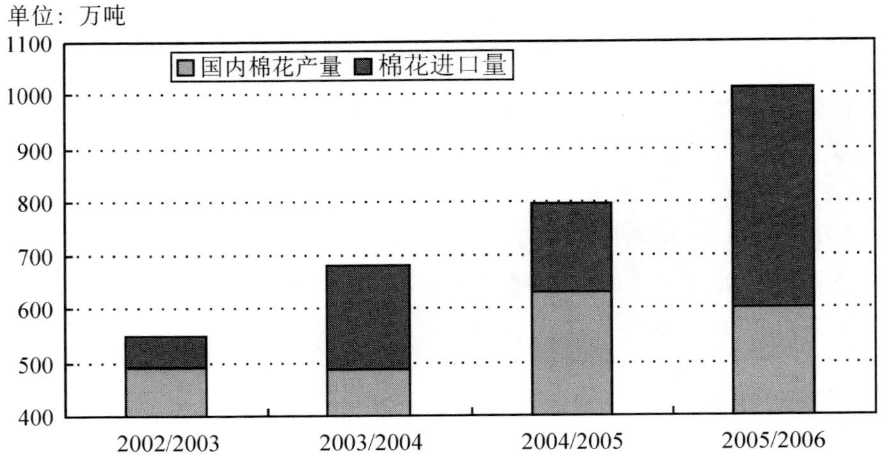

图 1－2　近年我国棉花供给中国产棉和进口棉比较

纺织企业棉花消费在时间结构上继续呈现出较强的季节性特征　图1—3是近几个棉花年度月度纺纱产量对比图，从图中可以看出，2005/2006年度我国纺纱产量在总体上呈逐月增长的大趋势中，还体现了较明显的季节性特点。具体表现在1、2月份的生产淡季和6月份的生产高峰。其中1、2月份产量下滑的主要原因是受到元旦和春节假期的影响，棉花消费量较少，而6月份是近年来一贯的生产高峰期，棉花需求量较大。

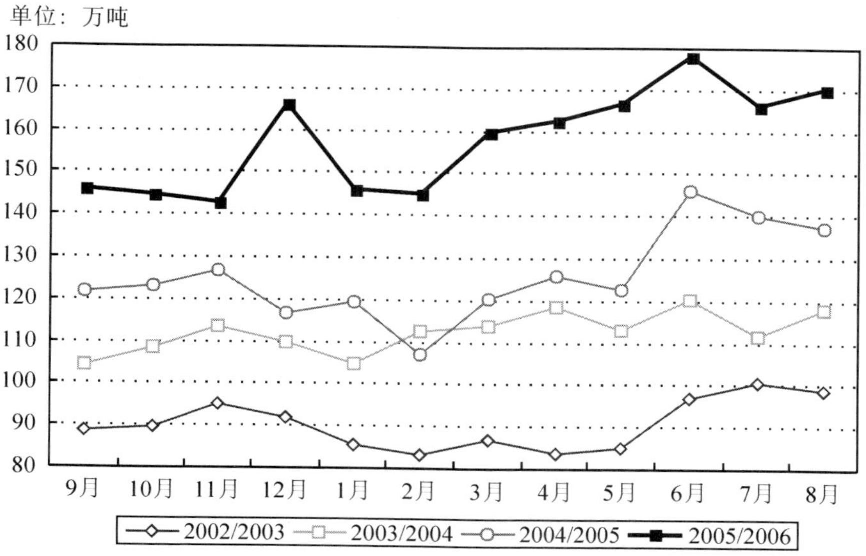

图1—3　近年来我国纺纱产量分月对比图

棉花消费在空间结构上有着明显的区域特征，东部地区消费近90%的棉花　这里仍然使用纺纱产量数据分析，2005/2006年度，从纺纱生产在各省的分布看，纺纱生产仍然主要集中在东部省份，其中山东、江苏、河南三省产量占全国比重为59%，体现了纺纱生产在地域分布上较高的集中度。而在占比超过1%的省份中，纺纱生产同比增幅较高的省份有山东、福建、河北、湖南、四川和江西六省，同比增幅均超过20%。其中有四个是东部省份，只有两个中西部省份。

表1—1　2005/2006年度分省纺织产量及占比数据

	纱产量(万吨)	同比增幅	各地区占比		纱产量(万吨)	同比增幅	各地区占比
总　计	1605	22%	100%	湖　南	32	21%	2%
山　东	445	32%	28%	四　川	29	30%	2%
江　苏	330	22%	21%	新　疆	27	−3%	2%
河　南	163	26%	10%	江　西	24	23%	1%
浙　江	108	18%	7%	陕　西	19	7%	1%
湖　北	101	14%	6%	辽　宁	18	12%	1%
福　建	87	33%	5%	广　西	11	1%	1%
河　北	80	29%	5%	上　海	11	−2%	1%
安　徽	39	9%	2%	山　西	11	−4%	1%
广　东	35	6%	2%	其　它	35	2%	2%

数据来源：国家统计局。

（中储棉花信息中心　程　杰）

棉　花　进　出　口

棉花进口量快速增长　2005/2006 年度，我国棉花进口量为 411 万吨，同比增长了 148%（表1—2）；棉花出口量为 8867 吨，同比增长了 50%（表 1—3）。

表 1—2　2005/2006 年度棉花进口量统计表

单位：吨

年　度	2005/2006 年度	2004/2005 年度	同　比	幅度（%）
总计	4112572	1659850	2452722	147.77
（一）一般贸易	2116562	863329	1253232	145.16
（二）其他来源合计	1996010	796521	1199489	150.59
1. 来料加工	9969	6693	3276	48.95
2. 进料加工	712111	570766	141345	24.76
3. 出料加工	109	113	－4	－3.39
4. 边境小额贸易	68	0	68	100.00
5. 外商投资	0	0	0	0
6. 保税仓库进出境	380844	50304	330540	657.09
7. 保税仓库转口货物	892352	167000	725352	434.34

资料来源：中国海关。

表 1—3　2005/2006 年度棉花出口量统计表

单位：吨

年　度	2005/2006 年度	2004/2005 年度	同　比	幅度（%）
总计	8867	5896	2971	50.39
（一）一般贸易	1157	3202	－2045	－63.88
（二）其他来源合计	7711	2694	5017	186.22
1. 来料加工	0	0	0	0
2. 进料加工	0	0	0	0
3. 出料加工	93	123	－30	－24.3
4. 边境小额贸易	57	476	－419	－88.04
5. 保税区仓储转口	6673	1452	5221	359.53
6. 其他	888	643	245	38.04

资料来源：中国海关。

棉花进口相对集中，在时间和空间上分布不均　棉花进口集中在春季。2006 年 3—5 月，棉花进口量累计达 145 万吨，为整个年度棉花进口的小高潮，占 2005/2006 年度棉花进口总量的 35%（图 1—4）。进口棉以美棉为主。2005/2006 年度，我国进口的棉花主要来源于美国、印度、乌兹别克斯坦、澳大利亚和布基纳法索，进口量分别为 200.68 万吨、52.68 万吨、36.94 万吨、27.45 万吨和 14.86 万吨，在我国棉花进口总量中所占份额分别为 37%、10%、7%、5%和 3%。青岛、上海和天津为进口棉花的主要港口。2005/2006 年度，通过这三个港口进口的棉花数量为 157.19 万吨、113.46 万吨和 57.34 万吨，分别占我国棉花进口总量的 38.24%、27.6% 和 13.95%（表 1—4）。

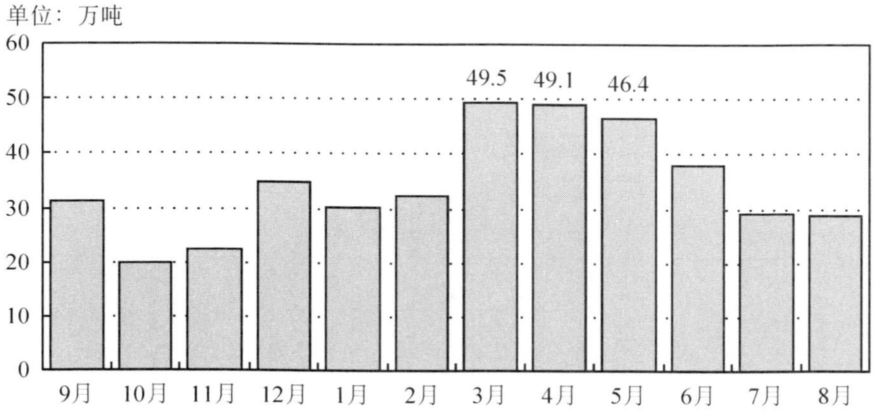

图 1－4　2005/2006 年度我国棉花进口量变化图

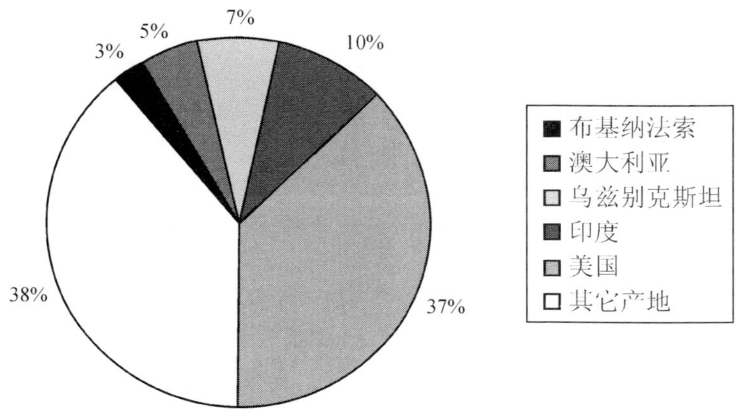

图 1－5　2005/2006 年度我国棉花进口来源比较图

表 1－4　2005/2006 年度分港别棉花进口量

单位：万吨

港　别	数　量	比重(%)	港　别	数　量	比重(%)
青岛海关	157.19	38.24	郑州海关	1.27	0.31
上海海关	113.46	27.60	合肥海关	1.06	0.26
天津海关	57.34	13.95	西安海关	0.82	0.20
南京海关	33.09	8.05	厦门海关	0.71	0.17
黄埔海关	14.66	3.57	深圳海关	0.71	0.17
宁波海关	9.03	2.20	杭州海关	0.65	0.16
乌鲁木齐海关	8.31	2.02	福州海关	0.44	0.11
湛江海关	3.01	0.73	汕头海关	0.36	0.09
江门海关	2.76	0.67	拱北海关	0.15	0.04
大连海关	2.44	0.59	石家庄海关	0.10	0.02
武汉海关	2.05	0.50	长沙海关	0.03	0.01
广州海关	1.39	0.34	昆明海关	0.00	0.00

资料来源：中国海关。

我国棉花仅有少量出口 棉花出口集中在2006年1月、6月和8月。2006年1月、6月和8月,我国出口棉花4782吨,占2005/2006年度棉花出口总量的54%(图1—6)。棉花出口全部通过沿海港口进行。2005/2006年度,我国的棉花出口是通过天津、上海、黄埔、大连、青岛和深圳6个港口进行的(表1—5)。

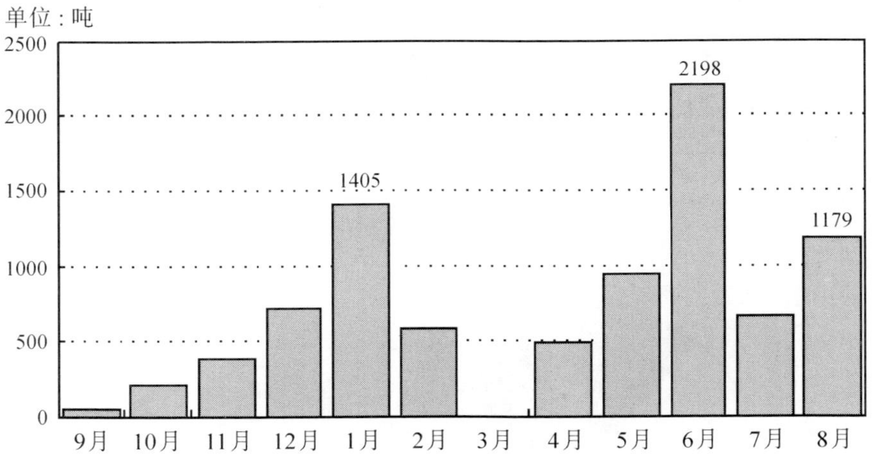

图1—6 2005/2006年度我国棉花出口量变化图

表1—5 2005/2006年度分港别棉花出口量

单位:吨

港别	数量	港别	数量
天津海关	1467	大连海关	50
上海海关	3338	青岛海关	2022
黄埔海关	193	深圳海关	1696

资料来源:中国海关。

(中储棉花信息中心 郗 今)

棉 花 库 存

期末库存小幅下降 2005/2006年度我国纺纱用棉量继续高速增长,达到997万吨,而国棉产量较上一年度出现大幅下滑,国家统计局公布的数据为570万吨,国内产需缺口达400多万吨。为保证国内纺织用棉量,2005/2006年度国家在89.4万吨关税内进口棉配额之外又增发进口棉配额240万吨。在配额充裕、外棉价格又明显低于国内棉价的情况下,国内纺织企业从2005/2006年度初开始大量进口外棉,据海关统计,单月最低进口量为19.82万吨,2005/2006年度共计进口外棉411万吨。外棉进口量的激增有效弥补了国内的产需缺口,本年度期末库存较上一年度仅有小幅下降。

工业库存大幅降低，商业库存消耗缓慢　2005/2006年度纺织企业面对外贸环境日趋不利、国内的产能接近饱和、人民币升值以及原材料高位运行等一系列问题的同时，产成品大量积压，企业运营压力越来越大，纺织本该有的旺季一直没有出现，致使纺织企业对后市信心大为减弱，原料库存长期维持在较低水平，从国家棉花市场监测系统所做的有关库存变化情况的专题调查来看，2005/2006年度纺织企业工业库存基本保持在30天左右，较上一年度下降15天。由于纺织企业采购消极，2005/2006年度国内商业库存消耗缓慢，国棉大量滞销。其中新疆棉尤为严重，直到年度期末，在国家“一配一”政策的扶持下，新疆棉的销售才得以脱离困境。

总体来看，由于2005/2006年度进口抑制了国棉的销售进度，国内商业库存消耗缓慢，不过由于这一年度国内产需缺口创历史新高，国棉最终在国家有关政策的支持下摆脱困境，期末库存较上一年度小幅下降。

（中储棉花信息中心　马晓燕）

棉　花　加　工

一、2005/2006年度我国棉花加工行业结构及其变化特点

1. 棉花加工企业数量增幅继续下降，新增投资主要是围绕质量检验体制改革进行

2005/2006年度，经过试点和推广，棉花质量检验体制改革已被越来越多的业内人士所了解和接受，绝大多数在棉花加工领域的新增投资主要是对棉花加工技术及设备进行改造升级，以符合棉花质量检验体制改革的要求，表现在400吨液压棉花打包机和200吨液压棉花打包机的销售情况对比上就很明显。2005/2006年度，200吨液压打包机销售同比下降80%左右，而同期400吨液压打包机销量同比增长67%。

2. 小型棉花加工企业逐步退出市场，大型棉花加工企业数量增加但经营困难

一是一些参与棉花市场淘金的民营企业由于资金缺乏、市场决策及操作难度加大等原因难以为继，等待着被收购或干脆停业，退出市场。二是大型棉花加工企业出于对改革政策的期盼和加工资格的压力，纷纷参加了质检改革，成为改革的推动力量。这些企业投入了相当多的资金，但在相关政策不配套、不完善的情况下，资源占有能力有限，而且加工成本比小棉花加工企业要高出很多，经营、发展面临困难。

3. 外资积极进入中国棉花加工市场，抢占棉花资源

2005年底取得中国国内棉花收购加工资格的路易·达孚集团已经同国内上百家轧花厂和几十家棉花仓库签订协议，大量收购棉花。其他一些国际棉商也已着手准备在国内的收购工作。中国棉花流通企业以目前状况，不足以和国外企业抗衡，很有可能产生类似大豆产业的不良后果。

二、2005/2006年度我国棉花加工企业经济运行情况

1. 规模化企业的优势逐步显现

由于棉花质量检验体制改革加工企业在工艺、设备、人员上都进行了较大幅度的提升和改进，在实际的棉花加工环节中，规模化的企业用工数量减少、加工效率大大提高，生产成本降低，且棉花加工质量好，大包棉花已被越来越多的纺织企业所接受和认可，质量好的大包棉可以比市场普通棉花价格高300—500元/吨的价格销售。

2. 新技术、新标准、新理念越来越受重视

随着新疆棉区棉花产量的不断扩大以及采棉人

工成本的不断增加，新疆机采棉加工工艺及设备推进速度加快，烘干设备广泛采用，棉花加工环节的技术含量不断提高；随着棉花质量检验体制改革的推进，新的强制性棉花包装标准已制定完成，等待发布实施。越来越多的棉花加工企业学习国际先进经营理念，运用棉花期货、电子撮合等新的贸易方式规避风险、提高效益。

3. 市场波动过大，经营风险增加

据中国棉花网2005年6月对棉花和纺织企业的调查显示，2005/2006年度被调查企业中20%企业亏损，58%利润率低于5%，仅有22%利润率在5%以上。如果单从棉花企业来看，亏损的比例还要大些。连续经历市场的摔打之后，棉花企业不仅亏损严重，元气大伤，而且对棉花市场多了一分难以把握的恐惧和敬畏。

4."僧多粥少"局面仍未改变，市场秩序亟待规范

棉花市场放开后，各类收购加工企业数量比市场放开前增加了三倍以上，争抢资源，收购造成秩序混乱，抬级抬价时有发生，原料采购成本过高。

三、2005/2006年度棉花质量检验体制改革情况

经过2003/2004年度的试点和2004/2005年度的推广，我国棉花质量检验体制改革在2005/2006年度进入快速推进阶段，改革的经济效益、社会效益逐步显现，对棉花加工业实现规模化生产、合理化布局、规范化秩序调整产生了越来越深刻的影响。

2005年，国家规划改造棉花加工企业322家、生产线353条，实际完成改造企业138家，生产线142条。2006年国家规划改造棉花加工企业329家、生产线342条，截至2006年12月31日，实际完成改造企业373家(其中有107家为2005年列入规划的企业)，生产线408条(其中有124条为2005年规划数)。截至2006年12月31日，全国按新体制要求改造棉花加工企业530个，生产线568条。

根据中国纤维检验局公布的新体制棉花质量公证检验情况，2005年9月—2006年8月，共有58个实验室具备承担仪器化公证检验条件，配备HVI(大容量棉花纤维测试仪)75台(套)，其中23个实验室承担了仪器化公证检验任务，参加新体制公证检验的棉花加工企业99家，共检验棉花38万多包，约8.55万吨。2005/2006年度列入规划的加工企业约有30%申报了公证检验，申报公证检验的企业只有约30%的棉花实施了公证检验；新体制棉花进入专业仓储的目标没有实现；2006年9—12月，公证检验新体制棉花2420797包，约55万吨皮棉，是2005/2006年度的6.4倍。其中新疆自治区、河北省改革的进程较快，新疆自治区2005、2006年共有325家棉花加工企业参与棉花加工技术及设备改造，占新疆规划数的93.7%，占全国实际改造企业数的61.3%。

（中棉工业有限责任公司　康玉国）

棉　花　质　量

2005/2006年度，全国专业纤维检验机构对675家棉纺企业采购的298万吨国产细绒棉进行了公证检验，检验量约占当年棉花产量(570万吨)的52.28%。经公证检验的国产细绒棉中，西北内陆地区产棉142.86万吨，占当年该地区棉花产量(207万吨)的69.1%，黄河流域产棉76.54万吨，占当年该地区棉花产量(210万吨)的36.45%，长江流域产棉76.77万吨，占当年该地区棉花产量(128万吨)的59.98%。

平均品级高于上年　2005/2006年度全国到厂公检棉花平均品级3.39级，同比下降0.05个级，其中1—2级棉比例为14.21%，同比下降2.61个百

分点，1—3级比例为59.58%，同比下降0.84个百分点，有主体品级比例（反映棉花一致性）为66.59%，同比上升5.15个百分点。平均长度为28.53mm，同比下降0.06mm，其中长度级30mm以上比例为1.93%，同比下降0.95个百分点，28mm以上比例为88.88%，同比上升0.06个百分点。

马克隆值下降　2005/2006年度全国到厂公检棉花主体马克隆值级A级（高等级）比例为36.31%，同比下降1.81个百分点。

异性纤维状况好转　2005/2006年度全国到厂公检棉花发现异性纤维的比例按重量计算为18.89%，同比减少2.06个百分点。

棉花质量较2003/2004年度以前差　从统计数据来看，2004/2005年度、2005/2006年度棉花价格行情虽然基本平稳，但是棉花质量仍低于2003/2004年度以前。主要有以下原因：1. 市场供求关系影响棉花质量。棉花市场全面放开后，市场供求形势紧张，棉价上升，棉花质量下降，甚至出现掺杂使假的问题；市场供大于求，棉价走低，棉花质量则有所提高。但从2004/2005和2005/2006年度两个年度来看，市场供求关系对棉花质量的影响正在减弱。2. 混等混级问题严重。造成混等混级的原因主要有两个方面：一是近年来棉花价格变化较快，波动幅度远大于棉花等级差价，优质优价没有充分体现，将棉花分选后销售反而不如将好棉、差棉掺混后销售统花合算，棉农、收购加工企业、纺织企业对棉花质量的敏感程度远低于对价格的敏感；二是随着棉花收购环节放开，收购主体多元化，棉贩大量增加，而其不具备分等级收购的手段和条件，加工企业从棉贩手中收购时想严格按标准区分等级收购棉花难以实现。3. 棉花育种的影响。目前产量成为决定棉农收成的主要因素，棉花育种侧重产量、忽视质量的倾向。棉花育种科研队伍有国家、省级、地市以及大量个体育种者，品种雷同现象非常普遍，棉花品种多而杂也是造成棉花质量下降的原因之一。

（中国纤维检验局）

棉　花　价　格

籽棉收购价高位运行　2005/2006年度籽棉收购前期，阴雨天气不断，冀鲁豫和长江流域棉区受到了不同程度的影响，棉花产量较预计有所下降，新棉采摘也较预期延迟，棉农惜售心理加重。各地收购企业在资源有限以及国家近年来加大对农民支持力度的背景下，逐渐抬高收购价格，使得2005/2006年度籽棉收购价低开高走，之后一直维持高位运行。籽棉收购价格由开秤初期的12932元/吨最高涨到14276元/吨，上涨1344元/吨，涨幅10.39%。

销售价格平稳运行，购销价格差距缩小　2005/2006年度国内棉价运行呈现少有的平稳格局，其中，国内棉价在2005年9月底10月初时大幅上涨，国家有关部门和组织及时发布关于棉花收购工作的风险预警通知，在其影响下国内棉价止涨趋稳，之后一直在14000元/吨上下平稳运行。

由于2005/2006年度籽棉收购价一直维持高位运行，棉花企业收购成本高企，而纺织企业在出口受限、人民币升值等压力下，利润空间大受挤压，2005/2006年度购棉一直采用随用随买方式，使得国棉销售进度过于缓慢，而销售价格虽在国庆节之后随同籽棉收购价大幅上涨，但涨幅小于收购价格，导致销售与收购价差缩小，10月份棉花收购价格与现货销售价格甚至出现7天的倒挂现象。从2005年9月到收购基本结束，销售价与收购价的平均价差仅为362元/吨，而2004/2005年度同期的平均价差为917元/吨，同比下降60.52%，棉花企业经营利润微乎其微，经营倍感艰难，多数企业出现亏损。

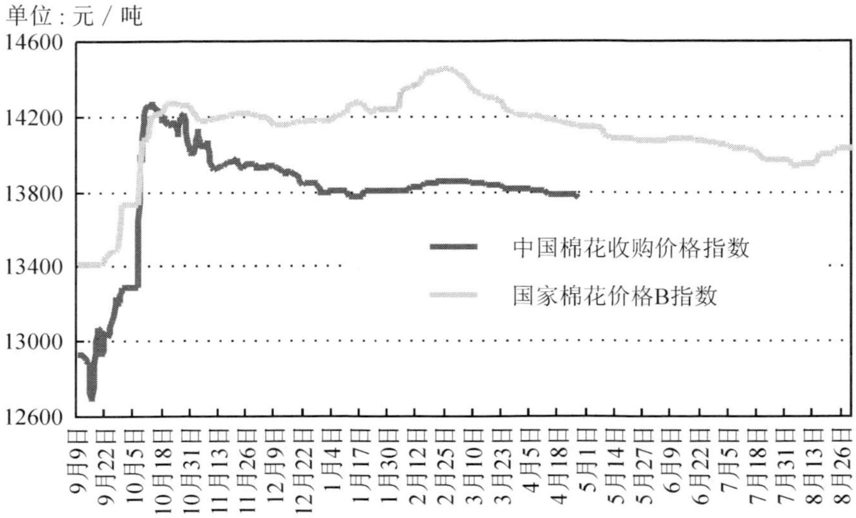

图 1—7　2005/2006 年度中国棉花收购价格指数与国家棉花价格 B 指数走势

（中储棉花信息中心　马晓燕）

国　际　市　场

2005/2006 年度国际棉花市场具有三个明显特点：第一，全球产需偏紧，棉价整体上涨；第二，现货成交集中在较低价位；第三，期货现货价格走势不同。

一、全球产需偏紧，棉价整体上涨

2005/2006 年度，国际棉价明显高于 2004/2005 年度。国际棉花指数（M）的年度平均价为 57.17 美分/磅，上涨了 3.59 美分/磅；纽约期货近月合约年度平均价为 52.11 美分/磅，上涨了 3.44 美分/磅。

国际棉价大幅上涨的主要原因是全球产需状况要比 2004/2005 年度紧张一些（见表 1—6）。据国际棉花咨询委员会预测，2005/2006 年度全球棉花产量为 2466.4 万吨，较 2004/2005 年度减少了 162.1 万吨；消费量为 2477.3 万吨，较 2004/2005 年度增加了 141.7 万吨。虽然 2005/2006 年度的期初库存较多，但从总体上看，产需情况还是比 2004/2005 年度紧张。同时，随着全球产需情况趋于紧张，全球棉花贸易量较 2004/2005 年度大幅增加，为国际棉价上涨提供了动力。

表 1—6　国际棉花咨询委员会（ICAC）2006 年 12 月份全球棉花产销存预测

单位：万吨

	期初库存	产量	消费量	出口量	进口量	期末库存
2004/2005	922.8	2628.5	2335.6	777.3	732.5	1190.6
2005/2006	1190.6	2466.4	2477.3	969.4	953.0	1192.9
变化	267.8	—162.1	141.7	192.1	220.5	2.3

二、现货成交集中在较低价位

2005/2006 年度，国际现货成交集中在国际棉价相对较低的时候。以美棉出口装运量与纽约期货价格的变化为例(图 1—8)，2005/2006 年度，美棉出口装运集中在 2006 年 3—7 月，即 2005/2006 年度的后 5 个月。在这段时间内，纽约期货近月合约平均价格为 51.69 美分/磅，较前 7 个月的平均价低 0.72 美分/磅；美棉出口装运量为 215.18 万吨，较前 7 个月多 52.63 万吨；月平均出口装运量为 43.03 万吨，较前 7 个月高 19.81 万吨。

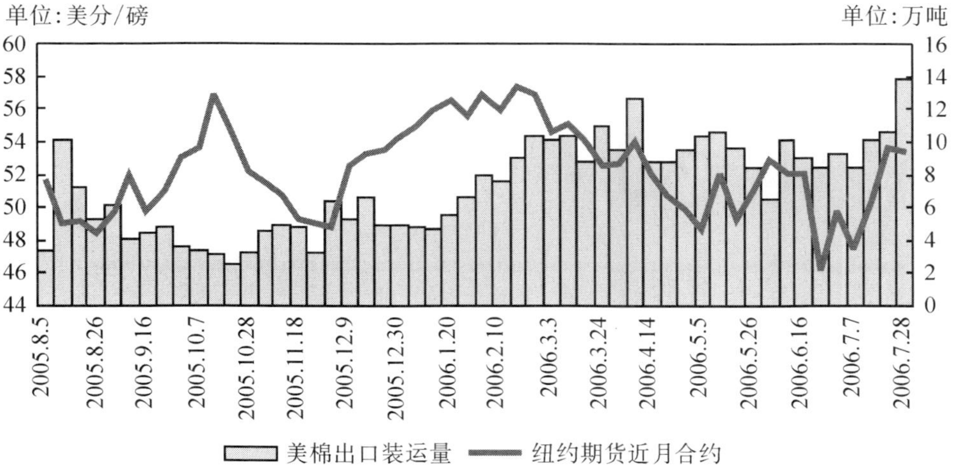

图 1—8　美棉出口装运量与纽约期货价格变化图

再以中国棉花进口量变化为例(图 1—9)，2005/2006 年度，中国的棉花进口集中在 2006 年 3—7 月，即 2005/2006 年度的后 5 个月。在这段时间内，国际棉花指数(M)平均价格为 57.02 美分/磅，较前 7 个月的平均价低 0.08 美分/磅；棉花进口量为 212.1 万吨，较前 7 个月多 4 万吨；月平均进口量为 42.42 万吨，较前 7 个月高 12.7 万吨。

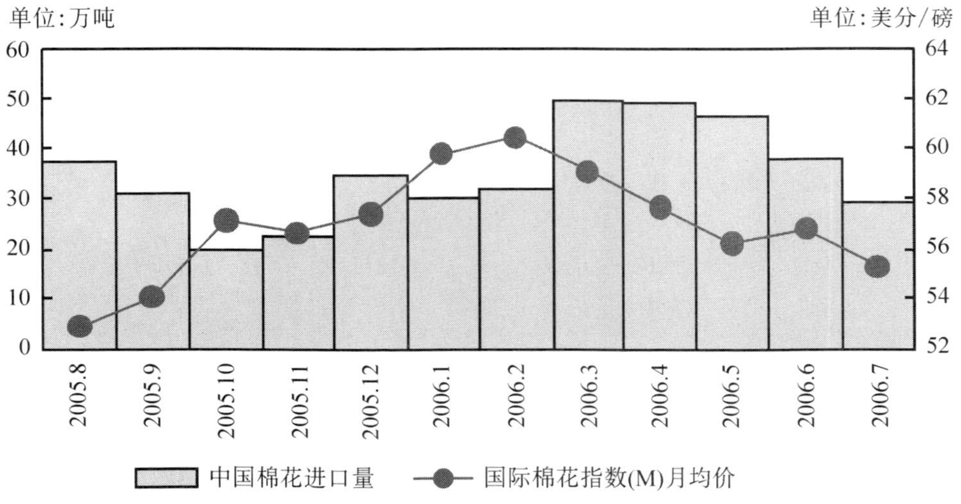

图 1—9　中国棉花进口量与国际棉花指数变化图

三、期货现货价格走势不同

2005/2006 年度，国际现货价格和期货价格走势并不完全一致(图 1—10)。纽约期货价格走势大致分为三个上涨阶段和两个下跌阶段：

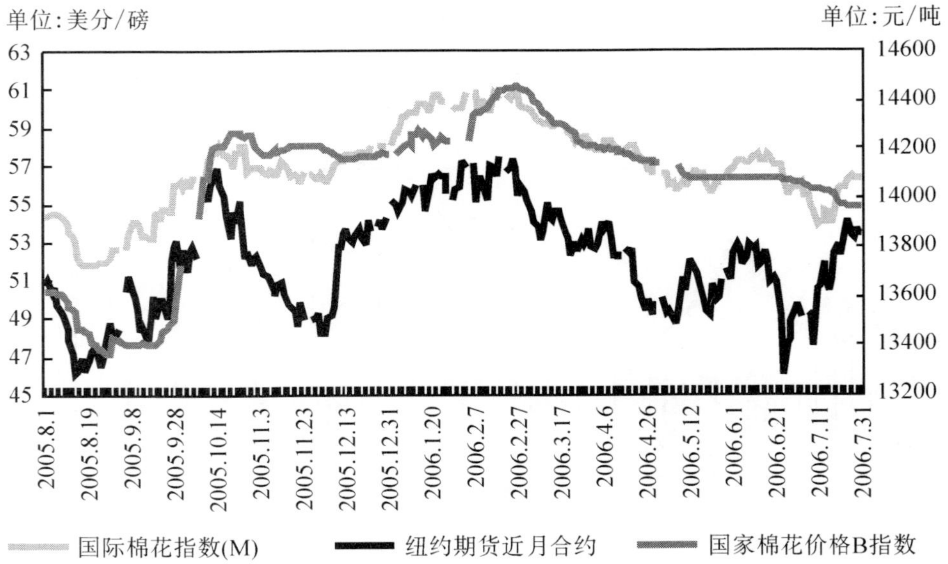

图 1—10　2005/2006 年度国际棉价走势图

第一个上涨阶段为 2005 年 8 月中旬至 10 月中旬；第二个上涨阶段为 2005 年 11 月底至 2006 年 2 月下旬。在上述两个阶段内，纽约期货价格、国际现货价格和中国国内现货价格走势基本一致。第三个上涨阶段为 2006 年 6 月下旬至 7 月底。在这个时间段内，虽然纽约期货价格大幅上涨，国际现货价格相对坚挺。但中国国内现货价格持续小幅下滑。

第一个下跌阶段为 2005 年 10 月中旬至 11 月底。在这个时间段内，纽约期货价格持续下跌，而国际现货价格与国内现货价格维持盘整。第二个下跌阶段为 2006 年 2 月下旬至 6 月下旬。在这个时间段内，纽约期货价格、国际现货价格和中国国内现货价格基本上处于振荡下行状态。不过，当纽约期货价格在 6 月下旬大幅下跌时，国际现货价格和中国国内现货价格的跌幅并不大。

（中储棉花信息中心　郗　今）

主要产棉省区概况

第二部分

新疆维吾尔自治区

一、棉花生产

1. 播种面积、总产和单产

上世纪90年代以来，在新疆维吾尔自治区党委、政府“一黑一白”发展战略的指引下，在国家的大力扶持下，新疆棉花生产发展较快，已逐步建成全国最大的优质棉生产基地，面积、单产、总产、调出量连续13年位居全国首位。2005年新疆棉花种植面积1736.9万亩，占全国棉花种植面积的23%，单产皮棉112公斤/亩，比全国平均水平75公斤/亩高出49%；总产量195.7万吨，占全国的34.3%。

2. 种植成本

据新疆维吾尔自治区发展和改革委统计，2005年新疆地方棉花产值合计为1486.29元/亩，较上年增加264.47元，增幅21.65%，其中主产品产值为1318.91元/亩，较上年增加236.82元；副产品产值为167.38元/亩，较上年增加27.65元。总成本为991.66元/亩，较上年增加39.49元，增加3.6%，其中生产成本为770.13元/亩，较上年增加26.9元；土地成本为221.53元/亩，较上年增加12.5元。减税纯收益为494.63元/亩，较上年增加225.07元，增幅23.64%。

3. 种植品种

2005/2006年度新疆棉花主要以新陆早、中棉、新海等系列品种为主栽品种。其中北疆以新陆早13号、新陆早12号、新陆早24号等为主栽品种；南疆以中棉所35号、中棉所41号等品种为主栽品种；长绒棉主要以新海16号和新海21号为主栽品种。

新疆通过优质棉基地建设，狠抓品种优化工程核心建设，棉花的整体品质普遍得到提高。初步形成了优质陆地棉、中长绒棉、长绒棉和彩色棉共同发展的良好格局。

4. 生产特点

2005/2006年度新疆棉花生产紧紧围绕国家棉花安全和新疆农村经济发展的需求，重点推广了以高密度栽培＋滴灌节水技术为核心，优良品种、测土配方施肥、科学化控、科学灌水、病虫害综合防治等各项技术集成配套技术，开展了大面积亩产皮棉150—180公斤高产攻关等工作。2005年推广棉花高密度栽培面积1517万亩，占新疆棉花总面积的87%，推广滴灌节水面积686万亩，占新疆总面积的39.3%。通过各项技术措施的推广普及，棉花单产水平有了很大提高，2005/2006年度新疆实现亩产皮棉120公斤面积达到650万亩，占棉花总面积的37%；亩产150公斤以上面积达到552万亩，占棉花总面积的32%，其中亩产180公斤以上的高产田达到76万亩，并有近10万亩面积达到200公斤以上的超高产世界纪录。

二、棉花加工

近年来，新疆初步形成了以供销棉麻企业为主渠道，纺织企业、民营企业、良种棉轧花企业为补充的多元化经营、多渠道竞争的格局。初步统计，截至2005年底，新疆已通过棉花加工质量保证能力资格认定的棉花加工企业916家，其中：具备棉花收购加工资格的852家，具备棉花收购资格的60家。具备棉花收购加工资格的地方企业647家(其中：供销社系统291家，占44.97%；民营、纺织企业316家占48.84%；良种棉加工厂40家，占6.18%)。全区皮棉加工能力为547万吨。

2005年，新疆已有77家棉花加工企业按照国家棉检体制改革的要求，配置了400吨大型打包机等相关设备，按新体制要求加工大包型棉花20.5万吨，其中：有41家棉花加工企业加工的大包型棉花进行了仪器化公证检验，公检棉花5.5万吨，占全国公证检验量的63%，居全国首位。为配合新疆棉花加工设备更新改造工作的顺利实施，新疆纤检系统共建成了13个国家棉花仪器化公证检验实验室，配备棉纤维大容量快速检测仪（HVI）20台，公证检验能力达到30万吨。

三、棉花消费

1. 纺织企业

近年来，新疆棉纺产业依托棉花资源条件得到稳步健康发展，纺纱生产能力位居西部十二省（区、市）之首。一是棉纺业产能规模从2000年182万枚环锭、4.5万头转杯纺发展到2005年280万枚环锭、7.9万头转杯纺，分别增长53%和71%；麻纺业从7520锭增加到28000锭，增长273%；化纤业从年产3.4万吨增加到7.6万吨，增长119%；二是装备水平逐年提高。"十五"期间，新疆投资67亿元对以棉纺产业为主的纺织业进行了技术改造。清钢联、精梳机的拥有量分别由2000年的30套和442台，增加到2005年的68套和604台；自动络筒机和无梭织机占络筒、织造工序总装机量的40%和6.5%；先进的全自动高速转杯纺纱机、新型紧密纺纱设备已具备了相当规模；三是产品质量档次稳步提升。随着技术装备水平的提高和结构的调整优化，产品品种范围不断扩展，产品质量和档次逐年提高。新疆地方企业主导产业中细号纱、特细号纱、精梳纱、无接头纱的产量比重大幅增加，分别由2000年的51.78%、1.86%、12.06%和13.8%增加到2005年40.21%、5.83%、24.16%和23%；平均支数由30支提高到34支。棉纺企业的主导产品已达到2001乌斯特公报25%的水平，亚麻纱达到国际先进水平；四是国有、民营经济共同发展。新疆国有纺织企业深化改革、转换经营机制，依然是新疆纺织工业发展的生力军。民营经济的介入，提升了全行业的整体实力，逐步成为新疆纺织行业发展的主力军。截至2005年底，国有及国有控股企业数占37%，民营企业占53%；国有经济比重占58%，民营经济占42%，实现销售收入56%，工业增加值达到60%。

2. 纺织经济运行

2005年，全行业累计完成工业增加值16.4亿元，同比增长12%，创"十五"以来新高；累计实现销售收入71亿元，同比增加22%。规模以上棉纺企业累计生产棉纱34万吨，同比增长10%，耗棉量38万吨；累计实现利润7998万元，较上年减亏增盈124%，扭转了长达4年全行业亏损的局面，为新疆纺织工业"十一五"时期的快速发展奠定了基础。

（张建民）

新　疆　兵　团

一、棉花生产

1. 播种面积、总产和单产

据新疆兵团统计年鉴，2005/2006年度新疆兵团共播种棉花707.6万亩，较上年减少0.5万亩，同比下降0.07%；总产98.7万吨，占全国棉花总产量六分之一，同比增加10.9万吨，增幅12.41%；平均单产139公斤/亩，同比提高15公斤/亩，增幅12.1%。

2. 种植成本

据新疆兵团农业局，当年兵团棉花平均每亩物化成本672.7元，劳动成本359.8元，管理费用309元，折皮棉加工成本102.7元，合计1444.2元；以每亩折皮棉135公斤，每公斤皮棉13.7元计算，每亩皮棉收益1711.6元，加上副产品259元/亩，共计收益1971.2元/亩，棉农每亩纯收益527元。

3. 种植品种

兵团植棉品种成多样性。南疆主栽品种中棉35，北疆主栽新陆早13。

4. 当年生产特点

2005年新疆气候利于棉花生长，后期气候利于棉花吐絮，棉花状况好于往年，棉花质量较好。同时，新疆兵团在棉花生产中注意提高科技含量。从1999年起，兵团率先在国内实施以精准种籽、精准播种、精准施肥、精准收获及田间作物生长与环境动态监测为主要内容的6大精准技术。其中膜下滴灌技术使传统的浇地，变成给作物"打点滴"，同时精准到以克为计量单位的微肥随水滴到棉花根部。目前，平衡施肥、微机决策、节水栽培、机械采棉和膜下滴灌等技术在新疆兵团已经得到广泛应用，推广面积和植棉科技含量位居中国前列。

二、棉花加工

当年度末，兵团棉花加工企业113家，360条生产线，设计加工能力180万吨，参与质检改革加工企业110家，生产线157条。

兵团各植棉师团主要根据棉花种植面积、产量设置加工厂，分布合理，资源均衡。各加工厂由团场管理，实行订单收购，二次结算返利农工。

三、棉花消费

截至2006年初，兵团纺织企业42家，其中棉化纤纺织及印染精加工31家，棉纺织和浆粕加工4家，针织品、编织品及其制造品2家，其他5家。兵团棉纺锭94.49万锭，气流纺锭2.33万头，印染布年末生产能力402万米。年纱产量12.98万吨，布产量8371万米。年纺织工业产值179.769万元，工业销售产值171.011万元。主营业务收入155.179万元，其他业务收入673万元，利润总额亏损6559万元。出口原棉2547吨，产值470万美元；棉纱2019吨，产值459万元；棉坯布732千米，产值82万美元。

（新疆兵团供销社棉麻集团公司）

山　东　省

一、棉花生产

1. 播种面积、总产和单产

据省统计局数据，2005/2006年度全省棉花播种面积1269万亩，列全国第二位，较上年减少319万亩，下降20%。单产66.67公斤/亩，同比下降3.5‰，总产84.63万吨，较上年减少22.9%。

当年天气影响棉花生产较大，春季干旱，影响棉花苗期生长；夏季受台风影响，东营、滨州、淄博、潍坊等市棉桃较少；秋季多雨，菏泽、济宁棉区棉花受灾严重。

全省共17个市，16个市种植棉花，其中菏泽、济宁、聊城、德州、东营、滨州6市的棉花播种面积占全省的93%。地域上比较集中，形成了菏泽、济宁鲁南区，聊城、德州鲁西、鲁北区，滨州、东营及包括淄博、潍坊部分地区在内的鲁东北区。

2. 种植品种

抗虫棉品种全面普及，栽培技术丰富多彩。形成了以鲁棉研系列为主体的棉花品种体系，杂交棉在鲁南地区有了很大发展。地膜覆盖、营养钵育苗技术、化学调控、平衡施肥等技术成为常规技术。

3. 种植成本

劳动成本大幅度上升。当年省城镇职工工资增长指数大幅度上升到30%，农民打工的工资水平随着社会平均工资的增长而大幅度上涨。据调查，全省农民打短工工资已达到30元/天的水平，农忙季节工资要在50元/天左右。据山东省发展和改革委的调查，正常年景条件下，籽棉2元/斤是棉农保本，低于2.5元/斤棉农即没有种棉积极性。

二、棉花加工

当年经山东省发展和改革委等部门批准的棉花收购加工企业共有868家。据山东省棉花协会汇总各市棉花协会的调查，全省共有棉花收购加工企业约3000家。棉花收购加工能力远远超过资源数量。籽棉收购竞争激烈，抬价争抢资源现象普遍。当年棉花收购加工成本平均约在14000元/吨，而当年棉花价格一直平稳，标准级棉花最高价格14500元/吨，再加上存储成本、财务成本，绝大多数收购棉花的企业处于亏损状况。由于激烈的市场竞争，不少棉花企业已陷于困境。据省棉花协会调查，当年本省约有1/4的棉花收购加工企业没有开工。同时，列入山东省发展和改革委员会棉花质量检验体制改革生产设备更新改造规划的企业共有89家。

三、棉花消费

沿续前几年棉纺工业高速发展势头，本年度山东棉花纺织工业继续高速发展。据山东省纺织工业协会数据，全省棉纺织业产值1406亿元，同比增加49.54%，棉纱产量367万吨，同比增加43.45%，按75%耗棉比计算，消费棉花275万吨。棉纺织工业效益良好，工业增加值349亿元，同比增长33.38%，利税128亿元，同比增长72.43%，利润总额75亿元，同比增长72.56%。

表2—1　2005年山东省纺织工业主要产品产量

产品名称	单　位	累计生产量	去年同期	增幅(%)
化学纤维	吨	957183.32	887175.54	7.89
纱	吨	3677710.61	2563837.59	43.45
布	万米	886669.13	666714.55	32.99
印染布	万米	273537.73	213617.05	28.05
绒线(毛线)	吨	93374.92	81649.06	14.36
呢绒	万米	3896.29	3547.85	9.82
麻袋(混合数)	万条	965.30	721.88	33.72
针棉织品折用纱线量	吨	228208.24	192113.55	18.79
服装	万件	177102.06	139398.94	27.05

资料来源：山东省纺织工业协会。

（孔祥高）

河　南　省

一、棉花生产

1. 播种面积、总产和单产

据国家统计局河南调查总队统计，2005/2006年度河南全省棉花种植面积降到1172.25万亩，面积减幅达17.9%，成为近5年来的新低。受面积减少较多、中后期受灾严重等因素影响，平均亩产56.3公斤，棉花总产量为66万吨，与上年基本持平，为1995年以来仅高于严重受灾的2003年的次低年份。

2．种植成本

据相关机构对河南省商丘市以及周边一些县市的考察，植棉成本较往年有所提高。每亩棉田的具体支出如下：(1)棉种：按育苗1.5－2斤棉种，单价20元/亩计，金额为30－40元/亩；(2)耕地：每亩两遍，金额50元；(3)农膜：(育苗)15元/亩；(4)施肥：底肥100斤，单价2000元/吨，金额100元/亩；追肥两遍60斤，单价2000元/吨，金额60元/亩；叶面肥，10元/亩；(5)除草剂：每亩12－15元；(6)农药：40－60元/亩；(7)浇水：30－60元/亩。这样算来，棉花种植成本投入(按育苗测算)金额合计347－425元/亩(不包括工时)。

3．种植品种

河南地区棉花种植品种主要有：奥瑞金，豫杂35，风抗六号还有一部分常规棉等等。

其中豫杂35是由河南省农科院棉油所选育，2003年4月通过河南省农作物品种审定委员会审定的。该品种生育期129天，株高90－100厘米，植株塔型，松散，主茎粗壮，抗倒伏，中后期生长势较强。铃卵圆型，铃重5.6克，籽指10克，衣分40.8%，霜前花率90%，早熟不早衰，适于麦棉套种。2.5%跨长31.1mm，比强度31.8cN/tex，马克隆值4.9，纺纱均匀性指数154(HVICC标准)。根系发达，叶片功能期长，不早衰。高抗枯萎病、抗黄萎病。

栽培技术要点：营养钵育苗4月上中旬播种，5月上旬移栽，地膜覆盖直播4月20日前后，亩留苗2000－2500株。施足底肥，重施铃肥，注意增施钾肥，中后期结合病虫防治喷施叶面肥。该品种对棉、红铃虫具有毒杀作用，1－2代棉铃虫一般不需防治，3－4代可以根据田间虫口量酌情防治，注意防治蚜虫、红蜘蛛等其它害虫。适宜黄淮流域春播或麦套棉区种植。

二、棉花加工

2005/2006年度河南省棉花加工企业发证数为729家，相比去年减少了226家。虽然棉花加工企业数量有所减少，但总的加工能力有所增长。

2005/2006年度河南省棉花加工企业参与质检改革企业数量为62家。河南省各地区棉花加工企业参与质检改革企业数量如下：

周口市12个，开封市8个，鹤壁市1个，焦作市1个，信阳市1个，新乡市1个，安阳市3个，许昌市4个，濮阳市3个，驻马店市3个，郑州市3个，南阳市10个，商丘市12个。

三、棉花消费

2005年河南省纱产量达到138.8万吨，用棉量为97万吨，其他用棉按4.5万吨计，2005/2006年度河南省棉花需求量为101.5万吨。

按照河南省纺织工业“十一五”发展规划中，重点“建设全国优质棉纺基地，培育中西部终端纺织品制造中心，发展化纤、织造和纺机三大行业，壮大20个特色产业集群”的发展定位和布局，河南纺织工业“十一五”期间将重点建设项目307个、总投资441亿元，强力打造全国重要的新型纺织工业基地。预计新增销售收入1034亿元、利税161亿元。预计到2010年，河南棉纺生产能力可达到1500万锭(含气流纺)，织机12万台，纱、布、化纤、服装产品分别达到220万吨、42亿米、100万吨和22亿件。

河南省国家发展和改革委认为，随着品种改良和种植技术的提高，以及加工业对棉花需求的拉动，河南棉花产量达到100万吨左右是有可能的。考虑到差别化技术的不断提高，化纤对棉花的替代比例将进一步上升，纺纱平均用棉将由70%降至55%左右。河南棉花资源可以支撑棉纺生产能力1200万锭，同时，省外常年调入河南的棉花量30万吨，还可以满足近400万锭的生产需要。

(姚学义)

河　北　省

一、棉花生产

1. 播种面积、总产和单产

据河北省统计局数据，2005/2006 年度全省植棉面积 860.2 万亩，比上年减少 143.5 万亩，减幅 14.3%。减少的主要原因：由于 2004/2005 年度棉花市场价格一直低价位运行，与 2003/2004 年度相比，棉农增产不增收；同时由于粮食价格上涨，粮棉比价降低，植棉比较效益下降，挫伤了棉农的植棉积极性，造成 2005 年棉花面积减少较多。

河北省棉花亩产 67.1 公斤，总产 57.72 万吨，比去年减少 8.82 万吨，减幅 13.3%。虽然播种期低温阴雨，播期拉长，长势不均衡；蕾期持续高温和干旱，导致棉铃虫成虫产卵量大，孵化率高，虫口基数大，危害严重；棉田盲蝽象危害期提前；部分棉田密度偏大，长势过旺，棉花现蕾晚，蕾铃脱落严重，但总体长势好于上年，"三桃"比例较上年增多，单产比上年增 0.8 公斤。

2. 种植成本

2005/2006 年度河北省棉花亩平均产值 1191.38 元，其中，主产品产值 998.65 元，副产品产值 192.73 元。生产总成本 792.5 元，其中生产成本 679.39 元，包括：(1)物质及服务费用 314.48 元，(2)人工成本 364.91 元。土地成本 113.11 元，包括：(1)流转地租金 0.84 元，(2)自营地折租 112.27 元。净利润 398.88 元。

3. 种植品种

2005 年河北省棉花主栽品种主要有冀 668、99B、33B、GK12、SGK321，种植面积占总面积的 57%。国产抗虫品种推广面积首次超过国外品种。

4. 生产特点

一是棉花种植面积总体保持基本稳定。2004/2005 棉花年度，河北省棉花价格下跌导致棉农的收益锐减，影响了农民种棉的积极性，为了防止出现"大起大落"，2005 年棉花播种前，河北省农业厅及早谋划棉花生产规划和布局，突出抓好大县、大乡植棉面积的落实；二是播种基础较好。底肥施用较多特别是粗肥、钾肥施用增多。地膜棉面积占棉田总面积的 95.1%，比上年增长 2.2 个百分点；造墒播种面积占 92.8%，比上年增加 21.2 个百分点；机播面积占 78.7%，增长 3.7 个百分点；脱绒包衣面积占 80.4%，增长 0.7 个百分点；三是国产抗虫棉推广面积大。2005 年棉农在选择棉花品种时，较上年更加注重品种的抗病性，国产抗虫品种 668、GK12、SGK321、冀棉 298 等推广面积首次超过国外品种；四是间套种面积扎实推进。全省以建设 15 个棉田间套示范县为重点，进一步加大棉花与小麦、棉花与洋葱、棉花与西瓜、棉花与大蒜、棉花与马铃薯、棉花与甘蓝等主要栽培模式的推广力度，同时积极抓好早熟棉麦后直播的试验和示范，据不完全统计，全省棉田间套面积 196.7 万亩，占棉田总面积的 23.1%，比 2004 年增长了 2.1 个百分点。

二、棉花加工

2005/2006 年度，河北省棉花加工企业数量 1492 家，年加工能力 350 万吨。当年参与质检改革企业数量为 12 家。

三、棉花消费

据河北省统计局数据，2005/2006 年度，河北省纺织业主要产品产量：纱 79.61 万吨，同比增长 35.81%；布 19.58 亿米，同比增长 14.50%；化纤产量 25.41 万吨，同比增长 20.41%。

2005 年，河北省纺织行业 896 家企业共实现工业总产值571亿元，同比增长20.29%；产品销售收入535亿元，同比增长21.39%；实现出口交货值82亿元，同比增长1.6%；实现利润24亿元，同比增长14.28%。

（王彦章）

江苏省

一、棉花生产

1. 播种面积、总产和单产

据江苏省统计局数据，2005/2006年度全省植棉面积532.28万亩，比上年减少82.15万亩，减幅13.4%。总产38.14万吨，同比增加5.87万吨，增幅18.19%。单产95.8公斤/亩，较上年提高14公斤/亩，同比上升17.11%。

2. 种植成本

据江苏省物价局工农业生产成本调查队，本年棉花亩平产值935.75元/亩，较上年1129.89元/亩减少17.2%。其中：主产品产值810.35元，副产品产值125.40元。生产总成本749.37元，较上年876.69元/亩减少14.55。其中：(1)生产成本684.24元，包括：物质与服务费用235.76元，人工成本448.48元。(2)土地成本65.13元。净利润186.38元，较上年253.20元减少26.4%。现金成本244.43元，较上年276.34元减少11.5%，现金收益691.32元。

3. 种植品种

当年江苏省棉花种植品种以科棉3号及鲁棉系列为主。

二、棉花加工

2005/2006年度，江苏省棉花加工企业400家，较年度初略有下降，年加工能力在80万吨左右。受进口棉等因素影响，大部分加工企业处于亏损或持平状况。

三、棉花消费

1. 纺织生产规模

据江苏省纺织协会统计，截至2006年10月份，全省纱产量285.11万吨，同比增长18.36%；布产量52.7亿米，同比增长15.02%；化纤产量543.55万吨，同比增长14.78%。

2. 经济指标完成情况

截至2006年10月份，全年实现工业产值5068亿元，同比增长21.45%，销售产值4970亿元，同比增长21.58%。出口交货值1129亿元，同比增长20.38%。

（胡亚中）

安徽省

一、棉花生产

1. 播种面积、总产和单产

根据安徽省统计局数据，2005/2006年度全省棉花种植面积571.9万亩，较上年的624.3万亩减少52.4万亩，减幅8.4%。由于天气连阴多雨，加上受到飓风影响，本省棉花受灾严重，单产和总产都大幅下降，全省平均亩产54.4公斤，同比下降

13.4%。总产31.1万吨，同比减少21%。

2. 种植成本

据物价部门统计，2005/2006年度安徽省每亩棉花产值994.15元，其中主产品产值875.72元，副产品产值118.43元。总成本660.10元，其中生产成本618.29元（物质与服务费用275.93元，人工成本342.36元），土地成本41.81元，净利润334.05元。

3. 种植品种

安徽省主要种植品种有：中棉所29、皖杂40、美国保铃棉、南抗3号、国抗棉1号、湘杂棉3号、鲁棉研15、泗棉4号等。当年棉花品种更新速度加快，其中以纤维长度、强度和细度协调一致的优质高产品种占主体地位，种植面积达385万亩，占全省种植面积的67.4%，较上年增加13万亩，其中中棉所29种植面积125万亩，皖杂系列40万亩，美保铃棉32万亩，南抗3号29万亩，国抗棉1号29万亩，湘杂棉3号25万亩，鲁棉研15种植面积23万亩，泗棉4号17万亩，其他优质品种30万亩。棉花品种结构进一步优化，抗虫棉和杂交棉推广面积迅速扩大，当年全省抗虫杂交棉460万亩，占全部棉花种植面积的80%以上。

二、生产特点

1. 面积减少

2005/2006年度安徽省棉花种植面积比上年下降幅度较大，其中沿江棉区、江淮棉区和淮北棉区三大区域中以淮北棉区减幅较大。宿州市辖区5个县上年种植面积100万亩，2005/2006年度只有60多万亩，减少近三成，阜阳市所辖5县区，上年种植面积50多万亩，当年只有30多万亩，减幅近四成。

面积减少的主要原因：一是由于2004年棉花大丰收导致棉花价格较2003年有大幅下降，籽棉收购价格在2.2元/斤左右，比2003年下跌30%，农民收入减少，挫伤了棉农植棉积极性；二是粮棉比价不合理，近二年粮价上涨，棉价下跌，沿江棉区皮棉与稻谷的比价由2003年的1∶12下降到2004年的1∶6.5—1∶7.0，淮北棉区皮棉与小麦的比价由1∶11.5下降到1∶6.5，种棉收益不如种粮；三是大量农民外出打工，劳力减少，种棉改为种粮，造成植棉面积大幅减少。

2. 受灾严重，单产降低

2005/2006年度安徽省自然灾害频繁，棉花生长期间遭遇连阴多雨，后又受“麦莎”、“泰利”等台风的多次侵袭，给棉花生长带来严重灾害，棉花产量大幅降低，沿江棉区减产30%左右，淮北棉区减产40%—50%。如重点产棉县固镇县总产比上年度减少了一半，正常年度每亩可收400—500斤籽棉，当年只有200—300斤。

3. 品质降低

由于受严重自然灾害的影响，当年棉花含水量高，品质下降，全省籽棉以3、4级居多，淮北棉区以4级棉为主，3级棉很少；沿江棉区以3级棉为主，全省棉花品质比往年下降一个级别。

4. 加强生产指导，实施科技兴棉

面对严重的自然灾害，安徽省加强棉花生产指导，实施科技兴棉战略，种植抗虫杂交棉比例达80%以上，“双膜”栽培面积450万亩，占79%，其中移栽地膜棉49万亩，占9%，多熟制栽培101万亩，占18%；化学调控，配方施肥，病虫综合防治技术也得到了普及应用，良种繁育基地建设扎实推进，全省杂交棉制种面积1.86万亩，较上年增加55%，常规良种繁育4.75万亩。

三、棉花加工

2005/2006年度安徽省经资格认证的棉花加工企业350家，加工能力达60万吨，还有众多未经资格认证的小轧花厂，估计数量有800多家，加工能力达80万吨，即全省共拥有棉花加工能力140万吨，是全省棉花总产的4倍左右，参与质检改革企业数量29家。

2005/2006年度安徽省棉花价格高开低走，棉花上市不久收购价格就上涨到2.90元/斤以上，3级籽棉最高收购价格达3元/斤以上，皮棉收购成本3级棉普遍在14200元/吨以上，高的达到

14600元/吨，但棉花销售价格上却没同步上升。2006年3月份以来，受国际棉花市场价格下跌，进口配额集中发放，进口棉价差拉大，国内棉花价格下跌，棉花销售缓慢，而纺织企业采用随用随买的方式，不增加库存，棉花企业因收购价格偏高，销售成本增加，除小部分快进快销的企业略盈保本外，大部分棉企都亏损，估计亏损面在80%左右。少数有资金实力，收购量较多的大型棉花企业亏损比较严重。

四、棉花消费

1. 纺织生产

安徽省拥有棉纺锭280万锭、棉织布机2.5万台。2005年纺纱38.31万吨，用棉29万吨，占纤维总用量的72%。

2. 纺织生产特点

(1)产品产量稳步提高。2005/2006年度安徽省纺织行业保持快速增长，全行业完成工业总产值211.93亿元，同比增长10.41%，其中纱产量38.31万吨，同比增长12.64%；布产量5.63亿米，比上年同期稍有下降，其中纯棉布产量3.74亿米，混纺交织布产量1.75亿米；服装完成11288万件。(2)产销衔接较好，出口增幅平稳。2005年全行业完成销售收入199.5亿元，同比增长8.44%，产销率为98.17%，比上年提高0.28个百分点；完成出口交货值51.39亿元，同比增长11%，其中服装行业出口交货值为20.29亿元，占服装行业总销售的73%，同比增长31%。化纤出口增幅较大，出口交货值为2.99亿元，比上年增长131%。(3)全行业经济运行质量提高。2005年全省规模以上企业数为540户，比上年末净增61户，实现产值11.87亿元，利润2800多万元，直接增加就业9277人；全行业固定资产平均余额90.99亿元，同比增长12.61%，服装和棉纺行业的增幅高于全行业的平均水平；当年全省规模以上540户纺织企业累计实现利润2.39亿元，同比增长28%。全行业平均毛利率9.37%，比上年提高0.58个百分点。其中，全省销售收入排名前十位的企业完成工业总产值60.83亿元，销售收入60.41亿元，实现利润1.19亿元，分别占全行业总量的29%、30%和50%。

(吴传信)

湖　北　省

一、棉花生产

1. 播种面积、总产和单产

据湖北省统计局数据，2005/2006年度湖北省棉花种植面积585.47万亩，同比减少26.94万亩，减幅4.4%；总产37.5万吨，同比减少2.04万吨，减幅5.16%；单产64公斤/亩，同比减少0.6公斤/亩，减幅0.8%。

2. 种植品种

湖北省棉花品种相对稳定。全省棉花基本实现杂交品种化，杂交棉品种种植面积占棉花种植面积92.31%。其中鄂杂棉系列品种面积占67.80%。

3. 种植成本

2005/2006年度湖北省棉花种植成本737.52元/亩，其中物质与服务费用263.07元，人工成本435.00元，土地成本39.45元。

二、棉花加工

2005/2006年度，湖北省棉花加工企业达1112家，年加工能力1000万吨，其中参与质检改革企业的数量为39家，已通过验收的19家，2006/2007年度计划批准80家单位参与质检改革。

三、棉花消费

湖北省不仅是棉花生产大省，也是用棉大省。作为棉纺织工业的主要基地之一，其综合生产能力长期居于全国前列，一直支撑着湖北省工业经济和出口创汇。1999年末，湖北省共拥有棉纺纱锭400万锭，2004年末，拥有棉纺纱锭600万锭。2005年，湖北省纺织企业纺纱能力为800万锭，纺织产量突破100万吨。按用棉比例64%、耗棉6%计，年需用棉68万吨左右。

（李之汉）

湖　南　省

一、棉花生产

1. 播种面积、总产和单产

据湖南省统计局数据，2005/2006年度全省植棉面积226.4万亩，比上年增加12.6万亩，增幅6%。总产21.7万吨，同比增加1.27万吨，增幅6.22%。单产95.8公斤/亩，与上年持平。

2. 种植成本

据湖南省统计局数据，当年全省棉花主副产品产值1125.09元/亩，总成本893.13元/亩，其中物质与服务费用332.71元/亩，人工成本506.66元/亩，土地成本53.76元/亩。

3. 种植品种

湖南省杂交棉种植面积近95%，常规品种5%左右。主要种植品种为湘杂系列，包括湘杂3号、7号、8号、5号、6号，占70%，其它如农杂62、楚杂和中棉等约占20%。其中湘杂3号、湘杂7号、农杂62种植最广。近年来湘杂系列推广较快，其它系列份额则呈下降趋势。

二、棉花加工

2005/2006年度，湖南省通过棉花加工认定的企业约为180家。

三、棉花消费

1. 纺织生产

据省纺织行业管理办公室统计，2005/2006年度全省纺织规模为351万锭，全省用棉量32.5万吨；纱产量27.5万吨，同比增长15%；布产量1.69亿米，同比增长5%。

2. 经济指标完成情况

2005年全省纺织规模以上企业351户，全年实现工业增加值（现行价）46.19亿元，同比增长18%。完成销售产值172.01亿元，同比增长15%。其中：棉纺织印染业60.13亿元，同比增长12%，纺织制成品27.67亿元，同比增长14%，麻纺织18.25亿元，同比增长12.5%，毛纺织业1.35亿元，同比增长12%，针织业5.22亿元，同比增长12%，服装25.17亿元，同比增长18%。

（湖南省银华棉麻产业股份公司）

甘 肃 省

一、棉花生产

1. 播种面积、总产和单产

2005/2006 年度，甘肃省棉花播种面积达 95.9 万亩（见表 2－2），比上年减少 6.5 万亩左右。主要分布在金昌、白银、天水、武威、张掖、酒泉、陇南、临夏等七个地市，其中酒泉市 66.18 万亩，占全省 68.99%。全省从高到低依次主要分布在以下县市：敦煌市（22.31 万亩）、金塔县（22.25 万亩）、民勤（19.01 万亩）、安西县（16.91 万亩）。

表 2－2　1990－2005 年甘肃省棉花播种面积

单位：万亩，%

年　份	1990	1995	2000	2004	2005
总播种面积	5417	5660	5610	5503	5589
棉花播种面积	9	27	52	102	96
占总播种面积比重	0.24	0.72	1.395	2.79	2.58

数据来源：《甘肃年鉴 2006 年》，481 页。

棉花产量基本与上年持平，为 11.05 万吨（见表 2－3）。单产 115.2 公斤/亩，较上年提高 7.3%，较 1995 年提高 73.6%。

表 2－3　1990－2005 年甘肃省棉花产量

单位：万吨

年　份	1990	1995	2000	2004	2005
棉花产量	0.79	2.29	5.75	11.00	11.05

2. 种植成本

以敦煌为例，2005/2006 年度棉花种植成本 950－970 元/亩，包括实物投入：种子 40－60 元（6－7 公斤），化肥 150 元，地膜 60 元，农药 20 元，3－4 次浇水 90 元，翻地、犁地 30 元，拾花费 300 元，打茬、插秧成本 260 元。

3. 种植品种

甘肃省棉花种植品种多样，主要有新陆早 6 号、8 号、9 号，硕丰 1 号、2 号，军棉 3 号、4 号，石田 1 号、2 号。

4. 生产特点

（1）多种类棉花种植为农民稳步增收增加了双保险。2005 年敦煌彩棉产业为农民增加收入 500 多万元。敦煌市肃州镇 1994 年开始试验种植彩色棉花，2005 年 1.6 万亩彩色棉喜获丰收，平均亩产 350 公斤，总收入 3330 多万元，为农民增加收入 500 余万元，彩棉种植亩均收入比种白棉多卖 1300 多元。（2）技术创新，棉花增产。2005 年甘肃省实施了 2 万亩棉花膜下滴灌节水工程。经综合测算，棉花膜下滴灌节水技术亩均节本增效 248.6 元。采用膜下滴灌节水技术的棉花每亩比大水漫灌节约用水 234.1 吨，节水率达 49.2%；比大水漫灌撒播施肥每亩节约用肥 15 公斤，节肥率达 42.9%；籽棉亩产达到 385.8 公斤，比常规灌溉棉花亩增产籽棉 36.5 公斤，增产 10.5%。同时棉花成熟度好，纤维整齐度高，外观光泽好，纤维长度增加 0.4－0.7 毫米，吐絮期比大水漫灌提前 3－4 天。此外，采用膜下滴灌技术，地膜两侧较干燥，无湿润的环境滋生病菌，因而除草剂、杀虫剂用量明显减少，每亩可节省农药 10%－20%。大水漫灌方式，一个农工可管理棉田 30 亩左右，采用滴灌后，一个农工除采摘棉花外可以管理 60－90 亩棉田，可节约大量劳动力。

二、棉花加工

2005/2006 年度甘肃省各地州市有棉花加工企业 184 家，加工能力 35 万吨。根据棉花质检体制改革要求，甘肃省国家发展和改革委制定了棉花加工企业布局规划，到 2009 年全省只保留 50 家具有

400 型打包机的大型棉花加工企业。目前已参与质检改革，进行改造的企业 29 家，通过验收的 19 家。

三、棉花消费

1. 纺织企业

2005 年全省规模以上棉纺织企业 7 户，环锭纺纱 22 万锭。其中 90 年代以后建设 9.1 万锭，占 41%；气流纺纱 1608 头，占全国 0.15%；棉织机 2154 台，占全国 0.1%，其中 90 年代及以后国产织机 294 台，占全国 0.2%。

棉纺织企业主要布点在兰州、天水、白银、嘉峪关、酒泉等地。目前，河西走廊棉区棉纺织企业的生产规模在不断扩大。

2. 纺织生产

2005 年甘肃省纱产量 1.78 万吨，棉布产量 2700 万米，化纤产量 6000 吨，呢绒产量 559 万米，绒线产量 1100 吨，服装产量 56 万件，就业人数达 9 万人。

（甘肃省社会科学院 王旭东）

陕　西　省

一、棉花生产

1. 播种面积、总产和单产

2005/2006 年度陕西省棉花种植面积为 105.34 万亩，棉花产量达到 7.78 万吨，单产达 73.8 公斤/亩。其中，渭南市棉花种植面积为 92.97 万亩，棉花产量达到 6.79 万吨，分别占全省的 88%和 87%。大荔县种植面积在全省最大，其次是临渭区。

2. 种植成本

据调查，种植 1 亩棉花购买种子需要 50 元；机械选种需要 30 元；化肥一袋 100 元；农药 45 元；灌溉两次，每次需要 60－70 元，共 130 元左右；收获（包括采摘、剥皮、晾晒）需 160 元；其它田间管理不计成本，种植 1 亩棉花投入 550 元左右。

3. 种植品种

目前陕西种植棉花的主要品种是："中棉所 41 号"，约占棉花种植面积 30%左右；"中棉所 41 号提高品种"，约占棉花种植面积 40%左右；"鲁棉 21 号"约占 6%，"陕棉 2365"约占 6%，其它品种如："鲁棉 22"、"晋棉 24"、"SPK321"、"中棉所 49"等也占一定比例。

二、棉花加工

1. 陕西省棉花加工企业

陕西省棉花收购加工主要是以集体企业和个体企业经营为主。集体企业以个人承包形式较多，有部分企业挂靠在棉花公司下。2005 年陕西省有供销社系统棉花加工收购企业 50 多家，个体收购加工企业 900 多家。

2. 陕西棉花收购加工特点

(1)供销社系统棉花加工收购企业融资困难。由于国家调整了棉花收购企业贷款政策，即由"政策性贷款"变为"诚信性贷款"，县、区棉花公司在中国农业发展银行的贷款数量大大减少。(2)个体企业扰乱棉花收购市场。由于近年来棉花收购、加工、销售市场放开后，企业收购、加工、销售随行就市。特别是个体棉花收购加工企业，干湿不分，争抢新棉，哄抬棉价，不按国家标准收购、加工，造成棉花加工品质下降。

三、棉花消费

1. 本省纺织生产概况

2006 年 1—9 月份，陕西纺织工业行业主要产品产量：化纤用浆粕1.01万吨；合成纤维0.26万吨，同比下降38.1%；其中锦纶0.26万吨，同比下降38.1%；纱13.7万吨，同比上升0.88%；布5.82亿米，同比上升1.75%；棉布4.42亿米，同比上升4.74%；混纺交织布1.12亿米，同比下降13.85%；纯化纤布0.28亿米，同比上升40%；印染布0.57亿米，同比上升11.76%。

2. 陕西省棉纺织生产特点

棉纺织行业是陕西省纺织工业的主力军，凭借历史上积累的基础优势，继续充当着安置社会就业，拉动陕西经济增长的主要角色。纺纱、织布年生产能力约20万吨（把布折成纱）。作为国家各类宽幅坯布面料出口基地，陕西省的“两纱两坯”尤其是宽幅坯布60%直接或间接出口。陕西纺织企业的新产品研发潜力巨大，劳动力资源、能源和装备水平具有相对优势，纺织行业的发展空间很大。

（陈兴峰）

山　西　省

一、棉花生产

1. 播种面积、总产和单产

山西省棉花播种面积在上世纪50年代曾达到500万亩，是国家重点产棉省之一。80年代后期和90年代初，山西棉花产业随着全国种植结构调整，开始大幅度下降。特别是近几年由于价格波动较大、棉农收益不稳，植棉积极性受到一定的挫伤，但棉花仍然是晋南农业的支柱产业，全省38个产棉县市的年植棉面积大体在150万亩左右，位居全国第十。植棉户35万户，在运城市占总农户的95%以上。植棉总收入每年要在10亿元左右，经济效益高于小麦和其他农作物。

2005/2006年度该省棉花种植面积146.17万亩，棉花产量10.3万吨，本年度棉花长势好，但由于受气候影响，棉花成长末期和采摘过程中连续10多天阴雨寡照天气，致使棉花产量减少，品质有所下降，主流品级以中低等级棉为主，亩产75公斤左右。

2. 种植成本及品种

当年山西省棉花种植成本每亩500元左右。全省80%以上棉农选种大桃棉、运丰158、晋棉45、中棉109、中棉41号等优良品种。

二、棉花加工

据对全省的初步调查，现有棉花收购加工企业1000余家，有资质的仅有240余家（其中供销社棉花企业150家），占总数24%左右。有资质的棉花加工企业的加工能力达25万多吨，但由于现阶段设备加工能力大于棉花资源量，加工企业大都开工不足，处于半饱和甚至闲置状态。

2005/2006年度，山西省根据《全国棉花加工业生产设备更新改造规划》的总体要求，合理布局棉花加工能力，优先扶持供销社棉花龙头企业，加快加工设备更新改造进度。山西省政府出台了《山西省棉花加工业生产设备更新改造规划》，各地棉花企业根据国家和省政府的规划精神，积极申报计划、购置设备并落实贷款规模。全省已有近10家企业完成了生产设备更新改造工作，还有10余家企业正在落实贷款规模和购置加工设备的过程中。

三、棉花消费

山西省是棉花调入省。从2001年到2004年，全省棉花收购量分别为6.9、6.4、8.0、9.3万吨。每年用棉量在12.5万吨左右，年缺口在5万吨左右。

目前，全省有较大规模的纺织企业24个，拥有

100余万纱锭和3.5亿米的生产规模，年产纺纱10万吨，织布3亿米，用棉量约7.6万吨，化纤用量约3.3万吨，产业工人5万余人。年纺织工业生产总值15亿元，实现利税4500万元，为国家创汇5000万美元。

随着近几年全国性纺织工业的迅猛发展和出口量的加大，山西省纺织用棉量也在不断增加，但由于企业硬件设备比较落后，产品品种单一，供需矛盾仍十分突出。

（山西省棉麻公司　鹿春平）

江　西　省

一、棉花生产

1. 播种面积、总产和单产

由于2004/2005年度棉花价格大跌，在很大程度上挫伤了棉农的生产积极性，2005/2006年度，江西省棉花播种面积122万亩，较上年减少16万亩。由于种植面积缩小，加上后期台风的影响，棉花总产量约为9万吨，皮棉亩产平均80公斤左右。

2. 棉花种植成本

2005/2006年度江西省每亩棉花生产的现金成本323.29元，较上年434.07元减少110.78元，减幅25.52%；每亩棉花生产的现金收益1013.53元，较上年744.05元增加269.48元，增长36.22%。

3. 棉花种植品种

江西省棉花种植品种杂交棉以泗抗3号、湘杂棉3号、中棉所29号为主；常规棉是赣棉11号；示范品种以慈杂3号为主。

4. 本年度棉花生产特点

2005年江西省棉花生产特点是：面积稳、品质优、价格高、收益好。

二、棉花加工

江西省现有100多家棉花加工企业，加工能力在25万吨以上。从2005年9月开始，江西省全面实施棉花质量检验体制改革。棉花加工企业计划逐步将压力为200吨以下的打包机更换成压力为400吨以上的大型打包机，棉花加工环节的质量将由专业纤检机构进行检验，并对大包型棉花的质量实行包包检验，确保棉花质量。预计到2009年改革完成后，江西省现存的211家棉花收购加工企业将剩下25家左右。

三、棉花消费

1. 本省纺织生产情况

江西省纺织品生产能力很强，出口量占全省出口总额比重很大，全省纺织企业生产能力可达到160万锭，需要原棉20万吨。现共有规模以上企业447户，其中国有及国有控股纺织企业32户，民营企业269户，三资企业146户。2005年全行业规模以上企业实现工业增加值52亿元，销售收入196.6亿元，利税总额8.76亿元，从业人员142479人，分别占全省工业的6.28%、6.82%、3.18%和12.8%，分别占全国纺织行业1.04%、0.99%、0.71%和1.46%。全行业总资产142.35亿元，总负债87.27亿元，资产负债率61.3%。2005年完成纱产量20.44万吨，布2.81亿米，服装5.63亿件，化学纤维18.07万吨，2005年纺织品服装实际出口7.35亿美元，占全省出口总额的30.12%，是江西省出口产品的第一大主导产品。

2. 本省纺织行业特点

2004年以来，江西省纺织行业依托自身固有的区位优势、成本比较优势和资源优势，抓住中部崛起的战略时机，通过建设集中连片的工业园区，努力承接东部地区产业梯度转移，吸引江浙、广东等东南沿海的大批纺织企业向"中"转移，大力发展纺织服装产业基地，致力于从总量扩张型向效益增长型转变，全省由北向南形成了6个纺织服装业集群区，其中服装产量从2004年7月份开始居全国同行业第7位，是我国的16个服装主产区之一。行业发展总体态势良好。行业内部各子行业已基本发展齐全，共有棉纺织业、毛纺织业、麻纺织业、丝绢纺织业、针织业、服装业、化纤业、纺织专用设备制造业以及纺织制成品等九大子行业，以服装业、棉纺织业、针织业和化纤业为主，四大子行业销售收入分别占全行业的33.7%、26.82%、16.23%和14.72%。九大子行业中，服装行业发展最为迅速，针织行业发展最具比较优势，棉纺行业发展最有基础，化纤行业发展较具特色。

（中储棉总公司九江直属库　张建德）

天　津　市

一、棉花生产

1. 播种面积、总产和单产

据天津市统计局数据，2005/2006年度天津市棉花种植面积为91.80万亩，总产8.36万吨，单产为91.07公斤/亩。

2. 种植成本和品种

据天津市农业局数据，2005年天津市场棉花种植成本平均为600元/亩左右，棉花种植品种主要有冀668、鲁棉系列。

3. 棉花生产特点

受闷热天气影响，2005/2006年度天津市棉花有一定减产，棉花品质也受到不同程度的影响，主要以三级棉为主。

二、棉花加工

1. 目前天津经过资格认定的棉花加工企业总数为184家，此外还存在60—70家未经资格认定的非法加工企业。其中使用200吨型棉花加工企业180家，按每家加工能力2500吨计，加工能力45万吨；参与棉花质量检验体制改革的企业有4家，按每家年加工能力5000吨计，加工能力2万吨。天津棉花加工企业总加工能力合计为47万吨，非法加工企业能力未统计在内。

2. 近2年来，棉花加工企业经营困难，亏损率达到80%左右，主要是中、小棉花加工企业，特别是民营棉花加工企业经营困难问题尤为突出。

三、棉花消费

1. 纺织企业

天津市有纱锭79万锭，其中纺织集团所属企业63.2万锭，占80%。布机6542台，其中纺织集团所属企业6185台，占94.5%。

据天津市统计局数据，2005年纱产量7.32万吨，其中纺织集团所属企业6.45万吨，占88%；布产量2.58万米，其中纺织集团所属企业2.01万米，占77.9%。

2. 纺织生产

据天津市纺织集团数据，当年本市纺织企业棉花消费量6.7万吨，化纤消费量8950吨。纺织销售收入110亿元，出口交货值12.7亿元，出口创汇6.5亿元。

另据天津市统计局数据，当年纺织工业产值82.08亿元。纺织行业利润25368万元，其中纺织集团所属企业实现利润8500万元。

3. 天津纺织生产特点

根据天津纺织行业战略东移改造规划，天津纺织从2003年开始在天津空港物流区购买了184.1

公顷土地，投资53亿元，规划建设天津高新纺织工业基地。到2005年为止，已有14个项目陆续进入设备安装和试投产阶段，形成23万锭纱锭能力。基本实现了天津纺织工业的快速增长，拉动了天津纺织全行业的发展，装备水平达到了国内领先、局部世界一流。

（天津市棉花协会　赵鸿延）

浙　江　省

一、棉花生产

1. 播种面积、总产和单产

据浙江省统计局数据，2005/2006年度，浙江省棉花种植面积26.85万亩，同比减少4.6%；棉花总产量2.2万吨，同比减少5.3%，“十五”期间年均减少5.9%。单产约为81.94公斤/亩。

2. 种植品种

当年省内主要种植品种仍为湘杂3号，其他地区部分种植本省农业部门研发的品种（东南沿海地区）和湘杂2号（西部金衢地区），从单产与抗病能力看，湘杂3号表现出较大的优势。

3. 棉花生产特点

2005/2006年度浙江省棉花生产表现出二个特点：一是季节迟，产量少，质量稳。当年棉花上市较往年推迟10天左右，由于受农业产业结构调整的影响，农户对棉花种植的成本和用工投入逐渐减少，品种退化加快，棉花单产难以持续提高。但全省棉区在当年植棉季节风调雨顺，自然灾害影响不大，因而棉花质量继续保持中上水平。平均收购等级为3级，平均衣分为38%，平均长度为29毫米；二是棉农惜售，收购较晚，价格高。受到上年度棉花价格前低后高的影响，棉农对棉价的期望值比较高，普遍存有惜售心态，同时由于市场变化复杂，行情难以预测，收购企业因等待观望而普遍推迟开秤时间，平均收购价格高于上年同期水平，达到2.9－3.05元/市斤。与此同时，收购市场秩序依然混乱。国家明令禁止的土轧花机仍在大量加工，棉花资源破坏和税收流失仍在继续。

二、棉花加工

截止2005年底，全省经资格认定的棉花加工企业为12家，合计年加工能力3.5万吨；尚无参与质检体制改革的企业。

三、棉花消费

1. 纺织企业规模

至2005年底，全省拥有纺织纱锭450万锭，用棉比例64%－65%，年消费棉花20万吨左右。

2. 纺织产量

据浙江省统计局数据，2005年全省纺纱产量94.6万吨，同比增长22.3%，“十五”期间年均增长23%；布产量83.6亿米，同比增长19.5%，“十五”期间年均增长38.9%；化纤产量660.3万吨，同比增长23.2%，“十五”期间年均增长33.8%。

据浙江省棉纺织行业协会数据，2005年全省纺织业完成工业总产值和产品销售收入2868.83亿元和2803.32亿元，同比分别增长23.4%和24.2%。实现利润达110.01亿元，比上年同期增长29.9%。实现利润占全省规模以上工业的10.3%，是全省盈利总量最大的工业行业，对全省工业利润增长的贡献率为22.7%。上缴税金80.56亿元，同比增长18.6%，占全省规模以上工业上缴税金的10%，位居各行业第二，仅次于烟草制造业。

3. 全省纺织生产特点

2005年浙江省纺织业之所以取得较好的业绩，

一方面是企业积极应对欧美等国的贸易保护主义压制，把握机遇，不失时机地拓展出口空间，释放出口潜能的结果。据海关统计，2005年全省规模以上纺织企业出口交货值1018.57亿元，同比增长18.8%，其中以生产出口产品为主的企业共实现利润40.19亿元，同比增长30.5%。全省纺织纱线、织物及制品出口111.11亿美元，比上年同期增长25.0%。另一方面，纺织企业也积极拓展国内市场。全省纯内销及以生产内销产品为主的企业也取得不俗业绩，据浙江省棉纺织行业协会数据，全年共实现利润69.82亿元，同比增长29.6%，占全省纺织业利润总量的63.5%，对纺织业利润增长的贡献率为62.9%，拉动利润增长18.8个点。

（徐平波）

辽 宁 省

一、棉花生产

1. 播种面积、总产和单产

据辽宁省统计局数据，2005/2006年度全省棉花种植面积15万亩，棉花产量0.75万吨，单产50公斤/亩。

2. 种植品种

2005年辽宁省棉花种植的品种主要是辽棉15。

3. 种植成本

2005年棉花种植成本为680元/亩。

二、棉花加工

2005年辽宁省棉花加工企业9家，加工能力9万吨。

三、棉花消费

1. 纺织生产

据辽宁省纺织工业协会统计，2005年纺织规模以上企业实现产值322.76亿元，同比增长25.94%；销售收入302.66亿元，同比增长24.1%；利润3.55亿元，同比增加1.05亿元；出口交货值117.7亿元，同比增长23%。据海关统计，2005年辽宁省纺织品服装进出口总额34.68亿美元，同比增长15.09%。其中出口27.14亿美元，比2004年净增加4.47亿美元，同比增长19.70%，创历史新高。

2. 纺织品服装出口特点

一是出口贸易方式优化。一般贸易出口额和增幅均高于加工贸易。据海关统计，2005年辽宁省纺织品服装一般贸易出口13.33亿美元，同比增长34.39%，加工贸易出口12.83亿美元，同比仅增长6.48 %。

二是出口主体趋向市场化。据海关统计，当年该省民营企业出口增势迅猛，三资企业出口增势平稳，国有股份制企业出口略有增长。2005年，全省有纺织品服装出口实绩的企业1846家，其中民营企业有850家，同比增加300家，出口6.83亿美元，同比增长58.66%；三资企业797家，同比增加72家，出口14.45亿美元，同比增长14.76%；国有股份制企业194家，同比减少18家，出口5.86亿美元，同比仅增长1.36%。

三是出口商品结构优化。据海关统计，2005年辽宁省纺织品出口4.98亿美元，占全省纺织品服装出口总值的18.35%，同比增长15.45%；服装出口22.16亿美元，占纺织品服装出口总值的81.65%，与2004年相比，所占比重增加了7.93个百分点。

四是出口市场多元化。2005年全省纺织品服装继续保持对日韩等传统市场的出口增长，对俄罗斯、朝鲜、孟加拉等新兴市场的出口也大幅增长。据海关统计，2005年全省对亚洲出口17.36亿美元，占纺织品服装出口总值的63.97%。对日本出口

10.64 亿美元，同比增长 7.40%，占对亚洲地区出口总值的 61.26%；对韩国出口 4.97 亿美元，同比下降 0.3%，占对亚洲地区出口总值的 28.61%；对欧盟和美国共出口 7.70 亿美元，占全省纺织品服装出口总值的 28.38%。其中对美国出口 3.18 亿美元，同比增长 77.49%；对欧盟出口 4.52 亿美元，同比增长 66.70%。

（辽宁省棉业有限责任公司）

年度报告

第三部分

2005/2006 年度国内棉花行业运行分析报告

中国棉花年鉴编辑

在国务院的正确领导下，按照促进棉花生产发展、保护棉农利益、满足纺织工业用棉需要、保持我国纺织业竞争力的总体要求，国家各相关部门密切配合，做了大量工作，我国棉花产业出现了棉农增收、市场稳定、工业发展的良好局面。

一、2005/2006 年度我国棉花行业的主要特点

一是棉农收益增加。2005 年棉花播种面积 7593 万亩，比上年减少 11%。国家统计局公布棉花产量 570 万吨，比上年减产 9.8%。棉花单产 75 公斤/亩，比上年增长 1.4%。由于国内纺织工业的发展，棉花需求增加，收购价格提高。棉花平均收购价格 650 元/担，比上年提高 20.4%。农民因价格提高增收 132 亿元。

二是纺织工业继续较快发展。2005/2006 年度全国纱产量 1602 万吨，纺织品及服装出口 1331 亿美元，均增长 22.2%。为了满足纺织工业用棉需要，国家有关部门充分利用国内国外两个市场，按照棉花产需缺口及时发放进口配额，去年 9 月至今年 8 月共进口棉花 411 万吨。纺织工业在快速发展的同时，也取得了较好的效益。

三是棉花销售和银行贷款实现了“双结零”。农业发展银行积极支持棉花收购，在控制风险的前提下保障了棉花经营企业棉花收购资金的需要。广大棉花经营企业积极收购新棉，认真排除混入棉花中的异性纤维，加强市场营销。铁路部门优先安排棉花运输。国家也采取措施引导纺织企业采购国产棉。到 8 月底，国产棉基本销完，其中新疆棉全部销完。中国农业发展银行棉花贷款基本上收回。

四是棉花市场比较稳定。针对棉花收购价格上涨过快，市场风险加大的问题，去年 10 月国家发展和改革委员会及时印发了《关于做好棉花收购等工作的紧急通知》，提醒棉花企业防范市场风险，不要盲目抬价抢购，对抑制新棉价格过快上涨起到一定的作用。棉花市场销售价格比较平稳。2005 年 9 月到 2006 年 2 月，棉花市场价格稳步上涨。2 月份最高时为每吨 14380 元。受国际市场价格下跌的影响，3 月份以后国内市场价格有所回落。纺织企业顾全大局，棉花经营企业积极销售，在国际市场棉价 8 月份比 2 月份下跌 9%的情况下，国内市场棉价只下跌了 2%，降低了棉花经营企业的经营风险，减少了经营亏损。

五是质检体制改革取得新的进展。以普及公证检验、改革棉花检验标准和检测体系、改变棉花包型为主要内容的棉花质量检验体制改革全面推开，目前已有 250 家棉花加工企业完成了设备技术改造，23 家承检机构已开展仪器化公证检验服务。按新体制运行检验出来的棉花，质量标识全面，检验数据可靠，受到棉花经营企业和纺织企业的普遍欢迎。

六是 2005 年宏观经济平稳增长，中国宏观经济调控政策取得明显成效，为棉花和纺织企业经营安排打下良好基础。据国家统计局发布的数据，2005 年我国国内生产总值达到 182321 亿元，比上年增长 9.9%，略低于上年 10.1%的增速；投资增幅有所回落，全年全社会固定资产投资达到 88604 亿元，比上年增长 25.7%，增幅比上年回落 0.9 个百分点。企业成本明显上涨，电价、工资成本及原料价格普遍上涨。全国平均电价上涨近 5.2%，铁路运价上涨 5.1%左右，工人工资成本上升约 8%。

七是世界宏观经济呈高增长态势，在一定程度上对冲了纺织外贸环境压力。据国际货币基金组织 2006 年发表的报告显示，2005 年全球经济增长率尽

管比2004年下滑0.8个百分点，但仍取得4.3%的增长速度《国际货币基金组织2006年世界经济报告》，这一增长率属1987年以来的较高水平。2005年国际贸易增速为7.0%，较2004年的10.7%有所放缓。

当然，世界经济在长期运行过程中积累了较大风险，其主要表现在国际油价持续上涨、全球经济失衡、流动性过剩、房地产泡沫和国际贸易保护主义加剧等方面，全球多数经济体中央银行纷纷提高利率，在这一年度市场风险开始逐步释放，全球金融商品市场出现了大幅振荡。国内外棉花期货在年度后期受此影响较为明显。

2005/2006年度棉花行业存在的问题：一是由于棉花加工能力过大，新棉上市时部分企业盲目抬价，导致新棉收购价格偏高，给后期销售带来困难，增加了市场风险；二是在国际棉价大幅度下跌的情况下，国内棉花市场价格与国际棉花市场价格差价较大，增加了纺织企业国际竞争的压力，同时也导致棉纱进口增长过快；三是纺织工业增长仍未摆脱以低水平数量型扩张的方式，产品的技术含量、附加值和质量档次亟待提高；四是棉花混等混级收购的现象仍比较普遍，排除异性纤维的措施没有很好地落实，棉花中混入异性纤维仍然是影响国产棉质量的突出问题；五是部分产棉区棉花的统计数据与实际产量存在较大差异，给总量平衡、安排进口配额和组织铁路运输带来了困难；六是对棉花质检体制改革的宣传还不够，纺织企业对按新体制检验的棉花的认知度还有待进一步提高。

二、我国棉花市场面临的新情况和新问题

近年来，我国棉花市场经历了由供大于求、供求基本平衡到供不应求的转变，棉花工作面临许多新情况、新问题。我们要认真研究，保持清醒的认识。

1. 国内棉花市场将进入长期供不应求的时期。

2002年以前我国棉花是供大于求的。2001年底加入世贸组织和2005年起取消全球纺织品配额，为我国的纺织工业创造了难得的发展机遇。2002－2005日历年度，我国的纺织品服装出口分别增长15.9%、30.3%、21%、20.6%；纱产量分别增长11.7%、15.8%、31.2%、11.5%；消耗的棉花分别为600万吨、680万吨、880万吨、970万吨。2002年开始，我国当年棉花产需出现缺口，棉花进口逐年增加。2002－2005日历年度棉花进口分别为18万吨、87万吨、191万吨、257万吨，今年1－8月进口303万吨。预计今后一个时期，我国纺织工业仍将继续发展，国内棉花产需缺口将长期存在。

2. 棉花生产发展、棉农增收与纺织工业发展是相辅相成的。

棉花是重要的农产品，也是纺织工业的重要原料。棉花产业从棉花生产、流通，工厂纺纱、织布、印染到最后做成服装，是一个完整的产业链条。棉花生产的价值最终要通过纺织品服装销售来体现。棉花生产发展、棉农增收与纺织工业的发展密不可分。在纺织工业发展不快、国内棉花供大于求的情况下，国家甚至要采取补贴的方式出口棉花。在这种情况下，棉花生产难以得到较大的发展，棉农收入的提高也相当困难。2002年以来，棉花收购价格稳步提高，棉农收入稳步增加，从根本上说得益于纺织工业的高速发展。国内棉花产不足需，国内棉花价格就会高于国际市场价格，客观上也为农民收入增加创造了条件。棉花工作和棉花市场的调控，一定要着眼于整个棉花产业链各环节的发展，着眼于棉花产业整体竞争力的提高。

3. 保护农民利益、增加农民收入是棉花宏观调控的基本原则。

我国是世界上最大的棉花生产国，种植棉花的农民有1亿多人，棉花收入是农民收入的重要来源之一。近年来，在增加棉花进口、促进纺织发展的同时，国家采取了多项措施保护农民利益。一是对棉花进口实行配额管理。我国加入世贸组织时对2004年以前的棉花进口准入量达成了协议。此后的棉花进口准入量留在新一轮农业谈判中解决。在世贸组织新一轮农业谈判尚未达成协议之前，2005年以来，我们继续对棉花进口实行配额管理，按照国内产需缺口发放配额，控制进口数量，以防止过量进口冲击我国的棉花生产。二是对增发进口配额实行

滑准税。近两年来，对增加发放的进口配额关税采取滑准税的方式，提高进口成本，转移了纺织工业部分效益，保护农民利益。2005年进口棉成本不低于12100元/吨，2006年不低于12950元/吨，有效地防止了进口棉花对国内棉花价格的冲击。三是进行价格引导。国家在棉花播种前发布新棉收购价格预测信息，在新棉上市前中国农业发展银行制定收购贷款支持上限，起到引导市场的作用，保证了农民种棉基本收益。四是运用储备手段调节市场。2004年棉花丰收，国家及时公布11500元/吨(后调整为12000元/吨)收储价格政策，抑制棉价下跌，促进市场棉价回升。

从近几年的情况看，棉花收购价格总体趋升。2001—2005年棉花平均收购价分别为390元/担、470元/担、750元/担、540元/担和650元/担，除2003年棉花价格过度上涨外，各年份价格总的趋势是上升的。据全国农产品成本调查统计，2001—2005年棉农种棉现金收益(扣除物质投入等费用后，含人工成本)分别为410元/亩、593元/亩、832元/亩、615元/亩和782元/亩，也是稳步增加的。

4. 努力发展国内棉花生产和根据需要组织棉花进口是纺织工业发展的重要保障。

“十五”时期，为了发展国内棉花生产，满足纺织工业需要，国家采取建设棉花生产基地、改良棉花品种、改善灌溉条件、在新疆地区推广“矮、密、早”和膜下滴灌等技术，扶持国内棉花生产。“十五”时期，我国棉花年平均种植面积7454万亩，平均产量543万吨，平均单产72.8公斤/亩，分别比“九五”时期增长15.9%、26%、8.7%。今后国家将进一步采取措施，加大扶持国内棉花生产的力度，研究建立符合WTO规则、有效保护农民利益、防止棉花生产大起大落的长效机制，促进棉花生产的发展。但从我们国家人多地少的基本国情和保证粮食安全的实际需要看，靠国内生产发展难以满足纺织工业的需要，国内棉花产需缺口将长期存在。根据国内纺织工业发展的需要组织好棉花进口，将是今后棉花总量平衡工作中的一项重要任务。

5. 国内棉价不能与国际市场棉价背离过多是保持纺织工业竞争力的基本要求。

我国是纺织大国，也是原料进口大国和产品出口大国。我国纺织工业所需原料近一半来自国际市场，棉纺织工业的产品近一半销往国际市场。2005/2006年度我国棉花消费量接近世界的40%，棉花进口量也接近世界贸易量的40%；我国纺织品和服装出口额占世界贸易额的24%，如按数量计算占比会更高。我国纺织工业主要优势在于劳动力成本低、素质高，产业链完整、配套能力强。同时，也要认识到，我国的劳动力成本与欧、美等国比较有明显的优势，但又高于印度、巴基斯坦、越南、柬埔寨等国，近年来纺织工业已有向这些国家转移的迹象。从扩大就业考虑，我国仍应鼓励纺织工业的发展，鼓励纺织产品和服装出口。保持纺织工业的国际竞争力，是纺织工业发展、也是棉花产业发展的重要前提。在棉纱的成本中，棉花成本占70%，劳动力成本只占10%左右。如果国内棉花价格长期大幅度高于国际市场的棉花价格，必将抵消我国劳动力成本低的优势，导致棉纱进口增加，国内纺纱企业也将逐步将工厂转移到境外，从而抑制国内棉花价格的提高；而国内棉花价格长期大幅度高于国际市场棉花价格，也将抵消我国的棉纱、棉布及服装生产劳动力成本低的优势，影响出口，造成国内纺织工业的萎缩，最终会影响就业和农民增收。因此，我们要协调平衡好保护农民利益和出口纺织品服装的关系，既要保护棉农的利益，又要使我国的纺织品和服装能够出得去，从总体上保持我国纺织工业的竞争力。

2005/2006 年度国内棉花市场运行特点

马晓燕

【作者简介】马晓燕，产业经济学硕士，2005 年毕业于中央财经大学信息学院，并于同年加入中储棉花信息中心。现任中储棉花信息中心研究室研究员，从事棉花市场分析及行业研究工作。

回顾刚刚过去的 2005/2006 年度，籽棉收购价的高位运行、外棉进口的激增、国棉的滞销、国内棉企的亏损仍历历在目，国内棉价的平稳运行更是难得一见；展望 2006/2007 年度，全球经济增速的放缓可能冲击到中国纺织行业，“内忧外患”将迫使纺织业进行“瘦身”运动。此外，虽然全球棉花产需缺口进一步增大，但依然处于高位的库存水平让缺口“相形见绌”，从而为棉价的上涨增添了另一份压力；籽棉收购市场的混乱，“抢购大战”难以避免。

一、2005/2006 年度回顾

在 2006 年新棉长势一片大好、各棉花收购企业摩拳擦掌、跃跃欲试之际，2005/2006 棉花年度已然成为历史，回顾一下，国内棉花市场运行呈现以下特点：

1. 籽棉收购价高位运行

2005/2006 年度籽棉收购前期，阴雨天气不断，冀鲁豫和长江流域棉区受到了不同程度的影响，棉花产量较预计有所下降，新棉采摘也较预期延迟，棉农惜售心理加重。各地收购企业在资源有限以及国家近年来加大对农民支持力度的背景下，逐渐抬高收购价格，使得 2005/2006 年度籽棉收购价低开高走，之后一直维持高位运行。籽棉收购价格由开秤初期的 12932 元/吨最高涨到 14276 元/吨，上涨 1344 元/吨，涨幅 10.39%。

2. 购销价格差距缩小，棉企多数亏损

2005/2006 年度以来籽棉收购价一直维持高位运行，棉花企业收购成本高企，而纺织企业在出口受限、人民币升值等压力下，利润空间大受挤压，2005/2006 年度购棉一直采用随用随买方式，使得国棉销售进度过于缓慢，销售价格虽在国庆节之后随同籽棉收购价大幅上涨，但涨幅小于收购价格，导致销售与收购价差缩小，10 月份棉花收购价格与现货销售价格甚至出现 7 天的倒挂现象。从 2005 年 9 月到收购基本结束，销售价与收购价的平均差值仅为 362 元/吨，而 2004/2005 年度同期的平均价差为 917 元/吨，同比下降 60.52%，棉花企业经营利润微乎其微，经营倍感艰难，多数企业出现亏损。

3. 纺织企业经营压力加大，国棉滞销严重

纺织企业面对国外越来越多的“特保”打压、国内的产能限制、人民币的升值压力以及原材料的高位运行与产成品的大量积压，生存压力越来越大。2005/2006 年度的旺季一直没有出现，纺织企业对后市并不看好，原料库存一直维持低位运行，购买国棉的积极性较低，致使国棉大量滞销，其中，新疆棉滞销尤为严重，直到年度末期，在国家“一配一”政策的扶持下，新疆棉才得以脱离困境。

4. 内外棉价差拉大，外棉进口量激增

2004/2005 年度内外棉平均价差为 676 元/吨（1%关税，图 3—2），而 2005/2006 年度内外棉平均价差达到 2069 元/吨（同上，图 3—3），同比增幅 206.1%。正是由于内外棉价差的拉大，使得国棉的价格竞争力大幅减弱，外棉进口量同比激增。据中国海关统计，截止到 2006 年 7 月份，我国 2005/2006 年度共进口棉花约 383 万吨，同比增加 254 万吨，增幅 196.9%（图 3—4）。

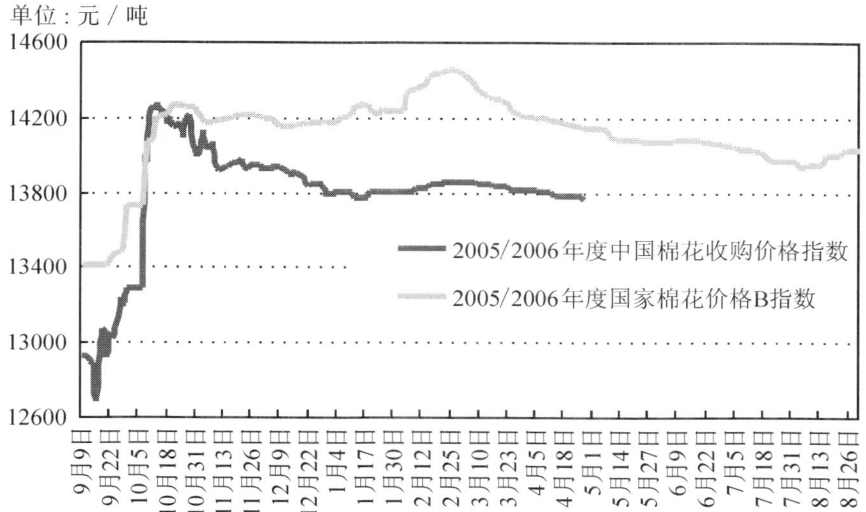

图 3—1 2005/2006 年度中国棉花收购价格指数与国家棉花价格 B 指数走势图

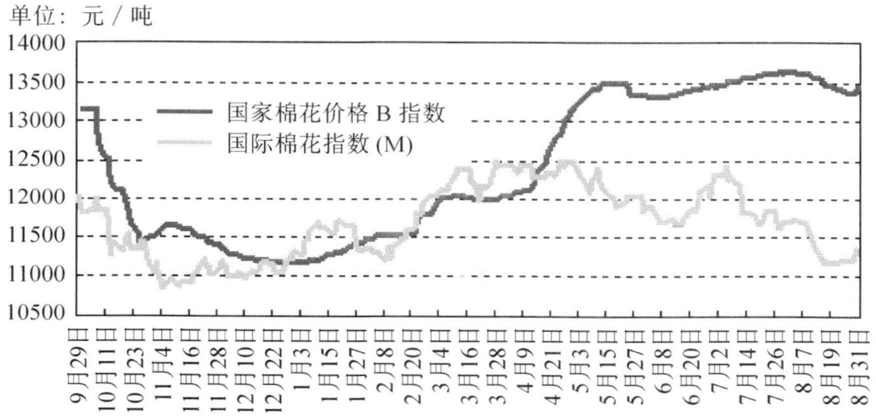

图 3—2 2004/2005 年度内外棉价格比较

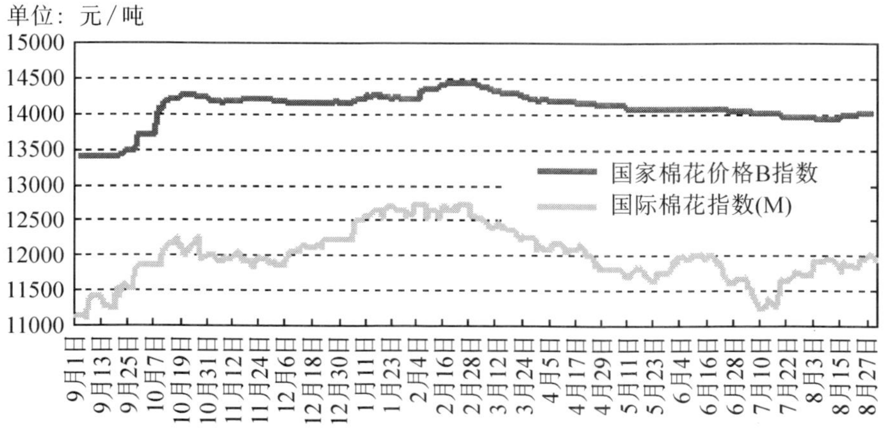

图 3—3 2005/2006 年度内外棉价格比较

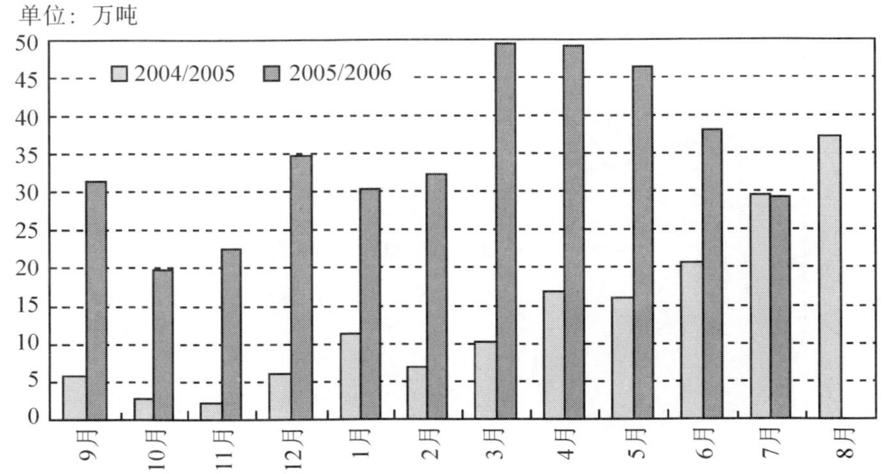

图 3－4　2004/2005、2005/2006 年度我国棉花分月进口量比较

5. 国家宏观调控得当，棉价平稳运行

由图 3－5 可以看出，与前三个年度相比，2005/2006 年度国内棉价运行呈现少有的平稳格局，其中，国内棉价在 2005 年 9 月底 10 月初时大幅上涨，国家有关部门和组织及时发布关于棉花收购工作的风险预警通知，在其影响下国内棉价止涨趋稳，之后一直在 14000 元/吨上下平稳运行。2005/2006 年度国棉价格之所以会如此平稳，还要归功于国家宏观调控政策的日趋完善与灵活。

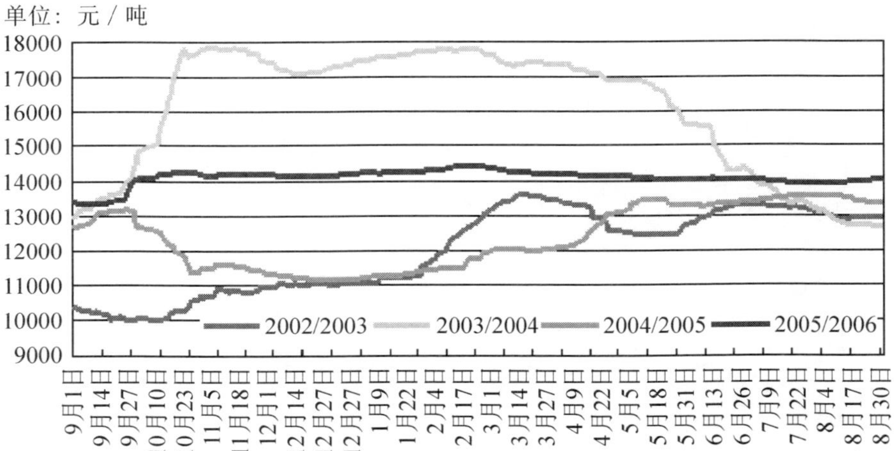

图 3－5　近四个年度国内标准级棉价格走势比较

自从 1998 年国内棉花市场放开后，国家对棉花市场的调控手段主要是储备和进出口。从国家近年来通过调节进口棉税率来发放配额的调控政策来看，国家增发配额的数量逐渐可以弥补国内棉花缺口，且通过调节关税税率等手段，国家对进口棉价格的调控能力不断增强，国内棉价因增发配额产生的波动趋缓，同时避免了高价进口外棉的现象，这也是国家通过配额调节国内供需的最终目的所在。

二、2006/2007年度棉花市场走势展望

1. 全球经济增速放缓，中国难以独善其身

2006年上半年，全球经济继续强劲增长，但结构性矛盾和风险不断加大。今明两年，美国引领全球经济经历一次“中期调整”的迹象初露端倪。根据国际货币基金组织（IMF）的统计，2003年至2006年全球GDP的平均增幅达4.8%，是上世纪70年代以来最为强劲的4年。不过，增长更多依赖于前期全球各大中央银行的反通缩紧急措施所释放的过剩流动性，因此，增长不可持续的迹象日益突出。随着石油等大宗商品价格连续攀升，通货膨胀逐步显现，美国6月份核心消费物价指数达到2.7%，创下2002年以来的最高记录。欧元区和日本也出现了类似的迹象。随着发达国家货币管理当局连续提高货币利率，全球货币正回归中性，但是，此举导致主要发达国家的房地产降温迹象日渐突出，并诱发大宗商品市场动荡不已，经济增长速度放缓。作为全球经济“引擎”的美国2006年二季度经济增速只有2.5%，而一季度为5.6%，2005年则是3.2%。

需要说明的是，大宗商品市场的此轮价格上涨周期远超过以往上涨周期长度，金融风险日趋增大。全球大宗商品和金融市场在经过2006年3月－6月巨幅波动调整之后，投资者将进一步关注潜在风险，未来市场走势的不确定性大为增加。在石油价格、通货膨胀风险、利率政策、房地产市场以及汇率市场方面，任何一个环节的变化都有可能再次引发对金融风险的恐惧性投机。

随着中国经济融入全球化进程的不断加快，在国际经济增速放缓之时，中国经济难以独善其身，出口压力将进一步加大，而长期以对外贸易作为“引擎”的中国纺织业将受到牵制。除此之外，纺织企业还将面临国内经济增长方式转变等一系列调整的考验。

2. 2006/2007年度全球棉花产不足需，期初库存仍处高位

据国际棉花咨询委员会9月份全球产销存预测数据显示，2006/2007年度全球棉花产不足需，总产量2467万吨，总消费量2573万吨，产需缺口106万吨，如果排除中国因素，全球产大于需346万吨。此外，2006/2007年度期初库存下降到1084万吨，较上一年度下降21万吨，库存消费比为0.83，仍处于相对高位。中国产量预计为597万吨，消费量预计为1049万吨，产需缺口452万吨，全球棉花产需缺口主要是由中国产生的，这就意味着2006/2007年度中国有将近43%的棉花需求需要通过进口来解决，根据近几年来国家发放配额的相关政策，我们可以判断，以后配额的发放基本上能够做到按需发放，国内的缺口基本上可以由外棉来填补，这样，一方面外棉之间的竞争会导致外棉价格难以大幅上涨，另一方面，低价外棉的大量流入给国产棉造成的压力不减反增，国棉价格走高更难。

3. 棉纺行业产能扩张过快，“内忧外患”迫使行业“瘦身”

“十五”以来，伴随着中国经济的高速增长以及入世后更为广阔的国际市场，我国棉纺织行业终于走出低谷，并一直保持高速发展，经济效益快速稳步增长。去年全行业实现利润近150亿元，今年上半年利润又同比增长了46%，同时，产销率也始终保持在97%以上的水平。良好的产业形势吸引了逐利的民间资本源源不断流入，“十五”期间全国棉纺织行业固定资产投资高达1533亿元，年均增长约40%，居纺织全行业之首。棉纺锭从2000年的3443万锭增加到2005年的7600万锭，纱产量也从2000年的660万吨增加到2005年的1440万吨，国家几次宏观调控政策的出台也没有遏制住这种过快的增长势头，今年上半年投资仍高达284.77亿元，同比增长42%。

事实上，棉纺织行业的平均利润率只有3.1%，约64%的企业利润率在3%以下，这种利润基本上是企业通过内部挖潜，四班减三班、降低财务费用、尽量压低工人工资（棉纺织企业职工平均工资普遍不足700元）挖出来的。除此之外，棉纺织行业还面临以下几个问题：

首先，最突出的就是原料问题。棉花缺口逐年加大，2006年1－7月我国进口了274万吨棉花，占

全部纺织用棉的43%，最关键的是，我国棉花进口仍实行配额管理，我们的棉价平均每吨要高出国际市场2000多元，原料不足已成为行业发展的潜在威胁；其次，很大一部分企业只能生产低档和常规产品，市场竞争激烈，产品卖不上价，不仅企业赚不到钱，还消耗了资源，加剧了行业间的恶性竞争。同时，低价产品出口还引发了频繁的贸易摩擦，使反倾销案例逐年增长；再次，产能增长还造成能源及运输的紧张和环保压力的增大，"招工难"已非个别现象，电、煤、油的频繁涨价无疑也加大了企业运营成本。

对外，低价产品引发的特保、反倾销案例逐年递增、企业的外贸压力不断加大；在国内，由于棉纺织行业低成本扩张速度过快，国家已将其列为增长过快行业，银行已限制对纺织企业贷款。此外，人民币从去年升值以来的缓慢升值、出口退税还将下调2%以及贷款利率的提升，所有这一切都说明，宏观环境已不允许棉纺织行业的规模再大幅扩张。

由于高档次产品相对不足、一般性商品产能严重过剩，产成品积压严重，致使纱、布价格难以上涨，从而制约了棉花价格的走高。因此，不管市场对棉花的需求有多旺盛，只要下游纱、布价格起不来，那棉花价格就别想有"出头之日"。

4. 收购市场依然混乱，哄抢资源难以避免

众所周知，我国棉花行业整体进入壁垒较低，几乎没有门槛限制，各地棉花基本上差异不大，参与收购的棉花企业众多，市场集中度不高，从而无法通过合谋来决定产品的价格。近三年来，部分棉花加工企业几乎年年亏损，尤其刚刚过去的2005/2006年度，由于收购价格高企，导致约80%的棉花加工企业亏损。按理说，2005/2006年度高价收购亏了，今年棉花企业怎么着也该吸取点教训了，可实际又如何呢？自2006年8月上旬零星收购以来，各地收购价格竞相"攀比"，不断走高，局部地区购销价格已经出现倒挂。在新棉刚刚零星上市之际，购销价格就出现倒挂，着实令人诧异不已，棉花收购企业为什么总不长"记性"呢？仔细分析，不难找到答案。在资源有限的情况下，参与收购的加工企业却不计其数，加工能力严重过剩，如果不及早"下手"抢夺资源，就可能意味着整整一年"颗粒无收"，因此，盲目抬价哄抢资源可以说是棉花加工企业为了生存的无奈之举，在目前的市场结构下，哄抢资源也就难以避免了。与此同时，这种行为也为后期的亏损埋下了"伏笔"，因为由"自家人"把价格哄抬起来而不是因下游需求旺盛刺激价格走高的上涨尤如"空中楼阁，根基不牢"。

5. 宏观调控手段日趋完善，足以为棉价平稳运行"保驾护航"

自从1998年国内棉花市场放开后，国家对棉花市场的调控手段主要是储备和进出口。从近年来国家通过调节进口棉税率来发放配额的调控政策来看，其调控政策日趋完善，而且调控的主要目的是稳定国内棉花市场价格，避免棉价出现大幅波动。因此，从国家宏观调控以稳为主的角度判断，配额发放的数量和时机随需而行的可能性较大，即使出现意外情况，为避免可能对棉价造成的打压，保证棉价的平稳运行，不排除国家出台相关配套政策来缓冲发放配额给市场带来的冲击，比如对棉农实行补贴，或者动用国家储备来调节价格。总之，为保证棉价平稳运行，国家目前可选的调控手段较多。

结论：缺乏下游支撑，棉价走势堪忧。

2006年，可以说是政策频出的一年。在固定资产投资高速增长的情况下，为防止通货膨胀的出现，中央银行从4月28日开始接连出台政策紧缩货币流量。而纺织工业"十一五"发展纲要的重中之重就是加大结构调整力度、推进产业升级，面对纺织业近年来产能的高速扩张，国家曾几度将其列入产能过剩行业，对其调控力度不断加大；对外贸易方面，低价纺织品的大量出口引发的贸易摩擦又此起彼伏，纺织行业整体利润低下，在"内外夹击"下，纺织行业运行情况不容乐观，对高价原料的承受力不断下降，从而难以推动原料价格进一步走高。而从原料供应这一点来看，虽然2006/2007年度全球棉花依然产不足需，且缺口有所扩大，但国际市场多年来"积攒"下来的库存足以填补这一缺口，同时库存水平还将继续维持在高位运行。从以上两点可以看出，由于

下游支撑不力，2006/2007 年度国内棉价走势令人担忧，相对上一年度压力会更大。

不过需要注意的是，为维持国内棉价的平稳运行，国家运用了税率政策来提高进口棉价格，以减小低价外棉对国棉的冲击，因此，如果国内棉价大幅下跌，国家出于对棉农利益的考虑会运用其他政策手段将棉价稳定在一个合理的价位，基于上述考虑，棉价下跌的空间有限。总体来看，2006/2007 年度的棉价走势仍将取决于国家宏观调控政策以及市场参与人士之间的博弈，若国家政策调控得当、市场参与人士也更趋理性的话，2006/2007 年度棉价将继续平稳运行。

2005/2006 年度中国棉花生产形势分析

杜 珉

【作者简介】杜珉，女，1982 年毕业于西安交通大学。1993 年调入农业部农村经济研究中心，现任农研中心处长、研究员。1995 年开始，从事棉花市场政策研究。曾多次主持和参与中央财经领导小组、农业部等部委棉花产业发展课题研究。近年负责主持的农业部重大项目主要有："中国棉花市场预警方案"(2002/2003)、"后过渡期中国棉花产业发展战略"(2004/2005)以及"近期世界棉花发展格局研究"(2005/2006)等项目。自 2002 年以来，一直负责农业部中国棉花市场预警月度分析报告编写。2003 年后兼任中国棉花协会高级顾问，中国棉花协会棉农合作分会高级顾问，商务部纺织损害预警专家组专家，农业部棉花专家顾问组专家等。

一、2005/2006 年度植棉面积减少，产量下降

按照国家统计局发布数据，全国棉花种植面积为 7590 万亩，较上年减少 945 万亩，减幅为 11.07%。棉花产量为 570 万吨，较上年下降 9.8%。比较我国长江流域、黄河流域以及西北内陆三大棉区，面积下降幅度最大的是黄河流域棉区，当年种植面积为 3554 万亩，比上年减少 756 万亩，减幅达 18%；其次为长江流域棉区，植棉面积为 2092 万亩，比上年减少 7%；西北内陆棉区相对稳定，同期种植面积为 1837 万亩，比上年上升 3%；同期，在三大棉区中，产量下降幅度最大的是长江流域棉区，该棉区产量 135.3 万吨，比上年的 165.4 万吨下跌了近 30 万吨，跌幅高达 18%；其次为黄河流域棉区，同期产量为 228 万吨，跌幅为 13%；西北内陆棉区同期产量为 198.5 万吨，同比增长 5%。

分析 2005 年我国棉花面积减少，产量下降的主要原因：一是 2004 年棉花丰收，价格下跌，农户收益下降，加之棉花市场放开以后，棉花市场价格跌宕起伏，走势较难预测；二是棉花播种前夕，随着国际石油价格的上涨，农业生产资料（主要是化肥、地膜）价格提高，植棉物质成本上升，挫伤了农户植棉积极性；三是国家给予种粮农户直接补贴等扶持政策，相比之下棉花比较优势降低，农户植棉积极性下降；四是棉花生长后期黄河、长江流域部分棉区遭遇不利气候等影响，棉花产量比预期下降。

尽管如此，2005 年我国棉花产量仍居世界首位。按照国际棉花咨询委员会（ICAC）和美国农业部（USDA）等当年资料，我国植棉面积排名世界第三，但总产量稳居世界第一，这主要得益于我国棉花单产的世界水平。2005 年我国棉花单产为 75.1 公斤/亩，而同期世界棉花平均单产为46公斤/亩，我

表 3—1　2005 年我国棉花面积产量统计

单位:万亩、万吨

	省　　份	面　积			产　量		
		2005	2004	增减(%)	2005	2004	增减(%)
长江流域	江　苏	552.5	614.4	−0.10	32.27	50.3	−0.36
	湖　北	585.5	612.5	−0.04	37.5	39.5	−0.05
	安　徽	563.6	598.4	−0.06	32.46	41.2	−0.21
	湖　南	226.4	251.6	−0.10	19.75	20.3	−0.03
	四　川	41.7	53.7	−0.22	2.47	3.3	−0.25
	江　西	95.9	93.8	0.02	8.72	8.48	0.03
	浙　江	26.9	28	−0.04	2.16	2.3	−0.06
	小　计	2092.5	2252.4	−0.07	135.33	165.38	−0.18
黄河流域	河　南	1172.4	1427	−0.18	67.7	66.67	0.02
	山　东	1269.5	1588	−0.20	84.63	109.77	−0.23
	河　北	860.3	1003	−0.14	57.7	66.54	−0.13
	山　西	146.3	171.9	−0.15	10.29	12.02	−0.14
	陕　西	105.3	120.2	−0.12	7.78	8.23	−0.05
	小　计	3553.8	4310.1	−0.18	228.1	263.23	−0.13
北　部	天　津	91.8	130.4	−0.30	8.35	12.03	−0.31
	辽　宁	4.2	8	−0.48	0.27	0.5	−0.46
	小　计	96	138.4	−0.31	8.62	12.53	−0.31
西北内陆	新　疆	1740.8	1705.4	0.02	187.4	178.3	0.05
	其中兵团	690	686	0.01	98.67	87.8	0.12
	甘　肃	96	102.5	−0.06	11.05	11	0.00
	小　计	1836.8	1807.9	0.02	198.45	189.3	0.05
合　计		7579.1	8508.8	−0.109	570.5	630.4	−0.095

注:1. 资料来源于国家统计局、农业部。
2. 本表不包括其他分散棉区。

国棉花平均单产比世界平均单产高 56%。我国棉花单产在世界产棉国家中排名第五,位于澳大利亚、叙利亚、土耳其和巴西之后,但在世界棉花总产前 5 位国家中排名第一。按照美国农业部有关数据,2005 年我国棉花单产分别比印度、美国、巴基斯坦和乌兹别克斯坦等国高 150%、21%、70%和 34%。

二、棉种质量提高,种植技术改进,单产高于世界平均水平

近年来我国棉花单产水平的提高,主要得益于棉花品种的改良、植棉技术推广的进步以及植棉农户管理力度的加大。

首先,棉种质量提升,品种不断改良。2005 年是我国第十个五年计划的最后一年,据农业部"十五"期间我国棉种状况分析结果,我国棉种的总体合格率,单项指标水平均好于"九五"期间。特别是种子的净度与水分指标的控制能力分别达到了 100%和 99%。同时,我国棉花品种也在不断改良,一是转基因抗虫棉种植面积稳步扩大,品种国产化率进一步提高。2005 年,我国转基因抗虫棉的种植面积占到棉花总面积的 60%以上,国产抗虫棉品种占到整个抗虫棉品种的 80%左右,基本结束了美国转基因抗虫棉在我国棉区的主导地位。二是杂交棉品种以其特有品质呈现出良好的发展前景。近期杂交棉

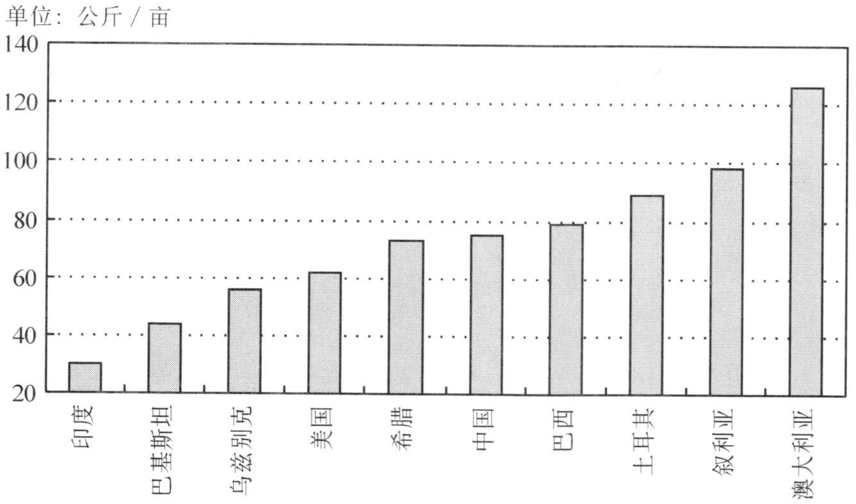

图 3—6 2005 年我国棉花单产的世界地位

资料来源：美国农业部(USDA)。

品种以其所具有的田间管理难度小，用工投入相对少，产量高、品质好等优势，在长江流域棉区推广普及，在黄河流域棉区迅速发展，并开始在西北内陆棉区试种。三是超早熟短季棉开始在黄河流域棉区试验示范。为缓解我国粮棉争地的矛盾，改进夏播棉质量品质，我国棉花育种专家在黄河流域选育试验超早熟短季棉，这一科技成果也将为我国棉花生产综合能力提供新的增长点。

其次，棉花种植技术取得新突破。2005 年我国棉花种植技术在原有适合我国棉花生产发展的基础上，如长江流域的育苗移栽技术、黄河流域地膜覆盖技术和粮棉(菜棉)套作、以及新疆棉区的宽膜覆盖与密度栽培技术、化学调控技术和膜下滴灌节水等基础上，又推出并已经开始示范无土育苗移栽技术。无土育苗移栽技术以其有利于棉种规模化生产，提高育苗水平，降低育苗风险等优势，被誉为棉花栽培种植史上的一次重大技术变革。据农业部统计，2005 年无土育苗移栽在全国已有 3 万亩的示范面积。同时，新疆棉区膜下滴灌面积进一步扩大。由于膜下灌溉能做到适时适量对棉田进行浇灌，因而膜下滴灌棉田的单产普遍高于常规灌溉棉田的产量。

第三，农户价格预期提高，棉花生长中后期投入力度大。2005 年新棉播种前夕，农业部发出《关于切实抓好 2005 年棉花生产的通知》，强调稳定棉花生产面积，继续加大棉花科技投入等。与此同时，国家有关棉花资源信息显示，国内棉花资源紧缺，发出了棉花价格可能上涨的强烈信号。棉花市场价格自 2005 年 5 月开始稳步上涨。上述种种信息增强了农户对棉花的价格预期，因而在棉花生长的中后期，农户普遍加大棉花生产田间管理力度，大部分棉区棉花取得丰产。

实践证明，棉花生产中的每次新技术和新品种的推广应用，都促进棉花产量提高。而广大棉农在棉花种植期间的合理管理，投入力度的加大又是棉花生产增长的必要因素。

三、棉花减产之年，农户植棉效益增加

2005 年尽管棉花种植面积下降，产量降低，但由于棉花市场收购价格提高，粮棉比较收益较好，以及棉花单位面积产量的提高，植棉总体收益好于上年。

首先，棉花收购价格提高是农户收益上升的直接导因。受当年棉花供求关系的影响，2005 年棉花收购价格相对较高，农户植棉收益增长。2005 年全

国棉花平均收购价格653.5元/50公斤，比2004年的545.3元/50公斤价格上涨19.8%。由于棉花收购价格的上升在很大程度上弥补了生产资料上涨对农户收入的不利影响。我国棉花种植成本主要包括物质成本和佣工作价税金和期间费用。其中物质费用包括种子、化肥、农药、浇水、机耕及其他费用。按照2005年国家统计局有关棉花种植成本统计分析，当年每亩棉花生产成本为791.5元，同比上涨35.2%，其中物质费用成本上涨了4.76%，佣工作价费用上涨了30.9%。尽管如此，由于棉花收购价格的上涨，2005年农户植棉每亩纯收益仍然达到了331.4元，同比上涨了16.3%。

表3－2　2000－2005年农户植棉成本收益表

单位：元

年　份	2000	2001	2002	2003	2004	2005
平均收购价	517.5	378.6	478.4	746.9	545.3	653.5
产值合计	839.2	689.6	889.3	1138.7	882.9	1122.9
生产成本	517.5	534.9	543.5	545.6	585.6	791.5
物质费用	226.5	222.8	222.3	242.1	282.07	295.5
用工作价	291	312	321.2	303.5	303.5	397.5
税金	55.6	52.1	40.2	37.3	0	0
含税成本	592.9	607.8	601.7	595.4	598.1	791.5
减税纯收益	247.1	82.3	287.6	543.4	284.8	331.4
成本收益率%	41.7	13.5	47.8	91.3	47.6	40.8

资料来源：《中国农村统计年鉴》。

其次，棉花单产提高增加了农户收益。按照国家统计局统计数，2005年全国棉花平均单产75.1公斤/亩，比上年提高1.4%，其中黄河流域棉区提高了4%，西北内陆棉区提高了2.4%，棉花单产的提高也相应增加了农户的植棉收入。

第三，棉花与粮食比较收益变化，提高了植棉比较收益。以与棉花替代性较强的北方小麦和南方的稻谷为例，2005年全国小麦与稻谷两种粮食平均价格为73.34元/50公斤，粮棉比价为1∶8.91，比2004年的粮棉比价提高了26%，其中黄河流域棉花与小麦比价达到1∶9.6，扣除国家对粮食的各种补贴因素，比上年提高了27.8%；长江流域棉花与稻谷的比价1∶7.8，扣除国家对粮食的各种补贴因素比上年提高了21%。由于2005年粮棉比价的提高，农民植棉收益高于往年。

四、存在的问题

尽管近几年我国棉花生产有了较大的发展，但是存在的问题依然突出，主要反映在以下几个方面：

1. 棉花品种多乱杂的问题比较严重

据农业部门调查，目前我国棉花种类包括陆地棉和海岛棉，陆地棉的类型十分丰富，包括常规棉、杂交棉、转基因抗虫棉（包括进口的美国转基因抗虫棉和国产的转基因抗虫棉）。仅2005年，通过国家和省级审定的棉花品种就达100余个，加上一些未通过审定就开始推广的品种，棉花种子多乱杂的现象非常突出。一般情况下，一个省内种植的品种达几十个。品种多乱杂的现象，直接影响了国内棉花品质质量，降低了我国棉花的国际竞争力。

2. 棉花生产减灾抗风险能力较弱

棉花生产自然风险大，在目前我国棉花生产力发展水平下，农户抗拒自然风险的能力还很弱。棉花从种到收，历时近八个月，受寒冻、酷热、干旱、雨涝、病虫害威胁的时间长和几率大。气候灾害如旱、涝、雹等和各种病虫灾害仍然是我国许多棉区生产的最大威胁，而这种威胁又是目前我国棉花生产的发展水平难以抗拒的。新中国成立以来，由于水旱病虫灾害和社会经济条件的影响，造成棉花产量下降的年份约占1/3以上。如1992年的棉铃虫灾害，全国平均单产比上年下降24.1%。2003年，由于低温、黄枯萎病、洪涝以及持续阴雨天气等灾害，国内棉花产量大幅度下降。

3. 棉花价格与成本脱节

根据全国棉花成本收益统计分析，1999年棉花流通体制改革以来，棉花成本收益出现以下情况：(1)棉花生产总成本、物质成本和人工成本除2003年特殊年份以外，均逐年递增，年均递增幅度分别为7%、8.2%和7.1%；(2)棉花价格跌宕起伏，2000—2005年年际间的涨跌幅度分别为36%、—27%、26%、56%、—27%和20%；(3)2005年，棉花价格比1999年上涨了71.3%，净利润比1999年上涨了17.4%，成本收益率比1999年下降了8.7%；(4)1999—2005年，棉花价格与总成本、物质成本和人工成本的相关性分别为0.46、0.49和0.40，棉花价格和成本之间的相关性不强；(5)棉花价格与棉花种植面积相关性为0.54，有一定的相关性。当年棉花价格上升时，来年棉花种植面积增加，反之当年棉花价格下跌时，来年棉花种植面积下跌。（参见表3—2）棉花价格与终止成本脱节，直接影响棉花生产稳定，进而影响棉花产业的健康发展。

五、政策建议

1. 加大棉花科技投入，提高棉花综合生产能力

一是尽快出台棉花良种补贴，通过棉花良种补贴手段，解决棉花品种多乱杂问题。同时抓好棉花优质品种的选用和引进，加大抗枯黄萎病、抗棉铃虫、高产和高品质棉花的推广使用，提高棉花品质，提高农户的植棉收益。二是，设立“棉花重大技术研究与推广专项资金”，加强棉花重大栽培技术，如转基因抗虫棉、无土育苗移栽、膜下滴灌等等栽培技术的研究与推广，实现棉花品种创新与配套栽培技术创新的协调发展。

2. 加强国家对棉花的宏观调控力度，建立棉花生产风险基金和灾害保险制度

鉴于棉花产业的在国民经济发展中的重要地位和棉农的弱势地位，尽快建立棉花生产风险基金和灾害保险制度。充分利用价格作为调节供给与需求的平衡器的作用，当市场供大于求，市场价格低于农户正常收益或临界点时，国家启动风险基金，进行生产性补贴，或提高储备棉价格，保护棉农利益。通过生产风险基金和灾害保险制度，保证我国棉花生产的稳定发展，保护棉农收益，平衡国内供求。

3. 积极推进棉花产业化经营，积极探索棉花产业化经营模式，完善运行机制

一是继续培育龙头企业，发展规模大、起点高和外向型的良种棉繁育场、收购加工和棉纺龙头企业，建立优质棉生产基地，促进良种棉加工企业、加工流通企业以及纺织企业与农户的长期稳定的产销关系，推进棉花的产业化经营。二是积极培育和扶持棉农专业合作社。通过产业化经营与合作社，带动分散经营的千家万户棉农，向规模化种植、标准化生产、产业化经营方向发展。使国家的棉花流通进入良性循环，最终实现国家棉花供给的有效平衡。

2005/2006 年度棉花质量情况分析

中国纤维检验局

【作者简介】中国纤维检验局始建于 1950 年，是实行公务员管理的全额预算事业单位，隶属于国家质量监督检验检疫总局。2001 年国务院颁布的《棉花质量监督管理条例》以法规的形式确立了中国纤维检验局及各级专业纤维检验机构行政执法的主体资格，明确了中国纤维检验局棉花质量监督的行政执法权，以及负责组织实施全国棉花质量监督工作，包括组织实施全国棉花公证检验、全国棉花质量监督检查和依法查处棉花质量违法行为。

按照《棉花质量监督管理条例》的要求，2005/2006 年度全国专业纤维检验机构受棉花经营者和用棉企业的委托，对 675 家棉纺企业采购的 298 万吨国产细绒棉进行了公证检验，检验量约占当年棉花产量（570 万吨）的 52.28%。我们对这部分细绒棉检验数据进行了统计分析。

一、2005/2006 年度各主产区检验份额统计

2005/2006 年度，经公证检验的 298 万吨国产细绒棉中，西北内陆地区产棉 142.86 万吨，占当年地区棉花产量（207 万吨）的 69.1%，黄河流域产棉 76.54 万吨，占当年地区棉花产量（210 万吨）的 36.45%，长江流域产棉 76.77 万吨，占当年地区棉花产量（128 万吨）的 59.98%。

经公证检验的棉花中，新疆棉比例达到 43.34%，创近五年来的最高记录，同时稳居全国首位。10 个主产省棉花在公证检验检验量中所占比例情况见图 3－7。

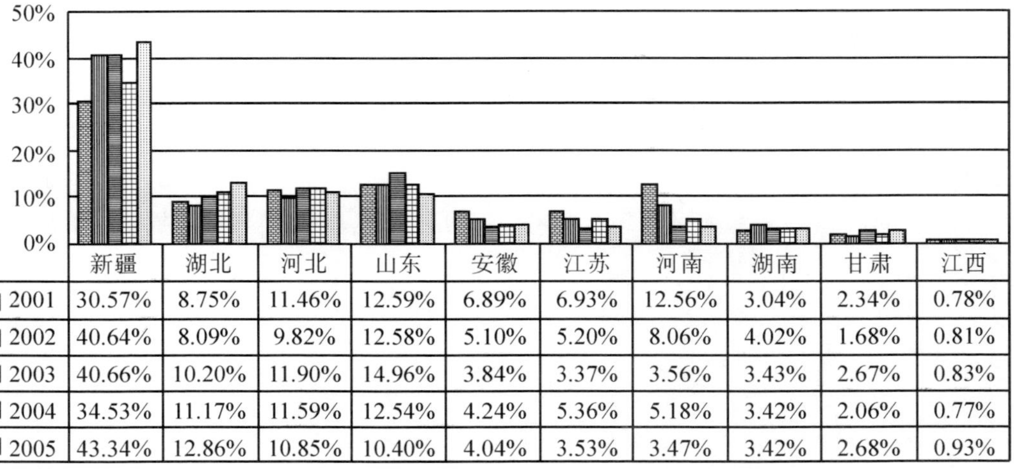

	新疆	湖北	河北	山东	安徽	江苏	河南	湖南	甘肃	江西
2001	30.57%	8.75%	11.46%	12.59%	6.89%	6.93%	12.56%	3.04%	2.34%	0.78%
2002	40.64%	8.09%	9.82%	12.58%	5.10%	5.20%	8.06%	4.02%	1.68%	0.81%
2003	40.66%	10.20%	11.90%	14.96%	3.84%	3.37%	3.56%	3.43%	2.67%	0.83%
2004	34.53%	11.17%	11.59%	12.54%	4.24%	5.36%	5.18%	3.42%	2.06%	0.77%
2005	43.34%	12.86%	10.85%	10.40%	4.04%	3.53%	3.47%	3.42%	2.68%	0.93%

图 3－7 经营棉公检主产省所占比例对比

表 3—3　经营棉公检棉花各品级比例情况对比

单位：%

品级	年度	全国	新疆	山东	河北	湖北	安徽	河南	湖南	江苏	甘肃	江西
1	2001	4.50	10.56	2.81	0.49	0.57	7.27	1.12	0.08	1.83	7.66	0.26
	2002	5.32	10.77	2.61	0.98	0.71	5.94	0.57	0.06	1.25	1.86	0.09
	2003	2.41	5.62	0.12	0.03	0.14	1.03	0.11	0.06	0.02	0.92	0.11
	2004	1.48	3.77	0.12	0.15	0.03	0.56	0.02	0.00	0.58	0.47	0.58
	2005	0.73	1.57	0.01	0.01	0.02	0.08	0.00	0.00	0.02	1.28	0.02
2	2001	30.38	28.75	47.74	27.36	18.66	41.97	24.27	6.98	39.70	29.03	29.01
	2002	29.83	35.20	42.14	25.26	14.46	45.29	19.61	4.22	27.49	20.86	25.59
	2003	13.08	23.90	5.73	4.21	6.04	14.73	1.55	1.48	3.63	12.38	10.40
	2004	15.34	24.95	11.05	8.70	5.88	27.91	3.61	1.17	18.49	9.84	21.52
	2005	13.48	23.38	4.85	7.05	3.18	15.87	0.60	1.38	4.57	15.19	21.26
3	2001	42.51	36.81	37.22	62.13	39.25	33.31	46.46	41.43	39.37	47.95	37.35
	2002	40.98	35.27	41.73	57.16	37.99	32.49	47.18	29.17	48.08	54.55	43.17
	2003	35.24	38.75	41.01	39.09	29.29	35.42	13.41	15.89	30.28	40.57	34.04
	2004	43.60	42.69	50.68	51.95	42.27	46.04	33.04	23.63	53.33	38.64	42.59
	2005	45.37	54.84	40.92	49.32	30.27	50.41	10.96	11.07	44.41	50.56	46.49
4	2001	16.89	18.00	10.05	8.57	29.18	12.61	22.35	33.69	15.08	13.92	25.24
	2002	17.20	14.45	9.65	14.40	28.95	10.75	24.64	36.22	17.52	18.67	20.75
	2003	34.12	22.50	40.92	48.48	41.78	33.89	49.75	37.27	49.19	32.57	35.50
	2004	28.92	19.59	31.35	34.27	38.72	19.18	41.90	42.99	22.41	31.56	23.42
	2005	29.13	16.18	40.10	38.21	45.22	26.22	52.70	33.11	37.62	25.41	21.26
5	2001	4.18	4.61	1.51	1.10	9.21	4.04	5.23	13.67	2.82	1.40	5.55
	2002	4.98	3.49	2.61	1.69	12.58	4.15	6.69	21.05	3.84	2.98	8.23
	2003	11.66	6.93	9.70	6.67	18.71	11.68	29.99	32.56	12.51	10.82	14.01
	2004	8.10	6.90	5.03	3.91	9.49	4.80	16.63	26.32	3.74	11.64	7.51
	2005	8.52	3.10	9.74	3.92	15.53	5.62	31.13	44.18	8.44	5.71	7.15
6	2001	0.86	0.93	0.46	0.30	2.37	0.73	0.52	3.53	0.65	0.05	2.12
	2002	1.36	0.65	0.87	0.36	4.24	1.09	1.13	8.04	1.38	0.77	2.10
	2003	2.81	1.88	1.66	0.94	3.50	2.48	4.66	11.16	3.16	2.40	5.04
	2004	1.93	1.55	1.15	0.64	2.78	0.98	4.06	4.90	1.26	6.17	3.19
	2005	2.12	0.76	3.21	0.74	4.63	1.23	4.18	8.55	3.38	1.22	3.32
7	2001	0.28	0.34	0.21	0.05	0.76	0.07	0.05	0.62	0.55	0.00	0.47
	2002	0.33	0.16	0.39	0.14	1.06	0.29	0.18	1.25	0.44	0.32	0.07
	2003	0.68	0.42	0.85	0.57	0.54	0.76	0.53	1.58	1.22	0.33	0.90
	2004	0.51	0.46	0.48	0.26	0.68	0.43	0.69	0.84	0.20	1.76	1.00
	2005	0.51	0.17	0.98	0.37	0.96	0.50	0.36	1.53	1.50	0.60	0.49

二、2005/2006 年度我国棉花品质情况

2005/2006 年度全国到厂公检棉花平均品级 3.39 级，同比下降 0.05 个级（品级指标绝对数值小的品质好，下同），其中 1—2 级棉比例为 14.21%，同比下降 2.61 个百分点，1—3 级比例为 59.58%，同比下降 0.84 个百分点，有主体品级比例（反映棉花一致性）为 66.59%，同比上升 5.15 个百分点。

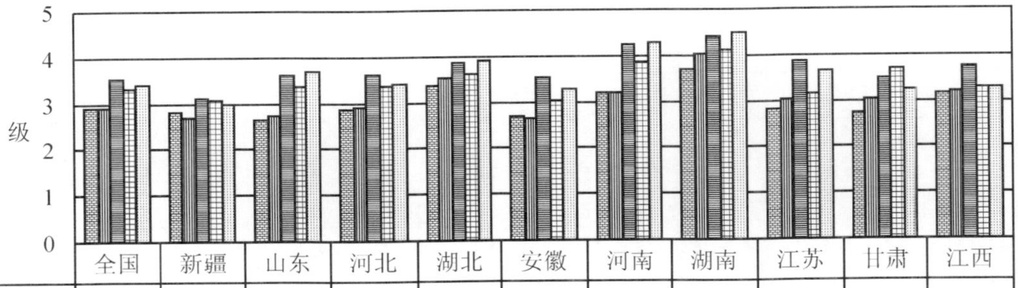

	全国	新疆	山东	河北	湖北	安徽	河南	湖南	江苏	甘肃	江西
2001	2.90	2.82	2.63	2.84	3.37	2.67	3.18	3.68	2.81	2.73	3.15
2002	2.92	2.67	2.72	2.91	3.55	2.66	3.21	4.03	3.01	3.04	3.18
2003	3.51	3.09	3.63	3.63	3.86	3.51	4.24	4.41	3.85	3.49	3.72
2004	3.34	3.07	3.35	3.36	3.62	3.04	3.86	4.12	3.15	3.69	3.29
2005	3.39	2.99	3.68	3.42	3.9	3.27	4.28	4.51	3.66	3.25	3.26

图 3—8 经营棉公检棉花平均品级对比

表 3—4 经营棉公检棉花各长度级比例情况

单位：%

长度(mm)	年度	全国	新疆	山东	河北	湖北	安徽	河南	湖南	江苏	甘肃	江西
31	2001	3.08	0.13	3.17	19.72	0.18	0.72	0.64	1.48	0.64	0.00	0.00
	2002	1.49	0.42	0.78	10.78	0.13	0.55	0.34	0.06	0.20	0.00	0.20
	2003	0.56	0.42	0.15	2.89	0.22	0.14	0.00	0.03	0.22	0.00	0.00
	2004	0.14	0.17	0.03	0.10	0.07	0.03	0.00	0.05	0.92	0.00	0.00
	2005	0.53	1.17	0.04	0.07	0.01	0.00	0.00	0.00	0.39	0.00	0.00
30	2001	12.19	3.47	20.26	42.36	2.81	11.44	8.03	9.92	13.82	2.56	1.81
	2002	8.94	3.39	12.84	32.99	3.26	9.94	7.51	2.53	16.68	3.11	2.53
	2003	5.12	4.30	3.65	17.93	3.00	3.94	1.52	1.18	4.63	0.83	0.93
	2004	2.47	1.47	1.73	7.57	0.94	2.30	0.82	0.49	12.60	0.06	1.42
	2005	1.40	1.51	0.97	2.97	0.25	0.48	0.13	0.00	6.71	0.07	0.00
29	2001	63.77	62.80	72.39	35.58	52.04	79.86	76.71	49.78	76.81	65.39	73.87
	2002	71.42	76.13	79.88	53.02	61.07	82.28	75.96	47.69	73.35	64.41	72.36
	2003	57.63	64.04	74.77	64.19	55.33	70.58	36.71	37.04	66.45	45.18	55.32
	2004	70.46	70.44	85.30	82.51	63.46	80.29	64.25	46.90	77.70	25.02	68.09
	2005	71.96	81.33	76.97	84.4	52.91	82.06	41.94	22.74	71.62	31.32	77.21
28	2001	14.25	23.49	1.97	1.12	29.07	3.95	9.74	20.19	5.57	28.66	15.73
	2002	11.11	14.68	3.15	1.52	17.40	2.72	9.50	18.66	4.76	24.75	14.69
	2003	22.14	19.47	11.35	9.14	20.23	12.61	28.47	17.77	15.02	34.59	24.27
	2004	15.48	17.83	7.35	5.91	22.72	11.62	15.06	21.83	4.40	46.73	19.00
	2005	14.99	11.75	9.18	8.31	25.87	10.81	24.34	22.81	9.22	51.56	12.85
27	2001	4.92	8.42	1.51	0.73	10.75	2.72	3.97	10.00	1.53	3.07	3.81
	2002	4.28	4.09	1.68	0.98	9.43	2.38	4.31	15.01	1.92	5.71	6.63
	2003	9.02	8.02	6.15	3.61	13.39	7.62	23.08	23.43	7.00	13.78	10.52
	2004	6.95	6.60	3.01	2.30	7.29	3.36	11.15	19.84	2.30	15.35	5.86
	2005	6.86	2.88	6.61	2.44	12.47	3.75	23.77	34.05	5.61	13.76	4.50
26	2001	0.81	0.56	0.02	0.18	2.38	0.78	0.50	5.26	0.50	0.29	2.64
	2002	1.31	0.57	0.58	0.32	4.16	0.98	1.44	8.08	1.46	1.12	1.82
	2003	2.64	1.62	1.72	0.88	4.83	1.98	6.05	9.24	2.86	3.58	3.90
	2004	1.97	1.55	1.04	0.72	2.40	1.12	4.63	6.26	0.67	4.94	1.59
	2005	1.69	1.69	2.16	0.39	3.19	1.27	6.28	12.45	1.63	1.11	1.70

续表

长度	年度	全国	新疆	山东	河北	湖北	安徽	河南	湖南	江苏	甘肃	江西
25	2001	0.98	1.13	0.68	0.31	2.77	0.53	0.41	3.37	1.13	0.02	2.14
	2002	1.45	0.72	1.09	0.39	4.54	1.15	0.94	7.96	1.63	0.91	1.78
	2003	2.89	2.14	2.21	1.36	3.01	3.12	4.16	11.31	3.81	2.04	5.06
	2004	2.14	1.86	1.44	0.81	2.95	1.11	3.98	4.53	1.37	7.61	3.60
	2005	2.35	0.91	3.70	1.25	4.97	1.49	3.53	7.91	4.34	1.77	3.70

平均长度为28.53mm，同比下降0.06mm，其中长度级30mm以上比例为1.93%，同比下降0.95个百分点，28mm以上比例为88.88%，同比上升0.06个百分点。

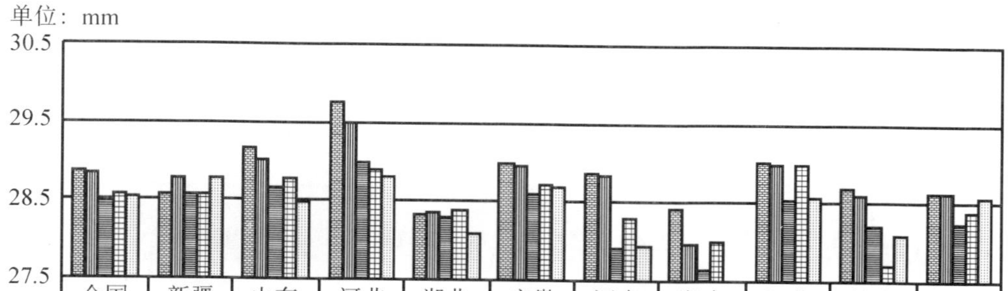

	全国	新疆	山东	河北	湖北	安徽	河南	湖南	江苏	甘肃	江西
2001	28.86	28.57	29.15	29.77	28.34	28.99	28.87	28.43	29.01	28.67	28.63
2002	28.83	28.77	29.02	29.49	28.37	28.96	28.82	27.98	28.98	28.60	28.62
2003	28.47	28.56	28.66	28.99	28.30	28.58	27.92	27.64	28.52	28.20	28.24
2004	28.56	28.56	28.76	28.9	28.40	28.71	28.31	28.00	28.97	27.69	28.39
2005	28.53	28.77	28.47	28.79	28.10	28.69	28.69	27.39	28.55	28.10	28.57

图3—9　经营棉公检平均长度对比

表3—5　经营棉公检棉花主体马克隆值级比例情况

单位：%

主体马克隆值级	年度	全国	新疆	山东	河北	湖北	安徽	河南	湖南	江苏	甘肃	江西
A	2001	34.17	45.14	41.48	27.27	12.87	15.36	37.41	8.82	21.65	55.42	25.56
	2002	39.07	49.48	40.26	33.11	21.08	13.92	42.83	10.01	30.44	40.56	18.09
	2003	37.44	48.56	37.10	31.83	19.63	17.86	26.89	13.16	29.14	44.84	14.72
	2004	38.12	41.55	50.63	48.91	21.23	17.06	40.61	14.26	25.10	39.92	6.13
	2005	36.31	46.78	38.53	32.51	23.27	12.84	50.77	4.98	16.91	64.96	2.96
B	2001	48.04	42.75	46.29	59.47	45.32	56.10	39.72	53.29	71.05	28.56	54.90
	2002	45.84	40.83	46.81	47.08	61.08	70.29	32.72	54.97	62.01	19.92	63.77
	2003	44.34	39.00	52.78	62.22	39.03	50.99	25.15	59.23	37.57	21.17	52.67
	2004	43.41	46.66	32.84	33.98	51.29	49.30	37.41	58.09	53.81	28.34	60.71
	2005	53.37	45.79	52.61	62.22	64.79	72.84	36.50	59.04	74.04	22.58	51.18
C	2001	17.71	11.21	12.25	13.28	41.32	28.54	22.73	37.96	7.27	16.02	18.71
	2002	15.09	9.69	12.93	19.81	17.84	15.79	24.45	35.02	7.55	39.52	18.14
	2003	18.22	12.44	10.12	5.95	41.34	31.14	47.96	27.61	33.28	33.98	32.61
	2004	16.96	10.31	15.42	16.42	25.60	32.78	19.86	25.04	20.10	26.86	30.55
	2005	8.42	6.64	5.68	4.01	8.18	13.28	10.37	30.13	5.74	11.34	43.21

主体马克隆值级 A 级（高等级）比例为 36.31%，同比下降 1.81 个百分点。

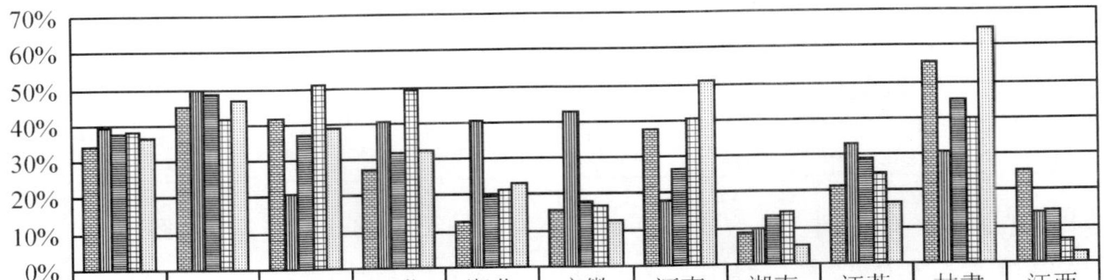

	全国	新疆	山东	河北	湖北	安徽	河南	湖南	江苏	甘肃	江西
2001	34.17%	45.14%	41.48%	27.27%	12.87%	15.36%	37.41%	8.82%	21.65%	55.42%	25.56%
2002	39.07%	49.48%	21.08%	40.26%	40.56%	42.83%	18.09%	10.01%	33.11%	30.44%	13.92%
2003	37.44%	48.56%	37.10%	31.83%	19.63%	17.86%	26.89%	13.16%	29.14%	44.84%	14.72%
2004	38.12%	41.55%	50.63%	48.92%	21.23%	17.06%	40.61%	14.26%	25.11%	39.92%	6.13%
2005	36.31%	46.78%	38.53%	32.51%	23.27%	12.84%	50.77%	4.98%	16.91%	64.96%	2.96%

图 3－10 经营棉公检主体马克隆值 A 级比例对比

发现异性纤维的比例按重量计算为 18.89%，同比减少 2.06 个百分点。

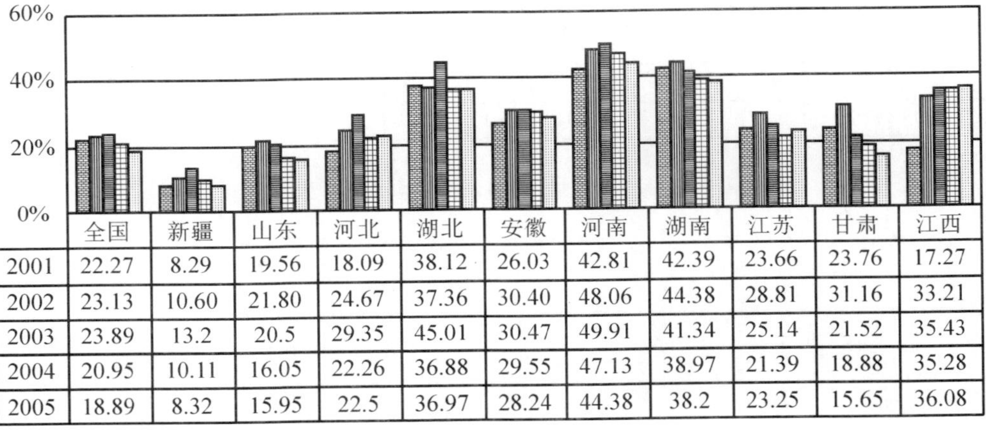

	全国	新疆	山东	河北	湖北	安徽	河南	湖南	江苏	甘肃	江西
2001	22.27	8.29	19.56	18.09	38.12	26.03	42.81	42.39	23.66	23.76	17.27
2002	23.13	10.60	21.80	24.67	37.36	30.40	48.06	44.38	28.81	31.16	33.21
2003	23.89	13.2	20.5	29.35	45.01	30.47	49.91	41.34	25.14	21.52	35.43
2004	20.95	10.11	16.05	22.26	36.88	29.55	47.13	38.97	21.39	18.88	35.28
2005	18.89	8.32	15.95	22.5	36.97	28.24	44.38	38.2	23.25	15.65	36.08

图 3－11 经营棉公检棉花异性纤维对比

三、近年国棉品质下降原因浅析

从统计数据来看，2003/2004 年度受棉花价格剧烈波动的影响，棉花质量大幅下降，2004/2005 年度、2005/2006 年度棉花价格行情虽然基本平稳，但是棉花质量仍低于 2003/2004 年度以前。我们分析，主要有以下原因：

1. 市场供求关系影响棉花质量

棉花市场全面放开后，市场供求形势紧张，棉价上升，棉花质量下降，甚至出现掺杂使假的问题；市场供大于求，棉价走低，棉花质量则有所提高。但从 2004、2005 两个年度来看，市场供求关系对棉花质量的影响正在减弱。

2. 混等混级问题严重

造成混等混级的原因主要有两个方面：一是近年来棉花价格变化较快，波动幅度远大于棉花等级差价，优质优价没有充分体现，将棉花分选后销售反而不如将好棉、差棉掺混后销售统花合算，棉农、收购加工企业、纺织企业对棉花质量的敏感程度远低于对价格的敏感；二是随着棉花收购环节放开，收购主体多元化，棉贩大量增加，而其不具备分等级收购的手段和条件，加工企业从棉贩手中收购时想严格按标准区分等级收购棉花难以实现。

3. 棉花育种的影响

目前单产成为决定棉农收成的主要因素，因此棉花育种侧重产量，忽视质量。棉花育种科研队伍有国家、省级、地市以及大量个体育种者，品种雷同现象非常普遍，棉花品种多而杂也是造成棉花质量下降的原因之一。

四、2005/2006 年度主要产区棉花质量情况

1. 新疆

2005/2006 年度到厂公检棉花中，新疆棉平均品级 2.99 级，是全国唯一一个平均品级在三级以上的产棉区，但与 2001、2002/2003 年度的 2.82 级、2.67 级相比有所下降。其中 1—2 级棉比例为 24.95%，为五个棉花年度以来最低值，1—3 级棉比例为 79.79%，有主体品级比例为 72.58%。平均长度为 28.77mm，与 2002/2003 年度持平，高于 2001、2003、2004/2005 年度水平，仅次于河北棉，其中长度级 30mm 以上比例为 2.68%，28mm 以上比例为 95.76%。主体马克隆值级 A 级（高等级）比例为 46.78%。发现异性纤维的比例按重量计算为 8.32%，明显低于其他各产棉省。总体来看，新疆棉品质优势明显。

2. 河北

2005/2006 年度到厂公检棉花中，河北棉平均品级 3.42 级，其中 1—2 级棉比例为 7.06%，1—3 级棉比例为 56.38%，有主体品级比例为 66.92%。平均长度为 28.79mm，居全国首位，其中长度级 30mm 以上比例为 3.04%，28mm 以上比例为 95.75%。主体马克隆值级 A 级（高等级）比例为 32.51%。发现异性纤维的比例按重量计算为 22.5%。总体来看，河北棉长度指标优势明显。

3. 山东

2005/2006 年度到厂公检棉花中，山东棉平均品级 3.68 级，其中 1—2 级棉比例为 4.86%，1—3 级棉比例为 45.78%，有主体品级比例为 64.73%。平均长度为 28.47mm，其中长度级 30mm 以上比例为 1.01%，28mm 以上比例为 87.16%。主体马克隆值级 A 级（高等级）比例为 38.53%。发现异性纤维的比例按重量计算为 15.95%。总体来看，山东棉品级、长度、马克隆三项指标均低于往年同期水平，质量情况下滑，但是异性纤维方面控制较好，是近五年来的最好水平。

4. 河南

2005/2006 年度到厂公检棉花中，河南棉平均品级 4.28 级，其中 1—2 级棉比例为 0.60%，1—3 级棉比例为 11.56%，有主体品级比例为 68.22%。平均长度为 27.95mm，其中长度级 30mm 以上比例为 0.13%，28mm 以上比例为 66.41%。主体马克隆值级 A 级（高等级）比例为 50.77%。发现异性纤维的比例按重量计算为 44.38%。总体来看，河南棉品质不高，且异性纤维问题最为严重。

5. 湖北

2005/2006 年度到厂公检棉花中，湖北棉平均品级 3.90 级，其中 1—2 级棉比例为 3.20%，1—3 级棉比例为 33.47%，有主体品级比例为 55.16%。平均长度为 28.10mm，其中长度级 30mm 以上比例为 0.26%，28mm 以上比例为 79.04%。主体马克隆值级 A 级（高等级）比例为 23.27%。发现异性纤维的比例按重量计算为 36.97%，明显低于其他各产棉省。总体来看，湖北棉品质状况居中，但是一致性较差，异性纤维含量较高。

6. 安徽

2005/2006 年度到厂公检棉花中，安徽棉平均品级 3.27 级，其中 1—2 级棉比例为 15.95%，1—3 级棉比例为 66.36%，有主体品级比例为 63.27%。平均长度为 28.69mm，其中长度级 30mm 以上比例为 0.48%，28mm 以上比例为 93.35%。主体马克隆值级 A 级（高等级）比例为 12.84%，主体马克隆值级以 B 级为主。发现异性纤维的比例按重量计算为 28.24%。安徽棉近年品质有所下降，尤其是高等级棉所占比例持续下滑，从高于全国平均水平

滑落到全国平均水平之下。

7. 湖南

2005/2006 年度到厂公检棉花中，湖南棉平均品级 4.51 级，其中 1—2 级棉比例为 1.38%，1—3 级棉比例为 12.45%，有主体品级比例为 56.16%。平均长度为 27.39mm，其中没有长度级在 30mm 以上的，28mm 以上比例为 45.55%。主体马克隆值级 A 级(高等级)比例为 4.98%。发现异性纤维的比例按重量计算为 38.2%。总体来看，湖南棉多项棉花质量指标都是全国最低的，与往年相比，棉花品质也有所降低。

8. 江苏

2005/2006 年度到厂公检棉花中，江苏棉平均品级 3.66 级，其中 1—2 级棉比例为 4.59%，1—3 级棉比例为 49%，有主体品级比例为 56.29%。平均长度为 28.55mm，其中长度级 30mm 以上比例为 7.10%，28mm 以上比例为 87.94%。主体马克隆值级 A 级(高等级)比例为 16.91%。发现异性纤维的比例按重量计算为 23.25%。

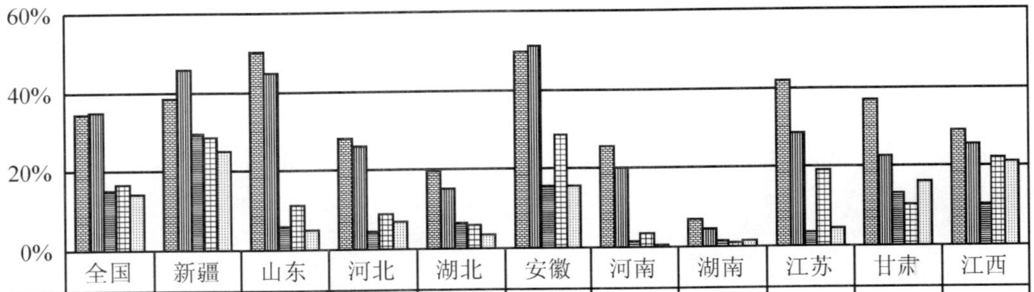

	全国	新疆	山东	河北	湖北	安徽	河南	湖南	江苏	甘肃	江西
2001	34.49%	38.47%	50.22%	27.87%	19.82%	49.65%	25.74%	6.87%	41.92%	36.68%	28.79%
2002	35.15%	45.97%	44.75%	26.24%	15.17%	51.23%	20.18%	4.28%	28.74%	22.72%	25.68%
2003	15.49%	29.52%	5.86%	4.25%	6.18%	15.77%	1.65%	1.54%	3.65%	13.30%	10.50%
2004	16.82%	28.73%	11.17%	8.85%	5.91%	28.47%	3.36%	1.17%	19.07%	10.31%	22.10%
2005	14.21%	24.95%	4.86%	7.06%	3.20%	15.95%	0.60%	1.38%	4.59%	16.47%	21.28%

图 3—12 经营棉公检品级 1—2 级比例对比

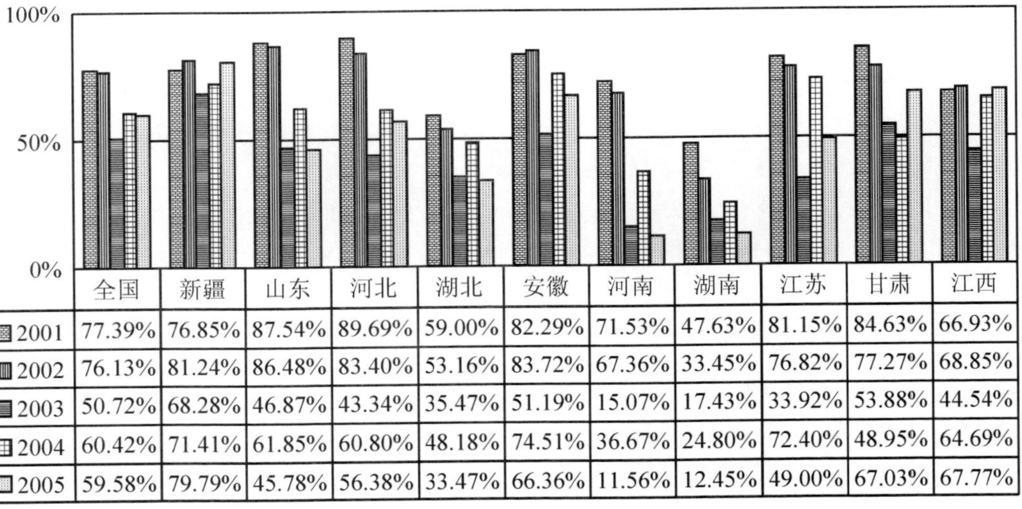

	全国	新疆	山东	河北	湖北	安徽	河南	湖南	江苏	甘肃	江西
2001	77.39%	76.85%	87.54%	89.69%	59.00%	82.29%	71.53%	47.63%	81.15%	84.63%	66.93%
2002	76.13%	81.24%	86.48%	83.40%	53.16%	83.72%	67.36%	33.45%	76.82%	77.27%	68.85%
2003	50.72%	68.28%	46.87%	43.34%	35.47%	51.19%	15.07%	17.43%	33.92%	53.88%	44.54%
2004	60.42%	71.41%	61.85%	60.80%	48.18%	74.51%	36.67%	24.80%	72.40%	48.95%	64.69%
2005	59.58%	79.79%	45.78%	56.38%	33.47%	66.36%	11.56%	12.45%	49.00%	67.03%	67.77%

图 3—13 经营棉公检品级 1—3 级比例对比

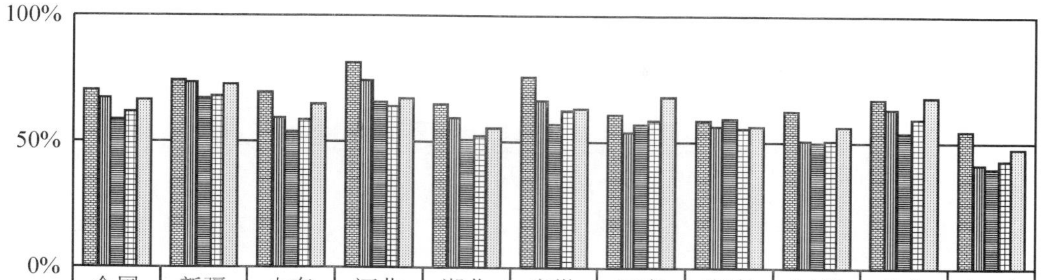

	全国	新疆	山东	河北	湖北	安徽	河南	湖南	江苏	甘肃	江西
2001	70.35%	74.60%	69.72%	81.17%	64.53%	75.85%	60.98%	58.65%	62.55%	67.57%	54.37%
2002	67.26%	73.78%	59.21%	74.16%	59.54%	66.58%	53.92%	56.56%	50.83%	63.34%	41.08%
2003	58.79%	67.21%	53.84%	65.62%	51.12%	56.98%	56.67%	59.28%	50.20%	53.62%	39.60%
2004	61.44%	68.13%	58.46%	63.73%	52.72%	62.79%	58.61%	55.31%	51.08%	59.54%	42.63%
2005	66.59%	72.58%	64.73%	66.92%	55.16%	63.27%	68.22%	56.16%	56.29%	67.63%	47.62%

图 3－14　经营棉公检有主体品级比例对比

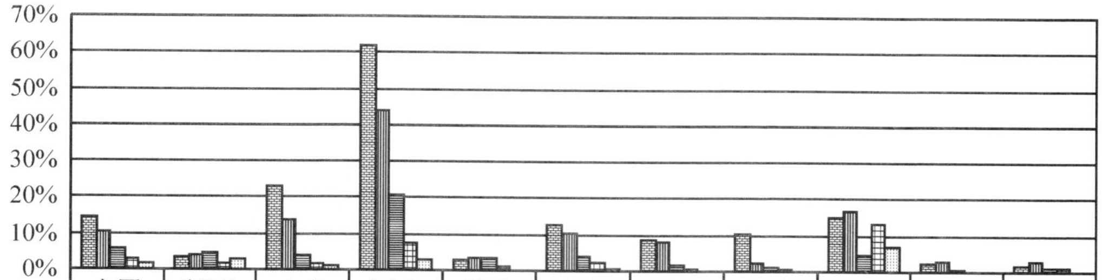

	全国	新疆	山东	河北	湖北	安徽	河南	湖南	江苏	甘肃	江西
2001	14.45%	3.48%	23.33%	61.81%	2.78%	12.74%	8.58%	10.31%	14.77%	2.56%	1.98%
2002	10.43%	3.81%	13.62%	43.77%	3.39%	10.49%	7.85%	2.59%	16.88%	3.11%	2.73%
2003	5.67%	4.72%	3.80%	20.82%	3.21%	4.08%	1.52%	1.21%	4.86%	0.83%	0.93%
2004	2.88%	1.64%	1.76%	7.67%	1.10%	2.33%	0.82%	0.54%	13.52%	0.06%	1.42%
2005	1.93%	2.68%	1.01%	3.04%	0.26%	0.48%	0.13%	0.00%	7.10%	0.07%	0.00%

图 3－15　经营棉公检长度 30mm 以上比例对比

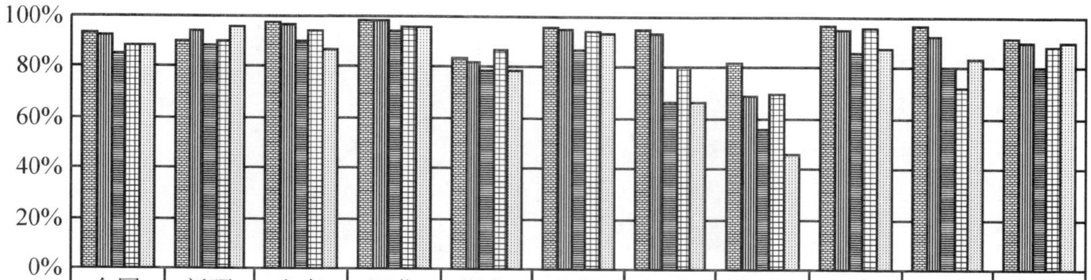

	全国	新疆	山东	河北	湖北	安徽	河南	湖南	江苏	甘肃	江西
2001	93.25%	90.44%	97.62%	98.70%	83.82%	95.65%	94.83%	81.74%	96.87%	96.61%	91.49%
2002	92.96%	94.62%	96.65%	98.31%	81.86%	95.49%	93.31%	68.94%	94.99%	92.27%	89.78%
2003	85.45%	88.23%	89.92%	94.15%	78.78%	87.27%	66.71%	56.01%	86.33%	80.60%	80.52%
2004	88.82%	89.91%	94.41%	96.09%	87.19%	94.24%	80.13%	69.27%	95.62%	71.81%	88.51%
2005	88.88%	95.76%	87.16%	95.75%	79.04%	93.35%	66.41%	45.55%	87.94%	83.35%	90.06%

图 3－16　经营棉公检长度 28mm 以上比例对比

2005/2006年度质检体制改革对棉花加工行业发展的影响

康玉国

【作者简介】康玉国，高级工程师，1981—1989年攻读清华大学本科和硕士学位。1992年10月参加筹备中华棉花总公司，进入棉花行业。1998年起担任全国供销合作总社棉麻局加工处处长，棉花工业标准化技术委员会副主任，2006年受聘为科技部项目评审专家。现任中棉工业公司副总经理、中国棉花协会副秘书长、中国棉花协会棉花加工分会副会长兼秘书长，国家棉花质量检验体制改革协调指导小组办公室成员。

经过2003/2004年度的试点和2004/2005年度的推广后，我国棉花质量检验体制改革在2005/2006年度进入快速推进阶段，改革带来的经济效益、社会效益逐步显现，质量检验体制改革的意义和作用已被越来越多的棉花企业、纺织企业认可和接受，对棉花加工业实现规模化生产、合理化布局、规范化秩序调整产生了越来越深刻的影响。

一、2005/2006年度棉花质量检验体制改革情况

2005年，国家规划改造棉花加工企业322家、生产线353条，实际完成改造企业138家、生产线142条。

2006年国家规划改造棉花加工企业329家、生产线342条，截至2006年12月31日，实际完成改造企业373家(其中有107家为2005年列入规划的企业)、生产线408条(其中有124条为2005年规划数)。截至2006年12月31日，全国按新体制要求改造棉花加工企业530个、生产线568条。

根据中国纤维检验局公布的新体制棉花质量公证检验情况，2005年9月—2006年8月，参加新体制公证检验的棉花加工企业99家，共有58个实验室具备承担仪器化公证检验条件，配备HVI(大容量棉花纤维测试仪)75台(套)，其中23个实验室承担了仪器化公证检验任务，共检验棉花38万多包，约8.55万吨。2005/2006年度列入规划的加工企业约有30%申报了公检，申报公检的企业只有约30%的棉花实施了公证检验；新体制棉花进入专业仓储的目标没有实现。

2006年9—12月，公证检验新体制棉花2420797包，约55万吨皮棉，是2005/2006年度的6.4倍。以下是2005/2006年度全国各地区参加公检的皮棉量分布表。

表3—6　2006年9—12月新体制棉花公证检验情况

省份	仪器检验棉花数量(包)	仪器检验棉花重量(吨)
新疆	2129954	483499.56
河北	90745	20599.12
山东	58705	13326.04
湖北	49134	11153.42
甘肃	49357	11204.04
河南	23555	5346.99
安徽	9596	2178.29
江苏	9751	2213.48
合计	2420797	549520.92

从表中可看出各地改革的进度差别较大，新疆自治区、河北省改革的进程较快，新疆自治区2005、2006年共有325家棉花加工企业参与棉花加工技

术及设备改造，占新疆规划数的93.7%，占全国实际改造企业数的61.3%。

二、2005/2006年度我国棉花加工行业结构及其变化特点

自1999年我国开展棉花流通体制改革以来，受利益的驱动，大量资本进入棉花加工行业，使棉花加工行业在数年间急剧膨胀，加之一些地区市场准入标准偏低，导致棉花加工企业过多，加工能力严重过剩。在全国的上万家棉花加工企业中，有国有、集体、民营、个体等多种所有制形式的棉花加工企业，供销社棉花加工企业一统天下的局面被彻底打破。

2003/2004年度，棉花质量检验体制改革进行试点，《棉花质量检验体制改革方案》、《全国棉花加工业生产设备更新改造规划的意见》及2006年度最新颁布的《棉花加工资格认定和市场管理暂行办法》等法规和政策的出台，为我国棉花加工业的未来发展之路明确了方向，也明确了参与改革的棉花加工企业应具备的基本技术条件。在2005/2006年度的棉花加工工业发展中，与棉花质量检验体制改革有关的政策法规及对参与棉花质量检验体制改革的棉花加工企业的支持措施和优惠政策起到了明显的导向作用。

1. 棉花加工企业数量增幅继续下降，新增投资主要是围绕质量检验体制改革进行

经过改革的试点和两个年度的推广和宣传，棉花质量检验体制改革已被越来越多的业内人士所了解和接受，2005/2006年度棉花加工企业增幅比前几年度有明显下降，绝大多数在棉花加工领域的新增投资主要是对棉花加工技术及设备进行改造升级，以符合棉花质量检验体制改革的要求。从最近几年400吨液压棉花打包机和200吨液压棉花打包机的销售情况就可以看出新增投资的棉花加工企业设备选型的变化和棉花质量检验体制改革的导向作用（见图3—17、3—18）。

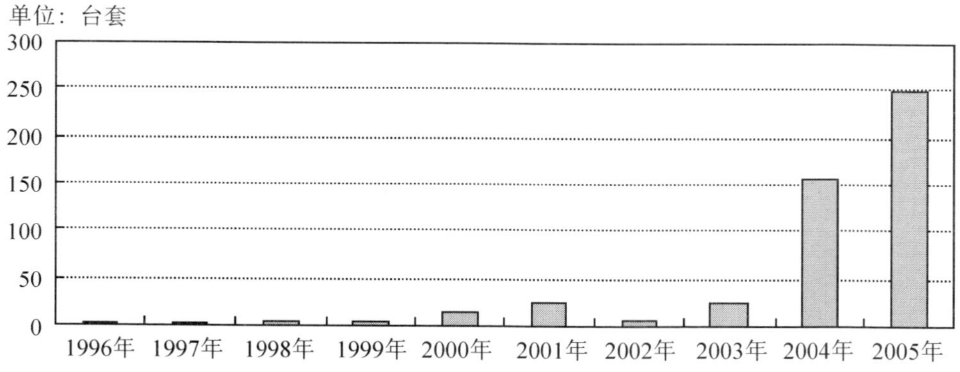

图3—17　近年来400型液压棉花打包机销量变化情况

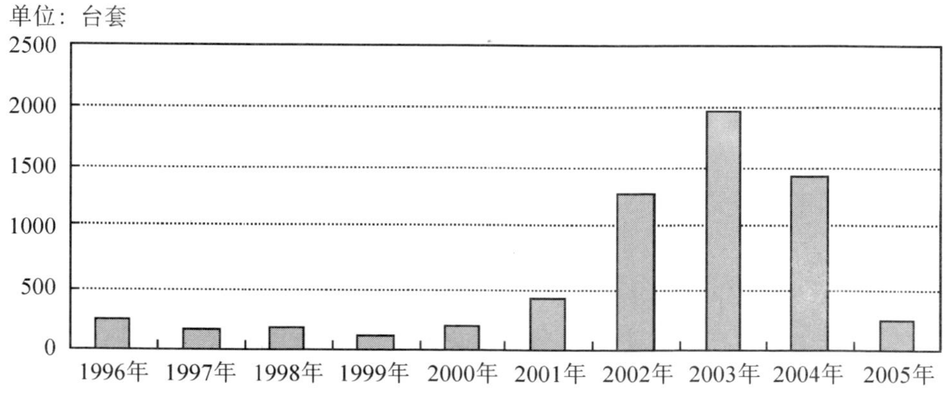

图3—18　近年来200型液压棉花打包机销量变化

2. 小型棉花加工企业逐步退出市场，大型棉花加工企业数量增加但经营困难

就行业整体形势而言，从2003/2004年度以来，由于市场价格波动大，形势变化快，不少棉花企业连续发生严重亏损或者处在亏损边缘，很多企业多年的积累消耗殆尽。一是一些参与棉花市场淘金的民营企业由于收购资金的缺乏、市场决策及操作难度的加大和参与质量检验体制改革需增加投资及过渡期限即将结束的原因，日子难以为继，等待着被收购或干脆停业，退出市场。二是大型棉花加工企业出于对改革政策的期盼和加工资格的压力，纷纷参加了质检改革，成为改革的推动力量，但在目前的改革过渡期间仍然面临着生存的巨大压力，投入了相当多的资金参与了改革，而在相关政策不配套、不完善的情况下，资源占有能力有限，而且加工成本比小棉花加工企业要高出很多，他们认为没有得到实质性好处，经营、发展面临困难。

3. 外资积极进入中国棉花加工市场，抢占棉花资源

按照我国入世承诺，外资将进入国内棉花市场。2005年底取得中国国内棉花收购加工资格的路易·达孚集团已经同国内上百家轧花厂和几十家棉花仓库签订协议，大量收购棉花，并以较低价格销售。该公司是全球最大的农产品跨国集团之一，据称可以拿出30亿美元在中国收购棉花。其他一些国际棉商也已着手准备在国内的收购工作。中国棉花流通企业以目前状况，不足以和国外企业抗衡，难免产生类似大豆市场的不良后果。

三、2005/2006年度我国棉花加工企业经济运行情况及特点

总体而言，2005/2006年度我国棉花加工企业经济运行情况及特点体现为以下几点：

1. 规模化企业的优势逐步显现

由于棉花质量检验体制改革加工企业在工艺、设备、人员上都进行了较大幅度的提升和改进，在实际的棉花加工环节中，规模化的企业用工数量减少、加工效率大大提高，生产成本降低，而且由于加工工艺和设备先进，棉花加工质量好，大包棉花已被越来越多的纺织企业所接受和认可，质量好的大包棉可以比市场普通棉花价格高300－500元/吨的价格销售，可以预见，大包棉终将成为未来棉花市场的主流。

2. 新技术、新标准、新理念越来越受重视

随着新疆棉区棉花产量的不断扩大以及采棉工成本的不断增加，新疆机采棉加工工艺及设备推进速度加快，烘干设备广泛采用，棉花加工环节的技术含量不断提高；随着棉花质量检验体制改革的推进，新的强制性棉花包装标准已制定完成，等待发布实施。该标准的实施将进一步规范我国的棉花包装，确定新的棉花包装材料发展方向，对减少异性纤维的危害、发展现代棉花物流将发挥重要作用；随着国际化步伐的加快，进口棉花数量的增加，越来越多的棉花加工企业学习国际先进经营理念，运用棉花期货、电子撮合等新的贸易方式规避风险、提高效益。

3. 市场波动过大，经营风险增加

据中国棉花网2005年6月对棉花和纺织企业的一些调查显示，2005/2006年度被调查企业中20%企业亏损，58%利润率低于5%，仅有22%利润率在5%以上。如果单从棉花企业来看，亏损的比例还要大些。连续经历市场的摔打之后，棉花企业不仅亏损严重，元气大伤，而且对棉花市场多了一分难以把握的恐惧和敬畏。2006/2007年度，绝大多数棉花加工企业无论是在决策和行动上都明显理智了很多。

4."僧多粥少"局面仍未改变，市场秩序亟待规范

棉花市场放开后，各类收购加工企业增加了三倍，争抢资源，造成秩序混乱，抬级抬价时有发生。国家虽然倡导棉花加工企业规模化、规范化，但在小轧花企业的围逼下，有时为了占有资源而人为抬高籽棉收购价格，致使原料采购成本加大。参与质量检验体制改革的加工企业在质量保障上投入了大量的人力、物力和财力，增加了成本，在目前的市场环境下，越是规模化、规范化的企业，受到的伤害越深。国家有关部门也充分认识到了问题的重要性，专门出台了新的《棉花加工资格认定和市场管理暂行办

法》，不符合本办法规定的棉花加工企业将没有资格参与到未来的棉花加工市场中。

四、2006/2007 年度棉花质量检验体制改革及棉花加工业前景展望

随着改革的深入和各种配套措施的出台和完善，棉花质量检验体制改革将在 2006/2007 年度进一步加快进度。

1. 质检改革将巩固我国棉花大国地位

我国是最大的棉花生产国、消费国和进口国，也是最大的棉纺织品出口国。如此巨大的市场规模，中国理应成为国际棉花、纺织品贸易中的市场主导者，可恰恰相反，我们始终处于被动地位。我们的市场规模做得很大，但没有做得很强，是棉花生产加工大国，但不是棉花生产加工强国。棉花质量检验体制改革的推进，让一部分有竞争力的棉花加工企业获得政策支持，发展壮大，将有效地解决我国棉花生产、加工、流通中长期存在的各种问题，加快我国棉花产业从数量经济向质量经济的转变。

2. 参与质量检验体制改革的加工企业的优势将逐渐增强

新体制企业比较一般企业规模大、加工能力强、管理规范、资金实力相对较强，能够实现大批量的收购、加工，皮棉一致性好。对大型纺织企业能实现成批量的稳定的供货方式，非常有利于纺织配棉的稳定性。成包皮棉逐包检验，内在质量一目了然，棉纺企业可以有针对性的进行采购，避免了质量风险和贸易纠纷。

改革后的棉花加工企业，直接加工成本大大降低。在保证一定加工规模的前提下，包装、人工、电费等加工成本每吨皮棉可降低 100 元以上。

具备精挑“三丝”的基本条件。“三丝”问题是困扰我国棉花发展的一大难题。挑拣“三丝”没有足够的场地是不可能实现的。新体制棉花加工企业都有足够的加工场地，从而保证了最大限度的减少“三丝”带来的危害，在棉花质量方面有优势。

另外国家陆续出台的一些对新体制棉的优惠政策，如铁路部门优先运输、给使用者奖励进口配额、不再重复检验等以及鼓励纺织企业优先使用大包棉的若干措施都会增强参加改革加工企业的综合竞争力。

3. 企业自主创新能力将不断增强，走出去战略大有可为

我国棉花加工企业、棉机制造企业与国际交往的日益增多以及国内纺织业发展对棉花的强劲需求，将促使我国棉花企业跳出国内日益激烈的竞争环境，站在更广的国际视野内寻找发展的机会，而国外棉花企业也在寻求与中国企业合作经营，这种双方的共同愿望将促进国内外棉业界的合作在 2006/2007 年度达到一个新的水平。同时，随着国家对三农问题重视程度的不断加强，特别是对企业自主创新能力的支持，棉花行业以自主创新为主题的科技型企业、信息企业将不断涌现并发展壮大。一批有自主知识产权的新技术、新设备将进入棉花产业，推动棉花产业的发展。

4. 质检改革将推动我国纺织企业发展壮大，实现产业升级

目前，我国棉花产业和棉纺织工业发展进入了新的阶段。纺织品无配额时代的来临，对于中国这样一个全球首屈一指的纺织大国来说，无疑是一个巨大的利好因素。当然，包括美国在内的全球范围内的纺织业者感受到了空前的压力。全球纺织业总动员，对抗中国、打压中国几乎成为共识。中国纺织品主要的出口地美、日、欧市场的开拓受到一些非市场因素的影响，他们往往打着反倾销的牌子，搞所谓的绿色贸易壁垒。因此，中国纺织业要想冲破束缚，必须在发挥原有优势的基础上，向市场提供深加工、高质量产品，提高产品附加值，实现“以质取胜”，成为新形势下棉纺织工业发展的首要任务。棉花作为棉纺织品的生产原料，迫切需要棉花流通领域能有较大的发展，承担起提高棉纺织品质量、降低生产成本，加快纺织产业结构调整、增强国际竞争力、增加农民收入和国家创汇的伟大重任。

棉花质量检验体制改革的推进将为中国纺织企业的发展和产业升级提供强大的支持，首先保证了棉纤维原料的质量，而且每包棉花都有详细的检验

数据，这些基础条件具备了将完全有助于中国纺织企业向美国等发达国家一样根据包包检验的数据进行定向采购棉花，实行数字化配棉，不断满足用户的个性化需求，增加产品附加值，实现“以质取胜”和产业升级。

2005/2006 年度我国棉花加工设备、技术现状及发展趋势

王 颐

【作者简介】王颐，1982 年毕业于合肥工业大学机械工程系。曾任安徽财贸学院物贸工程系棉花加工与检验专业教授。现任中棉工业公司副总经理、全国棉花加工工业标准化技术委员会主任、《中国棉花加工》杂志主编、中华全国供销合作总社郑州棉麻工程技术设计研究所所长、南通棉机公司总经理。

曾在省级以上专业刊物发表论文 30 余篇；完成部级重点项目一个；主持棉花加工工业十几项国家标准和行业标准制定；主编及撰写多本专业教材；主持和参加了十多项棉花加工设备的开发及研制工作。

棉机制造业作为棉花产业链条中的重要环节，在棉花供应商和用棉企业之间扮演着重要的角色，只有良好的棉花加工机械设备和先进的技术才能生产出更符合纺织企业需求的棉花，充分协调好供应商和用棉企业之间的关系，因此，国际化的棉花贸易需要国际化的棉机制造业。

一、棉机制造业的国际化是棉花经济国际化的必然趋势

2001 年 12 月，中国加入 WTO，融入了世界贸易。随着全球经济一体化进程的加快，棉花经济国际化是必由之路。在棉花经济链条中，有棉花种植、棉花加工、棉花贸易和棉纺织业。棉花原料在生产国和需求国之间的配置和流通，促使棉花经济国际化，棉机制造业作为棉花加工设备提供商，必须走国际化道路。

1. 纺织原料间的竞争使棉机制造业的视野国际化

随着化学纤维及其它纤维的开发应用，棉纺织业的原料逐步丰富，促进了棉纺织产品结构的调整和品种开发，棉花在棉纺织原料中的使用比例总体呈逐步降低趋势，但对纺织用棉的品质要求进一步提高。因此，为了保证棉花在纺织原料市场中的主导地位，涉棉企业须从国际化的角度去看待这一问题，为纺织行业提供质量优良、结构合理的棉花原料。大家知道，棉花加工环节是保障和提高棉花质量的关键环节，而棉花加工质量的好坏，依赖于棉机制造业提供的设备和技术，因此，棉机制造企业必须站在如何提高皮棉在纺织原料中的比例的国际化背景下，以国际化的视野来审视这一问题，从消费者和纺织用户的角度去思考问题，深挖棉花加工技术和工艺，以更加柔性的设备和技术来提高棉纤维的质量，以支撑棉花加工业、支撑世界棉花贸易，满足棉纺织工业对棉花质量越来越高的要求。

2. 棉机制造行业竞争的加剧，使棉机制造业的运作国际化

在中国，1999－2004 年间，随着棉花流通体制改革的实施，棉花加工市场基本上形成了充分竞争的局面。棉花加工企业数量从改革前的 4000 余家增加到目前的 17000 多家，棉机制造企业从 10 多家

增加到200多家。绝对数量的增加，并不意味着技术和行业的进步，相反，一定程度上导致了行业整体水平的倒退。为了提高我国棉花质量，完善棉花市场体系，实现与国际接轨，中国政府目前正在推进棉花质量检验体制改革，力争用5年左右的时间，使棉花加工企业的数量按照规划减少到2400个，实现棉花加工的规模化和规范化。2007年是改革推广的第3年，在可以预见的将来，国内棉机企业的重新洗牌在所难免。中国棉机制造企业除了要做好国内市场外，必须走向国际市场，去开发南美、中亚、非洲等地区和印度、巴基斯坦等产棉国的潜在市场。

在美国，自1915年以来，轧花厂就开始进行了联合和合并。1968年，美国共有4210个轧花厂，到2005年开工的棉花加工企业896家，棉花加工机械成套设备生产企业仅有3家。经过多年的努力，美国的棉花加工已全部实现规模化、自动化，传统棉花加工机械在美国的市场空间已很小，但中国是棉纺织消费及出口大国，棉花产量达到世界的四分之一左右，棉花消耗量约占世界的三分之一强。国外的棉机制造业看准了中国的棉机市场，以技术、资金、品牌等力量进入中国市场，如美国的拉马斯公司在天津独资建厂，中国的棉机制造企业充分感受到竞争的压力，所以，不论从国际还是国内市场看，棉机制造业的市场竞争将更加激烈，棉机制造业的国际化是大势所趋。

二、中国为世界棉机制造业提供了广阔的市场

1. 中国巨大的棉花需求蕴藏了无限商机

中国是世界上最大的棉花生产国、消费国和进口国，棉花产量占世界的1/4，消费量占世界的1/3，进口量占世界棉花贸易量的1/4。中国是世界棉花市场最活跃的国家，也是国际棉花企业必争之地。2004年棉纺织用棉量达760万吨，其中国产棉515万吨，进口棉花186万吨，2001年以来，中国棉纺生产能力以每年递增15%左右的速度发展，棉纺织行业的快速发展对棉花的需求增长很快，但是中国的棉花需求最终还是要以国内供应为主、进口为辅。作为皮棉最初提供方的加工行业需要不断地进行技术改造和新建棉花加工生产线，这里蕴藏着巨大的商机。

2. 棉花质量检验体制改革为棉机制造业提供了新的发展机遇

自2005年9月起，棉花质量检验体制改革在全国范围内逐步推开，它是我国棉花流通体制改革的重要组成部分，也是建立棉花市场体系、发展棉花现代物流的关键。推进棉花质量检验体制改革，对提高棉花流通效率，降低棉花流通成本，提高棉花质量，增强中国纺织品国际竞争力，都具有十分重要的意义。

棉花质量检验体制改革的主要内容是，改用国际通用棉包包型，在加工环节采用快速检验仪实行仪器化公证检验，并对成包皮棉逐包编码实行信息化管理。这需要参与改革的棉花加工企业具备工艺完善、设备技术先进、规模适度的条件，以实现棉花加工企业的规模化、信息化和产业化。2005－2009年是我国棉花质量检验体制改革的重要时期，也是我国棉花流通领域发生重大变革的时期。在棉花加工环节，改革的顺利推进需要强大的棉花加工技术和设备作支撑，对高生产能力的棉花加工成套设备、大型打包机、条码信息系统等技术和设备需求很大。

中棉工业有限责任公司作为中国棉花加工行业的龙头企业，参与了棉花质量检验体制改革试点的组织工作，通过一年多的细致工作，公司承担的6大项共24个子项目的加工设备研制和完善任务，大部分已经完成，为质量检验体制改革提供了强大的技术支持，公司也获得了长足的发展。邯郸棉机有限公司、南通棉花机械有限公司、北京中棉机械成套设备有限公司作为国家指定的设备提供商之一，以先进的棉花加工设备和完善的服务积极参与了企业的技术改造工作中，为中国棉花质量检验体制改革的顺利实施发挥了应有的作用。

中国的棉花质量检验体制改革同样为国外棉机制造业提供了广阔的市场空间和发展机遇。

3. 棉花产业生产模式的新变化，为棉机制造业带来了新的商机

在我国最大的棉花主产区新疆，随着机采棉系

统工程的大面积推广，传统的手摘棉加工工艺流程将逐渐被现代化的机采棉加工工艺流程所取代，向棉花采摘机械化、加工规模化和集约化发展。而目前新疆的棉花加工企业，机采棉加工工艺的标准化才刚刚开始，因此，市场潜力很大。此外，随着国内纺织行业竞争的加剧，他们对棉花品种、皮棉质量的要求也越来越高。而我国部分地区已开始大面积种植纤维质量好、棉纺效果佳的长绒棉，那么，为棉花加工行业提供加工质量好、纤维损伤低，高质、低耗的新一代轧花成套设备，也是一个巨大的商机。

另外，随着外国棉商大举进入中国，加剧了本来已竞争非常激烈的棉花市场。中国的棉花企业走出去战略正在酝酿中，棉机制造企业为走出去的中国棉花企业提供棉机设备将是新的亮点和趋势。

三、国内棉机制造业如何应对棉机制造业国际化

1. 以积极的心态面对国外棉机制造企业进入中国市场

中国棉花加工技术历经二次飞跃缩短了与国外同行业的差距，目前正在经历第三次飞跃，从整体水平而言，我国目前的棉花加工技术水平与美国等发达国家还有一定的差距。如美国的棉花加工、检验、仓储、交易早已实现了规模化、集约化、智能化和信息化，棉模压实及自动喂棉技术、减少皮清机对棉纤维损伤技术、棉花加工在线质量检测和计算机智能化控制技术、棉包条形码信息化管理技术、棉包仓储现代技术及相关设备等已在棉花流通领域得到推广应用，大大提高了棉花质量、流通效率和综合经济效益。美国目前已在棉花加工企业装配了100套棉花加工在线质量检测和计算机智能控制系统，每年大约加工500万包的棉花。该系统是在棉花加工生产线上的不同阶段通过自动测量棉纤维的关键质量指标来选择和引导棉纤维通过最优化的轧花机械系列，实现棉纤维相关性能指标实时监测和棉花加工工艺及设备的智能化控制。从1994年到2004年的棉花加工实践表明，采用此项新技术能使每包皮棉增效25美元。如果这项技术在美国全面推广应用，就年加工3000万包皮棉的加工季节来说，共可增效7.5亿美元。

国际棉机制造业进入中国，与中国棉机企业开展技术交流和合作，也有助于国内棉机企业借鉴国外的先进技术、学习国外先进的设计理念，共同推动棉花加工技术的进步。

2. 加大研发资金的投入，全面提升国内棉机制造业的总体水平

中国棉机制造企业要想在国际化的竞争环境中不被边缘化，必须加大研发资金投入，全面提升科研开发水平和能力，加大力度解决制约中国棉花加工技术进步的重大课题，坚持自主创新，开发适合国内市场需求的新产品。配合国家棉花质量检验体制改革，结合中国棉花加工行业的发展方向，为国内棉花加工企业提供手摘棉、机采棉、长绒棉加工工艺技术装备，加快中国棉花加工行业国际化的步伐。

3. 练好内功，积极走出国门，开拓国际市场

国内棉机制造企业必须在合适的时候走出去，积极开拓国际市场，争取更大的市场空间。国内棉机企业的合资合作，实现了优势互补和强强联合，增强了企业的市场竞争力和抵御市场风险的能力，为企业的发展壮大和参与国际竞争奠定了坚实的基础。只有中国棉机制造业走出去，才能形成全球棉机市场真正意义上的国际化。

中棉工业有限责任公司近几年通过强强联合，还开展了与南通棉花机械有限公司、郑州棉麻工程技术设计研究所等国内知名棉机企业和科研机构的合资合作，使公司具备了雄厚的棉机科研、制造、营销和服务能力，棉机业务实力进一步增强，国际化战略是棉机行业必然的选择，中国棉机制造业作为国际棉机制造业的一部分，必将在国际棉花经济中发挥重要的作用。

四、2005/2006年度我国棉机制造业产品特点及效益情况

随着质量检验体制改革的逐步推进，越来越多的棉花加工企业了解和认识到了中国棉花加工业的规划，因此，前几年疯投小型棉花加工企业的现象在近两年基本上没有。这给我国棉机制造业带来了深

刻的变化，目前的棉机制造企业，都在围绕质量检验体制改革所需的产品做文章，200 型打包机基本上没有销路，主要是 400 型打包机。

值得一提的是，2006 年棉机市场竞争空前激烈，众多棉机企业为争夺一个项目而竞争，从表面上看，价格战给棉机用户带来了实惠，但是棉机企业的利润空间大大减小，企业应收款增加为棉机企业带来了沉重的压力，对整个行业的健康发展非常不利。

2005/2006 年度中国纺织品服装初级产品进出口现状

王东晓

【作者简介】王东晓，毕业于中国政法大学，国际商务师。现任中国纺织品进出口商会纺织部副主任，从事纱线、面料进出口调研工作。

2006 年是世界纺织品一体化后的第二年。与 05 年中国纺织品出口遭遇大起大落的情况相比，尽管今年历经了汇率上浮、退税率下调等宏观政策调整，但稳定、可预见的贸易环境增强了客户信心，企业出口保持稳定增长，出口价格提高，出口效益得以提升，整个行业取得了良性发展。

一、中国纺织品在世界纺织品贸易中的地位

据 WTO 官方网站公布的最新数据显示，2005 年全球纺织品服装贸易额为 4786.1 亿美元，同比增长 5.3%，其中纺织品贸易额达到 2029.7 亿美元，同比增长 3.9%；服装贸易额 2756.4 亿美元，同比增长 6.4%。如果包括欧盟内部贸易额，欧盟纺织品出口居世界第一，中国居世界第二，纺织品出口达到 410.5 亿美元，同比增长 22.8%，占全球纺织品出口份额的 20.2%；进口居世界第三，为 155 亿美元，同比增长 1.3%，占全球纺织品进口份额的 7.2%。

在全球前 15 名纺织品出口国家和地区中，中国纺织品出口的增幅是最高的，为 22.8%，其次是巴基斯坦、印度、土耳其和印尼，增幅分别为 15.7%、12%、9.9%和 9.4%。欧盟和韩国等国家纺织品出口有不同程度下降，降幅为 5.8%、4.1%，中国香港、中国台湾和日本的降幅同时达到 3.3%。

印度、俄罗斯和越南在全球前 15 名纺织品进口国家/地区中进口增幅最高，分别达到 51%、19.3% 和 13%，中国纺织品进口有 1.3%的微增；欧盟、中国香港和罗马尼亚纺织品各有 4.4%、2.3% 和 0.6%的降幅。

表 3—7　2005 年全球前 15 名纺织品出口国家/地区统计

单位：亿美元

排名	国家/地区	出口额	同比%	占全球%
	全球	2029.7	3.9	100.0
1	欧盟	679.8	−5.8	33.5
	对盟外出口	235.1	−3.3	11.6
2	中国	410.5	22.8	20.2
3	中国香港	138.3	−3.3	6.8
	本地出口	6.0	−11.7	0.3
	转口	132.3	−2.8	6.5
4	美国	123.8	3.3	6.1
5	韩国	103.9	−4.1	5.1
6	中国台湾	97.1	−3.3	4.8
7	印度	78.5	12	3.9
8	巴基斯坦	70.9	15.7	3.5

续表

排名	国家/地区	出口额	同比%	占全球%
9	土耳其	70.7	9.9	3.5
10	日本	69.1	－3.3	3.4
11	印尼	34.5	9.4	1.7
12	泰国	27.6	7.8	1.4
13	加拿大	24.6	1.4	1.2
14	墨西哥	21.3	3.0	1.1
15	阿联酋	17.0		0.9

数据来源：WTO官方网站。

二、中国纺织品初级产品出口特点

据中国海关统计，2006年1—10月中国纺织品初级产品中纱线和面料出口稳定增长，具体情况如下：

1. 纱线和面料出口均保持两位数增长，纱线出口增幅高于面料

近年来随着我国纺纱生产能力逐年提升，出口能力也逐步提高，纱线进出口贸易由原来的逆差逐渐转变为小额顺差，2006年1—10月贸易顺差进一步扩大。纱线出口金额达到55.15亿美元，已超过去年全年52.1亿美元的出口，同比增长24.94%，占全国纺织品服装出口额的4.7%；出口数量183.32万吨，同比增长28.97%；贸易顺差达到17.23亿美元，比去年全年纱线顺差额增加了7.03亿美元。

面料出口197.81亿美元，同比增长14.46%，占全国纺织品服装出口额的16.8%；出口数量168.72亿米，同比增长9.64%；贸易顺差125.51亿美元，比去年全年面料顺差额增加3.4亿美元。

2. 从单月出口看，纱线和面料出口均呈先升后降的波峰和波谷状，今年9月纺织品退税率下调影响开始显现

自今年3月份开始纱线和面料进入出口高峰期，一直持续到8月，纱线单月出口额稳定在6亿美元左右，面料单月出口在22亿美元左右波动。9月份纺织品退税率下调后出口开始缓慢下降，10月份纱线和面料出口下滑到5.29亿美元和20.6亿美元。

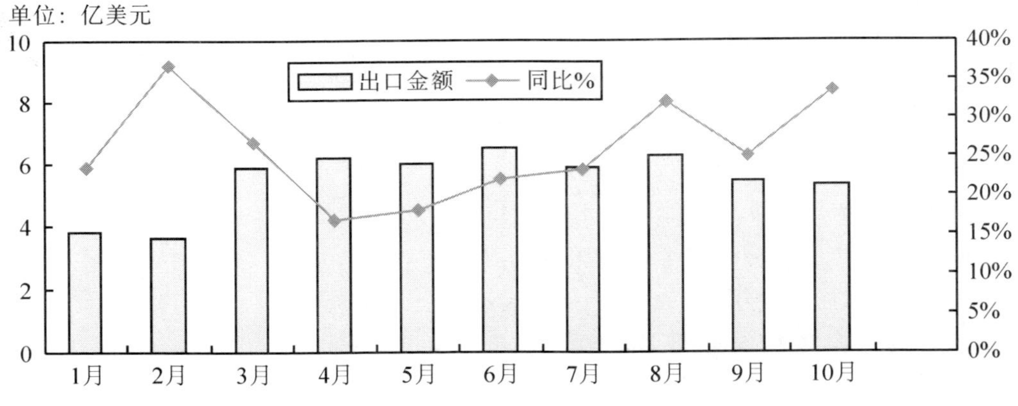

图3—19　2006年1—10月中国纱线月度出口金额统计

数据来源：中国海关。

3. 化纤纱线和棉纱线居纱线出口前两位，棉布出口增幅高于其它面料产品

化纤纱线和棉纱线出口达到24.44亿美元和15.37亿美元，同比增长31.16%和29.52%，分别占纱线出口金额的44.3%和27.8%，比去年全年占比提高了1.53%和1%；出口数量为90.5万吨和

48.48 万吨，同比增长 35.04%和 21.99%；单价同比有所下降，降幅分别为 2.9%和 3.07%。在纱线产品中丝线出口金额和单价增幅最高，出口数量虽然只增长了 4.05%，但出口金额增长 35.9%，单价增幅高达 30.62%。

面料产品中棉布的出口金额排在第二位，出口 56.43 亿美元，占面料出口额的 28.5%，增幅达到 16.02%；出口数量 50.72 亿米，增长 13.28%；出口单价略有增长，1.11 美元/米，同比增加 2.18%。化纤布出口 70.96 亿美元，同比增长 10.49%，占面料出口额的 35.8%；出口数量 94.15 亿米，同比增加 8.65%；单价与去年基本持平，0.75 美元/米，同比微增 1.19%。丝机织物在面料中单价增幅最高，达 29.02%，但出口数量同比下降 15.11%，出口金额增长了 9.36%。

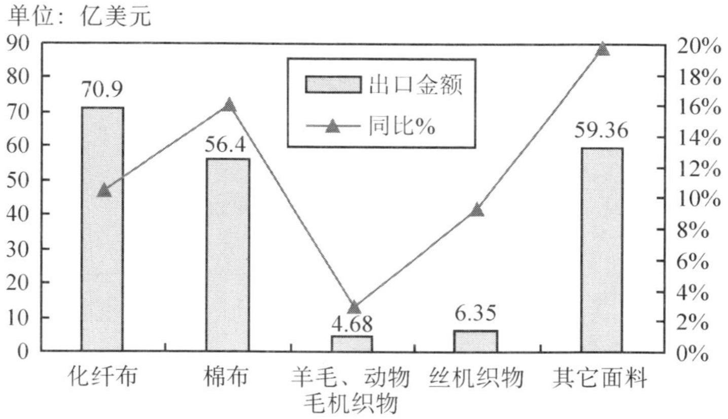

图 3－20 2006 年 1－10 月中国面料出口商品结构统计

数据来源：中国海关。

4. 纱线对土耳其和巴西出口提速，面料对主要出口市场增长平稳

多年来中国香港一直是我国纱线出口第一大市场，1－10 月对中国香港纱线出口 20.92 亿美元，同比增长 6.3%，占纱线出口额的 37.93%。其中棉纱是对中国香港出口的主要产品，占对中国香港纱线出口额的 53.68%。在纱线出口前 10 位市场中，欧盟、韩国和日本分列第二至第四位，出口增幅达到 37.9%、38.6%和 19.4%，对巴西和土耳其的纱线出口增幅最高，同比增长 140%和 115.5%。

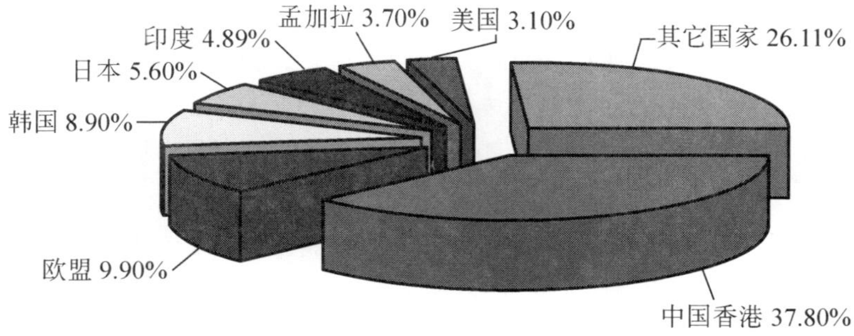

图 3－21 2006 年 1－10 月中国纱线主要出口市场分布统计

数据来源：中国海关。

中国香港同时也是我国面料出口第一大市场，出口 45.15 亿美元，同比增长 11.9%，占面料出口额 22.8%。前十大面料市场中只有对美国和印度出口同比下降了 3.4%和 0.7%，对其它国家出口增幅较为平稳，增幅最高是对越南和印尼，达到 35.8%和 34.2%。

5. 加工贸易是纱线出口主要贸易方式，面料出口中一般贸易方式占主导地位

纱线出口仍以加工贸易为主，出口 20.97 亿美元，同比增长 27.24%，占纱线出口额的 50.71%。其中绝大部分是进料加工出口，少量的来料加工同比下降了 11.39%。一般贸易出口增幅也达到两位数，出口 26.69 亿美元，增长 21.93%。

面料出口中一般贸易份额占到 75.74%，出口 149.81 亿美元，同比增长 15.17%，增幅高于加工贸易的 11.39%。来料加工出口进一步下滑，下降 10.39%，进料加工同比增长了 13.87%。

6. 民营企业出口继续保持快速增长势头

民营企业出口纱线的企业已经增加到 3494 家，增幅 30.76%，出口金额 14.97 亿美元，虽不及三资企业和国有及国有参股企业，但增幅位居第一，达 35.65%。三资企业也保持了较快增长，出口 24.97 亿美元，增长 26.64%，出口家数 1136 家，增长 12.85%；国有及国有参股企业出口金额增长了 13.55%，但家数减少了 8.5%。

表 3－8　2006 年 1－10 月纱线出口分企业类型统计表

单位：万美元

企业性质	出口金额	同比(%)	出口家数	同比(%)
合计	551524	24.94	5945	22.86
国有及国有参股企业	151885	13.55	1055	－8.5
三资企业	249719	26.64	1136	12.59
合作	28974	9.44	47	－16.07
合资	119665	27.02	413	3.77
独资	101081	32.12	676	21.8
民营企业	149785	35.63	3494	30.76
集体	62762	19.2	263	－12.91
私营	87023	50.6	3231	36.33
其他	135	307.01	260	5100

数据来源：中国海关。

面料出口企业中，民营企业无论是出口家数、出口金额还是增幅都居第一，1.09 万家企业占面料出口企业的 65.66%，增长 33.5%，出口额同比增加了 23.67%。三资企业的出口额和出口家数为 61.75 亿美元和 2947 家，同比增长 13.42%和 4.73%。国有及国有参股企业出口额微增 1.84%，出口家数减少了 11.88%。

7. 全国大部分地区出口实现增长，江苏和浙江省分列纱线和面料出口首位

纱线出口中全国除河北、内蒙古、海南、西藏和青海出口有所下降外，其它地区出口全部实现增长。增幅最高的是宁夏和福建，高达 110.1%和 106%。位居第一的江苏出口 12.09 亿美元，同比增长 25.14%。紧随其后的浙江出口 11.51 亿美元，增幅超过江苏，为 33.17%。广东、山东和上海分列出口第三至第五，出口增幅分别达到 15.5%、33.6%和 12.54%。

面料出口省市中浙江、江苏、广东、山东和上海五省合计出口 170.38 亿美元，占全国面料出口额的 86.1%。浙江出口优势明显，占面料出口的 1/3，出口额 60.22 亿美元，同比增长 14.55%。福建和新疆出口增速加快，同比增长了 58.35%和 52.63%。

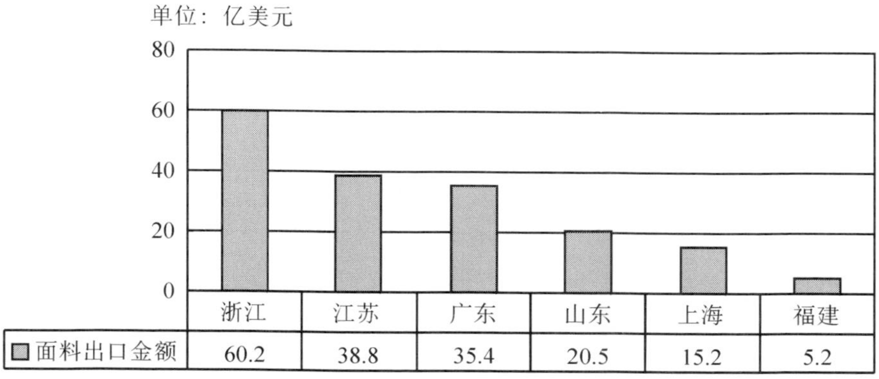

图 3－22　2006 年 1－10 月中国面料主要出口省市统计

数据来源：中国海关。

三、中国纺织品初级产品进口特点

1. 纱线进口增幅高于全国纺织品服装进口幅度

据中国海关统计，2006 年 1－10 月我国纱线进口金额 37.92 亿美元，占全国纺织品服装进口总额的 25.52％，同比增长 7.73％，高于全国纺织品服装 5.75％的增幅；进口数量 155.47 万吨，同比增长 6.85％。其中除棉纱进口金额同比增幅高达 20.24％外，化纤纱线、丝线和羊毛动物毛纱线进口金额同比均有不同程度下降，降幅最小的是化纤纱线，下降 0.62％，降幅最大的是丝线，下降 12.98％。

中国台湾、巴基斯坦、韩国、日本和欧盟是我国纱线主要进口来源地。从中国台湾进口 8.32 亿美元，同比增长 2.9％，其中主要进口化纤纱线，占到进口份额的 79.3％。从巴基斯坦进口增幅较快，4.99 亿美元进口中棉纱线进口占到绝大多数，为 4.96 亿美元。

表 3－9　2006 年 1－10 月我国纱线进口商品结构统计

单位：吨、万美元

商品名称	进口数量	同比（±％）	进口金额	同比（±％）
纺织品服装进口合计			1485799	5.75
纱线	1554707	6.85	379279	7.73
化纤纱线	656370	－5.07	175261	－0.62
棉纱线	786539	20.64	168018	20.24
丝线	926	1.99	808	－12.98
羊毛、动物毛纱线	28946	－10.22	19096	－5.92
其他纱线	81924	4.32	16096	9.13

数据来源：中国海关。

2. 化纤布居面料产品进口首位，棉布进口同比微增

前 10 个月我国面料进口金额 72.3 亿美元，同比增长 2.19％，占全国纺织品服装进口总额的 48.46％。最大宗进口产品化纤布的进口金额和数量均有下降，为 24.54 亿美元和 21.94 亿米，同比下降 1.77％和 6.5％。棉布进口 17.34 亿美元，同比微增 1.09％，进口数量 12.05 亿米，同比下降 3.38％。丝机织物和羊毛动物毛机织物进口同比有 8.08％和 4.49％的降幅。

面料主要进口来源地中，我国自日本、韩国和巴基斯坦的进口有所下降，降幅分别为 4.6％、5％和

4.4%；从欧盟的进口有较快增长，同比增加16.4%；从中国台湾和中国香港的进口与去年基本持平，增幅0.55%和2%。

四、世界主要进口市场纺织品初级产品进口情况

近年来世界主要纺织品贸易流向发生了明显变化，亚洲国家对欧、美纺织品贸易增长迅速，而欧盟内部和中南美对北美间的贸易额有所下降。

1. 2006年1—7月欧盟纱线、面料进口情况

欧盟是世界最大的纺织品进口方和出口方。

据欧盟海关统计，2006年1—7月欧盟纱线进口(不含盟内贸易)最主要来源地集中于亚洲，土耳其居进口来源地第一位，进口金额4.1亿美元，同比增长19.8%。印度和中国位列二、三位，进口3.59亿美元和3.47亿美元，同比增长23.8%和30.9%。从美国和日本纱线进口与去年基本持平，从韩国进口下降了10%。

欧盟前五位面料进口来源地全部是亚洲国家，除从韩国进口同比下降13%外，从其它国家进口均上涨。从中国进口最高，10.8亿美元，同比增长18.8%。列第二到第四位的土耳其、巴基斯坦和印度，进口同比分别增长26.3%、11.5%和11.3%。

2. 2006年1—10月美国纱线、面料进口情况

美国是世界纺织品第二大进口国。

据美国纺织品服装办公室统计，2006年1—10月美国纱线进口额达到13.79亿美元，同比下降了5.7%。在总体需求下降的情况下，美国自亚洲国家的进口却快速增长，从印度、印尼、中国和巴基斯坦的进口分别增长了116.8%、61.6%、28.5%和10.6%。而从北美自由贸易区(NAFTA)的成员国加拿大和墨西哥，以及欧盟的进口降幅较大，降幅分别达到3.05%、19.6%和21.6%。中国位居美国进口来源国第六位，占美国纱线贸易份额的4.2%。

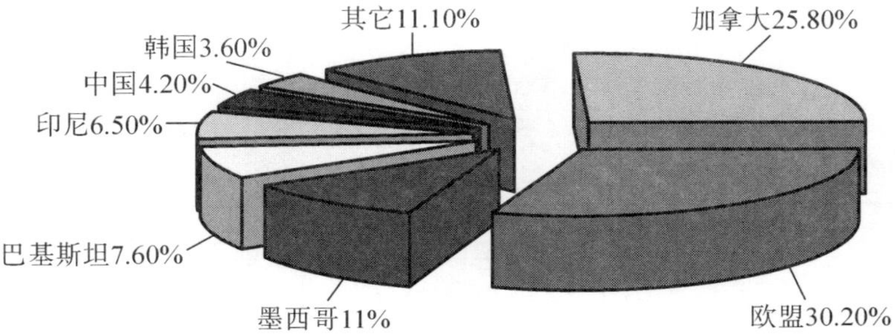

图3—23 2006年1—10月美国纱线主要来源地进口分布

数据来源：美国纺织品服装办公室。

美国面料进口也有小幅下降，进口45.86亿美元，同比下降4.45%，是2003年以来的首次下降。中国是美国面料第二大进口来源国，从2002年以来美国从中国面料进口一直呈上升趋势，2005年增幅达到51%，2006年1—10月增幅下降，进口7.37亿美元，增长5.65%，占美国面料贸易份额的16%，进口数量12.36亿平方米，同比增长，进口单价0.59美元/平方米，与美国从全球进口面料的平均单价0.6美元/平方米基本持平。美国前十大进口来源地中从印度进口增幅最高，为14.54%，降幅最大的是中国台湾，下降12.52%。

3. 2006年1—10月中国香港纱线、面料进口情况

据中国香港海关统计，2006年1—10月中国香港从全球进口纱线35.36亿美元，与去年基本持平，同比增长0.2%。其中61.4%的进口来源于中国内地，进口21.7美元，同比增长0.9%。巴基斯坦超过中国台湾成为中国香港第二大纱线进口来源地，进口3.59亿美元，增长15.4%，从中国台湾进口同

比下降 5.4%。

中国香港从全球进口面料达到 67.2 亿美元，同比微增 0.9%。从内地进口 42.4 亿美元，同比增长 4.4%。进口前十位中印度最为突出，进口金额 0.55 亿美元，同比增长 31.8%。中国台湾、韩国和日本列来源地第二至第四位，进口金额同时下降，降幅分别为 6.7%、12.2%和 7.9%。

2006 年纺织经济运行回顾与分析

龚进礼

【作者简介】龚进礼，中国纺织信息中心统计信息部主任，高级经济师。1986 年毕业于厦门大学数学系。主要从事计量经济、纺织经济方向的研发。主要成果有：1996 年 6 月《科技进步与纺织工业发展》获国家自然基金三等奖；1994 年 11 月《中国纺织品研究》；1996 年 4 月《我国纺织品出口数量的预测研究》；1992 年 11 月《中国纺织品服装出口战略研究》。期间出版论文及专著：《纺织计量经济模型于实际应用中若干问题的探讨》、《纺织工业面临的市场形势和对策》、《跨进战略发展过程中的纺织工业结构》等。

2006 年是我国"十一五"的开局之年。在这一年里，伴随着我国工业化进程的加速，产业结构和消费结构的转型升级，我国经济继续呈现快速发展态势。2006 年三季度我国 GDP 增速为 10.7%，为上世纪 90 年代以来历史最好水平。在国际经济方面，日本经济复苏、欧美经济继续走强和以中印为代表的发展中国家经济崛起，推动了世界经济和贸易的快速发展。根据国际货币基金组织预测：2006 年世界贸易量的增长率为 8.9%，比 2005 年提高 1.5 个百分点，世界经济增长率为 5.1%，略高于 2005 年 4.9%的增长水平。在以上有利的国内外经济和贸易发展环境的推动下，2006 年我国纺织经济也形势喜人。据中国纺织工业协会统计中心预测：2006 年全国规模以上纺织企业可实现销售收入 25000 亿元，同比增长 26.30%；利润总额 875 亿元，同比增长 26.81%；纺织品服装出口将达 1445 亿美元，同比增长 22.4 %。

一、2006 年纺织经济运行的基本概况

2006 年我国纺织经济虽然有良好宏观经济环境的有力支撑，但也面临了诸多不利因素的严峻挑战，如：生产要素价格上涨，贸易摩擦和壁垒的侵扰，宏观调控政策趋紧等。这些不利因素也或多或少地对 2006 年的行业经济运行产生了不利影响，而这些有利和不利因素的相互作用就形成了 2006 年行业经济运行的一些主要特点。

1. 需求拉动，生产保持较快增长。

2006 年我国纺织需求拉动特征十分明显。从纺织固定资产投资增长率的变化情况看，一季度为 40.49%，二季度为 41.64%，三季度为 29.71%，全年走势呈现出高开低走的态势。究其原因，今年一季度后，针对纺织较高的投资增长速度，国家将纺织列为潜在产能过剩行业，在货币信贷和土地监管等方面采取了紧缩政策，导致纺织固定资产投资明显回落。2006 年 1－10 月纺织固定资产投资比三季度又下降了 4.27 个百分点达 25.44%。尽管如此，这一增速仍比同期我国纺织出口和工业增加值的增速高出 1.46 和 2.58 个百分点。截止 2006 年 10 月，我国纺织固定资产投资项目 7593 个，其中已经竣工的项目 1492 个，占全部项目的 19.64%，同比

增长31%。这些已经竣工的项目在年内将转化为现实的生产能力，推动了2006年纺织生产的快速增长。

在市场需求方面，据国家统计局统计，2006年1—10月，我国规模以上纺织企业实现销售收入19439.98亿元，同比增长22.22%，产成品占流动资产比重16.83%，比去年同期水平低0.1个百分点，产销率97.58%与去年基本持平。2006年1—10月，我国衣着类商品零售增长率为16.6%，同期的纺织品服装出口额的增速为23.98%，我国纺织内外市场需求均呈2位数增长，表明我国纺织受市场拉动特征显著，经济运行产销衔接良好。近些年来随着我国经济的快速发展，内需已经成为推动纺织经济快速增长的第一引擎。据国家统计局统计，2006年1—10月，按照规模以上纺织企业销售产值口径统计，内销占销售产值的比重已经达到72.86%，与去年同期相比又提高了1.55个百分点。

在投资和市场需求的拉动下，2006年我国纺织生产也呈现出较快速的增长态势。根据国家统计局统计，2006年1—10月，我国规模以上纺织企业完成工业总产值20251.08亿元，同比增长22.04%。主要纺织品：纱1388.80万吨，同比增长20.71%；布356.90亿米，增长19.82%；印染布346.68亿米，增长9.35%；化纤1636.09万吨，增长12.98%；服装137.18亿件，增长12.74%。

2. 结构升级，竞争能力显著提高

2006年的中国纺织业一方面承受着原料价格高位运行、水电煤及劳动力价格持续上涨的压力，同时也面临着美欧贸易设限后对其出口下滑的不利局面。据海关统计，2006年1—10月，我国对美欧出口368.76亿美元，同比增长15.92%，占我国出口额的30.61%，与去年同期相比下降了4.13个百分点；而同期对美设限的21类产品，对欧设限的10类产品同比增幅为2.74%和—0.8%。生产要素价格上涨和主要出口市场受限制，势必会对纺织出口和经济运行产生不利的影响。但从实际情况看，这种担忧未成现实。2006年1—10月我国纺织出口1204.50亿美元，同比增幅仍保持着23.98%高增长率；规模以上纺织实现利润681.89亿元，同比增幅高达31.02%。2006年我国纺织能够取得如此佳绩，从深层面上分析是近些年结构调整和技术进步积累效应的必然反映。

从投资结构变化看，由表3—10明显看出，制品、服装投资比重逐年上升，化纤投资比重下降，而棉纺织比重基本保持在30%左右。纺织投资趋向呈现出由原料初加工行业向深加工和终端产品延伸的特征。

表3—10 2003—2006年分行业投资占全部投资比重变化

行业分类	2003年	2004年	2005年	2006年 1—10月
化纤	12.66	14.05	10.58	9.97
棉纺织	29.54	29.66	32.31	30.31
针织制品	6.95	7.97	7.91	8.33
纺织制品	8.79	9.46	10.07	11.54
服装	20.88	21.24	23.15	25.91

在生产结构变化上，由于我国经济发展的梯度特征和区域经济要素比较优势的差异，结构变化趋势方面呈现出初加工产品向原料主产区集中，深加工和终端产品向经济比较发达、产业配套能力较强的东部沿海地区聚集的局面。如，江苏、浙江是我国化纤的主产区，产量占化纤产量的70%以上；江苏、山东、湖北、河南、河北是我国除新疆外最主要的产棉大省，其产量约占全国棉花产量的50%。2002至2006年1—10月，以上六省纱布占全国的比重变化是：纱由2002年的68.23%增长至76.83%，提高了8.6个百分点，同期布由67.50%升至77.12%，提高了9.62个百分点；对深加工产品的印染布，浙江一枝独秀，其产量由同期47.82%提升至52.74%，上升了4.9个百分点。

产业结构的升级必然带来出口结构的变化。从出口贸易方式变化看，2002年至2006年1—10月，我国纺织一般贸易比重迅速提升，在短短的不到四年的时间里，一般贸易比重由62.89%提高至71.77%，上升了8.88个百分点。以上状况也表明，经过近些年产业结构的调整，我国纺织出口上中下游产业的配套能力明显提升，综合竞争能力进一步增强。

为全面反映我国主要产品的国际市场竞争力状况，我们制作了从2002年至今主要纺织产品的竞争力系数表。数据表明：伴随着纺织结构的转型和升级，我国纺织的竞争优势呈现出由初加工向深加工、终端产品转移的趋势。这种竞争力的变化也从深层面揭示了我国纺织参与国际竞争的方式已经由早期的资源型价格竞争向更加体现产业加工配套能力和较高附加值方面转移。

表3－11 2002－2006(1－10月)年纺织主要出口产品竞争力变化情况

	2002	2003	2004	2005	2006(1－10)
纺织纱线	－6.03	－1.52	3.67	9.90	17.68
棉纱	－13.55	－4.35	－6.94	－9.61	－4.46
纺织织物	18.99	29.66	36.75	43.97	49.52
棉织物	34.38	41.22	41.43	47.26	53.03
纺织制品	39.81	51.29	55.76	62.40	65.14
服装	93.71	94.73	95.15	95.72	96.38

3. 效益增长，运行质量继续改善

据海关统计，2006年1－10月我国纺织规模以上企业39232家，其中亏损企业7175家，亏损面18.29%，同比下降2.34个百分点；亏损金额100.43亿元，同比增长4.53%。在已经实现利润总额681.89亿元中，棉纺行业实现利润171.31亿元，同比增长42.35%，占利润总额的25.12%；服装194.71亿元，同比增长27.46%，占利润总额的28.55%；纺织制成品60.44亿元，同比增长23.25%，占利润总额的8.86%；化纤55.30亿元，同比增长38.60%，占利润总额的8.1%。数据表明：至2006年10月我国上游初加工行业利润呈现快速增长，而终端产品利润增长相对平稳。

在经济运行质量方面，盈利能力有所增强。2006年1－10月，纺织规模以上企业的利润率3.65%，同比提高了0.25个百分点，总资产贡献率9.22%，与去年同期相比增加了0.85个百分点。资产运行效率提高，经营风险下降。1－10月规模以上企业流动资产周转率、总资产周转率分别为2.55和1.28次，均比去年同期提高0.1和0.07。资产负债率60.23%，也略低于去年同期水平。纺织工业经济综合指数1.23，高出去年同期0.07个百分点。

从不同区域的表现来看，东部地区利润水平高于全国平均水平，更高于中西部地区，反映出东部地区的纺织链处于高端，产品附加值较高。中部地区利润率增幅较高，说明中部地区发展潜力看好。在东部沿海5省中，山东和浙江赢利能力较强，江苏发展潜力大，而广东利润水平明显偏低，仅达到1.69%，还较去年同期下降3.02个点，反映出作为纺织大省的广东在提高产品附加值方面的步伐明显落后。

表3－12 2006年1－10月主要地区利润情况

地　　区	利润率(%)	同比(%)
全国纺织	3.51	7.34
西部地区	1.96	6.5
中部地区	2.67	31.99
东部地区	3.64	5.99
江苏	3.23	11.59
浙江	3.62	1.50
福建	4.40	－4.38
山东	5.44	9.98
广东	1.69	－3.02

4. 原料价高，部分行业受到冲击

从2004年到2006年7月，国际油价一路上扬，由35美元/桶升至78.4美元/桶，在不到两年时间油价翻了2.24倍。由于我国化纤原料长期以来国内供给不足，对国际市场的依存度较高，目前依存度在60%左右。国际油价的飚升必然会直接增加化纤企业的生产成本，挤压企业的盈利空间，出现了开工率下降，许多企业被迫停产的现象，化纤经济运行出现严重困难。2006年一季度化纤产量仅增长8.01%，实现利润8.24亿元，同比下滑了20.5%；毛利率为6.32%，与去年同期相比又下降了0.76个百分点。7月份后随着国际油价的回落，我国化纤行业的运行情况出现一定的好转，至2006年10月生产和效益出现了恢复性增长。产量同比增长13.16%，利润由一季度的负增长转变为10月的38.63%的较高增长率。但从全年看化纤行业的经济形势依然严峻。1—10月数据显示：化纤行业盈利能力与纺织平均水平相比处于较低水平，毛利率、利润率不足全国平均水平的65%。

表3—13　2006年分季度效益分析表

单位：%

	一季度		二季度		1—10月	
	毛利率	利润率	毛利率	利润率	毛利率	利润率
化纤行业	6.32	1.276	6.49	1.96	6.59	2.18
纺织工业	10.50	2.90	10.46	3.37	10.50	3.51
化纤占比重	60.19	44	62.04	58.16	62.76	62.10

棉纺行业虽然没有象化纤行业那样由于原料涨价因素受到较大的冲击，但国内棉价持续高于国际市场价格，也在一定程度上削弱了棉纺织行业国际竞争力。从海关数据分析，2006年1—10月我国进口棉花338.95万吨，同比增长65.12%。从目前情况看，由于国内棉价已经丧失价格优势，因而在棉纺初级产品方面我国与巴基斯坦、印度等相比，价格竞争优势已经不复存在，我国棉纺织行业的竞争力更多的表现为产业加工的技术水平和配套能力方面。根据海关统计，2006年我国普梳纱出现大量进口，其进口数量26.01万吨，同比增长80.61%，金额4.75亿美元，同比增长93.32%，而同期精梳纱进口数量增速为—6.09%，金额增速为—7.69%。

二、2006年存在的主要问题

1. 纺织要素成本上升，企业面临着巨大挑战。

随着我国经济的快速发展，近几年来纺织要素价格出现快速增长，纺织行业制造成本占销售收入的比重也呈直线上升的趋势。2001年我国纺织销售成本占收入比重为88.02%，而至2006年1—10月纺织销售成本占收入比重为89.50%，与2001年相比提高了1.6个百分点。目前纺织行业的平均利润不足3.7%，仅为全国工业利润率的65%左右。图3—24为2001年以来我国纺织行业的成本占收入的变化情况：

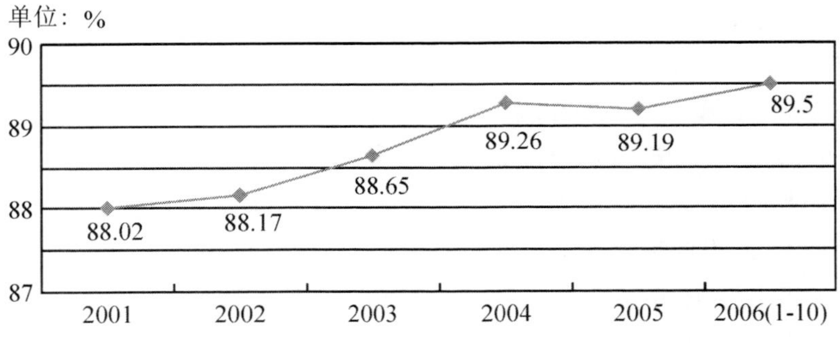

图3—24　销售成本占销售收入比重的变化

从分行业情况看，纺织及针织制成品，服装以及纺织机械行业的盈利水平较高，无论毛利率和利润率均高于全国平均水平，而传统的纺织业及化纤行业毛利率和利润率均低于全国平均水平。从产业结构上看，我国初加工产业（棉纺织、毛纺织、麻纺、丝绢纺织）规模较大，按产值计算占全部工业的43.44%，若再加上化纤行业比重将会接近60%。从今后面临的发展环境看，考虑到贸易摩擦、资源约束、环境保护等因素，下一步宏观调控政策对纺织利好的可能性不大，而且纺织要素成本上升趋势也难以逆转。在我国与世界经济进一步融合的过程中，我国纺织业还将承担环境保护、社会责任等多方面的成本增长的压力。这些不利因素都将进一步压缩纺织盈利空间，大大增加纺织企业的经营风险。同时由于微利，企业自有积累不足，下一步的产业结构调整和升级面临着内驱力不足的隐患，中国纺织可持续发展面临的形势依然是机遇和挑战并存。

2. 宏观政策对行业发展的影响

2006年国家出台的各种相关政策，如：人民币升值、下调出口退税率、信贷和货币政策紧缩等都对本年度纺织经济运行产生了重大的影响。首先是人民币升值。我国纺织是目前国内贸易顺差最大的行业，因此人民币升值客观上削弱了我国纺织品的国际市场竞争力。根据对2006年全年汇率升值3.46%测算，全年纺织出口将减少36.3亿美元，影响行业利润率0.05个百分点。9月份执行的出口退税政策，对今年的纺织出口不会有太大影响，但此项政策的滞后效应在明年将会显现。今年上半年国家将纺织列为潜能过剩行业后，出台了一系列相关政策，如，清理万元以上的纺织固定资产项目，紧缩的信贷发放、严格控制土地征用等。这些政策的实施，已经对抑制纺织固定资产投资的快速增长，产生了十分明显作用。今年上半年至今，纺织固定资产投资增幅下降了16.2个百分点。可以预见，今年的紧缩政策影响将在明年会进一步显现，投资对纺织经济增长的拉动作用将会进一步减弱。

纺织品是我国目前主要的工业性配套材料，产品应用范围不仅涉及家居、服装，而且已广泛应用于农业、医疗、科技、国防、航天航空等领域，影响并推动相关产业的发展；同时，纺织工业不仅承担着国内10多亿人口的穿衣问题，而且全国1亿多农民的生计和1900万的产业工人的生存都与之息息相关，正是基于以上的基本事实判断，在今后相当长的一段时期里，发展纺织工业是我国社会与经济发展的内在客观要求；也是实现“稳定是前提，发展是硬道理”基本国策的重要保证。然而，我们又不能回避的一个事实是，尽管纺织是我国目前具有国际比较竞争优势的产业，但由于传统产业的特征，盈利水平不高、资源消耗大等问题正在制约着产业的发展。在我国纺织攻城拔寨地扩大国际市场份额的同时，我们行业的利润空间实际在不断缩小，我们耳边响起的贸易壁垒和制裁的呼声也一浪高过一浪。因此，在宏观调控指导思想上，首先是要积极鼓励和支持纺织行业快速发展，并通过相关政策，将发展引入结构升级和提高产品附加值方面来。同时，作为高度市场化的产业，投资主体行为是市场而非政府（纺织70%的投资是企业自筹），政府应尽量减少对市场的直接干预，其重要作用在于健全市场法律规则、宏观信息和政策指导、体制改革等，为纺织行业的发展创造良好的市场环境。

三、政策建议

1. 基于中国经济发展阶段特征和对外贸易发展的新形势，进一步加快纺织产业结构调整和升级的步伐。在政策方面，国家应通过政策引导，加快用现代高新技术改造传统产业，推动纺织信息化建设，实现中国纺织的跨越式发展。

2. 加大行业自律，规范企业行为。目前，中国纺织企业从盈利水平看，已经进入到了一个微利时代。建立统一的行业行为准则，规范企业的市场行为，避免企业间的恶性竞争，是行业协会今后将长期面临的一项重要任务。

3. 加快建立纺织行业预警机制，搭建企业、协会、政府信息共享的平台。随着国内外经济和贸易环境的变化，不确定因素越来越多，如何规避企业经营风险，化解贸易纠纷，为企业营造一个良好的市场经营环境，将成为下一阶段行业面临的一个现实课题。为此，企业、协会、政府携手共建预警平台，为纺织工业保持长期稳定发展的提供一个重要的信息支持平台。

2005/2006 棉花年度棉纺织行业的发展

朱北娜　张　曼

【作者简介】朱北娜，中国棉纺织行业协会副会长兼秘书长，教授级高级工程师，主要从事棉纺织行业规划发展、市场、科技等方面的工作。

张曼，中国棉纺织行业协会市场部副主任，硕士研究生，主要负责棉纺织行业市场及贸易方面的工作。

2005/2006 年度又一个棉花年度过去了，回首望去，2006 年是棉纺织行业的重要转折年，行业经济运行整体质量稳定提高，产业结构得到进一步调整，产品创新能力有了进一步提高，产业链的优势在逐步的发挥，企业的抗风险能力在逐步增强，但行业面临的原料压力越来越大，技术进步产业升级的任务更加繁重。未来我们要继续坚持走新型工业化的道路，保持棉纺织行业稳定、健康、可持续发展的道路。

一、行业总体经济运行良好

根据国家统计局统计，2005/2006 棉花年度，棉纺织规模以上企业主营业务收入为 5546 亿元，比 2004/2005 年度的 4237 亿元增长 30.89%，利润总额为 194 亿元，同比增长 60.33%。2006 年 1—8 月份企业的亏损面为 17.62%，比 2005 年 1—8 月的 16.94%扩大了 0.68 个百分点，亏损企业户数增加，国有企业更甚之。

2006 年 1—8 月份规模以上行业资产负债率为 62.97%，与 2005 年同期相比下降了 0.66 个百分点，企业的流动资金周转次数增加，表明行业的偿债、抗风险能力略有增强。

2005/2006 年度棉纺织行业利润率为 3.49%，高出 2004/2005 年度 0.61 个百分点，这与相对平稳的棉花市场是分不开的，2005/2006 年度，棉花市场虽有波动，但总体上是平稳运行，其中 2006 年 1—8 月进口棉花 302 万吨，由于进口的平均价格低于国内平均价格 1800 元/吨左右，给行业带来了较好的利润。

2006 年 1—8 月企业的成本费用利润率为 3.36%，比去年同期增长了 0.4 个百分点，行业的盈利能力增强，表明企业在节约支出，降低成本费用，提高管理水平方面取得了成绩，但是我们不能忽视另外一个问题：企业不但承受着水电运成本的增加、人民币的升值、出口退税率下降的压力，企业为保持国际竞争力，降低国内棉花成本高于国际市场的巨大压力，保证一定的经济效益，在提高产品附加值的同时，也通过压缩开支、减员等方法来降低成本。

表 3—14　棉纺织行业规模以上主要经济指标对比表

	2006 年 1—11 月	2005 年 1—11 月
主营业务收入(亿元)	5184	4164
利润总额(亿元)	173	127
利润率(%)	3.34	3.04
工业总产值(亿元)	5325	4308
工业销售产值(亿元)	5227	4209
出口交货值(亿元)	687	610
全部从业人员(万人)	250	242

二、投资与产销率

1. 投资增长特点

随着国内外市场需求的逐步扩大,纺织行业的投资也快速增长,基本是以民营及外资企业的自有资金投资为主,2006 年 1—11 月份,规模以上棉纺织企业达 7136 户,2005/2006 年度,棉纺织行业共投资 674 亿元,同比增长 55.66%,投资继续增长。主要特点有:

(1)为增强棉纺织的竞争力,提高企业的先进技术装备正在成为主流,把调整产品结构、提高产品档次,提高"三无一精"比重作为技术改造的主要方向。

(2)从棉纺织行业的固定投资的情况看,中西部投资增长较快,尽管生产、加工、出口、效益基本上在广东、浙江、江苏、山东和福建等省,但随着劳动力、土地等其他资源的逐步紧缺,加之中西部地区政府的优惠政策支持,梯度转移的浪潮已经推来。

(3)我国纺织行业快速发展的优势,吸引了许多国家的投资商看好我们的纺织行业,利用外资也成为固定资产投资的一个重要组成部分。

2. 2006 年投资增幅大幅度下降

2006 年是中国纺织工业"十一五"的开局之年,是中国从纺织大国向纺织强国的转折的重要时期,将通过这一时期上一个新的台阶,固定资产、技术改造的投资,将为转变产品的增长方式,提高行业科技贡献率打下了坚实的基础,而今我国的棉纺织行业已向成熟期迈进,投资已逐渐回归理性,2006 年 1—6 月份,棉纺织行业固定资产投资同比增加了 42.16%,1—10 月,同比增加了 17.92%,而前两个季度从未低于 40%,不难看出今后棉纺织业的发展要逐步从提高规模效益转向高科技效益,今天我们的纺织行业的比较优势已经弱化,因此提高我们的绝对优势就成了行业发展的重中之重。

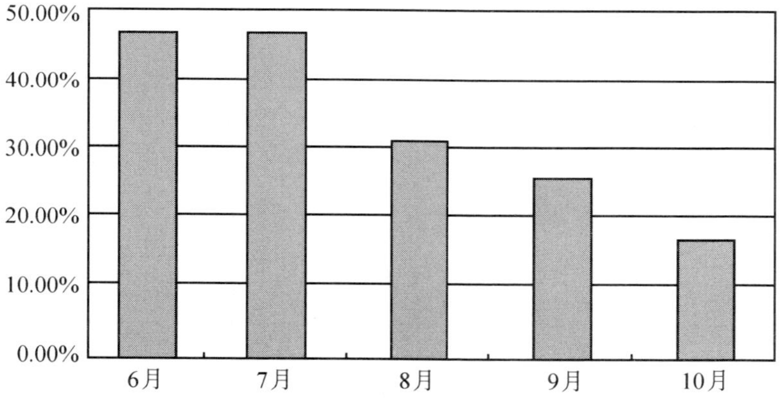

图 3—25 2006 年累计投资增长幅度示意图

3. 投入产出平衡

行业较高的投资增长率是市场发展的需要,棉纺织行业产销平衡,从 2005/2006 棉花年度的产销率来看就是如此。2004/2005 棉花年度棉纺织行业的产销率为 98.08%,这已经是很高的产销率,而 2005/2006 年度产销率达 98.29%,达到一个新水平,企业是产销两旺,发展势头较大。

三、进口棉保障了行业的效益

1. 纱产量稳步增长

2005/2006 棉花年度我国累计纱产量为 1602.09 万吨,纱产量净增 339.42 万吨;棉纺织行业生产产量在连续两年的高速增长后,新的棉花年度依然保持了较高增长速度,实际上意味着绝对生产量的大幅度提高:到 2006 年 8 月纱的单月产量 157.97 万吨,达到历史上最高水平。

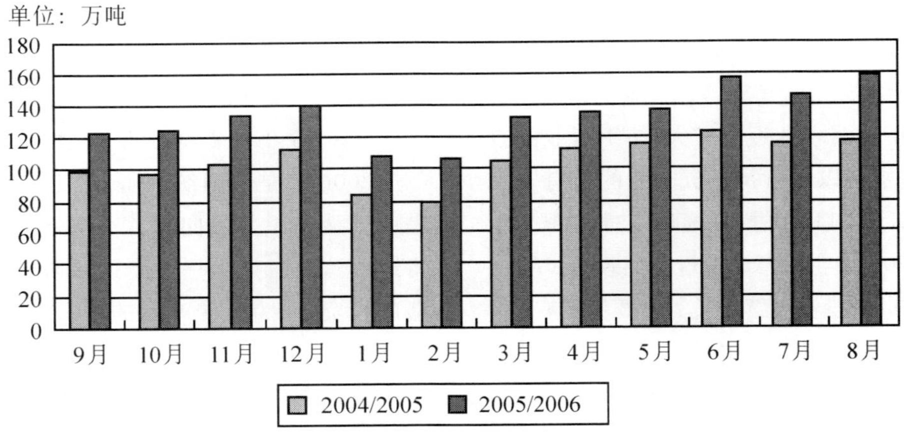

图 3－26　2004/2005－2005/2006 年度我国纱产量走势图

2. 进口棉花大幅增长

市场的全球化，需求的增长势必带来较大的原料需求，在我国棉花原料供不应求的现状下，我国大量进口了外棉，2005/2006 年度，我国共进口了 411 万吨棉花，2004/2005 棉花年度共进口 163.1 万吨，增长了 1.5 倍，尤其是 2006 年 1－8 月份，进口大幅度增加，进口量为 302 万吨，除去一部分国储棉，根据国际国内棉花价差来计算，进口原料给我们所带来的利润就不少于 73 个亿，而 2005/2006 年度比 2004/2005 年度利润总额增长了 73 亿元，这就意味着，如果没有了国际上低价棉的优势，全行业将要亏损。

四、棉纺织品进出口情况

1. 出口稳步增长

据我国海关统计，2005/2006 棉花年度棉纺织品及服装累计出口 499.43 亿美元，同比增长 31.6%，其中棉纺织品累计出口 149.24 亿美元，同比增长 19.47%，棉纺织服装累计出口 342.93 亿美元，同比增长 38.86%。

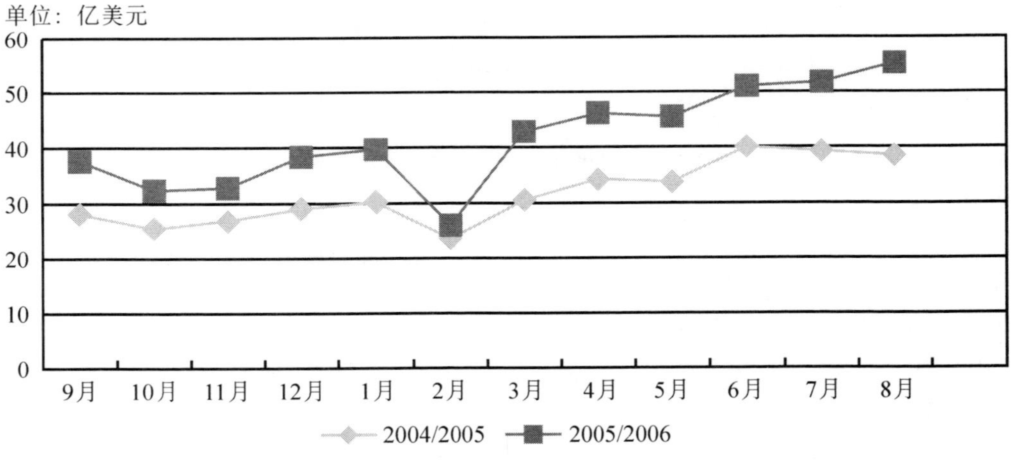

图 3－27　2004/2005－2005/2006 棉花年度我国棉纺织品及服装出口情况

从图 3—27 可以看出，2005 年最后一个季度我行业出口保持了与上一个年度同样的增长幅度，但进入 2005/2006 年度以后出口增长速度却明显高于 2004/2005 年度。2006 年是纺织品取消配额后的第二年，尽管欧美对我部分商品再度设限，贸易摩擦频繁，人民币升值，但“中国制造”的棉纺织产品的出口仍强势不减。

2. 进口也快速增长

近几年来，尽管我国的纱产量快速增长，并有少量出口的纱线，还是不能满足国内下游企业的需求，因此我国已十年来成为纱线的净进口国，本棉花年度累计进口纱线 91.18 万吨，同比增长 21.08%，在这里有一个不得不让人注目的事情是，进入 2006 年以来，我国每个月进口普梳纱线的增长幅度都没有低于 70%，最高时达到 86%。主要进口国为巴基斯坦和印度，之所以有这么高的进口增长速度，一是因为产品品种的需要，二是我们的纱线已不具备竞争优势，因为棉花原料的成本占棉纺织行业生产成本的 70%，棉花价格的高低直接关系到纺纱厂的生存问题，就目前来看，国内棉价已高于印度 30%，巴基斯坦 35%，棉纱出口已丧失国际竞争力。

由于国际市场棉纱价格大大低于我国，许多用纱企业加大了进口量，目前国家准备实施的滑准税使进口棉到厂价高出了国内棉花价格，使整个原料价格强行在高位运行，而我国所拥有的相当部分出口市场会向印度、巴基斯坦等纺织业发达国家转移，就会直接导致纱厂大幅度亏损甚至于停产，这最终损害了产业链的源头——棉花产业的利益即棉农与农民工的利益。

3. 人民币升值，减少了部分创汇额

2006 年 1—11 月，棉纺织品出口 149.5 亿美元，以 2006 年棉纺织品全年出口 160 亿美元计算，按目前本币升值 3.84%计算，减少创汇 6.15 亿美元，占总出口额的 3.8%，进口 50 亿美元计算，增加收入 1 亿美元，总额减少 5.15 亿美元。折合人民币（1∶7.81）为 40 亿左右。

五、棉纺织品市场运行情况

1. 2005/2006 棉花年度纱线市场总体运行平稳

2005/2006 棉花年度国内纱线市场行情总体运行平稳。从上图可以看出，2005/2006 棉花年度中国纱线指数波动较少，相对较为明显的波动仅有三次：

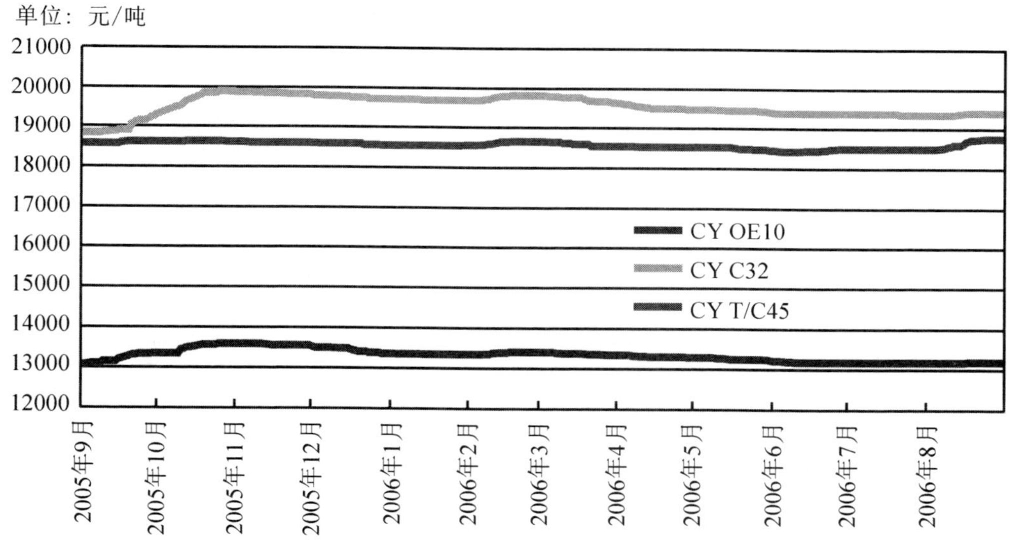

图 3—28 2005/2006 年度我国棉纱市场行情变化图

注：CY OE10——代表国内 OE10S 棉纱行情；
CY C32——代表国内 32S 棉纱行情；
CY T/C45——代表国内 T/C45S 纱线行情。

2005 年 9 月至 10 月，受国内新棉价格大幅上涨影响，国内棉纱市场出现一波明显上涨行情，同期棉纱销售形势明显走好，部分厂家现货供应不足。其中环锭纺棉纱销售相对较好，包括普梳和精梳产品，故价格涨幅较高，如 C32S 涨幅已近 1000 元/吨，而转杯纺棉纱则因下游牛仔布销售形势不太好，价格涨幅相对较小，如 OEC10S 涨幅在 500 元/吨左右。

这一阶段同期，涤棉纱价走势明显平稳，主要原因还是纱线销售并没有象棉纱那样明显走好，加上上游涤短价格持续下跌，且幅度相对较大，故涤棉纱价并无明显波动。

第二次是 2006 年 2 月至 3 月，国内棉纱和涤棉纱价格有小幅上涨，其中纯棉纱价格上涨幅度多在 100－200 元/吨，主要动力来自于上游棉价和涤短价格的上涨，而销量虽在纱价上涨之后略有增加，但并没能给纱价上涨提供支撑，导致 3 月份以后全棉纱和涤棉纱价格又出现小幅回调。

年度内纱线行情第三次明显的波动发生在 2006 年 8 月中下旬。这一时期内，在棉花和涤短价格的上涨的带动下，部分棉纱和涤棉纱品种价格出现上涨。其中 C32S 等常规环锭纺产品小幅上涨，而转杯纺棉纱产品因销售较差，并没能顺利跟涨；涤短价格的快速上涨推动了涤棉纱和纯涤纱的售价，行情上涨较为明显。

尽管 2005/2006 年度内国内纱线行情虽然出现了三次明显波动，由于本年度内棉花现货价格整体保持平稳以及下游纺织品市场出口受限，使得波动时间均较短，整体上涨幅度也不大。

2. 坯布市场行情基本平稳

2005/2006 棉花年度国内坯布市场行情总体出现“振荡上行”的走势，其中 2005 年下半年和 2006 年上半年 CG OE10、CG C32、CG T/C45 等三个中国坯布指数分别经历了一个小幅上涨与下跌的过程，主要是国内棉花棉纱价格频繁波动和坯布市场供求关系不平衡所致。

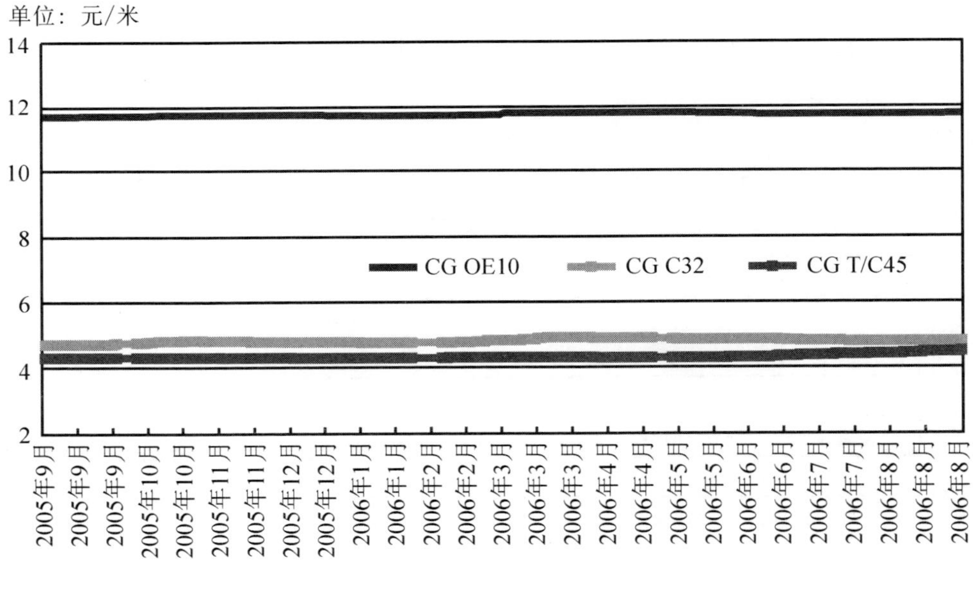

图 3－29　2005/2006 年度我国坯布市场行情变化图

注：CG OE10——代表国内 10＊10 72＊40 59"/60"靛蓝牛仔布行情；

CGC32——代表国内 32＊32 130＊70 47"斜纹全棉坯布行情；

CG T/C45——代表国内 T/C65/35 45＊45 110＊76 63"涤棉坯布行情。

2005年9月份，业内预期棉花减产，棉农惜售心态空前强烈，而新棉上市进展迟缓，导致国内棉花供应紧张，329级棉价从9月初的13500元/吨，冲高至10月中下旬的14400元/吨，同时期棉纱价格累计涨幅800元/吨左右，而坯布市场因供求失衡，国内市场竞争激烈，多数产品价格仅小幅上调，涨势不力。

随后，由于受国家宏观调控和棉纺织企业采购谨慎的影响，2005年10月下旬国内棉花价格冲高回落，紧随其后，棉纱、布市场价格振荡下滑。但值得一提的是，2006年国内棉价总体处于下跌状态，从2月份14500元/吨的高点，下滑至9月份的14000元/吨相对低位，同时棉纱价格也跟着下跌。

纵观整个年度，坯布市场销售形势不够活跃，市场行情不温不火，棉织企业的产销基本保持平衡，但销售压力明显增大，其中原材料成本上升、人民币持续升值和纺织品出口设限是主要原因。

六、棉纺织行业的未来发展

1. 继续走新型科技工业化道路

棉纺织行业作为纺织工业的基础行业，起着重要的作用，面对新的国际国内的经济、贸易等环境，如何提升行业的绝对竞争力，使我国的棉纺织行业可持续、可循环健康的发展，成为中国棉纺织协会工作之重点。

根据胡锦涛总书记提出的要以科学发展观来指导行业的发展，坚持以人为本，是行业全面、协调、可持续的发展观。而我国的棉纺织行业正走到了这样的转折时期，中国棉纺织行业协会积极引导行业继续走新型工业化道路，提高行业的科技和品牌贡献率，合理有效的利用资源，完善社会责任制，建设和谐发展的产业。

2. 行业自律倡议书

中国棉纺织行业在“十五”期间，得到高速发展，纱产量从2000年660万吨到2005年的1440万吨。20世纪90年代以来生产的棉纺设备比重达到57%，无卷化率、无结纱、无梭布及精梳纱比重分别达38.4%、55.3%、52.7%及25%。但是，与国际先进水平相比仍有差距。中国棉纺织行业协会于2006年8月向全国棉纺织企业提出了行业自律倡议书，分析了投资过快增长带来的潜在性的风险；分析了全球经济的竞争环境；分析了当前存在的人民币不断的升值、能源、电力、劳动力、环保的压力，其在不利因素将严重影响棉纺织企业持续发展的时刻，倡导企业自觉控制低水平发展，提高生产率水平，转变增长方式，调整产品结构，加强自主创新，着力提高产品质量，提高经济效益，加强科学管理，使资源利用率达到最大化。

3. 积极推进技术改造，促进产业升级

为确保棉纺织的可持续发展，深刻认识走新型工业化道路的重要性，中国棉纺织行业“十一五”发展规划中提出了以全面提升企业核心竞争力为目标，加快用高新技术改造棉纺织产业的步伐，推进机、电、仪一体化，自动化、连续化的进程，为提高棉纺织行业的竞争力，更好的指导行业的科技进步，为了保证棉纺织行业“十一五”规划的贯彻实施，棉纺协会组织编写了《中国棉纺织行业“十一五”科学与技术进步指导意见》，提出科学与技术进步的发展方向：

总体目标：坚持走新型工业化道路，加快用高新技术和先进适用技术改造传统棉纺织产业的步伐，用信息化带动传统棉纺织产业发展，全面提升棉纺织产品在国际市场竞争力。

主要任务：用信息化技术带动棉纺织行业的技术进步，推广连续化、自动化和生产、经营管理网络化。

2005/2006 年度郑棉期货交易特点

姬广坡　郭淑华

【作者简介】姬广坡，男，1958 出生，陕西西安人，博士研究生学历，高级经济师。长期担任郑州商品交易所市场开发三部部长，负责棉花期货的市场开发工作。近年独著或合著经济期货类专著十余部，在各类报刊杂志上发表论文 70 余篇，共计约 200 万字。

郭淑华，女，经济学硕士，高级经济师。现任郑州商品交易所市场开发三部高级经理，是棉花期货研发、合约及制度设计的主要参与人之一。

2005/2006 年度，国内棉花期货价格经历了一涨一跌两大行情，与国内棉花现货价格走势基本一致，棉花期货市场发现价格、套期保值的功能开始发挥。

一、2005/2006 年度郑州商品交易所棉花期货交易基本情况

1. 棉花期货成交量、持仓量与上年相比略有下降。

2005/2006 年度郑州商品交易所共成交棉花期货合约 1096.15 万手（每手 5 吨，折合皮棉 5480.75 万吨），成交金额 8261.81 亿元，同比分别下降了 40.39%和 34.41%。从持仓量来看，2005 年 8 月 31 日时，郑棉持仓量为 64444 手，而本年度只有 18346 手，下降幅度达 71.53%。

2. 棉花期货仓单进出通畅，实物交割顺利进行。

2005/2006 年度，共生成棉花期货仓单 7158 张（每张期货仓单 20 吨，约合 143060 吨，下同），截止 8 月 31 日，库内剩余仓单数为 324 张（约合 6480 吨）。分月来看，2005 年 11 月至 2006 年 5 月为仓单集中注册时间，单月最高注册量高达 1237 张（约合 24740 吨）；集中注销时间为 2006 年 3 月至 2006 年 8 月，单月最高注销量高达 2925 张（约合 58500 吨），仓单进出非常顺畅。从合约交割情况看，当月交割合约的交割量多少不等，但总体呈现出年度初期低、年度后期高的特点，最高月交割量达 18040 吨。从期货转现货情况看，其特点是前期、后期高，而中期低，这与棉花现货市场的季节性特点有关。

3. 郑棉期货价格与国内外棉花期货、现货价格走势基本一致，并预先反映国内现货市场价格波动，为企业参与套期保值提供了空间。

受国内部分棉花主产区遭受严重自然灾害因素影响，新年度之始，郑州棉花期货价格开始反弹，现货市场随即上涨。在现货籽棉收购价格屡创新高及皮棉市场购销顺畅的带动下，期货价格不断节节上涨。在此过程中，国家多次下发文件提示市场风险，现货市场上涨速度明显减缓并保持平稳，但考虑到国内巨大的供需缺口，期货价格在小幅回落后继续上涨，并于 2006 年 2 月 6 日创出新高 15370 元/吨的年度高点。在期货价格高涨的带动下，现货价格也于 2 月初开始启动，并于 2 月底达到高点 14456 元/吨，此时期货价格已下跌了 500 元/吨。随后，在低价进口棉大量涌入国内市场等利空因素影响下，国内棉花价格开始了一轮长达半年多的下跌行情。此期间，期货价格围绕现货价格理性波动，为仓单流动创造了条件。从年度棉花期货价格波动的总体运行来看，在本年的棉花现货市场上，所有的涉棉企业都面临了

较大的经营风险，而期货价格与现货价格波动趋势一致，并围绕现货价格上下波动，为涉棉企业利用期货市场套期保值创造了条件。

国内棉花期货价格与纽约棉花期货价格走势基本一致，为涉棉企业及投资者进行跨市场套利创造了条件。

4. 与美国纽约棉花期货市场规模相比，郑棉期货市场仍处于发展的初级阶段。

自2004年6月1日推出棉花期货交易至2006年8月31日，短短两年多的时间里，棉花期货市场在调整种植结构、增加农民收入、企业规避市场风险等诸多方面开始初步发挥积极作用，但与有130多年交易历史的纽约棉花期货市场规模相比，规模偏小，与国内庞大的棉花产业相比还存在较大差距，其发现价格、套期保值的功能无法有效实现。2005/2006年度，我国棉花期货交易量是棉花产量的9.6倍，而同期美国达到了34.5倍，说明其交易的活跃程度大大高于郑棉期货。而从整个年度的月平均交易量和持仓量来看，亦能得出相同的结论（见附图九；附图十）。由此可见，我国棉花期货仍处于市场发展的初级阶段，还无法像纽约棉花期货市场那样较好地发挥发现价格、套期保值、风险投资等诸多功能，并最终获得全球棉花的定价权。

二、2005/2006年度棉花期货交易对棉花市场的影响

在棉花期货价格的预期作用下，市场资源进一步优化，种植面积继续扩大，质量进一步提升。

1. 优质优价充分体现，在引导农民收入增加方面作用积极。

由于年度初期期货价格的上涨速度高于现货价格，部分现货商及投资者利用期现货价差套利，并高价收购等级高、一致性好的棉花，优质优价现象普遍存在。在期货价格迅速上涨的带动下，现货市场也随之启动，拉动籽棉价格上涨，从最初的籽棉收购价2.3－2.4元/斤涨到3.0元/斤，个别地区的籽棉收购价甚至超过了3元/斤，对增加棉农收入来说作用积极。

2. 涉棉企业的质量意识进一步提高，为我国棉花质量整体提升打下基础。

通过郑州商品交易所的宣传，涉棉企业对棉花质量标准的认识有了较大程度的提升，国内符合国家标准的棉花越来越多。从注册仓单的情况来看，合格率不断上升，有些企业的达标率高达100%，这为我国棉花质量的整体提升打下了基础。

3. 棉花种植面积稳中有升，与宏观调控目标接近。

2005/2006年度，我国棉花种植面积继续扩大。今年我国棉花播种面积在去年7590万亩的基础上增加了4%至7950万亩，与国家一直提倡的棉花面积稳定在8000万亩的目标相吻合。能够达到这样的一个播种面积，与备耕期棉花期货价格处于高位不无关系。

三、2005/2006年度涉棉企业参与棉花期货交易的基本情况及存在的问题

2004年棉花期货推出以来，郑州商品交易所一直致力于向广大涉棉企业介绍棉花期货所特有的套期保值、发现价格功能，为涉棉企业规避市场价格风险提供场所。经过两年多的努力。涉棉企业开户数与日俱增，参与的广泛性增强。截至2006年8月31日，共有2510家涉棉企业在郑州商品交易所开立了棉花期货交易帐户，比去年同期增长了946家，其中月最大增长量达到201家。涉棉企业利用期货市场套期保值的认识有所提高。2004/2005年度参与棉花期货交易的涉棉企业中，利用期货价格高于或低于现货价格时进行期现套利交易的比较多，2005/2006棉花年度以来，涉棉企业在利用期货市场方面更加成熟，除了更多的企业利用期现套利赚取超额利润外，也有部分企业开始尝试真正的套保交易，为其企业的经营保驾护航。棉企在参与期货交易过程中存在的问题主要表现在以下几个方面：

1. 棉花播种面积不稳定，年度供应量差距较

大，涉棉企业对行情预测难度加大。

棉花市场放开以来，我国棉花播种面积极不稳定，年度间差距较大，供应量极不稳定，且由于多口径统计，为涉棉企业及棉花期货投资者进行交易带来了很多不利因素。

2. 涉棉企业普遍规模偏小，利润率低，加之部分企业无法参与正常的套期保值业务，抵御市场风险的能力差。

目前，我国涉棉行业的企业规模普遍偏小，以今年国内总资源计算，每家轧花企业平均拥有资源约393.75吨，利润可想而知。国内大型纺织企业屈指可数，绝大部分企业为中、小型企业，2005年国内纺织企业全行业平均利润率仅为3%，今年由于出口退税下调2%以及人民币升值3%，利润率可能更低。流通环节也一样，年经营量1万吨以下的企业占据较大比重，经营风险非常大。由于棉花购销贷款风险大，商业银行惜贷且利息高，因此中国农业发展银行贷款是国内棉花购销企业棉花收购资金的主要来源，目前使用中国农业发展银行贷款收购的棉花已占全国棉花产量的50%以上。2004年6月，中国农业发展银行下发了《关于在中国农业发展银行贷款的棉花企业不得进入期货市场的紧急通知》，规定在中国农业发展银行贷款的棉花企业一律不得进入期货市场进行交易。这一规定减少了棉花企业的经营手段，弱化了盈利能力，而且企业不能参与套期保值，在现货经营方面的价格风险难以回避，这样一来，中国农业发展银行贷款资金反而直接暴露在市场风险面前。

四、涉棉企业利用棉花期货市场的空间及方向

1. 利用棉花期货市场套期保值。

利用棉花期货市场套期保值是涉棉企业规避市场价格风险的最佳选择。流通或加工企业在拥有现货时通过卖出期货合约为手中持有的现货保值，在出售棉花时将期货合约平仓，使得原来仅靠单个市场经营的模式转变为依靠期货、现货两个市场操作，在一个市场亏损的情况下，必有一个市场赢利，为企业创造一个稳定的经营环境，赚取稳定的收益，这也是国际市场上所有跨国交易的大棉商所普遍采用的经营方式。

2. 利用棉花期货市场的发现价格功能为企业的生产经营服务。

棉花市场具有发现未来价格的功能，生产企业在种植棉花时就可以根据收获期货的棉花期货价格制定科学合理的种植计划；流通企业可以参考棉花期货价格的走势及排列关系安排未来几个月的经营计划；纺织企业可以根据未来棉花期货价格作为远期纺织品定价的主要依据。

3. 利用期货、现货两者之间的价差买卖棉花，实现低成本、高收益经营。

棉花期货价格是由众多投资者根据各自掌握的信息和所处的部位而做出的价格判断，因此它在一定时间内会高于或低于现货价格，涉棉企业可以抓住高于或低于现货价格的有利时机，实现棉花的买卖。

4. 涉棉企业从事期货交易还能够改变经营作风，增强风险意识。

我国涉棉企业经历计划经济的时间较长，市场经验还不太成熟，往往人云亦云。从这几年市场经济的结果来看，跟风的现货商往往会吃亏，因此改变这种跟风交易的现状非常必要。因此，涉棉企业应该适度参与期货交易，增强对市场信息的分析和判断能力，增强对风险的防范意识，为今后更好地适应市场做准备。

五、进一步发展郑州棉花期货市场应采取的措施

1. 进一步加大棉花期货市场培育力度，扩大交易规模，促进功能发挥，抵御国际棉花市场大幅波动对国内棉花产业的冲击。

从国际商品市场成熟的经验来看，减弱因价格波动给产业带来冲击的最好办法是利用期货市场套期保值。目前，我国棉花期货市场规模偏小，功能发挥还受到限制，无法完全应对国际市场棉价波动给产业带来的冲击。建议国家尽快采取有力措施，促进期货市场的发展，为企业避险提供场所。一是更加科学合理的进口配额管理方法；二是让有避险需

求的涉棉企业能够自主地进入期货市场，尤其是在农业发展银行开户的涉棉企业尽快进入期货市场套期保值。

2. 充分发挥棉花期货市场发现价格的功能，争取商品定价的话语权。

我国棉花品种虽然已经具备了成为国际性交易中心的基本条件，但棉花期货上市以前，在棉花国际贸易中经常出现“高买低卖”。据现货商经验数据，2004 年以前，我国每进口或出口 5 万吨棉花，国际棉花价格将上涨或下跌 1 美分。棉花期货上市后，我国向争取国际话语权迈出了第一步，虽然近两年我国进口棉花数量大增，但国际棉价并未呈现相应比例的大幅度上涨。我国棉花期货交易规模扩大后，除了在国际贸易规则制定、参与国际价格形成、稳定国内棉花市场等方面发挥作用外，在调整种植结构、增加农民收入、提高我国棉花质量，扩大纺织品出口竞争力等方面也将发挥积极作用。

3. 加大棉花期货市场宣传力度，鼓励涉棉企业利用期货市场规避价格波动风险，增强自身抵抗力。

在生产要素和金融资本在全球范围内快速流动的大背景下，影响商品价格波动的因素越来越多，企业不借助避险工具根本无法生存。目前我国涉棉企业普遍缺乏风险意识，抵御市场风险的能力较差，近三年来，大多数流通企业处于亏损或严重亏损的境地。据不完全统计，仅本年度流通企业亏损额高达 10 多亿元，2003/2004 年度可能更多，严重影响了整个棉花产业的良性发展。建议国家有关部门、各级政府和行业组织，加大对期货市场套期保值、发现价格功能的宣传力度，鼓励企业利用期货市场，获得一条稳定经营、长久发展的道路。

4. 国家储备棉可通过期货市场吞吐调节，保障国内市场相对平稳。

在籽棉价格较低时，国家可以通过期货市场和现货市场同时购入棉花，由于棉花期货合约是依据国家标准制定的，与国家储备对棉花质量的要求完全一致，是储备棉的最佳选择；在棉花价格较高时，国家也可能通过期货市场抛出棉花，稳定市场，充分发挥国家储备平抑棉花价格，保障国内市场稳定的作用。

2006 年全国棉花交易市场电子撮合交易回顾

王 莹

【作者简介】王莹，女，哈尔滨理工大学国际贸易专业毕业，经济师。1997 年 8 月参加工作，任中华合作时报社编辑、记者，2000—2001 年主要负责《中华合作时报—棉麻专刊》的组稿、采编工作。2001 年下半年至今，在全国棉花交易市场任职，主要从事信息和文字工作，现任办公室副主任。

2006 年，国内棉花形势发生了较大变化，主要表现在：一方面进口棉需求旺盛，另一方面国产棉销售滞缓；一方面国产棉花存在供需缺口，另一方面棉花销售价格持续走低。作为国内棉花现货行情“风向标”的电子撮合交易行情，全年基本呈现持续走低态势，年尾略有回升。

从图 3—30 可以看出，2006 年全国棉花交易市场商品棉电子撮合近月合同最高价为 2 月 5 日的 14978 元/吨，最低价为 10 月 20 日的 12536 元/吨，最大波动幅度为 2442 元/吨。年均价为 13977 元/吨。

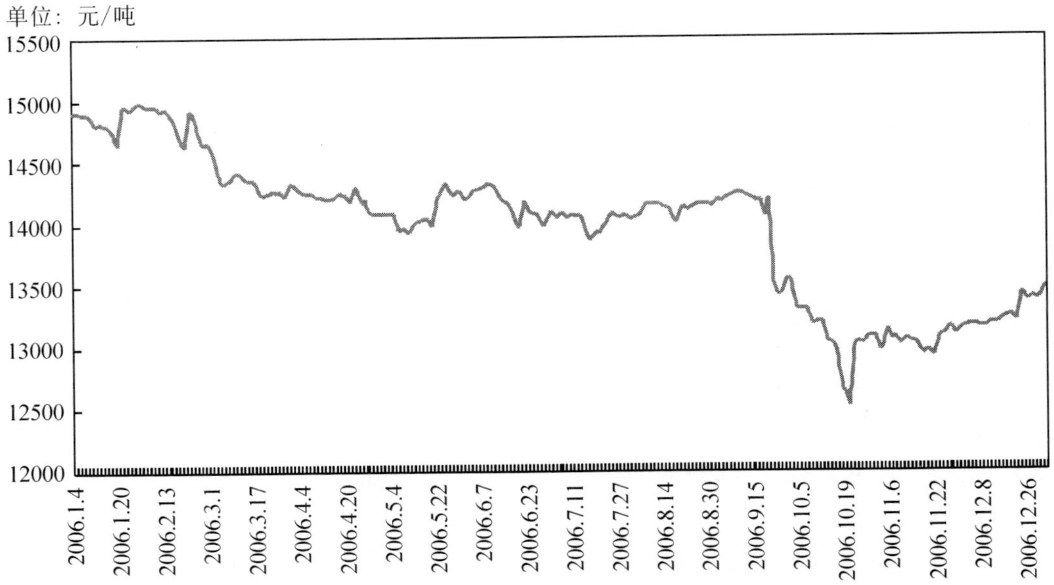

图 3－30　2006 年电子撮合近月合同走势图

多种因素对 2006 年撮合交易行情走势产生了影响：年初在棉花价格上涨乏力时，政府提高了进口棉滑准税的基准价，由 2005 年的 10029 元/吨提高到 10746 元/吨，使进口棉最低含税价格由 12000 元/吨提高到 13000 元/吨，此举减缓了撮合价格的下跌。自年初到 7 月中旬撮合价格震荡小幅下跌，最低点为 13882 元/吨，跌幅 1096 元/吨。进入 8 月份，由于配额发放不及时，国内资源供应暂时出现紧张，到新花集中上市前的 9 月中旬，撮合价格有所反弹，最高达到 14240 元/吨。9 月中旬后随着新花的集中上市以及中国农业发展银行资金发放的迟滞，撮合价格大幅急速下跌，到 10 月下旬达到当年最低点 12536 元/吨。进入 11 月份后，随着中国农业发展银行资金的陆续到位以及关于国家收储、滑准税政策调整的传言，撮合价格震荡上行，最高价达到年底的 13493 元/吨，最大涨幅达 957 元/吨。

电子撮合行情的走势与国内棉花市场的变化息息相关。我们分析，2006 年，国内棉花市场的一个最大特点就是国内棉花资源结构发生了根本变化，进口棉主导了国内棉花市场。主要表现在以下三个方面：一是进口棉数量急剧增加。据统计，2002 年我国进口原棉 17 万吨，2003 年进口 87 万吨，2004 年进口 190 万吨，2005 年进口 257 万吨，2006 年仅用了半年时间就进口 245 万吨，基本相当于 2005 年全年的进口量。毫无疑问，中国已成为世界最大的棉花进口国；二是寄售贸易发展迅速。过去进口棉以一般贸易和加工贸易为主，近年来国际棉商主动适应中国企业的贸易习惯，寄售贸易发展迅速，外商的棉花就存在中国保税仓库，有配额的纺织企业只要交钱就可以随用随买，其方便程度甚至超过购买国产棉；三是进口棉贸易主体发生了变化。过去向中国出口棉花的国家只集中在几个出口大国，大的国际棉商只有几家，现在向中国出口棉花的国家有五十多个，与中国有贸易往来的主要棉商发展到几十家。过去国内做进口棉的只有少数几家国有大型企业，现在国内拥有棉花配额的企业已发展到 1000 多家，而且近 80％是中小型棉纺企业，他们成为进口棉花的主体。由此可以看出，2006 年，我国棉花市场已与国际市场被动连接在一起，在全球经济一体化进程不断加快和我国对棉花原料需求不断增加的今天，这种连接是不可逆的。

面对国内棉花形势的这种变化，全国棉花交易市场积极应对，围绕电子撮合交易这一主营业务，通过不断完善服务手段和措施，吸引交易商入市交易。一是对2005/2006年度版交易交割办法进行了重新梳理和修改，同时推出一系列优惠政策，调动交易商参与交易的积极性；二是经与中国纤维检验局反复磋商，于2006年9月重新修订发布了《全国棉花交易市场交易商品棉公证检验实施办法》。新《办法》增加了重量和异性纤维复检指标，这对于维护买卖双方权益，增强买方交易商对交易市场交割棉花质量和数量的信心，发挥了至关重要的作用；三是积极配合国家质检体制改革，大力推进中国农业发展银行贷款棉花委托交易市场规范监管和参与交易市场的交易交割业务；四是加大新疆棉铁路运输发运力度，引导更多新疆棉参与电子撮合交易；五是通过资金服务，缓解交易商资金紧缺的压力；六是加大业务宣传和培训力度，大力开发交易商。从实践结果看，交易市场出台的各项措施取得了明显成效，2006年新入市交易商160余家；8个省的116家贷款中国农业发展银行和234家贷款企业分别与交易市场签订了三方合作协议和三方合作补充协议；新疆棉通过交易市场渠道共发运2.1万吨；为交易商提供资金服务达到12亿元，各项业务取得长足发展。

2007年，交易市场将继续完善电子撮合交易方式，积极推进第三方规范监管，提高服务质量，将全国棉花交易市场逐步打造成我国棉花现货交易中心，为规范我国棉花流通秩序，完善棉花市场体系做出积极贡献。

2005/2006年度国际棉花市场产销形势与发展趋势分析

艾仑宝棉花公司

【作者简介】艾仑宝棉花公司(Allenberg)，位于美国田纳西州孟菲斯市，成立于1917年，于1981年被路易·达孚集团收购，现已成为世界上最大的棉花经销商之一。她和她的姊妹公司——位于比利时安特卫普的路易·达孚国际棉业(LDCI)经营所有产地的棉花。每年的总经营量超过100万吨。艾仑宝棉花公司拥有世界一流的信息收集设施，她在风险防范方面各种创新的技术和方法在国际市场上赢得了极高的声誉。

一、2005/2006年度全球棉花生产情况及特点

据USDA2007年1月报告估计，2005/2006年度世界棉花总产量为2485.1万吨，与2004/2005年度创记录的2621.2万吨相比减少136.1万吨，减幅5.2%，但仍然保持在历史高位。2005/2006年度世界棉花收获面积为3443.3万公顷，比上年减少134.1万公顷，减幅3.7%。从世界棉花面积与纽约期货价格相关分析图中不难看出，棉花作为经济作物，其面积与绝对价格有着较高的相关性，而正是由于2004年4季度至2005年1季度纽约期货的低迷表现导致了种植意向的减少。

2005/2006年度，全球棉花单产为722公斤/公顷，比上年减少11公斤/公顷，减幅1.5%。这主要是由于美国、中国等棉花主产区受飓风、持续性降雨等灾害性天气影响所致，不过从2003/2004年度以来世界棉花单产仍处在历史高位区间波动。

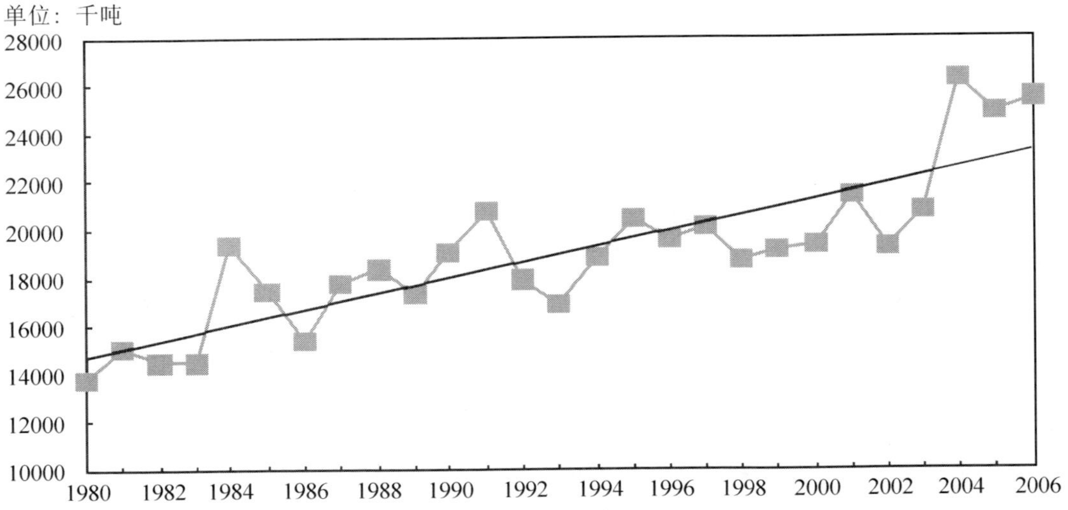

图 3－31　全球棉花产量

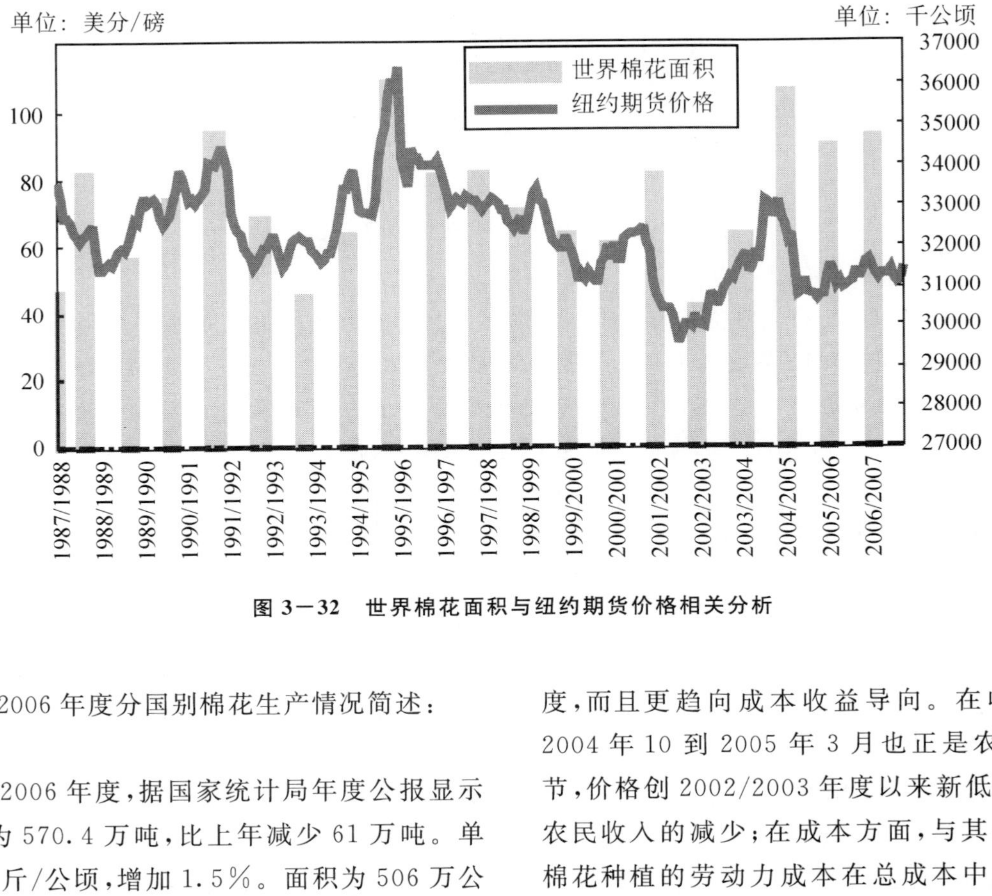

图 3－32　世界棉花面积与纽约期货价格相关分析

2005/2006 年度分国别棉花生产情况简述：

中国

2005/2006 年度，据国家统计局年度公报显示棉花产量为 570.4 万吨，比上年减少 61 万吨。单产 1127 公斤/公顷，增加 1.5%。面积为 506 万公顷，同比减少 11%。面积减少的原因可以解释为，现在中国的农户比以往有着更高的种植决策自由度，而且更趋向成本收益导向。在收入方面，从 2004 年 10 到 2005 年 3 月也正是农民的销售季节，价格创 2002/2003 年度以来新低，并直接导致农民收入的减少；在成本方面，与其他作物相比，棉花种植的劳动力成本在总成本中的比重更大，随着近年来经济发展和城市化进程的加速，农户越来越看重机会成本，选择在外打工和种植一些

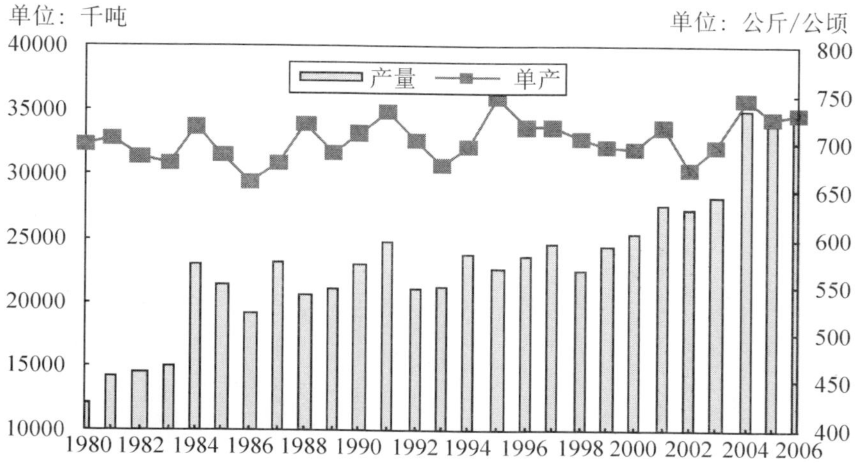

图 3－33　全球植棉面积及单产

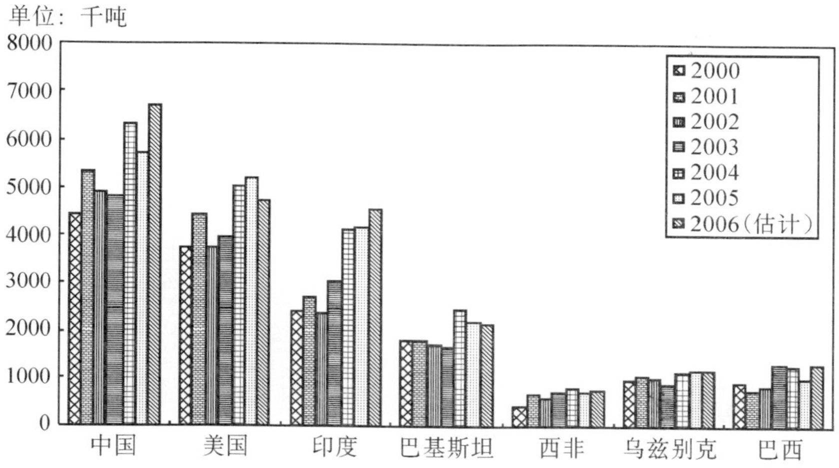

图 3－34　分国别产量

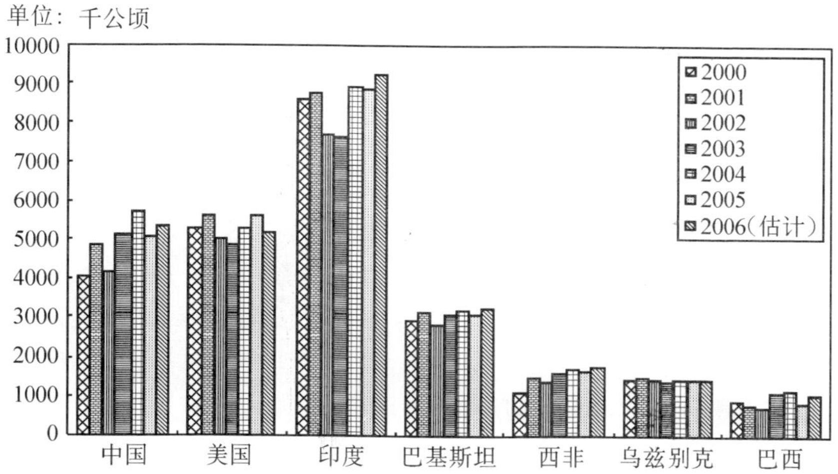

图 3－35　分国别植棉面积

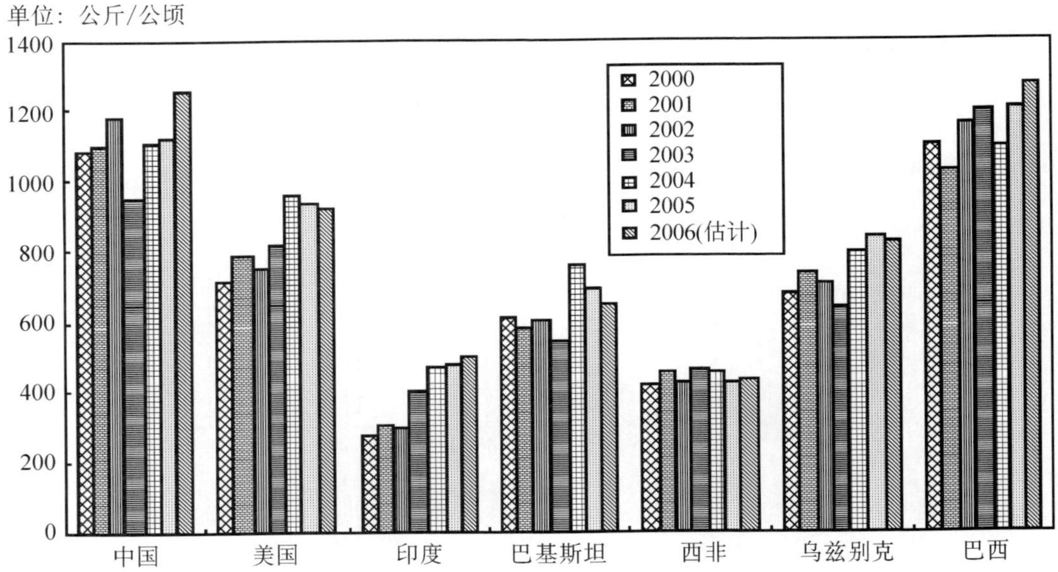

图 3—36　分国别单产情况

省时省力的粮食作物。同时,由于国家对小麦等粮食作物的补贴和保护价收购政策,使得粮棉比价不断缩小。

美国

2005/2006 年度,美国棉花产量 520.1 万吨,同比增加 13.9 万吨。与其他棉花主产区减少面积相反,出于对美棉出口的良好预期,2005/2006 年度美国棉花面积增加 5.7%,为 558.6 万公顷。在美棉收获季节,由于受飓风等灾害天气影响,单产同比下降了 2.8%,为 931 公斤/公顷。

印度

2005/2006 年度,印度棉花产量 418 万吨,比上年略增 4.3 万吨。但是从面积和单产分析来看,印度棉花产量有着惊人的潜力。2005/2006 年度印度棉花面积 883 万公顷,比中国多出 377 万公顷或 75%;单产 473 公斤/公顷,比中国少 654 公斤/公顷。

假设 2005/2006 年度印度棉花单产按照全球平均单产 722 公斤计算,在面积不变的情况下印度的棉花产量会比实际多出近 220 万吨,达到 638 万吨,将超过中国成为全球棉花产量最大的国家。相信如果印度政府提供支持,增加对农田水利基础设施和品种改良等方面的投入,加上其更具竞争力的劳动力成本优势和其地理位置优势,未来数年印度棉花产量的增长和在全球棉花贸易中的比重将会有着巨大的飞跃。

二、2005/2006 年度全球棉花消费情况及特点

2005/2006 年度全球棉花消费继续保持其增长的趋势,据 USDA2007 年 1 月报告估计,2005/2006 年度世界棉花消费量为 2521.2 万吨,比上年增加 152 万吨,增长 6.4%,增幅较上年的 11%有所减缓。全球棉花消费增长的源动力几乎全部来自亚洲。中国、印度和巴基斯坦 3 国的棉花消费量占全球消费量的比重由 2004/2005 年度的 58.9%提高到 63.3%。中国 2005/2006 年度棉花消费量 979.7 万吨,同比增长 141.5 万吨。面对亚洲的竞争,土耳其,美国,巴西和墨西哥等国的棉花消费进一步萎缩。

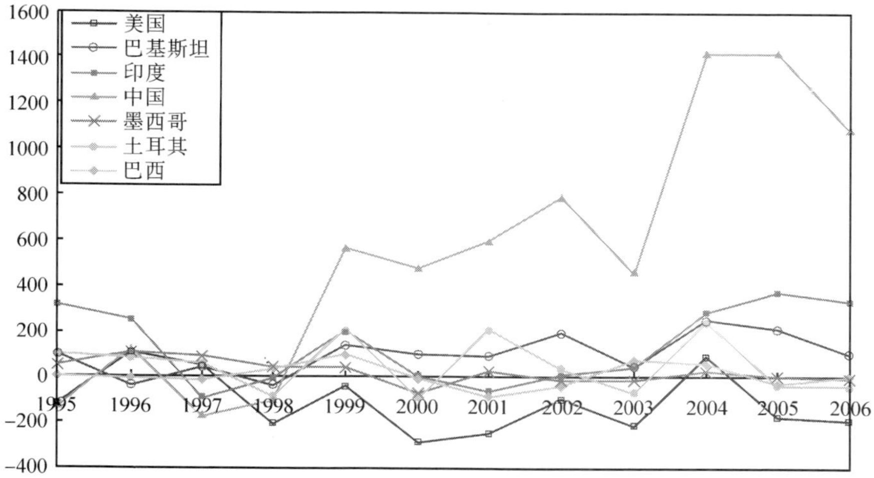

图 3－37　1995 年以来主要国家棉花消费量

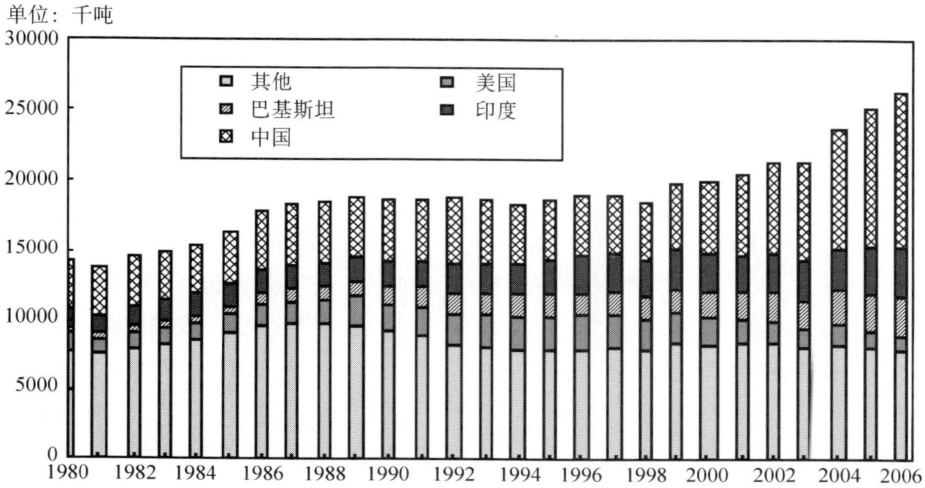

图 3－38　主要国家棉花消费量对比

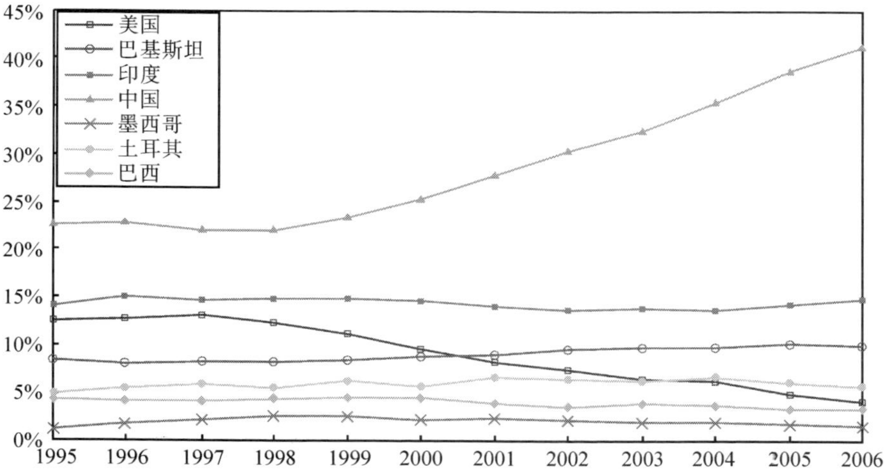

图 3－39　1995 年以来主要国家棉花消费占比

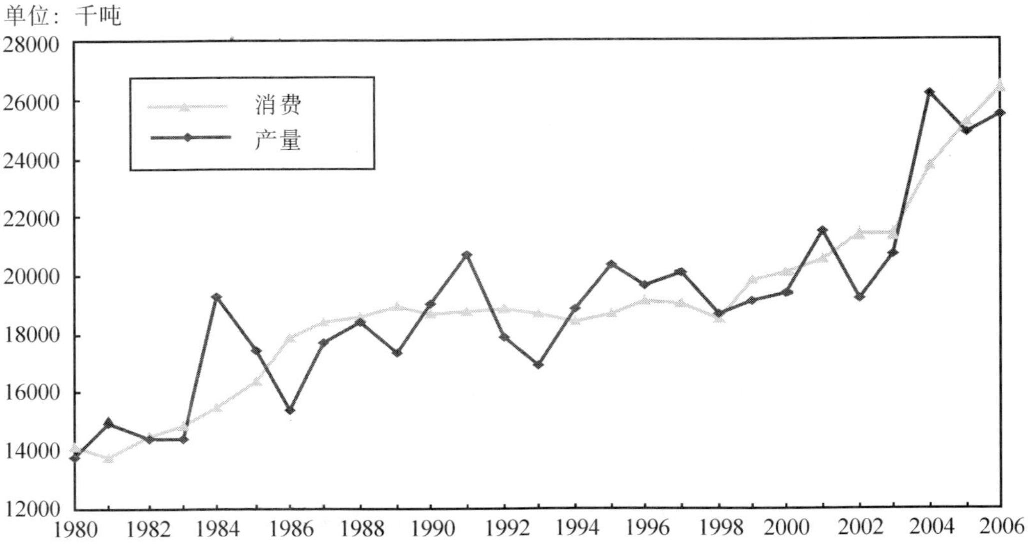

图 3－40　全球棉花产销变化图

三、2005/2006 年度全球棉花价格运行情况及特点

受 2004/2005 年度期末库存压力和 2005/2006 年度全球供需基本平衡的影响，2005/2006 年度全球棉花价格窄幅波动。纽约期货近月合约在 46.26 美分至 57.02 美分区间波动（相差 11 美分），而 Cotlook A（NE）指数波动范围仅在 52.9 美分至 61.25 美分之间（相差 8 美分），是历史上少有的窄幅整理走势。

2005/2006 年度，无论是国际棉花价格还是国内市场，总的来看分两个阶段：第一阶段，2005 年 8 月至 2006 年 2 月，价格冲高；第二阶段，2006 年 2 月至 2006 年 7 月，逐渐回落。

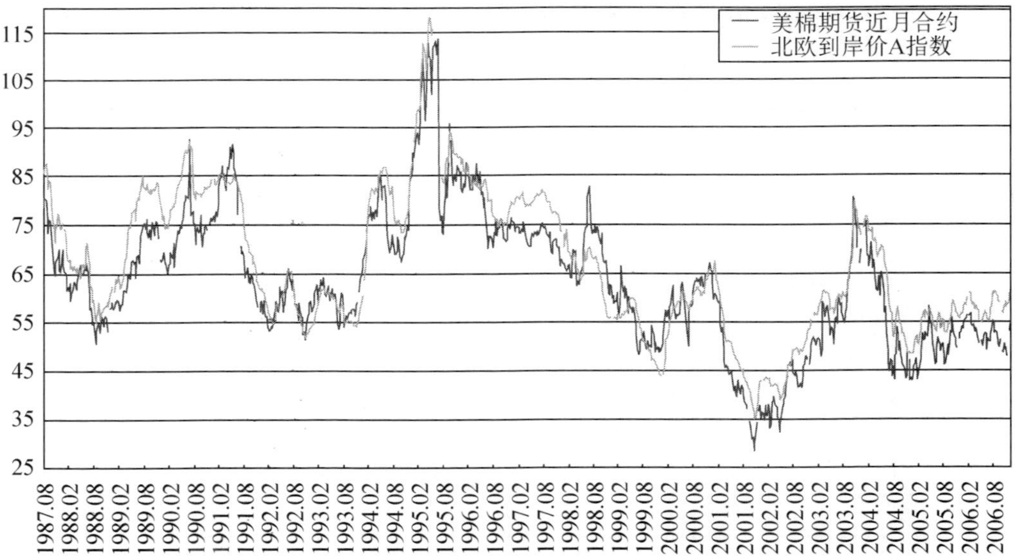

图 3－41　近 20 年世界棉花价格走势

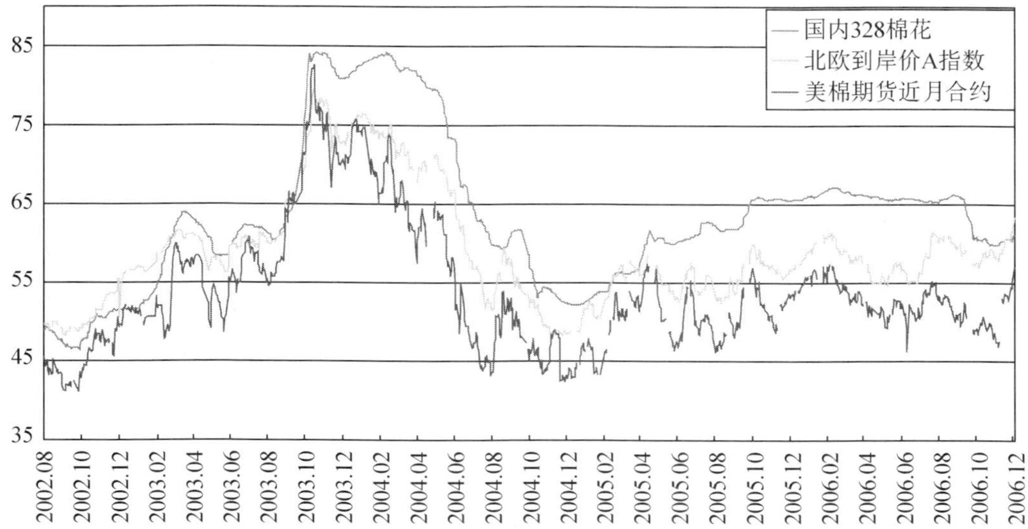

图 3－42　国内 328 棉花价格与北欧到岸价 A 指数和纽约期货价格比较

在第一阶段中，在国际上，美国和中国在收获季节都受到飓风等灾害天气影响，减产预期强烈，美国农业部以此调高了美棉的出口预测，同时，美棉的出口报告持续向好，登记库存持续减少，支持了美棉的持续攀升；在国内，供需缺口论盛行，加上天气因素，大部分棉企囤棉惜售，看涨后市。

在第二阶段中，在中国，受国家调控政策的影响，如增发进口配额和滑准税率的实施，加上因美棉在 Step 2 出口补贴取消（2005 年 8 月 1 日）前大量集中出口而带来国内的保税区到港现货的压力，纺织厂购买方式的转变（压低库存天数），轧花厂和棉商的资金压力，对棉花供需缺口和数字真实性的质疑，种种因素使得国内行情持续疲软；在国际上，美棉的走势也因实际减产小于预期，强大的登记库存压力和出口销售下滑的影响，步入下跌期。

四、影响 2005/2006 年度全球棉花价格的深层因素

1. 全球期末库存水平的变化

（1）从期末库存总量上来说，全球棉花库存维持在历史高位，中国库存偏紧。

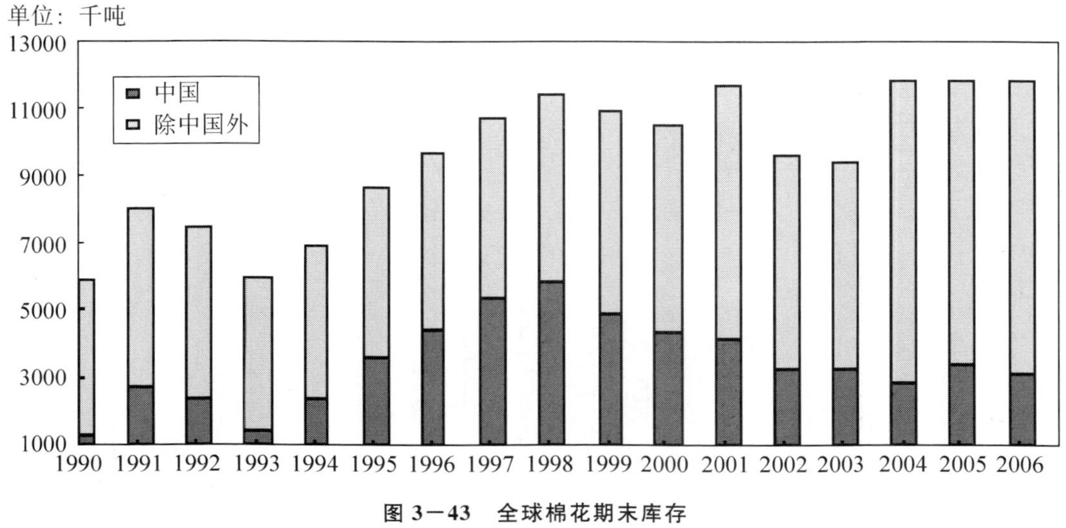

图 3－43　全球棉花期末库存

（2）从期末库存与需求比例上来说，在全球最大进口国中国与其他国家的对比中不难看出，全球范围供需平衡，地区间差异显著。美国和印度等出口国供应充足且出口意愿强烈，而中国平衡状况继续恶化。

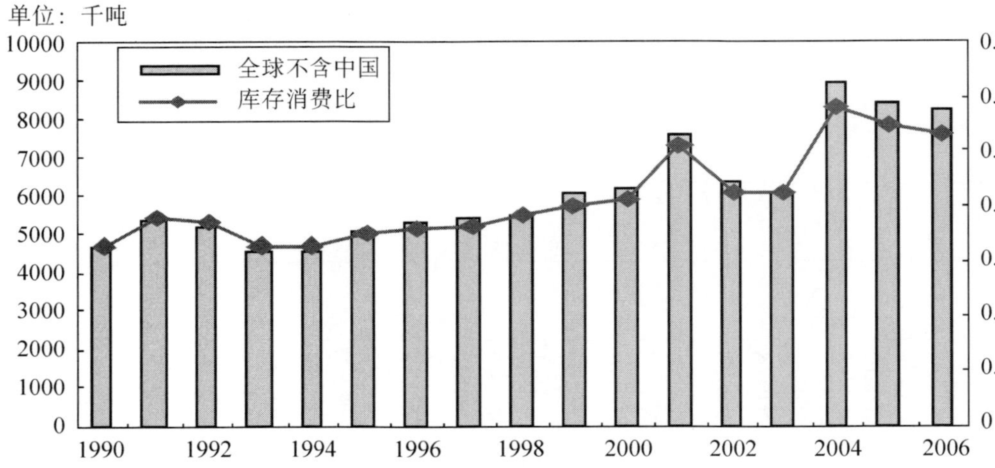

图 3—44　世界其他国家库存水平（不包括中国）

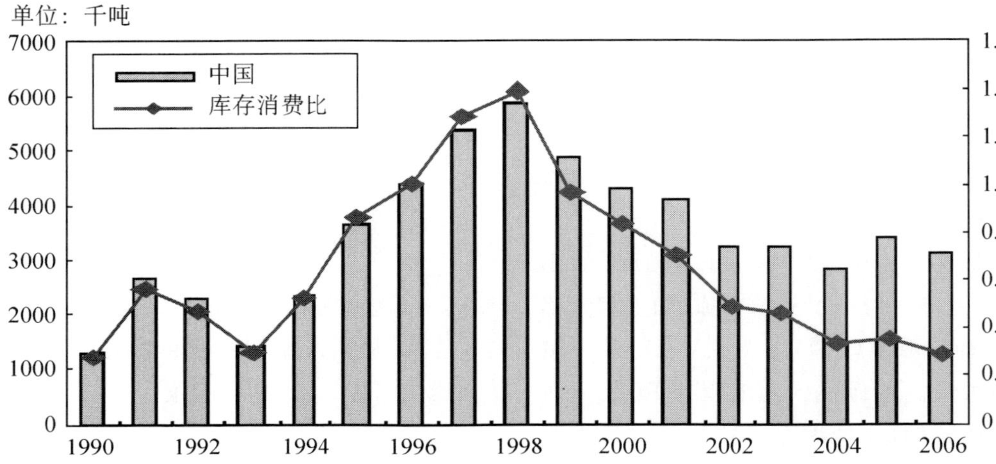

图 3—45　中国库存水平

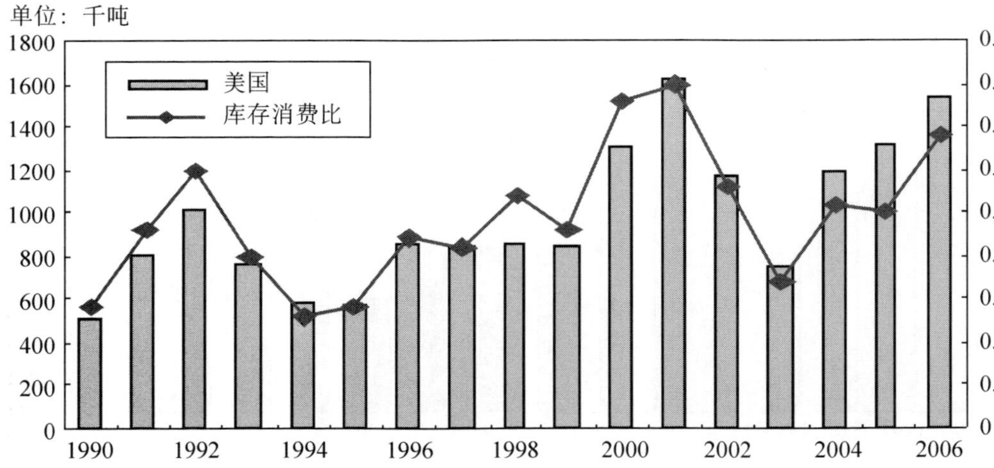

图 3—46　美国库存水平

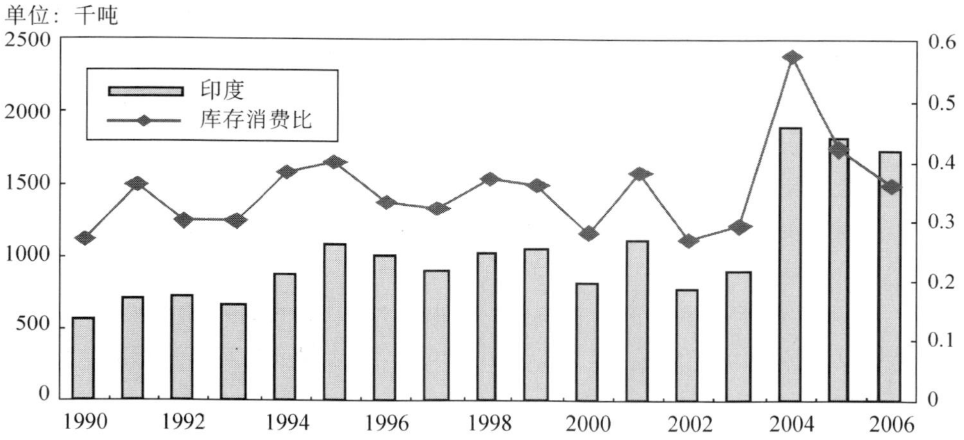

图 3—47　印度库存水平

2. 全球贸易量的变化

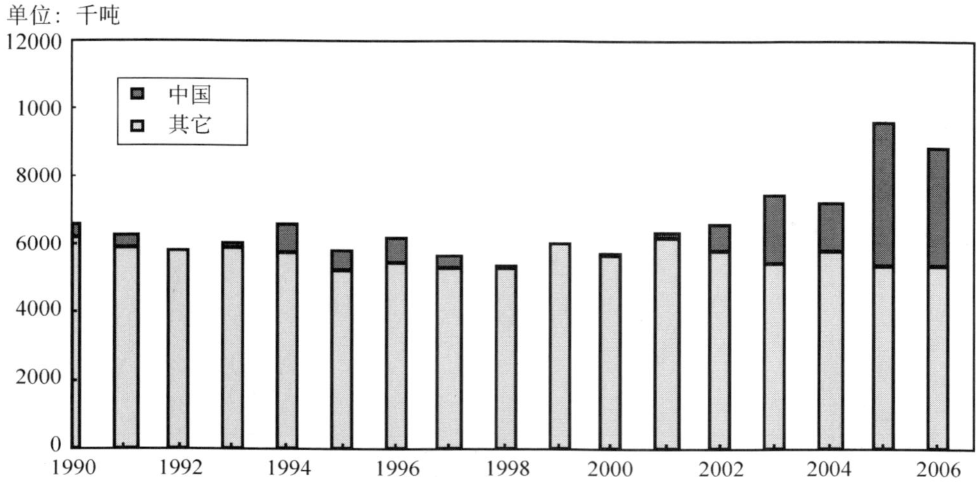

图 3—48　全球棉花进口量

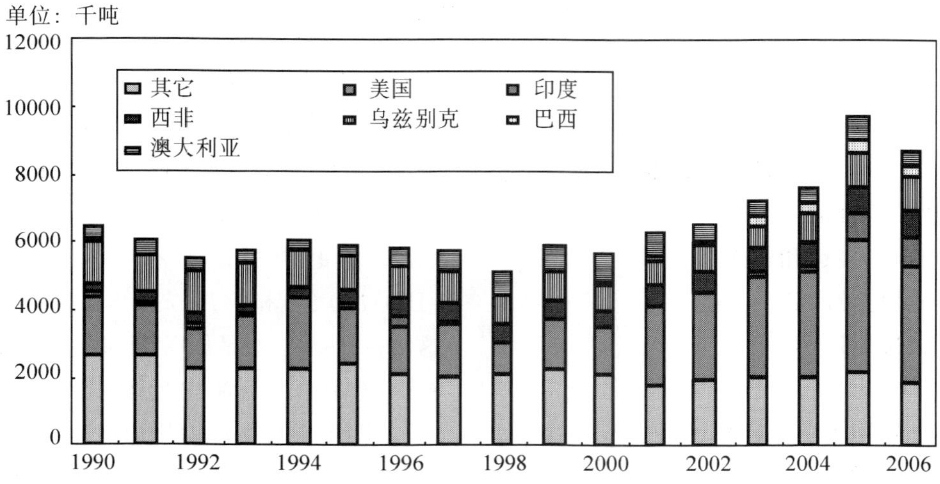

图 3—49　全球棉花出口量

五、新年度全球棉花市场将出现的新的特点展望

据USDA2007年1月报告估计，2006/2007年度世界棉花总产量为2541.2万吨，同比增加56.1万吨，继续保持高位波动；2006/2007年度世界棉花总消费量为2638.2，比2005/2006年度增加117万吨，保持持续增长；期末库存1137.8万吨，略减45万吨；贸易量约880万吨，减少80万吨。在近三年，消费和生产同在高位波动，全球总量平衡但地区差异显著的情况下，个人估计2006/2007年度全球棉花市场将呈现以下特点：

1. 2006/2007年度，美棉库存压力巨大，美棉价格的上涨缺少基本面支持

从美国的月度期末库存需求比变化与纽约期货价格变化上不难看出，长期以来，他们之间有着较好的相关性。美国农业部2007年1月报告预测，2006/2007年度美棉的期末库存将达到154.6万吨，为近10年仅次于2001年第二高的年份；库存需求比为0.34也是近10年排在第三的高位水平。应该说，纽约期货受其影响有着下跌空间。

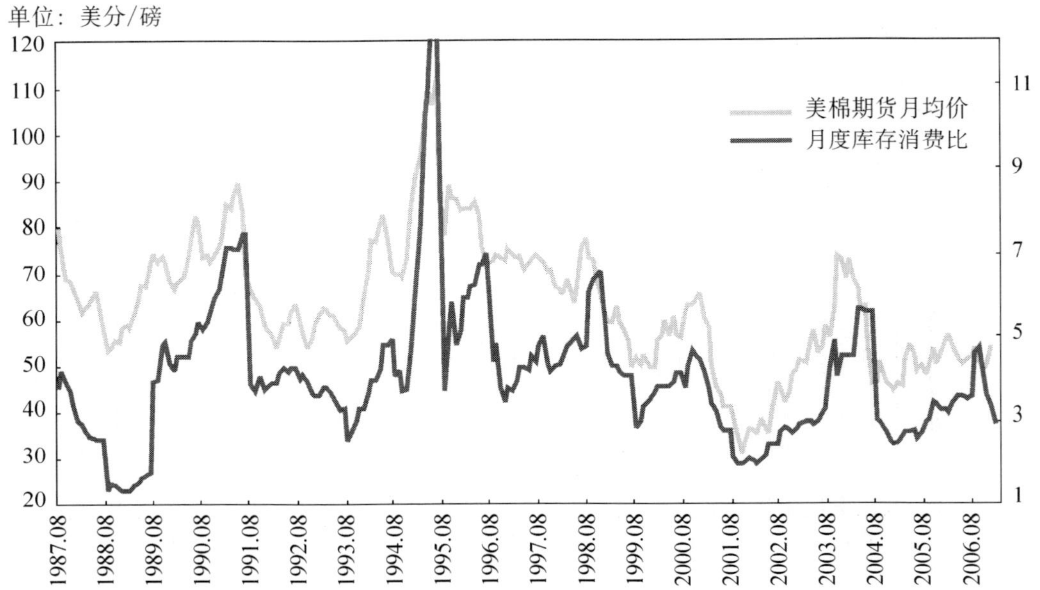

图3—50　美棉期货月均价与月度库存消费比对比图

但从2006/2007年度10月以来，月度期末库存需求比变化与纽约期货价格变化的相关性减弱甚至出现相背离的走势。相信这是受全球商品期货的走强和投机基金活跃的带动。

但是在美棉出口装运和美棉登记库存的双重压力下，美棉还会相对上涨吗？

（1）美棉出口装运压力

USDA在2007年1月报告的报告中，已经把2006/2007年度美国出口量调减到1570万包（341.8万吨）。但是本年度截至12月底，美棉出口装运量只有313.98万包，也就是说在剩下的7个月中月平均出口装运量要达到179.4万包（39万吨），但是这几乎是不可能达到的目标。在过去5年1月到7月的时间段，平均月装运量只有127万包，而装运量最大的2005/2006年度才达到167万吨，在过去10年的历史上只有2005/2006年度的5月（198.4万包）和7月（224.8万包）超过179.4万包这一水平。主要是因为当时棉商抢在Step 2出口补贴取消前，大量集中装运。

（2）美棉登记库存压力

截至2007年1月19日，美棉商业贷款项目下的登记库存已经创纪录的达到1236.8万包。

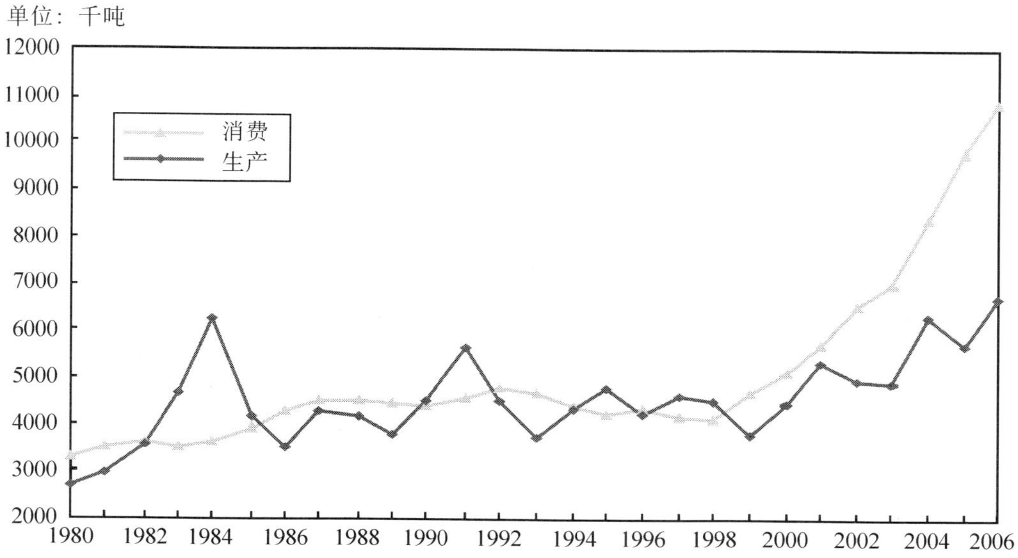

图 3－51 中国棉花生产与消费

2. 中国仍将是全球的焦点

2006/2007 年度，预计中国棉花产量将创历史记录达到 670 万吨；尽管人民币升值的对终端产品出口产生不利影响，但出口继续保持良性增长并在国内需求的带动下，中国消费继续保持强劲增长达到 1088.6 万吨；库存消费比保持下降趋势。

在中国，尽管产量消费缺口巨大，但受国家对供应环节调控政策的影响，并没有出现像 2003 年大起大落的行情。除对棉商的缺乏支持外，不可否认调控政策对保护农民利益和有效控制纺织厂成本都有着积极的作用。配额政策，关税政策，收储政策，中国农业发展银行贷款，对新疆棉花的扶植，这一切表明中国政府调控手段的积极尝试和不断创新，更有能力去稳定市场。中国的平衡表，未来的很长一段时间，都将是是全球的热点问题。产量是否低估？消费量是否高估？真实库存水平如何？这些都是全球市场变化的不稳定因素。

3. 印度崛起

2006/2007 年度印度棉花产量再创历史记录达到 457.2 万吨。甚至有市场人士估计其实际产量很可能会超过美国的 473.1 万吨，排名全球第二位。在中国的进口中，印度棉的替代效应越发显著，美棉受到来自印度等国竞争的威胁。2006/2007 年度 8 到 11 月份，美棉的进口比例为 47%，同近 5 年最高水平相比下降 12%。从 12 月的装运进度看，今后几个月中这个比例还会下降。而 2005/2006 年度中国进口中，印度棉比例达到 12.3%，仅次于美国的 47.2%，排名第二，并且增长势头明显。

4. 2007/2008 年度全球面积变化

从 2006 年 9 月开始，全球的农产品期货如玉米和小麦，受减产的影响和能源消费的强劲拉动，加上投机基金的推波助澜，出现了大幅上涨行情。据估计，未来几年上涨势头将会继续保持下去。而这些作物正是棉花的竞争作物，棉花的成本收益比较优势在减弱，粮棉争地将在全球上演。近几年，全球消费稳定增长，正是棉花产量仍维持在高位，才保证了供需的紧平衡。虽然全球库存水平在绝对量上维持着较高水平，但是在对消费的相对水平上不容乐观，一旦产量发生大幅波动，全球价格将打破现在的平衡。目前，市场上弥漫着对 2007/2008 年度全球面积减产的预期。

全球纺织行业的变革

罗伯特·安特夏克

【作者简介】罗伯特·安特夏克，GLOBECOT公司总裁，负责纤维与纺织行业分析及客户咨询服务，拥有25年的行业背景，历任美国纤维经济局分析师、美国纤维制造商协会国际贸易主管、美国纺织协会国际贸易主管、Bogle & Gates公司研究与商业资源部主管及信息服务副总裁，曾作为美国政府行业顾问多次参加对外贸易谈判，其中包括北美洲自由贸易协定谈判、多种纤维贸易协定谈判以及世界贸易组织谈判。

在过去的几年里，全球纺织行业发生了巨大的变化。面对来自亚洲国家的竞争，美国和欧洲的纺织行业正在萎缩。同时，中国已成为全球重要的纺织品和服装出口国，这使全球纺织品和服装贸易的各个环节都受了影响。

亚洲是全球主要的纺织品和服装供应基地，这一事实与一系列无法预见的发展变化共同决定着全球纺织行业的格局。要了解中国在全球纺织行业目前以及未来所扮演的角色，就必须了解上述发展趋势。

一、全球纺织行业产能过剩的后果

产能过剩源自20世纪90年全球纺织行业的繁荣景象，而如今已成为限制21世纪前10年纺织行业发展的桎梏。全球的纺织品和服装生产企业曾经拥有丰厚的利润，但现在却蒙受亏损。到底发生了什么？生意都跑到哪里去了？为什么在几年以前还有望成为全球纺织品和服装生产中心的国家，现在却面临行业倒闭？答案与科技发展有关，但也与错综复杂的政策有关。

为什么会出现产能过剩呢？这具有讽刺意味。多种纤维协议（MFA）是一个旨在保护欧洲、美国和加拿大纺织行业的政府间协议。这个协议导致纺织品和服装生产以惊人的规模分散到了其它国家和地区，于是产生了纺织品和服装配额限制。

受多种纤维协议的限制，一方面，美国和欧洲的采购商在不停地寻找新的不受配额限制的纺织品和服装供应国。另一方面，发展中国家需要发展经济，提供就业机会，而纺织品和服装生产可以提供大量的就业机会。

作为最终的结果，在众多从事纺织品和服装贸易的国家中出现了两极分化：一些国家在不停的寻找配额，而另一些国家拥有数量可观的未使用的配额。可是，随着多种纤维协议的结束，生产规模较小而效率较低的国家正在被中国和印度这两只行业巨鳄挤出市场。

在过去的20年里，纺织行业的产能一直都在膨胀。20世纪90年代，纺织行业的产能已经严重过剩。此外，2000年以来，随着全球纺织品和服装消费量大幅减少，产能过剩问题愈发严重。正确理解产能过剩的原因是理解全球纺织行业发展方向的关键。

与20年前相比，全球纺织行业发生了翻天覆地的变化。在20年前，美国和整个欧洲主导着全球纺织品和服装的生产和销售；如今，全球纺织品和服装的生产集中在亚洲。更确切地讲，是在中国。纺织品和服装的生产由发达国家转移到发展中国家是一个明显的趋势。例如，在20年前，美国和欧洲还在互相攀比涤纶短纤的产量；如今，中国的涤纶短纤产量已经占全球总产量的1/3，远远超过了美国和欧洲的产量之和。

全球的纺织品和服装供应链也发生了变化。一方面，众多企业在发展中国家竞相采购，因为发展中国家可以使用廉价劳动力生产与发达国家质量一样的纺织品和服装。另一方面，为了增强企业的竞争力，发达国家的纺织企业试图依靠提高生产技术降低生产成本。

然而，事实与一些发达国家的纺织行业领袖所声称的并不一致。提高生产技术没能使欧洲和美国的纺织企业与亚洲的纺织企业相抗衡。这个问题很简单，单靠提高生产技术是不够的。亚洲的纺织企业也在不断地在厂房和设备方面投资，市场竞争力不断地增强。低成本劳动力与高科技相结合是亚洲纺织企业击溃欧洲和美国纺织企业的法宝。

多种纤维协议给全球纺织行业留下了一个难以磨灭的痕迹。作为世界贸易组织协议的一部分，多种纤维协议中规定的所有关于双边纺织品和服装贸易的配额限制在2005年自动废止。起初，纺织品和服装出口国都在大肆宣传纺织品配额的取消。现在，小的纺织品和服装出口国发现他们正在被挤出市场，因为他们丧失了自己的主要优势——配额。

在过去的20年里，配额制度不仅仅促进了纺织品和服装的出口，而且为主要的纺织品和服装生产国提供了进入国际市场的通道。可是，美国和欧洲的市场增长速度略高于人口增长速度，大约在1%左右。所以，当发展中国家的纺织品和服装涌入欧洲和美国市场之后，欧洲和美国的纺织企业根本无法与之竞争。

现在，全球头号的纺织品和服装出口国的产能保持增长态势，这是以牺牲其它较小的竞争者利益为代价的。至于美国和欧洲的纺织企业，他们当中的许多人已经改行做纺织品和服装进口生意了。尽管如此，全球纺织品和服装的需求仍然无法消化目前巨大的产能。因此，随着纺织品和服装配额的取消，现有的市场供应链将逐渐集中在中国和印度手中，而其它国家和地区的纺织企业将被淘汰。

未来的全球纺织行业将变成什么样呢？谁将成为未来的赢家？中国能否在未来的10－15年里主宰全球纺织品和服装市场？印度和巴基斯坦能否拥有可观的市场份额？主要纺织品出口国的纤维消费能否继续增长？谁将成为未来的输家？是美国还是欧洲？这些国家的纤维消费是否会继续减少？东南亚以及加勒比海地区的纺织品和服装出口国将会被市场淘汰吗？

未来是不确定的。就连中国这样的纺织品巨头也不得不和越南、柬埔寨和孟加拉国展开竞争。

二、中国纺织和服装行业展望

中国纺织行业的现状可以用一个词来形容，那就是增长。中国纺织行业的前景可以用两个词来形容，那就是继续增长。尽管如此，随着全球纺织品消费增长率的逐步减小，全球纺织行业产能过剩的现象也将有所缓解。与此同时，中国的纺织行业也面临诸多问题，如长期以来的产能过剩，计划经济导致的低生产率、原料紧缺等。

中国能够主导全球纺织和服装行业的主要原因不是源自其纺织行业，而应归功于她的服装制造业。中国服装制造业的成功发展是推动其纺织行业发展的原动力。

为了发展服装制造业，中国大量进口国内所不能生产的原料，因此中国也是纱线和面料的进口大户。有一点特别值得注意，中国进口的大部分初级纺织产品都产自亚洲国家。不过，这种现象不会持续太久，因为随着外资的增加，中国的服装制造业将越来越多地依靠国内企业提供纺织原料。

三、中国纺织和服装行业增长前景

中国纺织和服装行业的增长主要取决于以下几个因素：

1. 中国纺织和服装行业将继续吸引海外投资；

2. 中国纺织和服装行业将继续扩大规模，直到填满全球市场为止；

3. 中国纺织和服装行业将继续扩大规模，直到纺织品进口国设置贸易壁垒为止；

4. 中国纺织和服装行业将继续扩大规模，直到其国内生活水平提高到一定高度为止；

当然，还有许多不可预见的因素将影响中国纺织和服装行业的发展，如SARS、金融危机或政治因素等。

四、海外投资

受一系列因素的影响，中国的纺织和服装行业需要继续吸引海外投资，这不仅仅是为了获得资金，更重要的是为了获得技术，旨在提高管理水平和生产效率。

如下表所示，中国纺织行业在吸引海外投资方面非常成功。海外投资主要用于建设新厂房和购买新设备，也包括旧设备的改造和技术创新。谈到纺织行业的现代化建设，中国现在已成为全球最大的纺织设备进口国。

表 3—15 中国纺织行业固定资产投资统计表

单位：亿元

	合计		基本建设		设备改造和技术创新		其它
年份	投资额	同比(%)	投资额	同比(%)	投资额	同比(%)	年度累计
1999	135.8		40.8		82.9		12.2
2000	205.3	51.1	43.4	6.5	137.9	66.4	24.0
2001	293.3	42.9	85.5	97.0	172.2	24.9	35.6
2002	359.1	22.4	97.0	13.4	219.1	27.2	43.1
2003	813.9	126.6					
2004	1024.0	25.8					

资料来源：国家统计局。

五、向全球扩张

在未来的10年里，中国纺织和服装行业在全球市场的扩张是一个严重的问题。虽然Globecot公司的预测显示，全球纺织品和服装市场的扩张速度将在未来的15年内逐渐减慢，但中国的纺织和服装行业将继续扩张，因为中国在全球出口市场的份额将会增加，而且中国的国内需求也将增加。

表 3—16 全球纺织品消费量统计表

年份	人口(百万)	消费量(百万吨)	平均增长率(%)	人均消费量(公斤)	品均增长率(%)
1770	750	1400	—	1.9	—
1800	860	1600	0.5	1.9	0
1850	1091	2200	0.6	2.0	0.1
1900	1571	3893	1.2	2.5	0.5
1950	2513	9939	1.9	4.0	0.9
1960	3039	14934	4.2	4.9	1.8
1970	3707	21840	3.9	5.9	1.3
1980	4454	29821	3.2	6.7	0.8
1990	5279	38378	2.6	7.3	0.8
2000	6083	47743	2.2	7.9	0.7
预测					
2010	6849	57655	1.9	8.4	0.7
2020	7585	67573	1.6	8.9	0.6

资料来源：Globecot 公司。

在出口方面，中国将把其它纺织品和服装供应商从美国等主要市场中挤出去，从而进一步巩固其霸主地位。就美国市场而言，中国的纺织品和服装所占的份额有望在2007年增加一倍。在2010年，其市场份额将继续扩大。不过，到2010年，中国纺织品和服装在美国的市场份额扩张速度将会放缓，因为越南、柬埔寨等国将与中国共同挣抢美国市场。

六、贸易壁垒

在处理与纺织品和服装进口国的关系时，中国政府必须小心翼翼。为了行业的利益，纺织品和服装进口国需要控制进口数量。例如，美国和欧盟的纺织行业要求对中国纺织品和服装的转口贸易进行调查。

通过第三国进行转口贸易对于中国来说是一个严重的问题。它将导致纺织品和服装进口国利用世界贸易组织的有关规定实施"特保"政策。

七、中国国内生活水平的提高

虽然在未来的10年里，纺织品和服装出口将继续成为推动中国纺织行业发展的主引擎，但通过提高国内生活水平来刺激纺织品消费也是十分重要的。随着全球纺织品和服装需求增速减慢，扩大内需是中国纺织行业长期发展的关键。目前，中国的纺织品和服装出口将随着其它竞争者的退出而继续增长，但纺织品和服装进口国的需求不可能超越人口的增长速度。目前，纺织品和服装进口国的人口的增长速度已经低于中国纺织品和服装的出口增长速度。

鉴于上述因素，当中国的纺织品和服装出口增长速度减缓时，其国内生活水平的提高将拉动内需增长，可以在一定程度上弥补纺织品和服装出口量下滑所造成的损失。据Globecot公司预测，中国的内需将迅速增长，但能否完全弥补其纺织品和服装出口方面的损失尚难以确定，因为未来10年里的国际贸易环境很不确定。

表3－17　中国国内服装消费统计表

	1990	1995	2000	2005	2010	2015
年人均消费(元)						
城市	171	479	500	699	952	1271
农村	45	90	96	133	183	247
服装消费总价值合计(元)	89111	244124	280634	422739	622775	890267
城市	51235	167454	197514	307173	462482	675045
农村	37875	76670	83120	115566	160293	215222
人口合计(百万)	1135	1203	1261	1311	1360	1401
城市	300	349	395	440	486	531
农村	835	854	866	871	874	870
全国GDP增幅(%)	4.2	9.0	8.4	9.4	7.0	6.5

资料来源：国家统计局；Globecot公司。

八、对未来棉花消费的影响

中国纺织品和服装行业的发展将在未来两年里刺激全球棉花消费量快速增长。之后，随着中国纺织品和服装出口增幅的下降，全球棉花消费量的增幅也会相应地下降。虽然内需的增长会在某种程度上抵消出口增幅的下降及其对全球棉花消费量的负面影响，但能抵消多少仍是一个未知数，因为中国国内纺织品和服装的需求量难以预测。

在纺织品生产的推动下，中国的棉花消费量会保持增长，因此中国的棉花产量和进口量都会增加。中国棉花产量的增长空间不大，而且棉花质量的提升空间也比较有限，因此中国不得不大量进口棉花。同时，中国还会从亚洲国家大量进口棉纱，如印度和巴基斯坦等国，一方面是为了弥补纺纱原料的不足；另一方面是为了避开国产棉的高价。

九、可能出现的结果

根据Globecot公司的预测，中国的纺织行业将在淘汰其它竞争者的情况下保持增长。不过，随着竞争的加剧，中国纺织品和服装出口增长速度将在2010年之前有所放缓。

从长远角度看，中国国内生活水平的提高会增加对纺织品和服装的需求，而内需的增加将最终导致纺织行业的死亡，因为政府和海外投资者将把资本投入到附加值更高的行业中(如汽车和飞机制造)。纺织行业一直都是发展中国家经济腾飞的垫脚石，这是一个历史规律，中国也不会例外。

表3—18　全球棉纱产量及预测(包括纯棉纱和混纺纱)

单位：万吨

	实际产量				预测产量		
	1990	1995	2000	2002	2005	2010	2015
全球	1622.8	1627.8	1917.6	1985.9	2050.0	2200.0	2300.0
美洲	244.3	316.8	341.4	296.9	290.0	280.0	200.0
非洲	49.4	56.3	42.9	40.9	50.0	75.0	100.0
欧洲	340.0	161.6	157.0	159.2	130.0	100.0	75.0
亚太地区	989.2	1093.1	1376.3	1488.8	1580.0	1745.0	1925.0
中国	462.6	542.3	657.6	749.3	869.0	1047.0	1155.0
中国在亚洲所占份额	47%	50%	48%	50%	55%	60%	60%
中国在全球所占份额	29%	33%	34%	38%	42%	48%	50%

资料来源：国际棉花咨询委员会；Globecot公司。

表3—19　全球化纤产量及预测

单位：万吨

	实际产量				预测产量		
Region	1990	1995	2000	2002	2005	2010	2015
全球	1767.2	2079.8	2833.5	2840.1	2900.0	3200.0	3500.0
美洲	414.0	470.2	466.0	405.0	390.0	370.0	320.0
非洲	16.6	23.5	24.6	14.9	25.0	35.0	45.0
欧洲	532.7	379.7	342.9	286.0	275.0	260.0	240.0
亚太地区	803.9	1206.4	1999.9	2134.3	2210.0	2535.0	2895.0
中国	155.7	271.9	671.1	868.8	994.5	1267.5	1592.3
中国在亚洲所占份额	19%	23%	34%	41%	45%	50%	55%
中国在全球所占份额	9%	13%	24%	31%	34%	40%	45%

资料来源：国际棉花咨询委员会；Globecot公司。

表 3－20　全球棉布产量及预测

单位：万吨

	实际产量				预测产量		
	1990	1995	2000	2002	2005	2010	2015
全球	1027.6	959.2	1101.7	1133.1	1150.0	1200.0	1250.0
美洲	160.3	180.1	202.5	177.4	175.0	170.0	160.0
非洲	25.4	27.1	21.2	21.6	25.0	30.0	35.0
欧洲	223.3	117.2	117.4	117.5	110.0	100.0	85.0
亚太地区	618.6	634.8	760.5	816.6	840.0	900.0	970.0
中国	246.0	238.5	302.9	345.7	378.0	450.0	533.5
中国在亚洲所占份额	40%	38%	40%	42%	45%	50%	55%
中国在全球所占份额	24%	25%	27%	31%	33%	38%	43%

资料来源：国际棉花咨询委员会；Globecot 公司。

对于全球的棉花种植者而言，如何打入中国市场至关重要。当然，进入中国市场并不容易，这不仅仅取决于棉花质量是否符合中国纺织企业的要求，而且取决于中国纺织企业是否了解国外的棉花。同时，与中国政府保持良好的合作关系以赢得更多的棉花进口配额也十分重要。

2005/2006 年度纽约期货走势分析

艾德·乔尼根

【作者简介】艾德·乔尼根(Ed Jernigan)，GLOBECOT 公司创始人、董事长兼首席执行官、乔尼根集团董事总经理、纽约期货交易所会员及棉花部成员、国际棉花协会成员，从事棉花期货交易近 30 年，每日撰写“乔尼根市场评论”。乔尼根集团是全球知名的棉花期权期货经纪公司，掌控着纽约期货交易所 10%－15%的棉花期权和期货交易。

纽约期货一直都在扮演这样一个角色：一方面为美棉提供价格优势；另一方面帮助 CCC 贷款之下的美棉进入出口渠道。2006/2007 年度，中国近 660 万吨的棉花产量给这个角色增加了难度。与此同时，纽约期货交易所已注册的棉花库存数量过多，最高时超过了 80 万包，导致 2006 年 6 月美棉现货价格跌倒了 45 美分/磅，并致使 AWP 于纽约期货之间的价差缩小，从而阻碍了 CCC 贷款中的棉花进入现货市场。

AWP 与 2006 年 12 月合约的价差曾缩小到 473 点。2006 年 10 月 5 日至 11 月 9 日，价差变化范围为 583－960 点。在这种情况下，从 CCC 贷款中赎出棉花没有多少利润。要知道，在大多数情况下，棉商收购 CCC 贷款下的棉花时需要为棉花种植者提供高出 AWP 2 美分/磅的价格。基于上述价差，棉商显然不可能收购 CCC 贷款下的棉花。截至 11 月 21 日，2006/2007 年度 CCC 贷款下的棉花库存为 8516019 包，但赎出的只有 611689 包，赎出率大大低于过去的水平。这些赎出的棉花大多是在 AWP 与纽约期货价差达到 1000 点以上时赎出的。

12 月已经到期了，现在 2007 年 3 月合约的价格与 AWP 的价差较大。到笔者截稿之日为止，价差已接近 1200 点，因此有大量棉花从 CCC 贷款中赎出。

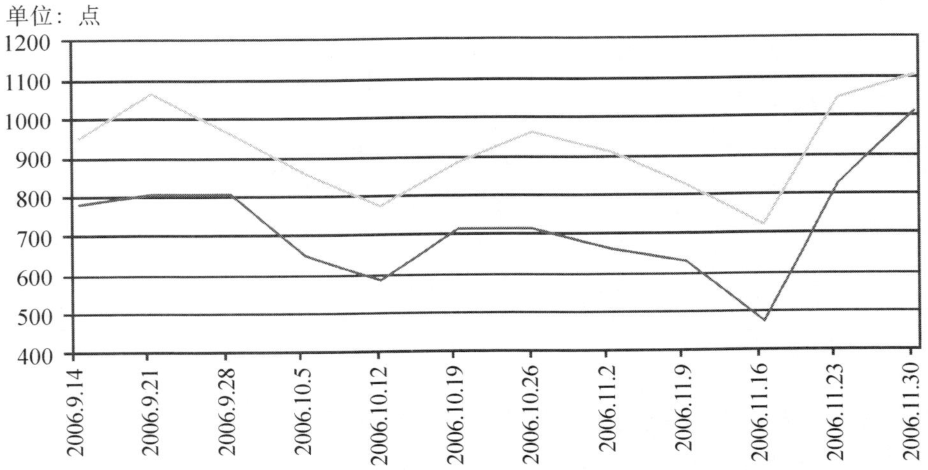

图 3—52 AWP 与纽约期货近月合约价格比较图

一、中国国内现货价格触底

纽约期货价格从 2006 年 11 月底开始上涨的原因很多，其中最主要的原因就是中国国内棉价已经触底。2006 年 11 月中旬，中国的 328 级棉（相当于 M 1—3/32″）价格在 73 美分/磅获得强劲支撑。之后，便开始上扬。也正是在这个时段，中国国内纺织企业购买了数量可观的进口棉。这些成交的进口棉已保税区寄售棉为主，品种多位澳棉和印度棉。成交集中在 11 月份的后两周，也就是在纽约期货价格上涨的前夕。

中国国内棉价触底反弹促进了国际棉花贸易的增长，减小了国际棉价的压力。中国国内棉价的上涨与郑棉期货有直接关系。目前，郑棉期货价格大大高于中国国内现货价格。

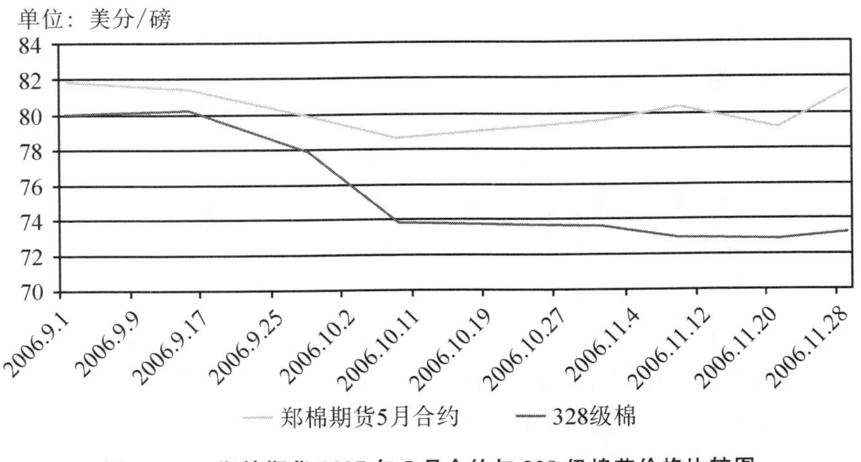

图 3—53 郑棉期货 2007 年 5 月合约与 328 级棉花价格比较图

二、美元汇率下跌

美元汇率是从 2006 年 10 月开始下跌的。到 11 月底,跌势基本结束。截至 11 月 30 日,美元与欧元的兑换汇率为 1∶1.3265,与英镑的兑换汇率达到了 14 年以来的最低点。从美元指数的走势图可以看出,美元指数正处于 2004 年以来的最低点。与此同时,美元与各中亚洲货币的兑换汇率也在下跌,其中泰国铢与美元的兑换汇率达到了 1999 年以来的最高点。

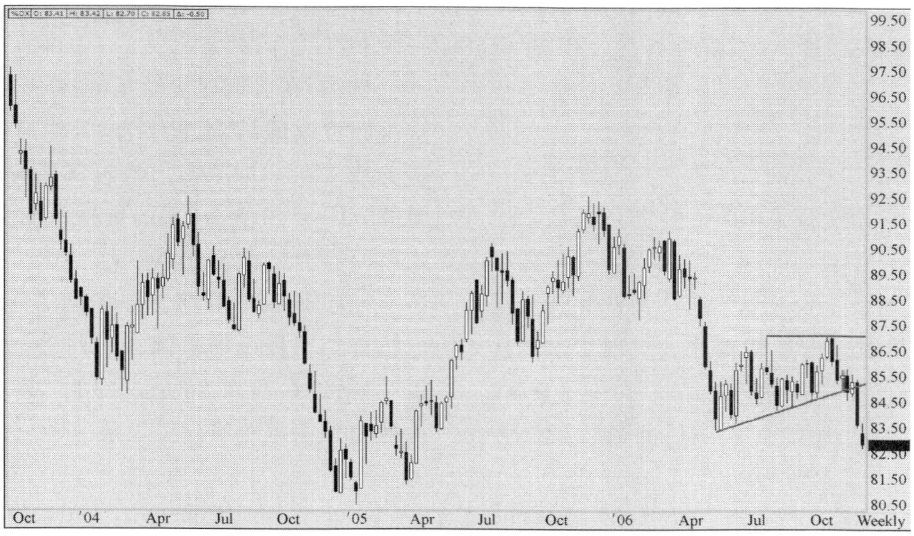

图 3－54　美元指数走势图

三、地中海地区棉花减产

2006 年 11 月和 12 月期间,地中海大部分地区出现大雨,土耳其、希腊和叙利亚的棉花质量严重下降。此外,由于欧盟实行了新的棉花补贴政策,西班牙的棉花产量有所减少。虽然大雨未能使希腊和叙利亚的棉花出口量减少,但土耳其的棉花进口需求毕竟增加了。

当土耳其 50％－60％的棉花尚未采摘的时候,该国出现了大范围的降雨,导致棉花单产和质量严重下降。据非官方预测,土耳其 2006/2007 年度的棉花产量由 95 万吨调减至 85 万吨。10 万吨的产量随时必然导致进口需求的增加。据 Globecot 调查,2006/2007 年度土耳其的棉花消费量为 150－152 万吨,因此预计土耳其的棉花进口量为 65－67 万吨。

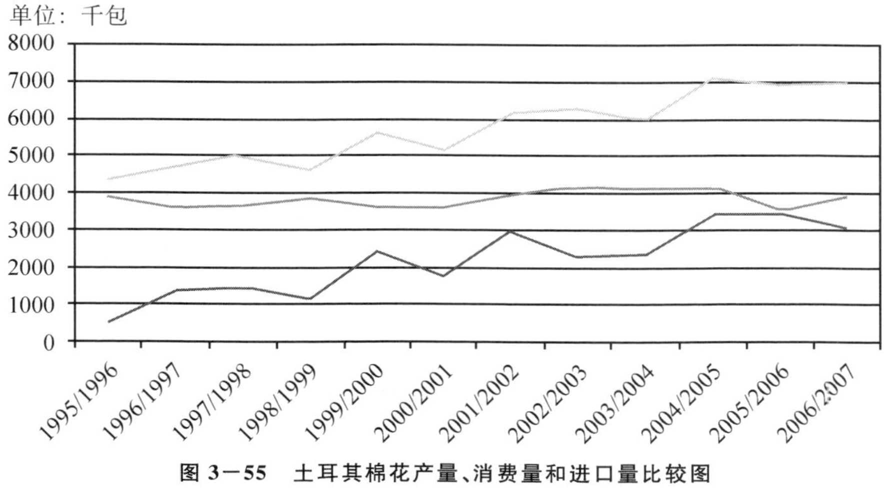

图 3－55　土耳其棉花产量、消费量和进口量比较图

四、纽约期货价格似乎已经触底

纽约期货2006年12月合约的低位运行很可能成为近期的底部价位。目前,2007年3月合约在上冲55—57美分这一价格区间时阻力很大,因为如果按照目前的基差和升水标准计算,等级为M 1—3/32″的美棉在亚洲主要港口的CIF价位65—67美分/磅。

五、背景知识

根据美国政府相关规定,商品信贷公司(CCC)负责棉花贷款项目的管理和操作。CCC每年公布下一年度的棉花等级差价率表,棉农可据此获得溢价或折价。如果棉农在采摘新棉之后对现货市场价格不满意,就可以把棉花交给CCC,并获得一定贷款。

棉农把棉花置于CCC贷款项目的最长期限为10个月,棉农可以随时按世界调整价格(AWP)将棉花赎出卖给棉商,或是将赎出权卖给棉商。只要AWP低于基准贷款额52美分/磅的水平,棉农就可以比较低的价格赎出,因此如果AWP越低,则棉农可以获得的差额就越多。棉花在该项目期间,所有仓储费用由CCC承担。当然,一批棉花只能申请一次CCC贷款。

举例:在美国现货棉花价格42美分/磅时,棉农认为棉价偏低,卖现货不合算,他把棉花以52美分/磅卖给CCC。如果本周他想将棉花赎出,则可用本周AWP35.43美分/磅的价格从CCC赎回棉花,因此该棉农通过棉花在贷款项目中一进一出,获得了16.57美分/磅的利润。棉花赎出后,棉农可以再把棉花拿到现货市场上销售。此外,如果在市场资源相对紧张时,棉商有时也会用比AWP更高的价格从棉农手中把赎回权买过来。

2005/2006年度收购资金的发放和管理

吴奇强

【作者简介】吴奇强,高级经济师,现任中国农业发展银行成都内审特派专员办公室副主任。1983年毕业于安徽财经大学。1983—1985年在共青团中央工作。1985—1998年在财政部商贸司历任商业处副处长、综合处处长,主要从事粮棉油政策补贴政策制定、预算编制和执行工作,多次参与国家粮棉油重要政策的制定和实施。1998年至今,在中国农业发展银行客户二部历任储备处处长、综合处处长,主要从事棉花储备和购销信贷管理工作,参与中国农业发展银行有关棉花信贷政策、管理办法的制定和组织实施。

一、2005/2006年度中国农业发展银行资金支持棉花收购情况及特点

2005/2006年度,中国农业发展银行坚持从服务"三农"大局出发,正确处理好执行政策、业务发展与防范风险的关系,顺利完成棉花信贷工作。一是准确把握政策,配合国家实施宏观调控,确保国家储备棉花资金需要,维护棉花市场稳定;二是充分发挥资金主渠道作用,在有效防范风险的前提下,积极支持企业收购棉花;三是审慎积极开展新业务,结合自身特点,有针对性地开展客户营销工作,促进棉花信贷业务有效发展,提高银企综合效益和棉花收购贷款投放大幅增加,调销贷款支持力度明显加大,产业化龙头

企业贷款业务稳步发展，棉花贷款运行整体平稳。

1．执行国家政策，确保国家储备棉资金需要

截至2006年8月末，累计国储棉贷款32亿元，期末余额达到123.66亿元，较年初增加572万担。

2．积极支持涉棉企业收购棉花

2005/2006年度，中国农业发展银行共发放商品棉收购贷款411.37亿元，同比增加98.82亿元，增幅31.6%，支持企业收购皮棉6648万担，同比增加746万担，增幅13%，收购均价631元/担，平均每担占用贷款547元。

2005/2006年度，中国农业发展银行继续发挥收购资金的主渠道作用，重点支持了规模大、效益好、风险承受能力强、有发展前景的棉纺企业和其他棉花深加工企业，贷款投放量明显增大。

3．加大棉花调销贷款支持力度

2005/2006年度，全国累计发放调销贷款136.6亿元，同比多发放52.01亿元，增幅61.5%，调入商品棉1997万担，同比多调入665万担，增幅50%。调入皮棉均价为652元/担。其中，发放调销贷款给收购加工一体化棉纺企业46.95亿元，占全部调销贷款的34%。

截至8月末，全国2005/2006棉花年度调销贷款收回率为58%，其中，收购加工一体化棉纺企业的贷款收回率为39%，购销企业贷款收回率为61%，与去年同期持平，贷款收回情况正常。

4．支持棉花产业化龙头企业贷款业务稳步发展

2005/2006年度，全国共有16个省（区）的192家（国家级4家，省级21家，地市级167家）产业化龙头企业发放短期流动资金贷款101.08亿元，收购皮棉323.74万担，调入皮棉570.73万担，购进棉籽340.93万担；发放产业化龙头企业中长期贷款1.21亿元（山东分行发放，为低风险贷款），用于生产基地建设。贷款投入量较大的分行有：山东（42.81亿元）、江苏（15.86亿元）、湖北（10.31亿元）、湖南（7.65亿元）。棉花产业化龙头企业棉花贷款业务的有效发展，对于优化中国农业发展银行棉花贷款客户结构和贷款质量，促进棉花产业化发展起到了十分重要的作用。

二、2005/2006年度中国农业发展银行资金发放在棉花收购中的作用

2005/2006年度，中国农业发展银行累计发放新棉收购贷款411.37亿元，支持企业收购皮棉6648万担，同比多收764万担，占全国棉花产量的52.6%，是1999年深化棉花流通体制改革以来中国农业发展银行棉花收购贷款投放量和棉花收购量最多的一年。这充分发挥了中国农业发展银行作为政策性银行在棉花购销中资金供应主渠道的作用，较好地保护了国内棉农的利益和保障纺织原料的供应，促进纺织行业的协调发展，为国家兼顾棉农、购销企业和纺织企业三方利益提供了有效的资金支持。

三、2005/2006年度中国农业发展银行资金发放在棉花市场调控中的作用

中国农业发展银行的信贷资金供应对棉花市场调控的作用在2005/2006棉花年度比较突出。一是通过制定贷款上限和价格上限措施，有效的防止棉花市场的过度波动而损害棉农利益和影响纺织行业成本；二是通过积极支持产购销一体的棉花产业化龙头企业，增强中国农业发展银行贷款辐射面和影响力，以资金为纽带，连接棉花生产和深加工，提高了棉花的质量，促进了棉花产业的健康平稳发展；三是配合国家发展和改革委、质检总局的抽检体制改革规划，积极投放棉花企业技术设备改造贷款，为落实国家质检体制改革发展规划打下基础；四是利用信贷作纽带实行购销对接，通过在中国农业发展银行的贷款企业中牵线搭桥，在平等互利的基础上实行购销对接，为收购企业协调用棉单位，同时为用棉企业协调供棉单位，降低了交易成本，满足各方的需要，取得了较好的效果；五是利用中国农业发展银行信贷杠杆，积极推动供销社企业进行社企分开和现代企业制度改革工作。

四、2005/2006年度企业作用中国农业发展银行资金中存在的问题

从2005/2006年度收购贷款运行看，截至8月

底，中国农业发展银行的收购贷款收回率达到99%，说明绝大部分企业能够主动配合中国农业发展银行的信贷管理，按照中国农业发展银行的管理要求使用资金，资金安全回笼，实现银企双赢。但也存在部分企业资金使用不合规的问题，一是少数企业利用中国农业发展银行资金抢购棉花并实行囤积，没有及时出库，造成损失；二是个别企业将2005棉花年度贷款弥补2003/2004年度形成的亏损；三是企业联营机制不完善造成中国农业发展银行无法收回等等。

新形势下棉花企业的战略选择

雷香菊

【作者简介】雷香菊，自1982年以来一直从事棉花行业管理工作，历任全国供销合作总社棉麻局市场平衡处处长、副局长、华棉储备管理中心主任，2003年起任中国储备棉管理总公司总经理，并兼任中国棉花协会副会长。具有较丰富的棉花行业管理经验，在棉花市场研究、企业经营管理方面有较深的理论研究。

我国棉花企业在全面走向市场经济大潮、走向国际化竞争大潮之际，面临着前所未有的压力与挑战。主要是自2003年以来，我国棉花形势跌宕起伏，价格波动频繁，市场竞争激烈。在严峻的新形势下，棉花企业如何在竞争中发展，是近年来有关方面都非常关注的问题。

一、关于我国棉花企业现状的初步分析

1. 我国棉花资源进入短缺时期

长期以来，我国棉花播种面积基本稳定在7000万—8500万亩范围，产量大体在500万—650万吨之间。在过去的几十年中，我国棉花生产基本能够满足国内消费。

改革开放以来，纺织工业快速发展，棉花消费需求连年增加。据统计，1997年我国社会纺纱560万吨，棉花需求量在390万吨左右。到2005/2006年度，纺纱产量达到了1602万吨，年均增长率达到23%左右。棉花消费需求达到1000万吨左右。由于土地资源所限，我国棉花面积突破目前水平的可能性不会太大。从总体看，我国棉花已进入资源短缺的时期。依靠大量进口棉花满足需求，已成为我国面临的现实问题。

2. 市场竞争日益加剧

随着棉花流通体制改革逐渐深入，棉花市场逐渐放开，市场准入门槛降低，棉花收购加工企业和经营企业如雨后春笋。企业数量过多，不仅造成多数加工企业“吃不饱”，设备闲置浪费严重，也必然造成国内市场过度、无序的竞争，且多局限于“价格战”的低水平上。另外，丰厚的利润回报吸引了大批业外企业参与棉花购销，纺织企业直接收购棉花的情况也比较多，一定程度挤占了传统棉花企业的市场份额和利润空间。更值得关注的是，近几年国际棉商逐渐进入我国市场，参与市场竞争，使我国棉花企业面临更加激烈的竞争局面。

3. 市场一体化的发展，使棉花企业决策难度加大

最近几年连续大量进口棉花，使我国棉花市场与国际市场逐渐趋向一体化，影响国际棉花市场价格波动的因素的同时，也影响我国市场。特别是我国棉花期货上市后，期货市场与现货市场相互作用越来越明显，棉花市场形势分析预测的内容也发生变化，必须要考虑期货市场投机资金的作用以及价格波动的技术调整因素。随着纺织品出口份额的加大，对国际市场依赖程度也不断增强。国内现货、撮合、期货市场与国际现货、期货市场的影响因素，国

内纺织与国际纺织市场的影响因素，以及宏观调控等政策措施和行政手段，这些因素相互交织，使棉花市场形势判断和企业决策难度加剧，棉花企业经营风险加大。

4. 大多数企业都面临着生存的压力

从2003/2004年度以来，由于市场价格波动大，形势变化快，不少棉花企业连续发生严重亏损或者处在亏损边缘，多年积累消耗殆尽的企业也不少。据中国棉花网2006年6月对棉花和纺织企业的一些调查显示，2003/2004年度和2005/2006年度被调查企业中20%企业亏损，58%利润率低于5%，仅有22%利润率在5%以上。多数棉花企业面临生存压力。

二、新形势下棉花企业发展的战略取向

面对市场经济和开放经营的新形势，树立市场意识，实施战略管理，是所有涉棉企业应对竞争及发展的必然选择。2006/2007年度对于绝大多数棉花企业来说，首先要解决生存问题。

从近几年棉花市场运行特点和棉花企业状况来看，建议企业根据自身情况，选择性采用如下战略：

1. 止盈止损战略

止损是风险管理的重要战略之一，因为任何人都不可能准确无误地预测未来棉花市场的发展变化。一旦市场形势与经营绩效偏离理想目标，就要适时采取措施，避免偏离预期愈来愈远，盈利越来越小，或者亏损越来越大。及时止盈止损、稳中求进是企业赢利的基础，这是止盈止损战略的基本出发点。

要做到及时止盈止损，未雨绸缪是关键。首先要根据企业赢利目标或亏损承受能力以及对市场的基本判断，设定止盈止损位置。一般可以用棉花价格作为参考，综合考虑棉花占用资金及利息等费用成本情况确定。其次，要坚决止损。一旦市场价格下跌到止损参考价位，且市场形势不明朗，或没有回升的十足把握时，要坚决止损销售棉花，避免越等亏得越多。只要将风险控制在企业能承受的范围，即使后期市场价格回升也不必后悔，生意有输有赢，这一次可能亏了点，但经营方法是正确的，起码控制盈利与风险的主动权在自己手里。

2. 低成本战略

随着棉花行业竞争日益加剧，企业要保持自身的增长率就必须努力扩大市场份额。竞争的焦点主要集中在价格和服务等方面，价格将成为企业间竞争的最为普遍的手段。降低成本就显得非常重要。

对国内大多数棉花企业来说，从控制成本入手提高竞争力，也是有较大空间并切实可行的。

采用低成本战略就是要将降低成本的思想措施贯穿企业经营和管理的各个环节。节能、减人增效、降低加工环节费用、加快资金周转等等，当前最关键的是银行利息和人员开支。

3. 诚信战略

诚信是市场发展的灵魂。诚信也是市场经济条件下企业的立身之本。棉花企业在市场和资源竞争日益激烈的情况下，如果希望长远发展，必须赢得客户并维持客户，而讲诚信是很重要的一个方面。

实施诚信战略的棉花企业，要规范经营行为，严格履行合同。通过规范企业诚信行为，提升企业的信用形象，为企业积累丰厚的无形资产。

4. 质量战略

质量是企业的生命。随着进口棉大量进入国内市场，资源的可选择性加大，棉花品质在市场竞争中的作用越来越突出。近几年进口棉和新疆兵团棉花普遍受欢迎，一个重要的因素就是这些棉花的内在质量好，品质一致性好，三丝少或无三丝。相反有些地方的棉花，由于内在品质和加工质量差，即使价格低也难销售。因此，注重棉花质量，将质量问题提到战略高度予以重视，是所有希望在这个行业立足并长期发展的棉花企业必须坚持的起码要求。

5. 风险管理战略

企业风险管理旨在识别可能会影响不确定性的潜在因素，管理其中的风险使其在企业可控范围内，以确保企业目标的实现。对国内棉花企业来说，可能存在的主要风险因素包括：

(1)资源风险，棉花收不上来、收购量不足；

(2)资金风险，贷不到款，或者到期还不了款；

(3)价格风险，受某种因素影响，突然暴涨暴跌；

(4)市场风险,如客户满意度下降、客户流失等;

针对每个风险因素,企业都可以有自己不同的应对办法。我想重点谈谈棉花价格风险的防范措施:

(1)制定切实的盈利目标。不要期望能挖到最大的一桶金,而错过最好的盈利时机。2005年度,多数企业都看好后市时,兵团农六师按照成本加上合理利润,设定了自己的盈利目标,在去年年底前市场价格较高时将棉花销售出去。事实证明,因为他们制定的盈利目标切实可行,而且严格执行,稳赚了自己目标中的利润。还有的企业,将收购的棉花在期货市场套期保值,也实现了自己理想的目标。

(2)改变传统购销观念,平衡掌握棉花购销进度,“不要把所有鸡蛋放在一个篮子里”。棉花价格波动起伏,没有任何人能预测当前的价格是年度最高还是年度最低点。所以,棉花企业最好根据自己的资金情况,合理安排购销进度。

(3)借助期货市场分解和控制价格风险。但切忌将套期保值做成投机。期货由套保转向投机,风险不仅没有控制,反而会成倍增加。

风险管理的目的在于控制意外可能性对企业造成损失的程度。在控制风险同时,也可能会损失一部分利益,也就是说,如果意外向好的方向发展,企业的盈利就会小于最大化。对此企业要有平衡心态,并且坦然接受。

6. 服务战略

棉花企业一头服务农民,一头服务工业。必须在服务质量上下功夫,以优质服务赢得客户,从而扩大市场份额,提高企业竞争力。实施服务战略的棉花企业,把服务纳入企业发展战略高度,时时坚持服务的理念,在考虑企业利益的同时多为客户着想,尽可能照顾到客户的利益,才能真正培养忠诚度高的客户,不断提高和巩固企业的市场份额,从而实现共赢。

7. 人才战略

人是企业之本,人的智慧是企业发展的源泉。市场竞争说到底是人才的竞争。实施人才战略,首先要建立激励机制,发挥现有人员的积极性和创造性,做到人尽其才,才尽其用。同时要分析企业现有人才结构,根据企业的发展规划和设想,制定人才计划,有计划地寻求真正的人才,吸引他们进入企业。还要制定能吸引人才、留住人才、激发人才工作积极性的相关制度措施。要做到坚持以人为本,尊重人才,为人才尽其所能创造良好的工作环境。要加强人员培训,保持人才的先进性。在企业内形成尊重人才,尊重知识的良好氛围。

8. 规模经营和一体化战略

实施规模化经营的根本目的就在于通过规模效应,降低经营成本,增加技术投入,提高市场竞争力。规模经营的企业的优势就在于企业内资源包括技术、人才资金等可以统一调度,意味着在市场的决定权比较大。规模经营是可供基础条件好的棉花企业考虑的一种选择。

与规模经营相关的还有经营的一体化战略。就是棉花企业通过向生产、收购、加工、销售到消费等环节延伸,提升市场竞争力。需要注意的是,一体化战略要求企业一要熟悉各环节业务而且要懂政策,二是要有足够的资源、足够的投入实力,三是要有必备的掌控能力,否则就可能因为不懂专业,缺乏经验,造成资源和精力分散,导致一体化经营失败。所以选择此战略要非常慎重。

9. 品牌战略

品牌是市场经济的产物,是棉花企业的核心价值的集中体现。对于品牌战略,通常有一个误区,认为只要给产品树立一个品牌名称,或者走捷径把这个品牌名称打响就万事大吉了。实际上,要形成一个品牌,远不是给棉花贴上个品牌标签,或者把品牌名称叫响那样简单。

品牌战略是高层次的市场竞争战略,需要企业用心创立和维护,将自己加工、经营的棉花及服务都凝聚在品牌形象中,使品牌成为企业的形象代表,从而全面提高企业的市场认知度。品牌战略实际上是一种综合战略的集中体现。越是竞争激烈的市场越需要品牌战略。

实施品牌战略的棉花企业,一定是注重长远发展,不为眼前利益损害品牌形象。企业成功塑造一个品牌形象很难,但是破坏一个品牌形象很容易。所以,必须要作好品牌形象的维护工作。

10. 走出去战略

在国内外市场日趋一体化的情况下，由于国内棉花产需缺口较大，资源短缺，加上国外企业逐渐进入国内市场，直接参与国内竞争，我国棉花市场的竞争将日趋激烈，竞争的焦点，在于棉花资源的控制和争夺客户上。目前我国棉花企业客户渠道相对比较稳定，尤其是一些大企业，既要巩固有长期合作的客户，同时要尽最大的可能掌握棉花资源。因此，企业可以把触角伸向国外，到国际市场去找棉花资源。

为缓解国内资源约束，减轻主要农产品依赖国际市场的风险，打破少数跨国公司垄断，保证主要农产品供应安全及我国经济社会稳定，国家将采取措施鼓励企业“走出去”，在境外建立农产品供应基地、仓储运输等物流体系等，充分利用国际市场实现大宗农产品资源的多元化。尤其是在符合 WTO 有关规则及我国有关法规基础上，对国内供需缺口较大的战略性、资源性农产品，将实行鼓励建立海外生产基地的政策。最近，国家有关部门发布了《关于加快实施农业走出去战略的若干意见》，这是棉花企业主动参与国际市场竞争的好机会。应该争取政策支持，主动走出去，直接从国外市场采购棉花。棉花企业实施“走出去”战略比较适合的方式是到主产棉国建立棉花加工基地，或者在有关国家建立贸易企业，直接加工或采购。有关这方面的具体政策正在研究中，建议有实力的企业予以关注。

企业的发展战略还包括专业化战略、差异化战略、联盟战略、多角化经营战略等。需要结合企业实际进行选择和实施。特别需要强调的是，战略管理的基本内涵就是要将战略选择作为企业思想的精髓，贯穿到企业经营管理各个环节中，并且需要成为企业制定各种决策首要考虑的依据。战略管理绝不仅仅是说得热闹，更关键的是贯彻战略的措施是否有力。否则，任何战略都是一句空话，不会为企业带来实质性帮助。

中国及新疆棉花产业发展战略新思路

张闻民

【作者简介】张闻民，新疆贝正实业有限公司总经理。从 1976 年起长期从事棉花和纺织品商品贸易，在 1987—2000 年的 12 年间先后在中国驻利比里亚、澳大利亚大使馆、墨尔本总领事馆工作，并任新疆自治区驻香港窗口公司——新疆开发有限公司总经理。先后受聘为新疆社科院“对外经济开放战略研究课题”特邀研究人员、世界银行新疆项目办公室的塔里木农业灌溉和环保二期项目专家团专家、外经贸专业高级经济师、新疆棉花期货工作小组组长、华润集团新疆棉花经营总代理。张闻民先生以发展中国及新疆棉花产业为己任，边经营、边研究，提出了中国及新疆棉花产业发展的三大战略，并撰写了《中国棉花产业发展报告》、《中国及新疆棉花产业发展战略新思路》等 20 多万字的棉花专业研讨文章、报告、业务方案等。

一、中国及新疆棉花产业的重要地位

1. 中国棉花在世界棉花产业的地位极为重要，中国是世界最大的棉花生产国、消费国、纺织品服装生产出口国。

中国棉花产业拥有 1 亿多人口、4000 万农户、2000 万就业职工，其中 1300 万农民工、数千亿元固定和流动资产，每年棉花、纺织品服装创造 2 万余亿元直接产值，纺织品服装出口产值占中国出口总值 1/6 巨大份额，实现贸易顺差 900 余亿美元，对国家行业生产出口贡献率居全国各行业之首。

2005/2006年度，中国棉花种植面积7590万亩，生产量570.4万吨，占世界2467.7万吨的23.1%，年均直接产值900亿元，为纺织工业提供60%—70%的优质棉花原料。中国拥有世界最大的纺织服装生产出口体系，现有纺织纱锭7500万锭，2005/2006年度棉花消费量979.8万吨，占世界2528.9万吨的38.7%；进口量257.9万吨，占世界932.4万吨的27.9%。当年纺织工业总值20470.5亿元，纺织品服装出口总值1175亿美元，分别占中国工业总产值76912亿元的26.6%和中国出口总值7630亿美元的15.4%，居中国出口商品之首，并居世界纺织品出口总值第一位。

2. 新疆棉花在中国乃至世界棉花产业中处于举足轻重的地位。

20世纪90年代以来，新疆自治区党委和人民政府制定了“一白一黑”的发展战略，新疆棉花产业有了长足发展，为中国棉花产业创造出一系列骄人的辉煌业绩：新疆棉花年均直接产值260亿—300亿元，占新疆国内生产总值的12%和农业总产值的30%；新疆棉花产业占新疆各棉花主产区国内生产总值、税收和棉农收人的70%—90%，占新疆农业收入的45%以上；为新疆提供了百万以上人口的就业机会，棉花产业在新疆国民经济及农业具有高度依赖性和不可替代性。

新疆是世界和中国最大的手摘细绒棉和唯一的长绒棉生产区域；新疆棉花种植面积、总产量、单产量、国内销售量、出口量连续14年居全国首位；新疆棉花生产量分别占中国、世界棉花总量的34%和7.8%。新疆棉花产业拥有数百亿元固定和流动资产，已建成中国最大的自治区、兵团三级棉花生产、科研、经营产业体系，成为世界及中国具有广阔发展前景的新型棉花产业区域。

二、2005/2006年度棉花年度中国及新疆棉花产销经营状况

1. 2005年新疆籽棉收购价5.2—5.4元/公斤（北疆），5.4—5.8元/公斤（南疆），折合皮棉成本价13500—14000元/吨；2005年10月至2006年4月新疆棉花销售量80余万吨，产地销售均价13500—14300元；2006年5—8月销售近90万吨，产地销售均价13200—13800元；8月中旬库存近20万吨，销售期迟于往年3—4个月，每月增加支付银行利息、仓储运输、管理经营费用等180—220元，形成产销价格亏损倒挂600—1000元/吨，新疆棉花生产经营企业全面亏损，金额达数亿元之多。

2. 2005/2006年度国产棉花严重积压滞销，造成国内特别是新疆棉花业普遍亏损。往年1—6月为新疆等国产棉花销售旺季，按照历年国内棉花市场销售顺序规律：先低价、后高价；先沿海、后新疆；先地方、后兵团；先国产、后进口，进口棉花基本起着拾遗补缺的作用。随着中国纺织服装工业高速增长，中国进口棉花数量逐年快速增加，2004年进口外棉190万吨，2005年进口257万吨，2006年进口365万吨。2005/2006年度新疆绝大部分棉花企业多在5.4—5.8元/公斤的较高价格区间收购籽棉，10—11月为新疆棉花收购加工期，10—12月又面临出疆棉花运输困难，待1月新疆棉花开始进入销售旺季时，为了弥补国内棉花供求缺口，满足纺织生产企业需要，国家主管部门于2006年1月集中下发了89.4万吨1%关税进口棉花配额、150万吨5%—40%滑准税配额；郑棉期货由2006年2月6日的15795元/吨下跌至6月20日的13730元/吨；同期纽约期货由58.6美分/磅下跌至46.12美分/磅，外国棉商以低价倾销扩大中国市场份额为其促销策略，进口棉花以低于国产棉花1000—2200元/吨的优势低价大量进口，2005年9月至2006年8月底共进口外棉411万吨，创造近年进口棉花的最高水平；进口棉花与国产棉花出现巨额差价，每吨1%关税差价达到1600—2200元/吨，5%—40%滑准税差价800—1500元/吨；在2006年棉花产销供求缺口409万吨，纺织服装企业生产出口增长20%的有利形势下，使新疆棉花为主的国产棉花失去销售机会，造成严重积压滞销和棉花加工经营企业的大面积亏损。受年进口外棉400万吨数量的冲击影响，外商预运棉花至中国主港保税库，服务上门到家，进口外

棉可享受150—180天远期信用证付款条件;纺织企业采取随用随买,低价采购的做法,使新疆棉花由以往的产地坐商待售变为运棉移库销地促售,承担6—9个月的银行贷款及利息,为国产棉及新疆棉顺价销售承担了沉重压力,付出了经营损失,做出了巨大贡献。

3.2005年10月以来,国内纺织企业每月棉花用量80万吨以上,一直采取随用随买,纺织企业库存仅有一个月。国家对纺织工业实行扶持政策。2005年全国纺织纱锭达到7500万锭,纺织工业投资年增长38%,纺织品服装生产出口增长15—20%。纺织工业总产值20470.5亿元,年需求棉花超过1000万吨。随着中国加入世贸组织,尤其2006年以来,国家外汇储备超过1万亿美元;人民币年持续升值3%—5%,创出1∶7.8美元兑人民币新高;为了减少人民币升值压力,以及国外对中国出口商品实行反倾销、特保、制裁等,减缓进出口平衡压力,国家将纺织工业列为国家11大受限制产业之一,首次提出鼓励进口,抑制出口的思路,压缩纺织工业过高过快投资增长,并将纺织品服装出口退税由13%降至11%;国家两次提高银行存款准备金率0.5个百分点,两次调高银行贷款利率由年基准利率5.58%提高到5.85%,再调高至6.12%;收紧财政、银行对纺织企业的投资贷款额度;在协调平衡纺织、棉花两大产业利益矛盾关系方面,国家更加倾向于“保护棉农利益”,出台了一系列政策措施,稳定棉价,限制棉花收购期进口棉数量,促使纺织企业更多使用国产棉。至2006年7月5日新疆棉花销出126万吨,占商品总量的64%,在国家主管部门的积极支持下,从2006年7月5日至8月31日,对新疆棉花实行“每销售一吨新疆棉花,增发一吨进口棉花配额”的“一搭一”促销新疆棉花优惠政策,使60万吨新疆库存积压棉花基本顺利销售完毕,大部分新疆棉花生产经营企业达到了农发行8月底前实现“双结零”的要求,为顺利衔接新棉上市做好准备。2006年9—12月全国籽棉收购价为5.2—6.0元/公斤,新疆籽棉收购价4.8—5.4元/公斤,328B级棉内地产区到厂价12200—12600元,新疆产地交货价12400—12600元(地方),12800—13000元(兵团),销售价格低于上年度8%—12%。

三、确立中国及新疆棉花产业发展战略思想和规划布局

1.2006—2010年中国年均棉花生产量670—800万吨、消费量1000—1300万吨、进口量450—550万吨,酌情储备或释放国家储备棉100—150万吨;纱线生产量1700—2000万吨、布匹240—300亿米,纺织品服装出口额1440—1900亿美元;上述各类纺织品服装生产年均增长幅度分别高于棉花生产出口增长8—10个百分点。2006—2010年中国棉花产业及产销经营将具有以下几个有利特点:(1)中国棉花生产量小于消费量;棉花出口量小于进口量;(2)棉花生产出口增长幅度低于纺织品服装生产出口增长幅度;(3)中国将在下几年度继续成为棉花净进口国,连续保持国产棉供不应求,必须进口巨量外棉补充消费缺口。与世界及其他棉花主产国相比,中国将处于较为主动有利的产销经营形势和局面。按照中国及新疆棉花产业和纺织工业的两大产业发展要求,中国棉花、纺织两大产业将发挥自主创新能力,不断改善经济增长方式,两大产业紧密关联,相互长期依存,同步发展:(1)2006年中国棉花种植面积恢复到8000万亩以上,努力提高单产,总产量达到670万吨;2010年中国棉花面积将达到9500万亩,总产量800万吨,满足纺织工业用棉1250万吨的64%消费需求;(2)2006—2010年中国棉纱产量将保持8.2%—10%的平均增长速度,2010年纱线产量将达到2000万吨,棉花消费量相应达到1250万吨,按照今后年度棉花产供销存平衡倒算预测,中国棉花生产量至少达到800万吨以上,才能实现棉花供求低水平比例平衡,棉花对外依存度仍高达36%—40%,年均进口棉花数量将达到450万—550万吨,中国须逐步改变棉花产销供求平衡关系建立在巨量进口外棉的现状,面对“以产补缺"或“以进补缺”的两大战略抉择,中国应尽量减少对进口外棉的过高依赖度,确保国家棉花产业安全。应在5、6年内逐步调整为中国自产棉花达到60%—70%以上

的总量比例，使中国处于棉花产销自中平衡较为主动安全的数量水平。

2. 新疆棉花的生产成本、规模，种植、技术、生产管理、加工质量、比较效益均优于国内国外大多数棉花主产区域；新疆用全国1/5的棉花种植面积，生产出全国1/3的棉花生产量。全国棉花单产76公斤，不含新疆71公斤，新疆114公斤，兵团高达139公斤，是国内其他棉花主产区单产量的近1倍。在全国大部分棉花主产区种植面积已近饱和，植棉比较效益低于其他农产品，大幅度增加棉花面积已无多大余地的情况下，今后年度中国棉花年均450万—550万吨的供求缺口须由主要由新疆来承担。这是新疆棉花产业千载难逢、高效扩张的重大历史机遇。

四、中国及新疆棉花产业发展战略思路

根据中国及新疆棉花产业近中远期战略发展要求，确立一个思路、三大战略，建立健全九大体系，组织实施六大项目，拓展国内国际两大市场，确定六个发展重点，实现四个目标。

1. 一个思路：中国及新疆棉花产业实行长期稳定持续高效积极扩张的战略发展思路，使棉花产业成为中国及新疆最大规模实力、最具优势特长的支柱产业。

2. 三大战略：中国及新疆棉花优势资源转换战略；棉花产业可持续发展战略；棉花市场营销战略。

3. 建立健全中国及新疆九大体制体系：(1)国家及新疆棉花产业局；(2)棉花企业集团股份有限公司；(3)八个专业或综合协会机构；(4)九个棉花产业建设基地体系。

4. 拓展利用国内国际两个市场：(1)美国纽约期货市场、国外各棉花主产销国现货市场；(2)郑商所棉花期货市场；(3)全国棉花交易市场 (4)国内棉花现货市场；(5)纺织企业直销、期转现、合资联营合作；(6)进出口棉花；(7)储备棉；(8)大进大出，两头在外，以出口信贷设备技术，补偿复进口棉花商品。

5. 确定六个发展重点：(1)抓紧培育北疆新一代早熟优质高产主栽品种；提纯复壮、升级换代，改善南疆现用中棉35、36主栽品种及其他替代品种；(2)兴建三条大河及水库灌渠设施，改造中低产田；(3)普及矮密早高产栽培种植技术和膜下滴灌节水节肥高效增产模式；(4)鼓励植棉大户建立棉农互助组、合作社，建立健全农企银订单农业合作模式；(5)抓紧轧花厂收购加工和棉花期现综合经营两头重点，实现棉期交割、电子撮合交易，现货市场及纺织企业直销的四途径阶梯式优价高效融通经营方式；(6)东锭西建，国家将纺织工业投资指标，资金政策等向新疆倾斜优惠扶持，以新疆优质棉花资源吸引沿海纺织企业来疆投资建厂，联合投资建设新疆与沿海地区外向型纺织工业体系。

6. 实施六大项目：(1)实施中国及新疆棉花产业一体化/标准化项目、优质棉花生产出口基地建设、棉花种子工程、棉花副产品综合利用、棉花质量检验体制改革试点项目；中国农业发展银行375亿元扶持粮棉油贷款项目、国家开发银行600亿元新疆建设项目等六大项目；(2)实施符合世贸组织规则的各项绿箱、黄箱政策措施，相关补贴、扶持等；(3)设立种子、科研、生产、出口风险基金、专项基金；(4)通过银行、非银行金融机构、投资融资集团、上市公司、战略投资合作公司、各棉花生产加工经营企业、纺织企业等进行投资、融资、合资、合作、联营、代理等。

7. 实现四项发展目标：(1)全国棉花种植面积2006年8000万亩，2010年9500万亩，2015年12000万亩，2020年15000万亩；新疆2006年1825万亩，2010年2000万亩，2015年3000万亩，2020年4500万亩；(2)全国棉花生产量：2006年670万吨，2010年800万吨，2015年1000万吨，2020年1250万吨；新疆2006年218万吨，2010年280万吨，2015年400万吨，2020年600万吨；(3)棉花种植增加面积(2006—2010年、2015—2020年)：①全国改造中低产田600万—1000万亩(新疆500万—800万亩)；②全国兴建水利扩大植棉面积2000万—4000万亩(新疆1000万—2500万亩)；③全国推广膜下滴灌2000万—3000万亩(新疆1500万—2000万亩)；④全国低效农作物种植面积转种棉花

1000 万—2000 万亩（新疆 600 万—1500 万亩）；(4)实现棉花产销经营各项增值：①全国棉花产业直接产值：900 亿—1800 亿元（新疆 600 亿—900 亿元）；②棉花产业固定和流动资产 3000 亿—5000 亿元（新疆 1600 亿—3500 亿元）；③全国争取各项社会和各项投资融资 2000 亿—3000 亿元（新疆 800 亿—2000 亿元）；④全国实现棉花产销经营各项增值收益 300 亿—500 亿元（新疆 150 亿—300 亿元）；⑤全国棉花增产增收 200—500 元/亩，或年均 80 亿—200 亿元（新疆 30 亿—100 亿元）。

2006—2020 年中国及新疆棉花产业近中长期战略发展规划，须经国家及新疆主管领导及部门认同，争取国家的全力支持，达成共识，力争纳入到国家棉花产业发展规划及扶持政策范围，得到国家主管部门机构及相关政策、项目以及 800 亿—2000 亿元以上的资金等大力倾斜优惠扶持才能实现。这将是中国及新疆棉花产业得以持续高效扩张与否的关键所在。

统计资料

第四部分

棉花生产

4—1　2005/2006年度分省棉花生产情况

单位：千公顷、万吨、公斤/公顷

	农作物总播种面积	棉花播种面积	棉花产量	单位面积产量
全　国	155488	5062	571	1129
北　京	318	2	0.2	1149
天　津	499	61	8.4	1364
河　北	8786	574	57.7	1006
山　西	3795	98	10.3	1056
内蒙古	6216	2	0.2	1117
辽　宁	3797	3	0.3	959
上　海	404	1	0.2	1628
江　苏	7641	368	32.3	876
浙　江	2838	18	2.2	1204
安　徽	9173	376	32.5	864
江　西	5251	64	8.7	1365
山　东	10736	846	84.6	1000
河　南	13923	782	67.7	866
湖　北	7279	390	37.5	961
湖　南	7978	151	19.8	1309
广　西	6489	2	0.1	536
四　川	9480	28	2.5	888
贵　州	4804	1	0.1	398
陕　西	4202	70	7.8	1107
甘　肃	3726	64	11.1	1728
新　疆	3731	1161	187.4	1615

资料来源：国家统计局。

4－2 近年来全国棉花生产情况

单位：千公顷、万吨、公斤/公顷

年　份	农作物总播种面积	棉花播种面积	棉花产量	单位面积产量
1978	150104	4866	217	445
1980	146380	4920	271	550
1985	143626	5140	415	807
1989	146554	5203	379	728
1990	148363	5588	451	807
1991	149586	6538	568	868
1992	149007	6835	451	660
1993	147741	4985	374	750
1994	148241	5528	434	785
1995	149879	5422	477	879
1996	152381	4722	420	890
1997	153969	4491	460	1025
1998	155706	4459	450	1009
1999	156373	3726	383	1028
2000	156300	4041	442	1093
2001	155708	4810	532	1107
2002	154636	4184	492	1175
2003	152415	5111	486	951
2004	153553	5693	632	1111
2005	155488	5062	571	1129

资料来源：国家统计局。

4－3 2005/2006年度山东省棉花生产情况

单位：公顷、吨、公斤/公顷

地　区	棉花播种面积	棉花产量	单位面积产量
全　省	846260	846300	1000
济南市	30341	35491	1170
青岛市	3637	4042	1111
淄博市	17992	20014	1112
枣庄市	2488	2928	1177
东营市	92527	104388	1128
烟台市	300	585	1950
潍坊市	41973	48723	1161
济宁市	112412	144692	1287
泰安市	8302	14764	1778
日照市	1073	1012	943
莱芜市	364	519	1426
临沂市	8795	11975	1362
德州市	146260	202010	1381
聊城市	69904	80934	1158
滨州市	128522	151724	1181
荷泽市	237303	248708	1048

资料来源：山东省统计局。

4—4　2005/2006 年度河南省棉花生产情况

单位：千公顷、万吨、公斤/公顷

地　区	棉花播种面积	棉花产量	单位面积产量
全　省	784.47	67.7	866
郑州市	6.93	0.71	1023
开封市	72.73	6.04	831
洛阳市	4.64	0.43	936
平顶山市	4.55	0.44	970
安阳市	40.34	3.54	877
鹤壁市	1.73	0.1	601
新乡市	23.42	1.95	834
焦作市	6.05	0.62	1020
濮阳市	18.17	1.26	692
许昌市	30.01	2.49	830
漯河市	21.53	2.24	1040
三门峡市	2.95	0.19	640
南阳市	142.93	11.85	829
商丘市	139.65	13.54	969
信阳市	17.67	1.25	708
周口市	241.72	22.92	948
驻马店市	30.33	2.05	675
济源市	0.4	0.02	593

资料来源：河南省统计局。

4—5　2005/2006 年度河北省棉花生产情况

单位：千公顷、吨、公斤/公顷

地　区	棉花播种面积	棉花产量	单位面积产量
全　省	573	577194	1007
石家庄市	17	17529	1048
秦皇岛市	2	1579	934
唐山市	33	36385	1110
廊坊市	45	48319	1065
保定市	34	31749	923
沧州市	136	136874	1010
衡水市	125	138744	1112
邢台市	160	167712	1047
邯郸市	103	120409	1169

资料来源：河北省统计局。

4—6　2005/2006 年度陕西省棉花生产情况

单位：千公顷、吨、公斤/公顷

地　区	棉花播种面积	棉花产量	单位面积产量
全　省	70.23	77766	1107
西安市	3.6	4515	1256
铜川市	0.01	12	1200
宝鸡市	0.16	129	787
咸阳市	1.03	617	598
渭南市	61.98	67884	1095
延安市	0.34	191	557
汉中市	0.03	37	1194
榆林市	0.19	61	330
安康市	0.02	26	1368
商洛市	0.02	25	1316
杨凌示范区	0.01	9	1286

资料来源：陕西省统计局。

4—7　2005/2006 年度山西省棉花生产情况

单位：千公顷、吨、公斤/公顷

地　区	棉花播种面积	棉花产量	单位面积产量
全　省	98.00	103000	1056
永济市	22.32	23912	1071
临猗县	21.79	31696	1455
盐湖区	15.69	18625	1187
夏　县	6.01	6296	1048
芮城县	4.88	6216	1274
曲沃县	2.28	2479	1087
新绛县	1.87	2634	1409
万荣县	1.51	1299	860
襄汾县	1.48	1817	1228
闻喜县	1.38	957	693
河津市	1.27	1397	1100
侯马市	1.25	1150	920
稷山县	1.22	1483	1216

资料来源：山西省统计局。

4—8　2005/2006年度天津市棉花生产情况

单位：千公顷、吨、公斤/公顷

地　区	棉花播种面积	棉花产量	单位面积产量
全　市	61.00	84000	1364
塘沽区	2.01	1727	857
汉沽区	0.84	957	1143
大港区	0.47	1151	2444
东丽区	5.78	5417	937
西青区	2.80	8374	2986
津南区	3.89	4125	1061
北辰区	2.92	2663	914
武清区	10.10	11635	1152
宝坻区	9.97	16784	1683
宁河县	19.53	22715	1163
静海县	13.07	15111	1156
蓟　县	1.05	1817	1734

资料来源：天津市统计局。

4—9　2005/2006年度辽宁省棉花生产情况

单位：千公顷、吨、公斤/公顷

地　区	棉花播种面积	棉花产量	单位面积产量
全　省	2.3	2685	1167
沈　阳	0.3	155	564
大　连	0.1	45	789
锦　州	0.1	125	1050
朝　阳	1.7	2163	1293
葫芦岛	0.2	180	1104

资料来源：辽宁省统计局。

4—10　2005/2006年度湖北省棉花生产情况

单位:吨

地　区	棉花产量
全　省	43.54
武汉市	2.77
黄石市	0.28
十堰市	0.01
荆州市	12.37
宜昌市	2.24
襄樊市	3.01
鄂州市	0.27
荆门市	4.34
孝感市	2.84
黄冈市	4.57
咸宁市	0.17
随州市	1.07
仙桃市	2.06
天门市	4.32
潜江市	3.23

资料来源:湖北省统计局。

4—11　2005/2006年度湖南省棉花生产情况

单位:吨

地　区	棉花产量
全　省	198000
长沙市	1000
株洲市	888
湘潭市	500
衡阳市	17023
邵阳市	496
岳阳市	45920
常德市	91633
张家界市	1576
益阳市	21404
彬州市	300
永州市	2273
怀化市	1719
娄底市	661
湘西自治区	218

资料来源:湖南省统计局。

4—12　2005/2006 年度安徽省棉花生产情况

单位：公顷、吨、公斤/公顷

地　区	棉花播种面积	棉花产量	单位面积产量
全　省	381271	310988	816
合肥市	15790	13370	847
淮北市	15416	15269	990
亳州市	49614	45152	910
宿州市	63240	65157	1030
蚌埠市	39795	34153	858
阜阳市	25397	18343	722
淮南市	2113	2309	1093
滁州市	15380	13832	899
六安市	3428	6732	1964
马鞍山市	3437	3506	1020
巢湖市	54443	60620	1113
芜湖市	6241	6478	1038
宣城市	8717	9398	1078
铜陵市	4976	5599	1125
池州市	16944	19076	1126
安庆市	56163	78793	1403
黄山市	177	201	1136

资料来源：安徽省统计局。

4—13　2005/2006 年度江苏省棉花生产情况

单位：吨

地　区	棉花产量
全　省	322700
南京市	5920
徐州市	41696
常州市	298
苏州市	4605
南通市	51115
连云港市	18914
淮安市	2245
盐城市	171856
扬州市	6897
镇江市	1833
泰州市	16979
宿迁市	7224

资料来源：江苏省统计局。

4—14 2005/2006年度浙江省棉花生产情况

单位：千公顷、吨

地 区	棉花播种面积	棉花产量
全 省	18.00	22000
杭州市	0.74	1038
宁波市	6.77	7184
嘉兴市	1.53	1940
湖州市	0.02	28
绍兴市	3.17	3448
舟山市	0.12	78
温州市	0.09	73
金华市	3.63	5426
衢州市	1.23	1695
台州市	0.59	602
丽水市	0.04	54

资料来源：浙江省统计局。

4—15 2005/2006年度江西省棉花生产情况

单位：公顷、吨

地 区	棉花播种面积	棉花产量
全 省	64000	87000
彭泽县	12524	20594
九江县	7932	9285
永修县	6395	8513
湖口县	5314	6219
高安市	4466	5356
德安县	3361	4642
都昌县	2442	1680
星子县	1525	2496
瑞昌市	1407	1637
崇仁县	1353	2160
鄱阳县	1260	4199

资料来源：江西省统计局。

4—16　2005/2006年度四川省棉花生产情况

单位：千公顷、万吨

地　区	棉花播种面积	棉花产量
全　省	2.78	2.47
德阳市	0.14	0.13
绵阳市	0.15	0.14
遂宁市	1.26	1.19
南充市	0.62	0.43
眉山市	0.2	0.18
资阳市	0.39	0.39

资料来源：四川省统计局。

4—17　2005/2006年度新疆自治区棉花生产情况

单位：千公顷、吨、公斤/公顷

地　区	棉花播种面积	棉花产量	单位面积产量
全　区	1157.99	1957000	1690
乌鲁木齐市	0.18	193	1072
克拉玛依市	6.3	8976	1425
吐鲁番地区	15.28	19918	1304
哈密地区	8.87	15392	1735
昌吉回族自治州	72.77	123227	1693
伊犁哈萨克自治州	87.18	146119	1676
塔城地区	81.08	138980	1714
博尔塔拉蒙古自治州	31.87	59985	1882
巴音郭楞蒙古自治州	96.23	169384	1760
阿克苏地区	169.29	300583	1776
克孜勒苏柯尔克孜自治州	5.58	7761	1391
喀什地区	—	275000	1609
和田地区	21.76	39069	1795
生产建设兵团	471.74	986786	2092

资料来源：新疆自治区统计局。

4—18　2005/2006年度新疆自治区长绒棉生产情况

单位：千公顷、吨

地　区	长绒棉播种面积	长绒棉产量
全　区	73.38	118731
巴音郭楞蒙古自治州	3.86	5387
阿克苏地区	30.46	44909
生产建设兵团	39.06	68435

资料来源：新疆自治区统计局。

4—19　2005/2006年度甘肃省棉花生产情况

单位：千公顷、吨、公斤/公顷

地　区	棉花播种面积	棉花产量	单位面积产量
全　省	63.95	11050	1728
金昌市	0.01	36	2700
白银市	0.13	277	2187
天水市	0.14	121	867
武威市	12.67	19950	1575
张掖市	2.33	4751	2042
酒泉市	44.12	78845	1787
陇南市	0.04	20	500

资料来源：甘肃省统计局。

棉花价格

4—20　近年来国家棉花价格指数月均价格(含图)

单位:元/吨

月　份	CncottonA	CncottonB	月份	CncottonA	CncottonB
2002 年 9 月	10610	10116	2004 年 9 月	13806	12998
2002 年 10 月	10698	10414	2004 年 10 月	12492	12031
2002 年 11 月	11210	10896	2004 年 11 月	12095	11541
2002 年 12 月	11370	11045	2004 年 12 月	11802	11227
2003 年 1 月	11460	11206	2005 年 1 月	11865	11295
2003 年 2 月	12337	12193	2005 年 2 月	12230	11602
2003 年 3 月	13505	13289	2005 年 3 月	12594	12007
2003 年 4 月	13701	13370	2005 年 4 月	12990	12488
2003 年 5 月	12875	12591	2005 年 5 月	13788	13428
2003 年 6 月	13018	12797	2005 年 6 月	13753	13375
2003 年 7 月	13482	13267	2005 年 7 月	13943	13556
2003 年 8 月	13058	13066	2005 年 8 月	13914	13503
2003 年 9 月	13878	13651	2005 年 9 月	13844	13454
2003 年 10 月	17260	17020	2005 年 10 月	14617	14196
2003 年 11 月	18086	17734	2005 年 11 月	14656	14203
2003 年 12 月	17865	17237	2005 年 12 月	14636	14175
2004 年 1 月	18204	17534	2006 年 1 月	14657	14236
2004 年 2 月	18403	17776	2006 年 2 月	14789	14373
2004 年 3 月	18277	17517	2006 年 3 月	14752	14312
2004 年 4 月	18115	17237	2006 年 4 月	14627	14177
2004 年 5 月	17731	16713	2006 年 5 月	14572	14087
2004 年 6 月	16250	15163	2006 年 6 月	14560	14076
2004 年 7 月	14837	14278	2006 年 7 月	14489	14007
2004 年 8 月	13754	12879	2006 年 8 月	14455	13987

数据来源:中国棉花网。

注:国家棉花价格指数(CNCotton Index)简称为国棉指数,是每个工作日棉花现货在内地 7 大区域市场成交价格的平均值,于当日下午发布。为便于与国际通用的 Cotlook A、B 指数比较,2004 年以前的国家棉花价格指数(CNCotton Index)分别代表当日 328 级、527 级棉花在内地市场的成交均价。

从 2004 年开始,中国国内用棉企业对国际高等级棉花需求增加,国外棉商对中国企业的报价集中于中、高等级棉花。为方便国内用棉企业更直观地了解国际现货市场行情,同时便于与国际同等级棉花现货价格进行比较,中国棉花网决定自 2005 年 1 月起,调整"国家棉花价格指数(CNCotton Index)"的代表品种,国家棉花价格指数 A(CNCotton A)及国家棉花价格指数 B(CNCotton B)调整为分别代表内地 229 级、328 级棉花的内地市场成交均价。

国家棉花价格指数(CNCotton Index)强调地区概念,并假设同等级棉花在同一个地区的工厂接收价与轧花厂仓库交货价水平基本一致。

国家棉花价格指数(CNCotton Index)是国家棉花市场监测系统对国内 120 家监测企业实际成交价格进行跟踪汇总得出,与当日发布的《国内主要地区棉花现货价格行情》配合使用,可比较全面地反映当日国内主要地区棉花平均成交价格水平。

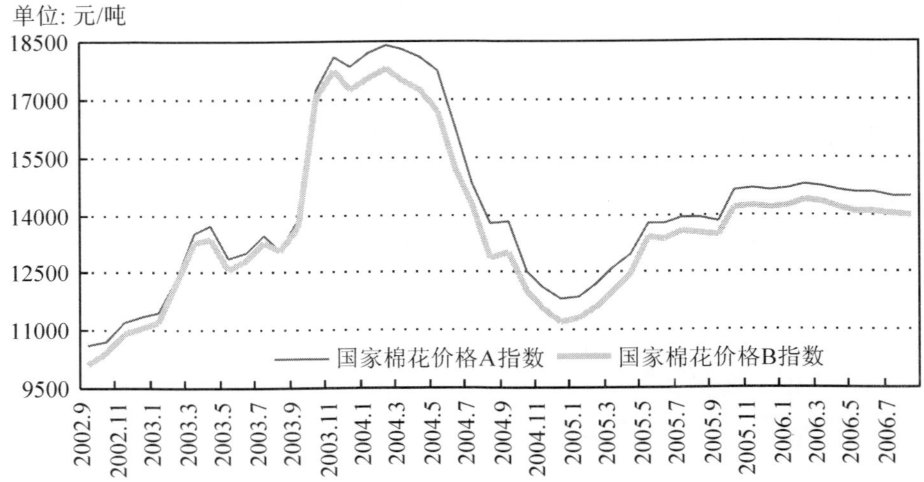

图 4—1 2002/2003 年度以来国内棉花价格走势

4—21 2005/2006 年度国家棉花价格指数日价格（含图）

单位：元/吨

日　期	CncottonA	CncottonB
2005 年		
9 月 1 日	13809	13428
9 月 2 日	13804	13424
9 月 5 日	13785	13423
9 月 6 日	13781	13412
9 月 7 日	13779	13412
9 月 8 日	13781	13413
9 月 9 日	13784	13413
9 月 12 日	13788	13415
9 月 13 日	13788	13415
9 月 14 日	13791	13416
9 月 15 日	13789	13415
9 月 16 日	13790	13413
9 月 19 日	13790	13414
9 月 20 日	13791	13414
9 月 21 日	13800	13425
9 月 22 日	13836	13458
9 月 23 日	13856	13466
9 月 26 日	13946	13489
9 月 27 日	13949	13491

续表 1

日　期	CncottonA	CncottonB
9 月 28 日	13972	13501
9 月 29 日	14005	13593
9 月 30 日	14151	13733
10 月 8 日	14292	13916
10 月 9 日	14487	14074
10 月 10 日	14490	14076
10 月 11 日	14496	14085
10 月 12 日	14646	14172
10 月 13 日	14654	14204
10 月 14 日	14656	14212
10 月 17 日	14657	14214
10 月 18 日	14657	14216
10 月 19 日	14668	14241
10 月 20 日	14678	14270
10 月 21 日	14679	14272
10 月 24 日	14679	14271
10 月 25 日	14680	14270
10 月 26 日	14673	14262
10 月 27 日	14673	14258
10 月 28 日	14671	14260
10 月 31 日	14668	14259
11 月 1 日	14660	14231
11 月 2 日	14658	14205
11 月 3 日	14659	14187
11 月 4 日	14644	14182
11 月 7 日	14646	14177
11 月 8 日	14646	14178
11 月 9 日	14648	14191
11 月 10 日	14647	14188
11 月 11 日	14647	14190
11 月 14 日	14646	14193
11 月 15 日	14648	14196
11 月 16 日	14654	14201
11 月 17 日	14656	14209
11 月 18 日	14656	14213
11 月 21 日	14665	14218
11 月 22 日	14666	14218
11 月 23 日	14667	14217
11 月 24 日	14669	14218
11 月 25 日	14668	14216

续表 2

日　期	CncottonA	CncottonB
11 月 28 日	14666	14215
11 月 29 日	14663	14213
11 月 30 日	14661	14212
12 月 1 日	14658	14208
12 月 2 日	14656	14199
12 月 5 日	14654	14195
12 月 6 日	14648	14188
12 月 7 日	14639	14178
12 月 8 日	14633	14171
12 月 9 日	14625	14160
12 月 12 日	14625	14158
12 月 13 日	14626	14159
12 月 14 日	14624	14161
12 月 15 日	14625	14160
12 月 16 日	14626	14162
12 月 19 日	14632	14171
12 月 20 日	14633	14173
12 月 21 日	14633	14174
12 月 22 日	14632	14172
12 月 23 日	14632	14173
12 月 26 日	14633	14173
12 月 27 日	14637	14178
12 月 28 日	14638	14181
12 月 29 日	14638	14183
12 月 30 日	14637	14180
12 月 31 日	14637	14178
2006 年		
1 月 3 日	14637	14178
1 月 4 日	14637	14180
1 月 5 日	14622	14185
1 月 6 日	14659	14207
1 月 9 日	14650	14211
1 月 10 日	14657	14233
1 月 11 日	14686	14215
1 月 12 日	14676	14265
1 月 13 日	14660	14263
1 月 16 日	14692	14276
1 月 17 日	14694	14258
1 月 18 日	14696	14274
1 月 19 日	14690	14251

续表 3

日 期	CncottonA	CncottonB
1 月 20 日	14692	14244
1 月 23 日	14642	14220
1 月 24 日	14650	14235
1 月 25 日	14657	14252
1 月 26 日	14645	14239
1 月 27 日	14633	14236
1 月 28 日	14633	14236
1 月 29 日	14633	14236
1 月 30 日	14633	14236
1 月 31 日	14633	14236
2 月 1 日	14633	14236
2 月 2 日	14633	14236
2 月 3 日	14633	14236
2 月 4 日	14633	14236
2 月 5 日	14733	14333
2 月 6 日	14753	14342
2 月 7 日	14760	14348
2 月 8 日	14762	14351
2 月 9 日	14764	14354
2 月 10 日	14774	14366
2 月 13 日	14788	14375
2 月 14 日	14809	14386
2 月 15 日	14843	14415
2 月 16 日	14851	14417
2 月 17 日	14862	14438
2 月 20 日	14880	14438
2 月 21 日	14875	14447
2 月 22 日	14877	14449
2 月 23 日	14877	14449
2 月 24 日	14877	14456
2 月 27 日	14877	14453
2 月 28 日	14873	14447
3 月 1 日	14869	14442
3 月 2 日	14867	14438
3 月 3 日	14856	14421
3 月 6 日	14839	14401
3 月 7 日	14831	14389
3 月 8 日	14807	14369
3 月 9 日	14792	14356
3 月 10 日	14778	14340

续表 4

日　期	CncottonA	CncottonB
3 月 13 日	14761	14326
3 月 14 日	14753	14313
3 月 15 日	14749	14308
3 月 16 日	14746	14304
3 月 17 日	14743	14303
3 月 20 日	14737	14299
3 月 21 日	14728	14292
3 月 22 日	14720	14283
3 月 23 日	14710	14268
3 月 24 日	14685	14240
3 月 27 日	14672	14229
3 月 28 日	14666	14219
3 月 29 日	14665	14216
3 月 30 日	14663	14208
3 月 31 日	14663	14208
4 月 3 日	14664	14213
4 月 4 日	14654	14206
4 月 5 日	14643	14201
4 月 6 日	14643	14199
4 月 7 日	14654	14206
4 月 10 日	14637	14199
4 月 11 日	14634	14195
4 月 12 日	14634	14191
4 月 13 日	14632	14190
4 月 14 日	14632	14184
4 月 17 日	14632	14177
4 月 18 日	14627	14177
4 月 19 日	14623	14171
4 月 20 日	14619	14165
4 月 21 日	14617	14162
4 月 24 日	14615	14157
4 月 25 日	14615	14156
4 月 26 日	14609	14152
4 月 27 日	14607	14149
4 月 28 日	14605	14147
4 月 29 日	14603	14147
4 月 30 日	14603	14147
5 月 8 日	14592	14139
5 月 9 日	14581	14104
5 月 10 日	14577	14093

续表 5

日　期	CncottonA	CncottonB
5 月 11 日	14576	14091
5 月 12 日	14576	14087
5 月 15 日	14576	14088
5 月 16 日	14574	14087
5 月 17 日	14573	14085
5 月 18 日	14573	14085
5 月 19 日	14570	14081
5 月 22 日	14570	14081
5 月 23 日	14568	14080
5 月 24 日	14566	14079
5 月 25 日	14564	14078
5 月 26 日	14564	14076
5 月 29 日	14565	14078
5 月 30 日	14564	14077
5 月 31 日	14566	14077
6 月 1 日	14565	14077
6 月 2 日	14565	14077
6 月 5 日	14566	14078
6 月 6 日	14567	14079
6 月 7 日	14568	14079
6 月 8 日	14568	14080
6 月 9 日	14568	14081
6 月 12 日	14567	14081
6 月 13 日	14565	14081
6 月 14 日	14565	14081
6 月 15 日	14565	14083
6 月 16 日	14562	14083
6 月 19 日	14561	14083
6 月 20 日	14558	14079
6 月 21 日	14557	14077
6 月 22 日	14554	14073
6 月 23 日	14553	14072
6 月 26 日	14551	14069
6 月 27 日	14550	14068
6 月 28 日	14549	14066
6 月 29 日	14547	14061
6 月 30 日	14546	14057
7 月 3 日	14546	14057
7 月 4 日	14543	14052
7 月 5 日	14535	14046

续表 6

日　期	CncottonA	CncottonB
7 月 6 日	14527	14039
7 月 7 日	14524	14037
7 月 10 日	14521	14033
7 月 11 日	14519	14032
7 月 12 日	14515	14030
7 月 13 日	14511	14029
7 月 14 日	14504	14024
7 月 17 日	14497	14018
7 月 18 日	14497	14014
7 月 19 日	14470	13987
7 月 20 日	14462	13980
7 月 21 日	14450	13972
7 月 24 日	14447	13970
7 月 25 日	14440	13968
7 月 26 日	14440	13967
7 月 27 日	14437	13967
7 月 28 日	14437	13967
7 月 31 日	14437	13967
8 月 1 日	14437	13967
8 月 2 日	14437	13966
8 月 3 日	14418	13942
8 月 4 日	14410	13936
8 月 7 日	14412	13940
8 月 8 日	14414	13946
8 月 9 日	14415	13948
8 月 10 日	14415	13950
8 月 11 日	14416	13951
8 月 14 日	14416	13953
8 月 15 日	14436	13972
8 月 16 日	14458	13997
8 月 17 日	14464	13997
8 月 18 日	14467	13998
8 月 21 日	14473	14005
8 月 22 日	14474	14007
8 月 23 日	14495	14025
8 月 24 日	14498	14027
8 月 25 日	14500	14028
8 月 28 日	14500	14032
8 月 29 日	14502	14035
8 月 30 日	14503	14037
8 月 31 日	14504	14038

数据来源：中国棉花网。

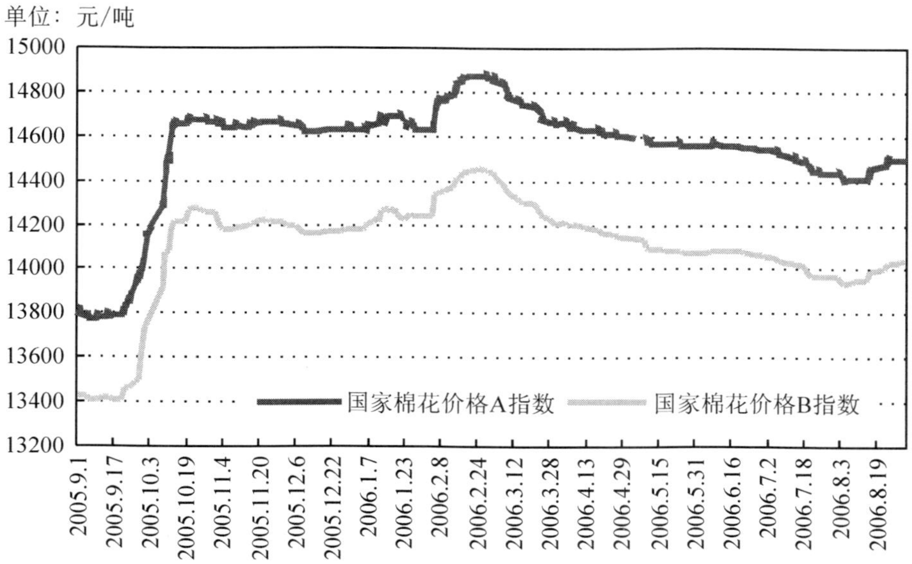

图 4—2　2005/2006 年度国内棉花价格走势

4—22　2005/2006 年度分月国内各等级棉价格

单位：万吨

月　份	229	328	428	527
2005 年 9 月	13844	13454	12805	11984
2005 年 10 月	14617	14196	13504	12598
2005 年 11 月	14656	14203	13610	12636
2005 年 12 月	13808	13417	12780	11958
2006 年 1 月	14306	13797	13175	12577
2006 年 2 月	14834	14406	13765	12667
2006 年 3 月	14752	14312	13678	12635
2006 年 4 月	14629	14179	13640	12672
2006 年 5 月	14572	14087	13574	12558
2006 年 6 月	14560	14076	13567	12563
2006 年 7 月	14489	14007	13535	12560
2006 年 8 月	14455	13987	13542	12567

数据来源：中国棉花网。

4—23　2005/2006 年度国内主要地区棉花价格

单位：元/吨

月份	冀鲁豫地区					东南沿海地区				
	129	229	328	428	527	129	229	328	428	527
2005 年 9 月	14102	13817	13438	12858	12056	14204	13818	13443	12839	12055
2005 年 10 月	14742	14618	14194	13503	12608	14500	14695	14273	13538	12591
2005 年 11 月	14782	14583	14155	13556	12612	14900	14680	14221	13602	12610
2005 年 12 月	15105	14572	14093	13517	12578	14900	14620	14166	13584	12593
2006 年 1 月	15200	14731	14143	13632	12632	14900	14609	14343	13719	12499
2006 年 2 月	15200	14852	14384	13786	12736	15212	14868	14417	13711	12513
2006 年 3 月	15152	14713	14227	13617	12615	15216	14761	14285	13619	12627
2006 年 4 月	15025	14540	14059	13517	12523	15115	14641	14154	13591	12597
2006 年 5 月	14997	14514	13981	13500	12483	15080	14600	14010	13579	12560
2006 年 6 月	14999	14515	13993	13495	12507	15080	14570	14021	13567	12552
2006 年 7 月	14938	14443	13910	13459	12517	14938	14496	14000	13574	12537
2006 年 8 月	14835	14450	13953	13505	12555	14915	14502	14058	13618	12542

续表 1

月份	长江中下游地区					华南地区				
	129	229	328	428	527	129	229	328	428	527
2005 年 9 月		13806	13408	12751	12004		13850	13472	12830	12006
2005 年 10 月		14620	14163	13535	12544		14747	14285	13557	12665
2005 年 11 月		14571	14143	13572	12557		14700	14269	13700	12700
2005 年 12 月		14521	14038	13497	12502		14657	14192	13670	12675
2006 年 1 月		14491	14002	13402	12417		14650	14181	13603	12648
2006 年 2 月		14723	14287	13519	12499		14752	14324	13710	12649
2006 年 3 月		14712	14248	13593	12540		14789	14327	13729	12670
2006 年 4 月		14557	14083	13506	12504		14692	14213	13619	12631
2006 年 5 月		14504	14029	13476	12470		14611	14153	13505	12603
2006 年 6 月		14500	13985	13469	12491		14590	14153	13500	12600
2006 年 7 月		14447	13850	13400	12482		14578	14130	13500	12600
2006 年 8 月		14409	13871	13425	12510		14537	14044	13497	12582

续表 2

月　份	西南地区					西北内陆地区				
	129	229	328	428	527	129	229	328	428	527
2005 年 9 月		13962	13602	12809	11868	13907	13689	13270	12748	12000
2005 年 10 月		14498	14135	13449	12603	14400	14561	14166	13434	12472
2005 年 11 月		14869	14450	13710	12710		14542	14137	13434	12536
2005 年 12 月		14926	14524	13700	12701		14487	14085	13443	12570
2006 年 1 月		15074	14666	13703	12667		14501	14061	13704	12719
2006 年 2 月		15177	14793	13790	12666		14643	14157	13881	12914
2006 年 3 月		14918	14562	13710	12710		14586	14087	13833	12919
2006 年 4 月		14738	14344	13659	12700		14227	14097	13691	12910
2006 年 5 月		14649	14216	13616	12690		14206	14005	13680	12777
2006 年 6 月		14637	14201	13610	12690		14217	14000	13680	12531
2006 年 7 月		14503	14150	13606	12680		14271	13934	13629	12540
2006 年 8 月		14463	14087	13623	12643		14337	13952	13630	12607

续表 3

月　份	北方地区					新疆				
	129	229	328	428	527	129	229	328	428	527
2005 年 9 月	14005	13813	13359	12743	11914	13531	13278	12923	12527	
2005 年 10 月	14350	14523	14126	13434	12576	14380	13998	13668	12801	
2005 年 11 月		14535	13979	13520	12625	14501	14196	13950	13044	
2005 年 12 月		14517	14039	13526	12615	14411	14218	13920	13531	
2006 年 1 月		14373	14060	13530	12607	14453	14264	13922	13524	
2006 年 2 月		14538	14188	13838	12633	14516	14325	13956	13645	
2006 年 3 月		14618	14222	13801	12649	14503	14253	13914	13767	
2006 年 4 月		14595	14210	13779	12616	14415	14091	13774	13677	
2006 年 5 月		14554	14132	13767	12540	14350	14027	13714	13626	
2006 年 6 月		14545	14100	13760	12540	14322	14007	13703	13601	
2006 年 7 月		14464	14005	13670	12540	14243	13940	13658	13580	
2006 年 8 月		14369	13906	13587		14232	13951	13695	13555	

数据来源：中国棉花网。

4—24 2005/2006年度中国棉花收购价格指数(含图)

单位:元/吨

月 份	中国棉花收购价格指数(CncottonS)	月 份	中国棉花收购价格指数(CncottonS)
2005年9月	12999	2006年3月	13839
2005年10月	14167	2006年4月	13792
2005年11月	13980	2006年5月	13792
2005年12月	13883	2006年6月	13792
2006年1月	13795	2006年7月	13792
2006年2月	13828	2006年8月	13792

数据来源:中国棉花网。

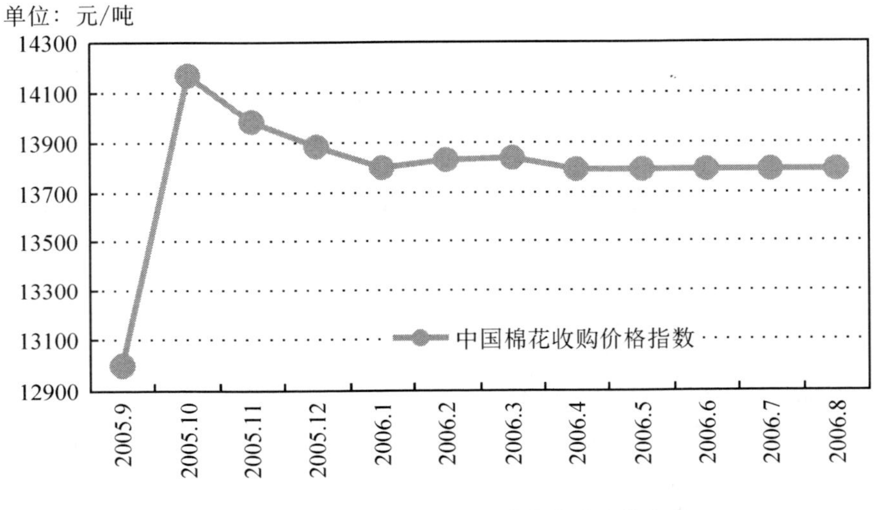

图4—3 2005/2006年度中国棉花收购价格指数

4—25 2005/2006年度国内主要地区皮棉收购月均成本价

单位:元/吨

月 份	河北	河南	山东	江苏	安徽	湖北	新疆	陕西
2005年9月	13257	12948	13155	13193	13416	12568	12660	12848
2005年10月	14444	13817	14524	14001	14040	13602	13404	13718
2005年11月	13449	13931	14252	13952	13946	13453	13095	12715
2005年12月	13934	13804	14081	13952	13879	13474	13175	

4—26　2005/2006 年度内地与新疆籽棉收购成本比较

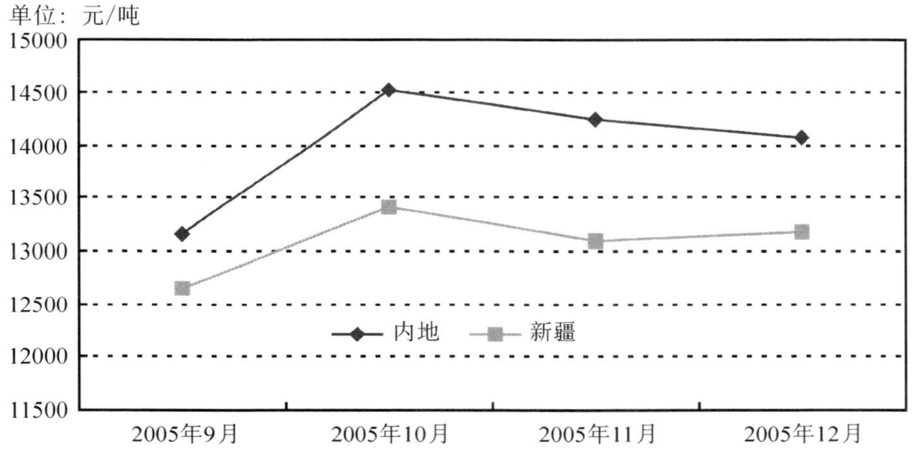

图 4—4

4—27　2005/2006 年度国内棉花、纯棉纱及涤短月度均价对比数据表

单位：元/吨

月　份	328 级棉	32 支纯棉纱	涤纶短纤	棉涤差价	棉纱差价
2005 年 9 月	13454	19020	10754	2700	5566
2005 年 10 月	14067	19664	10779	3288	5597
2005 年 11 月	14203	19769	10494	3709	5566
2005 年 12 月	14175	19738	10371	3804	5563
2006 年 1 月	14236	19713	10744	3492	5477
2006 年 2 月	14373	19764	10956	3417	5391
2006 年 3 月	14312	19747	10290	4022	5435
2006 年 4 月	14177	19552	10558	3619	5375
2006 年 5 月	14087	19471	10646	3441	5384
2006 年 6 月	14076	19401	11069	3007	5326
2006 年 7 月	14007	19395	11739	2268	5388
2006 年 8 月	13987	19419	12749	1238	5432

数据来源：中国棉花网。

4—28 2005/2006 年度国内棉花、纯棉纱及涤短月度均价对比图

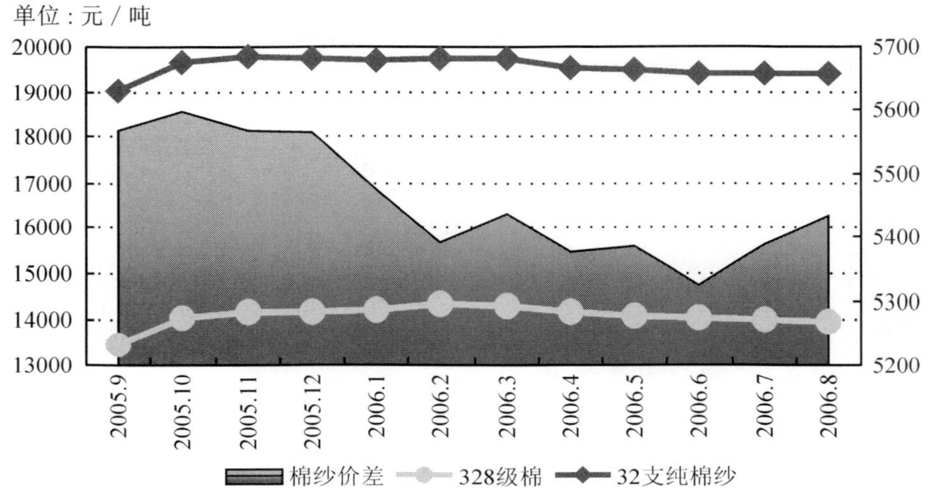

图 4—5 2005/2006 年度国内棉花、棉纱价格差异

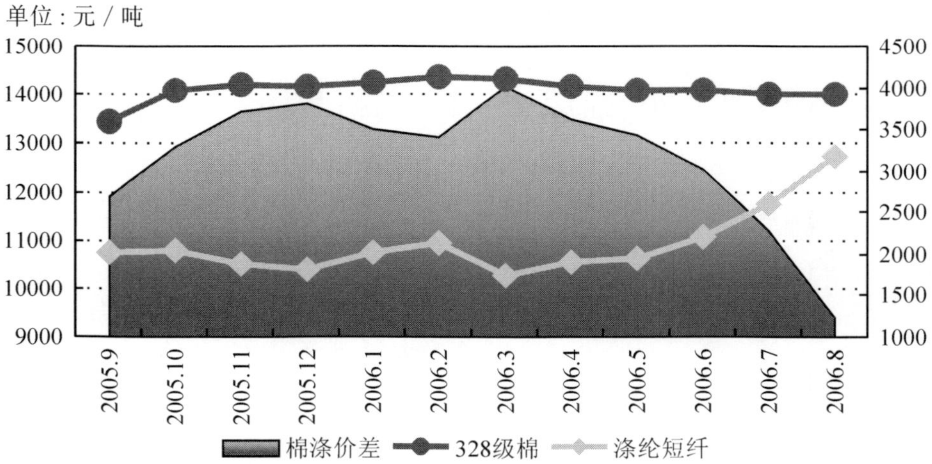

图 4—6 2005/2006 年度国内棉花、涤短价格差异

4—29　2005/2006年度郑棉期货主力合约每日交易情况统计(含图)

单位:元/吨、手

日　期	合约代码	开盘价	最高价	最低价	收盘价	结算价	涨跌	成交量	持仓量	总成交量	总持仓量
2005年											
9月1日	CF601	14000	14000	13900	13920	13930	－135	16204	10918	101694	64824
9月2日	CF601	13910	14160	13905	14130	14070	140	9424	12504	86646	64102
9月5日	CF601	14120	14325	14120	14285	14270	200	13092	13070	85770	62058
9月6日	CF601	14320	14335	14150	14260	14250	－20	14020	13330	75548	61912
9月7日	CF601	14400	14455	14340	14385	14400	150	10774	14162	84070	62698
9月8日	CF601	14440	14450	14310	14380	14360	－40	9960	14206	74712	62574
9月9日	CF601	14300	14430	14300	14410	14380	20	10252	14442	74056	62660
9月12日	CF601	14410	14480	14395	14420	14440	60	11480	15738	77406	63018
9月13日	CF601	14335	14340	14105	14145	14210	－230	14424	17092	86114	62764
9月14日	CF601	14060	14190	14055	14125	14125	－85	13406	18720	78030	63580
9月15日	CF601	14145	14180	14075	14165	14135	10	14448	20312	73052	63810
9月16日	CF601	14120	14190	14070	14105	14115	－20	15468	22070	76678	66078
9月19日	CF601	14140	14175	14025	14040	14095	－20	17514	23308	73372	67164
9月20日	CF601	14215	14270	14185	14265	14225	130	24606	23342	82306	67632
9月21日	CF601	14165	14260	14155	14260	14215	－10	15742	23996	73650	69058
9月22日	CF601	14290	14395	14290	14380	14345	130	18470	25226	81984	70080
9月23日	CF601	14380	14405	14330	14390	14370	25	18854	25356	74428	69784
9月26日	CF601	14315	14445	14315	14390	14405	35	21810	26274	80322	70702
9月27日	CF601	14420	14440	14355	14385	14390	－15	18128	26836	62814	65122
9月28日	CF601	14585	14655	14560	14655	14615	225	30032	28510	79746	66596
9月29日	CF601	14670	14850	14650	14835	14780	165	34346	29718	80646	69172
9月30日	CF601	14835	14995	14790	14990	14860	80	36596	27236	80110	68224
10月10日	CF601	15400	15455	15290	15380	15370	510	38596	29364	106008	75442
10月11日	CF601	15500	15530	15300	15335	15380	10	36780	31822	100180	80060
10月12日	CF601	15305	15630	15215	15630	15405	25	52868	36670	121376	87606
10月13日	CF601	15600	15680	15390	15460	15525	120	52042	34324	110642	85046
10月14日	CF601	15410	15485	15280	15290	15380	－145	50862	35196	108040	87116
10月17日	CF601	15340	15385	15245	15300	15315	－65	32490	34816	104136	88612
10月18日	CF601	15225	15395	15210	15300	15320	5	35362	31862	125520	92264
10月19日	CF601	15250	15290	15010	15065	15125	－195	31434	28568	133306	85804
10月20日	CF601	15005	15145	15005	15105	15095	－30	17242	27140	119276	86526
10月21日	CF601	15020	15060	14955	15045	15005	－90	18508	24978	115448	84488
10月24日	CF601	15115	15300	15105	15300	15205	200	18054	23574	126258	86202
10月25日	CF601	15255	15355	15215	15335	15255	50	17550	23428	126644	90286
10月26日	CF601	15430	15450	15050	15140	15345	90	20238	22778	156072	88158
10月27日	CF601	15255	15255	15020	15070	15115	－230	17800	22188	125842	86662
10月28日	CF601	14900	14980	14840	14940	14935	－180	19238	20654	122014	86306

续表 1

	合约代码	开盘价	最高价	最低价	收盘价	结算价	涨跌	成交量	持仓量	总成交量	总持仓量
10 月 31 日	CF601	14950	15030	14950	14955	14985	50	11262	17552	174052	165596
11 月 1 日	CF603	15065	15185	15060	15120	15125	—30	26696	36780	82542	82188
11 月 2 日	CF603	15145	15260	15130	15245	15205	80	31554	37800	84072	82806
11 月 3 日	CF603	15260	15280	15165	15195	15210	5	34014	36524	84458	80826
11 月 4 日	CF603	15180	15280	15170	15275	15230	20	34792	37424	93772	82870
11 月 7 日	CF603	15300	15435	15300	15425	15355	125	42060	38170	108546	83966
11 月 8 日	CF603	15410	15440	15310	15385	15370	15	36480	39286	109666	85174
11 月 9 日	CF603	15380	15400	15090	15130	15210	—160	55050	39872	130910	84506
11 月 10 日	CF603	15115	15175	15040	15150	15125	—85	35506	39378	106540	83328
11 月 11 日	CF603	15130	15205	15100	15175	15160	35	30306	37272	96982	82514
11 月 14 日	CF603	15250	15270	15190	15235	15235	75	20202	36224	95290	82276
11 月 15 日	CF603	15200	15205	15065	15115	15120	—115	26616	37006	104650	82866
11 月 16 日	CF603	15035	15120	15015	15085	15075	—45	22306	36970	95432	83902
11 月 17 日	CF603	15005	15170	15005	15170	15075	0	21832	35328	90926	84500
11 月 18 日	CF603	15155	15195	15135	15170	15165	90	21040	35146	90456	84002
11 月 21 日	CF603	15130	15260	15105	15255	15210	45	22828	35016	98400	84338
11 月 22 日	CF603	15205	15240	15140	15195	15195	—15	23980	34918	88210	84584
11 月 23 日	CF603	15280	15310	15085	15155	15185	—10	30842	35426	102380	84676
11 月 24 日	CF603	15120	15140	15040	15125	15100	—85	23070	34832	82278	83804
11 月 25 日	CF603	15120	15145	15070	15095	15100	0	14928	34054	68696	83278
11 月 28 日	CF603	15080	15090	14745	14815	14865	—235	37548	35254	102310	84750
11 月 29 日	CF603	14845	14845	14765	14795	14810	—55	18710	35958	73578	85010
11 月 30 日	CF603	14800	14905	14770	14860	14855	45	16662	34724	73850	81702
12 月 1 日	CF604	14965	14970	14905	14955	14940	—30	15864	23714	71076	82388
12 月 2 日	CF604	14895	14915	14755	14810	14845	—95	22766	24390	87836	85740
12 月 5 日	CF604	14835	14980	14820	14970	14920	75	26332	22850	90464	82548
12 月 6 日	CF604	15010	15020	14915	14950	14955	35	26838	22502	93478	80778
12 月 7 日	CF604	15000	15000	14880	14925	14935	—20	19818	22272	87008	80100
12 月 8 日	CF604	14910	14980	14870	14955	14950	15	24924	22822	90320	80574
12 月 9 日	CF604	14995	15100	14965	15075	15045	95	22096	23018	95934	79634
12 月 12 日	CF604	15060	15170	14985	15095	15080	35	25884	25206	100584	83088
12 月 13 日	CF604	15100	15140	15045	15075	15090	10	28370	26216	96948	82684
12 月 14 日	CF604	15135	15215	15125	15200	15185	95	33090	26144	105198	84448
12 月 15 日	CF604	15110	15130	15035	15055	15080	—105	28182	26352	96558	81738
12 月 16 日	CF604	15040	15085	15020	15080	15070	—10	18022	27610	89202	80640
12 月 19 日	CF604	15155	15675	15120	15310	15255	185	29044	28938	106356	87350
12 月 20 日	CF604	15320	15320	15210	15220	15260	5	25742	30128	98576	86970
12 月 21 日	CF604	15185	15210	15090	15185	15150	—110	37414	33536	99186	88054
12 月 22 日	CF604	15030	15200	15030	15175	15140	—10	23876	33884	85892	89294
12 月 23 日	CF604	15300	15300	15220	15225	15255	115	33010	32878	105500	91230
12 月 26 日	CF604	15190	15260	15185	15245	15225	—30	22706	32150	90358	90846

续表 2

	合约代码	开盘价	最高价	最低价	收盘价	结算价	涨跌	成交量	持仓量	总成交量	总持仓量
12 月 27 日	CF604	15250	15305	15230	15255	15270	45	24528	34588	96628	92762
12 月 28 日	CF604	15255	15280	15200	15245	15245	−25	26074	33662	98746	90368
12 月 29 日	CF604	15250	15270	15180	15250	15240	−5	17736	27204	50816	80810
12 月 30 日	CF604	15195	15210	15120	15185	15175	−65	19360	23850	50548	75032
2006 年											
1 月 4 日	CF605	15385	15440	15375	15395	15395	125	10702	20548	35912	77230
1 月 5 日	CF605	15370	15420	15345	15420	15385	−10	8530	22372	37644	79954
1 月 6 日	CF605	15400	15470	15370	15445	15415	30	15362	23734	72978	82146
1 月 9 日	CF605	15435	15525	15425	15505	15495	80	16706	26692	57862	87348
1 月 10 日	CF605	15520	15560	15470	15480	15500	5	11030	27302	47254	87738
1 月 11 日	CF605	15500	15500	15425	15430	15455	−45	14936	28308	50422	85370
1 月 12 日	CF605	15415	15450	15380	15450	15415	−40	14402	28028	42942	84462
1 月 13 日	CF605	15435	15480	15420	15425	15455	40	11388	28000	42684	85054
1 月 16 日	CF605	15460	15515	15445	15505	15490	35	16838	31500	55398	88474
1 月 17 日	CF605	15495	15540	15430	15430	15500	10	17074	31944	58762	85966
1 月 18 日	CF605	15440	15455	15195	15270	15370	−130	33330	30850	71398	76354
1 月 19 日	CF605	15210	15275	15150	15245	15240	−130	26934	30924	53372	74264
1 月 20 日	CF605	15300	15340	15250	15280	15300	60	22208	29876	44618	73068
1 月 23 日	CF605	15350	15420	15330	15390	15385	85	24456	30912	46146	73856
1 月 24 日	CF605	15390	15415	15330	15340	15360	−25	14382	29738	48374	73428
1 月 25 日	CF605	15330	15450	15305	15435	15360	0	17386	32054	36204	75508
1 月 26 日	CF605	15420	15470	15390	15430	15430	70	17560	31640	40278	75044
1 月 27 日	CF605	15440	15515	15430	15470	15480	50	16960	32470	37378	76196
2 月 6 日	CF605	15560	15795	15555	15730	15710	230	55068	46442	78006	92046
2 月 7 日	CF605	15730	15740	15630	15705	15705	−5	30580	50304	50654	93366
2 月 8 日	CF605	15440	15490	15335	15375	15405	−300	44454	38672	71960	78812
2 月 9 日	CF605	15480	15510	15455	15460	15480	75	17668	38344	36972	78422
2 月 10 日	CF605	15465	15480	15380	15410	15425	−55	14712	39188	42986	78070
2 月 13 日	CF605	15380	15380	15315	15350	15335	−90	18610	37244	43470	76004
2 月 14 日	CF605	15280	15350	15260	15345	15315	−20	15306	36698	41144	74212
2 月 15 日	CF605	15455	15485	15400	15400	15430	115	13214	37126	40096	73328
2 月 16 日	CF605	15360	15390	15340	15380	15365	−65	16264	35836	43044	71044
2 月 17 日	CF605	15345	15355	15300	15325	15325	−40	14908	35646	40424	71026
2 月 20 日	CF605	15350	15375	15260	15310	15300	−25	15232	35824	48542	71466
2 月 21 日	CF605	15330	15330	15155	15235	15245	−55	17052	33218	55512	70320
2 月 22 日	CF605	15180	15210	15115	15205	15170	−75	13282	33984	51960	69710
2 月 23 日	CF605	15245	15245	15090	15120	15175	5	24830	33896	70260	69810
2 月 24 日	CF605	15100	15120	15055	15085	15090	−85	15636	34066	50952	69754
2 月 27 日	CF605	15035	15035	14890	14900	14950	−140	12896	33778	56582	70408
2 月 28 日	CF605	14700	14860	14700	14840	14820	−130	14454	33338	49102	70992
3 月 1 日	CF606	14995	15040	14990	14995	15005	35	18746	16206	42100	70338
3 月 2 日	CF606	15000	15000	14890	14930	14925	−80	18186	16082	45926	70702

续表 3

	合约代码	开盘价	最高价	最低价	收盘价	结算价	涨跌	成交量	持仓量	总成交量	总持仓量
3 月 3 日	CF606	14860	14880	14805	14830	14825	−100	17088	17816	42088	72642
3 月 6 日	CF606	14800	14810	14675	14735	14735	−90	15796	20398	52880	74754
3 月 7 日	CF606	14700	14890	14660	14880	14820	85	17602	20982	42156	72418
3 月 8 日	CF606	14830	14855	14780	14805	14815	−5	17092	21524	38344	71582
3 月 9 日	CF606	14810	14935	14800	14930	14875	60	20662	22606	42316	71522
3 月 10 日	CF606	14930	14980	14760	14785	14865	−10	21400	22770	41926	70784
3 月 13 日	CF606	14850	14860	14790	14795	14820	−45	10884	22804	32608	71198
3 月 14 日	CF606	14740	14790	14705	14775	14750	−70	13090	21852	37098	69892
3 月 15 日	CF606	14760	14815	14755	14775	14785	35	15958	21208	33056	63754
3 月 16 日	CF606	14815	14815	14740	14795	14765	−20	4974	20810	16076	61718
3 月 17 日	CF606	14795	14800	14740	14755	14760	−5	2784	20194	10126	60646
3 月 20 日	CF606	14700	14745	14665	14700	14695	−65	5206	19062	10686	58086
3 月 21 日	CF606	14650	14650	14520	14525	14580	−115	8212	18416	15334	55660
3 月 22 日	CF606	14500	14520	14395	14395	14440	−140	8424	18778	14626	55432
3 月 23 日	CF606	14300	14420	14255	14385	14360	−80	9506	19986	16134	55716
3 月 24 日	CF606	14460	14460	14395	14410	14420	60	4716	20172	7840	55546
3 月 27 日	CF606	14405	14480	14370	14475	14435	15	6482	19874	9740	54952
3 月 28 日	CF606	14485	14530	14475	14515	14500	65	4646	20024	7726	54448
3 月 29 日	CF606	14490	14540	14450	14535	14505	5	4052	19878	6840	54000
3 月 30 日	CF606	14550	14610	14525	14610	14575	70	4946	20170	8700	53890
3 月 31 日	CF606	14650	14660	14500	14605	14615	40	7850	20656	15980	54748
4 月 3 日	CF606	14525	14540	14410	14415	14495	−120	6334	20710	4680	54378
4 月 4 日	CF606	14440	14510	14380	14500	14465	−30	4306	21070	6116	54836
4 月 5 日	CF606	14490	14535	14460	14510	14505	40	4152	21518	6946	55738
4 月 6 日	CF606	14600	14630	14545	14555	14580	75	6316	21808	10048	56286
4 月 7 日	CF606	14530	14545	14460	14470	14505	−75	4308	21740	6484	56406
4 月 10 日	CF606	14495	14510	14400	14450	14450	−55	5390	22562	8490	57346
4 月 11 日	CF606	14350	14495	14350	14475	14430	−20	7206	23328	12044	58362
4 月 12 日	CF606	14410	14515	14390	14495	14470	40	6232	23766	9880	59136
4 月 13 日	CF606	14490	14500	14435	14450	14465	−5	4132	23764	6544	59464
4 月 14 日	CF606	14440	14495	14410	14485	14470	5	3630	23880	6916	59714
4 月 17 日	CF606	14495	14800	14495	14600	14580	110	6584	23054	13958	56886
4 月 18 日	CF606	14620	14650	14550	14560	14600	20	4630	21912	12396	57624
4 月 19 日	CF606	14560	14595	14535	14585	14570	−30	2576	21230	9774	58956
4 月 20 日	CF606	14580	14610	14570	14595	14600	30	2684	19380	8952	59184
4 月 21 日	CF606	14500	14625	14440	14520	14505	−95	2776	18286	12272	57566
4 月 24 日	CF606	14520	14555	14510	14535	14535	30	842	18306	5814	58066
4 月 25 日	CF606	14475	14485	14400	14415	14435	−100	1458	17740	9764	58046
4 月 26 日	CF606	14330	14360	14255	14265	14300	−135	2404	16238	13574	56724
4 月 27 日	CF606	14300	14320	14285	14305	14305	5	844	15792	7954	55500
4 月 28 日	CF606	14220	14235	14105	14115	14150	−155	3360	15278		

续表 4

	合约代码	开盘价	最高价	最低价	收盘价	结算价	涨跌	成交量	持仓量	总成交量	总持仓量
5 月 8 日	CF607	14190	14260	14110	14260	14195	－70	6542	21594	3530	57108
5 月 9 日	CF607	14300	14355	14250	14340	14305	110	7062	22308	12140	56456
5 月 10 日	CF607	14360	14370	14250	14250	14300	－5	6954	23538	10504	56134
5 月 11 日	CF607	14195	14400	14185	14360	14340	40	13804	26236	21726	56376
5 月 12 日	CF607	14430	14450	14350	14400	14400	60	8332	26302	12288	55326
5 月 15 日	CF607	14460	14495	14410	14455	14455	55	8634	25576	13126	54808
5 月 16 日	CF607	14380	14395	14280	14290	14340	－115	6438	25028	11490	53924
5 月 17 日	CF607	14320	14380	14300	14365	14350	10	6616	24472	9832	54026
5 月 18 日	CF607	14300	14345	14285	14325	14315	－35	4622	23086	8616	52648
5 月 19 日	CF607	14250	14275	14215	14270	14255	－60	3972	22444	8518	52144
5 月 22 日	CF607	14185	14325	14165	14320	14275	20	4408	22316	9590	43844
5 月 23 日	CF607	14300	14360	14300	14340	14335	60	3378	22718	7618	44850
5 月 24 日	CF607	14500	14500	14370	14375	14430	95	6722	22426	16176	47078
5 月 25 日	CF607	14350	14365	14275	14315	14325	－105	2744	21698	7832	46358
5 月 26 日	CF607	14330	14365	14285	14310	14315	－10	1420	21380	4452	46578
5 月 29 日	CF607	14345	14375	14335	14340	14350	35	1356	21228	7698	47266
5 月 30 日	CF607	14350	14350	14320	14345	14330	－20	1396	20642	4490	46470
5 月 31 日	CF607	14400	14400	14200	14260	14295	－35	3022	18854	9852	45100
6 月 1 日	CF608	14460	14530	14430	14505	14475	－70	3938	8746	7918	43994
6 月 2 日	CF608	14620	14620	14550	14590	14585	110	9028	11886	15132	47626
6 月 5 日	CF608	14670	14700	14610	14650	14655	70	8252	14276	14480	49828
6 月 6 日	CF608	14630	14645	14595	14615	14615	－40	3410	14264	5384	49802
6 月 7 日	CF608	14550	14640	14550	14640	14600	－15	2828	14372	870	49410
6 月 8 日	CF608	14650	14655	14590	14590	14635	35	3688	14744	870	49410
6 月 9 日	CF608	14620	14665	14610	14650	14645	10	5318	15556	13562	51882
6 月 12 日	CF608	14630	14650	14585	14595	14615	－30	4350	14484	10194	50664
6 月 13 日	CF608	14580	14600	14455	14465	14510	－105	5234	13858	13454	50102
6 月 14 日	CF608	14405	14440	14360	14440	14400	－110	3574	13214	9904	48578
6 月 15 日	CF608	14420	14445	14280	14295	14335	－65	3638	12624	9904	48578
6 月 16 日	CF608	14335	14350	14260	14260	14305	－30	1692	12408	9904	48578
6 月 19 日	CF608	14205	14230	13995	14020	14090	－215	5146	11848	9904	48578
6 月 20 日	CF608	13925	14075	13925	14045	14030	－60	1786	11648	6024	40226
6 月 21 日	CF608	14075	14135	14050	14130	14100	70	1744	11496	5806	40496
6 月 22 日	CF608	14120	14125	14070	14075	14105	5	720	11328	2418	40210
6 月 23 日	CF608	13925	14140	13925	14100	14060	－45	2032	10922	2418	40210
6 月 26 日	CF608	14000	14070	13990	14050	14030	－30	1206	10716	8048	40684
6 月 27 日	CF608	14120	14120	14005	14020	14030	0	1006	10444	5456	40728
6 月 28 日	CF608	14010	14035	13850	13870	13930	－100	1796	9882	5456	40728
6 月 29 日	CF608	13900	13920	13875	13900	13895	－35	1602	9448	5456	40728
6 月 30 日	CF608	13935	13935	13830	13930	13920	25	628	9192	5456	40728
7 月 3 日	CF609	14310	14360	14240	14250	14295	10	3840	11424	6974	40418
7 月 4 日	CF609	14215	14260	14165	14240	14200	－95	3982	11646	10782	41264
7 月 5 日	CF609	14240	14290	14170	14280	14245	45	4792	12970	8204	42436

续表 5

	合约代码	开盘价	最高价	最低价	收盘价	结算价	涨跌	成交量	持仓量	总成交量	总持仓量
7 月 6 日	CF609	14280	14320	14245	14255	14280	35	2694	13192	4958	42188
7 月 7 日	CF609	14250	14250	14200	14240	14220	－60	4144	13332	7438	42306
7 月 10 日	CF609	14165	14215	14160	14205	14190	－30	2846	13478	7438	42306
7 月 11 日	CF609	14215	14235	14190	14215	14210	20	2148	13776	7438	42306
7 月 12 日	CF609	14230	14240	14170	14180	14210	0	2856	13426	7438	42306
7 月 13 日	CF609	14230	14235	14185	14205	14210	0	2106	12948	7438	42306
7 月 14 日	CF609	14180	14190	14050	14050	14100	－110	3346	12852	4666	39934
7 月 17 日	CF609	14020	14020	13900	13930	13940	－160	2672	12416	4666	39934
7 月 18 日	CF609	13940	13975	13930	13955	13955	15	1364	11978	4666	39934
7 月 19 日	CF609	14065	14065	13985	14035	14025	70	2172	11810	4666	39934
7 月 20 日	CF609	14035	14055	13990	13995	14010	－15	1412	11334	4666	39934
7 月 21 日	CF609	13955	14010	13930	14005	13975	－35	1954	10900	4666	39934
7 月 24 日	CF609	14065	14080	14025	14065	14055	80	4250	9164	4666	39934
7 月 25 日	CF609	14080	14120	14060	14060	14085	30	1838	8166	4666	39934
7 月 26 日	CF609	14060	14090	14000	14080	14040	－45	832	7764	4848	29766
7 月 27 日	CF609	14040	14095	14040	14065	14070	30	652	7360	4848	29766
7 月 28 日	CF609	14095	14095	14030	14035	14040	－30	594	6962	4848	29766
7 月 31 日	CF609	14120	14120	14035	14110	14080	40	738	6516	4848	29766
8 月 1 日	CF611	14360	14360	14220	14245	14275	－60	3114	5750		
8 月 2 日	CF611	14325	14540	14320	14490	14440	165	10650	8520	17856	28840
8 月 3 日	CF611	14505	14580	14460	14530	14530	90	7484	9734	10938	29916
8 月 4 日	CF611	14565	14595	14480	14505	14535	5	5286	9810	8384	29730
8 月 7 日	CF611	14435	14565	14430	14540	14505	－30	3898	10028	8384	29730
8 月 8 日	CF611	14580	14580	14450	14450	14500	－5	3748	9902	8384	29730
8 月 9 日	CF611	14450	14490	14400	14400	14435	－65	2926	9792	8384	29730
8 月 10 日	CF611	14400	14500	14385	14485	14465	30	3930	9544	5130	28528
8 月 11 日	CF611	14470	14570	14450	14555	14515	50	5500	9908	7876	28748
8 月 14 日	CF611	14465	14465	14265	14295	14370	－145	8028	8788	11482	27168
8 月 15 日	CF611	14215	14250	14110	14130	14160	－210	5110	8158	11482	27168
8 月 16 日	CF611	14175	14225	14100	14120	14145	－15	4340	8250	11482	27168
8 月 17 日	CF611	14090	14130	14040	14120	14090	－55	4124	8242	11482	27168
8 月 18 日	CF611	14070	14170	14050	14125	14130	40	3034	7958	4880	24094
8 月 21 日	CF611	14120	14240	14080	14190	14180	50	3590	8232	4880	24094
8 月 22 日	CF611	14185	14205	14140	14170	14170	－10	2306	8142	4880	24094
8 月 23 日	CF611	14295	14300	14220	14255	14260	90	2970	8046	4880	24094
8 月 24 日	CF611	14235	14270	14200	14255	14235	－25	1832	8052	4880	24094
8 月 25 日	CF611	14280	14280	14220	14225	14240	5	1146	8050	4880	24094
8 月 28 日	CF611	14215	14245	14185	14230	14225	－15	1540	7808	4880	24094
8 月 29 日	CF611	14210	14210	14100	14110	14155	－70	1752	7904	4880	24094
8 月 30 日	CF611	14110	14145	13865	13880	13955	－200	5888	7268	9168	17714
8 月 31 日	CF611	13780	13850	13680	13700	13745	－210	5840	7680	8724	18346

资料来源：郑州商品交易所。

4—30 2005/2006年度郑棉期货主力合约量价走势图

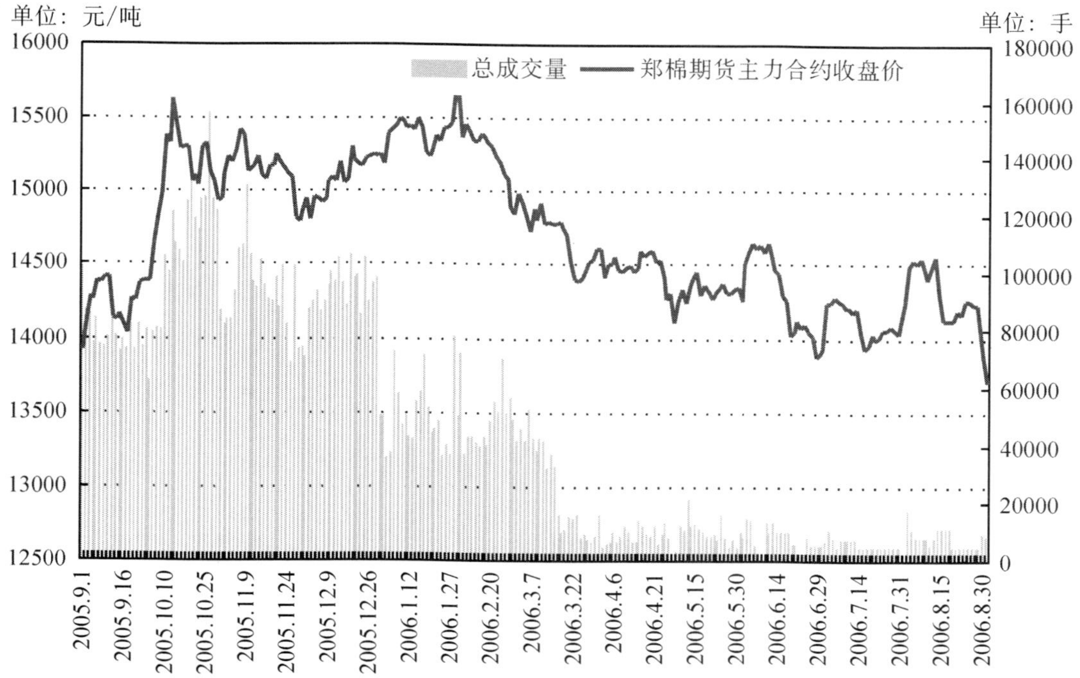

图4—7 2005/2006年度郑棉主力合约量价走势

图4—8 2005/2006年度郑棉期货交易持仓量变化情况

4—31 2005/2006 年度国内期、现货市场月均价格

单位:元、元/吨

月 份	郑棉期货近月合约价格	CNCotton B(标准级棉均价)	价差(期货—现货)
2005 年 9 月	13766	13454	312
2005 年 10 月	14607	14221	385
2005 年 11 月	14673	14203	470
2005 年 12 月	14765	14175	590
2006 年 1 月	14986	14236	750
2006 年 2 月	15008	14408	600
2006 年 3 月	14415	14311	104
2006 年 4 月	14247	14180	67
2006 年 5 月	14072	14087	—15
2006 年 6 月	14001	14076	—74
2006 年 7 月	13780	14007	—227
2006 年 8 月	14098	13987	111

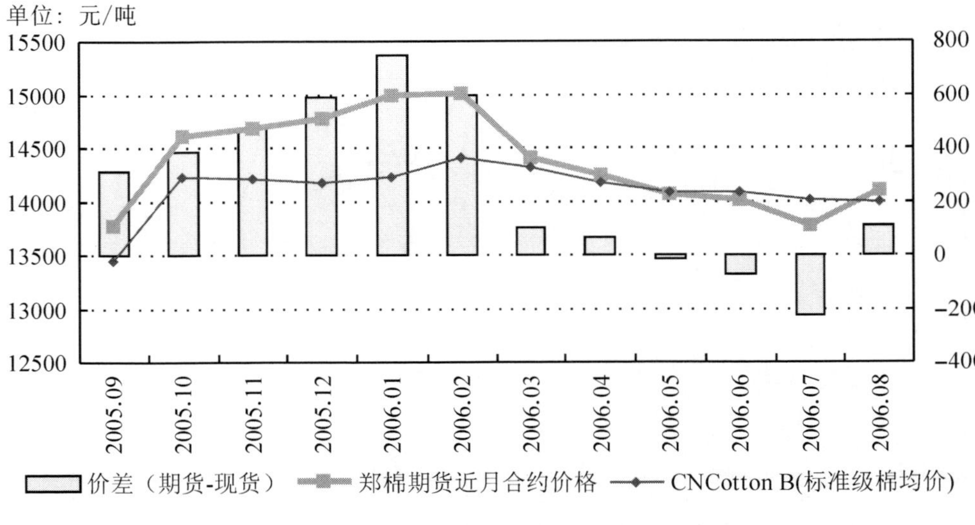

图 4—9 2005/2006 年度国内期、现货价格对比

4－32 近年来撮合交易与现货市场价格(含图)

单位:元/吨

月 份	CNCotton A(国内229级棉均价)	撮合交易近月合约均价
2002年12月	11382	11629
2003年1月	11462	11887
2003年2月	12373	12756
2003年3月	13511	14004
2003年4月	13717	13790
2003年5月	12810	12596
2003年6月	13015	13055
2003年7月	13479	13311
2003年8月	13305	12919
2003年9月	13879	14332
2003年10月	17260	17309
2003年11月	18086	18104
2003年12月	17865	17748
2004年1月	18204	18435
2004年2月	18403	18564
2004年3月	18277	17793
2004年4月	18115	17441
2004年5月	17731	16421
2004年6月	16250	14412
2004年7月	14837	13243
2004年8月	13754	12970
2004年9月	13806	13249
2004年10月	12492	12612
2004年11月	12095	12105
2004年12月	11802	11983
2005年1月	11865	12243
2005年2月	12230	12783
2005年3月	12594	13116
2005年4月	13007	13457
2005年5月	13788	13592

续表 1

月　份	CNCotton A(国内 229 级棉均价)	撮合交易近月合约均价
2005 年 6 月	13753	13502
2005 年 7 月	13943	13614
2005 年 8 月	13914	13329
2005 年 9 月	13844	13874
2005 年 10 月	14617	14714
2005 年 11 月	14656	14715
2005 年 12 月	14636	14799
2006 年 1 月	14663	14856
2006 年 2 月	14825	14840
2006 年 3 月	14752	14349
2006 年 4 月	14627	14215
2006 年 5 月	14572	14107
2006 年 6 月	14560	14166
2006 年 7 月	14489	14026
2006 年 8 月	14455	14118
2006 年 9 月	14387	13758
2006 年 10 月	13299	13000

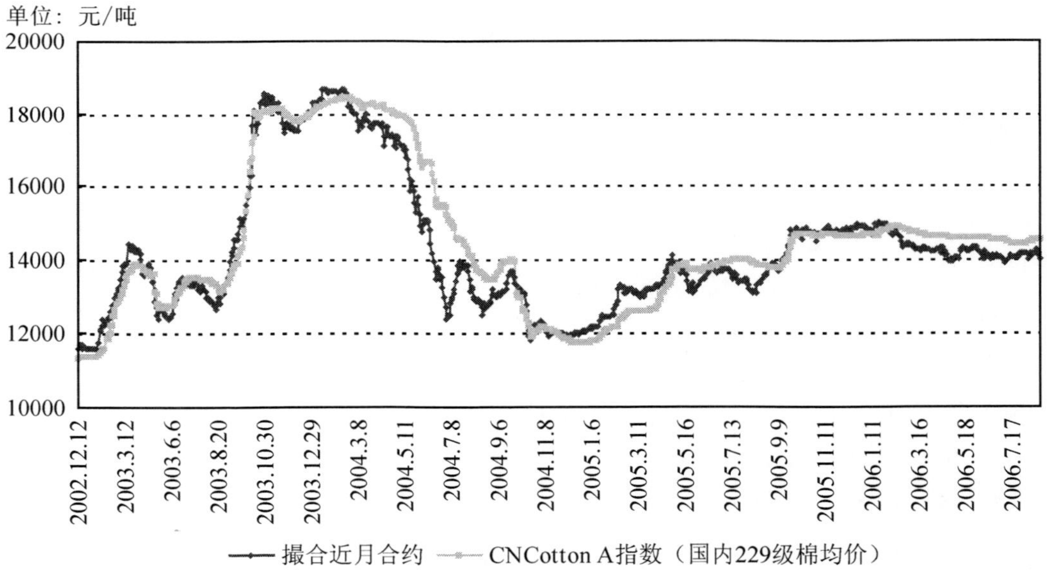

图 4—10　近年来撮合交易与现货市场价格对比

4—33　撮合交易 MA 合同综合指数月均价及当月成交量数据表

单位：元/吨、吨

月　份	MA 合同综合指数	MA 合同当月单边总成交量
2002 年 12 月	11963	7900
2003 年 1 月	12254	17970
2003 年 2 月	13055	21430
2003 年 3 月	14334	37420
2003 年 4 月	13929	43760
2003 年 5 月	12710	28310
2003 年 6 月	13145	51360
2003 年 7 月	13277	61490
2003 年 8 月	12932	56300
2003 年 9 月	14559	154420
2003 年 10 月	17495	131720
2003 年 11 月	18399	156040
2003 年 12 月	18197	140350
2004 年 1 月	18863	110570
2004 年 2 月	18965	164620
2004 年 3 月	18063	293410
2004 年 4 月	17659	235860
2004 年 5 月	16418	184160
2004 年 6 月	14168	174980
2004 年 7 月	13046	163520
2004 年 8 月	12622	86130
2004 年 9 月	12971	84950
2004 年 10 月	12508	127120
2004 年 11 月	12223	96920
2004 年 12 月	12169	51300
2005 年 1 月	12642	84370
2005 年 2 月	13257	86400
2005 年 3 月	13524	125820
2005 年 4 月	13886	152580
2005 年 5 月	13953	213490
2005 年 6 月	13857	182980
2005 年 7 月	13861	160520
2005 年 8 月	13485	133620
2005 年 9 月	14151	133230
2005 年 10 月	15027	127120
2005 年 11 月	15069	104940
2005 年 12 月	15102	76410
2006 年 1 月	15256	44300
2006 年 2 月	15172	75560
2006 年 3 月	14536	108570
2006 年 4 月	14459	95620
2006 年 5 月	14315	71490
2006 年 6 月	14346	81150
2006 年 7 月	14061	73140
2006 年 8 月	14104	79220

注：MA 合同指标的为 229 级棉的合同。

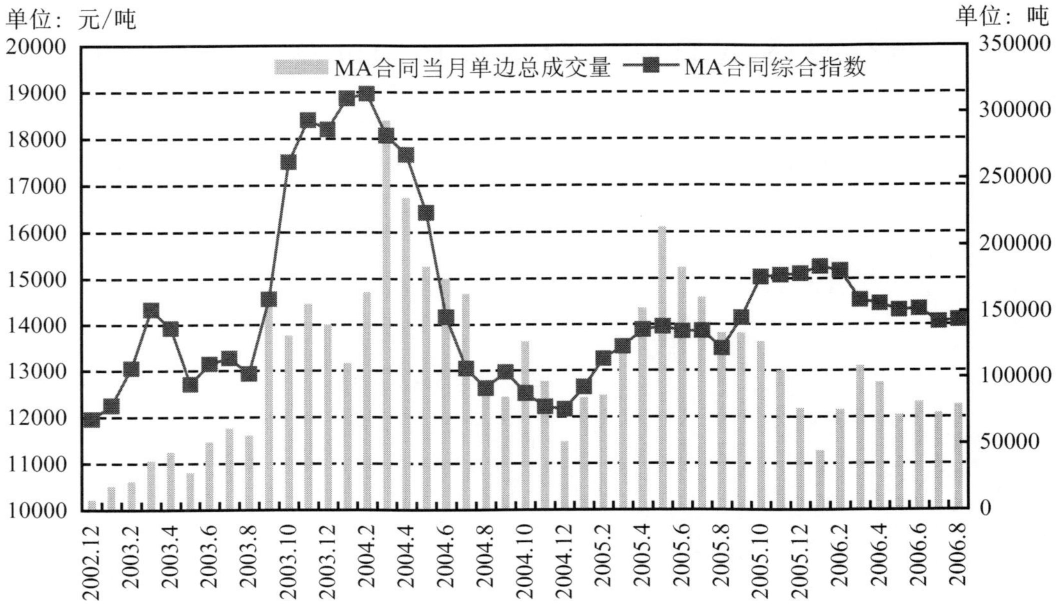

图 4－11　近年来撮合交易量价走势情况

4－34　2005/2006 年度撮合交易 MA 合同总订货量变化图

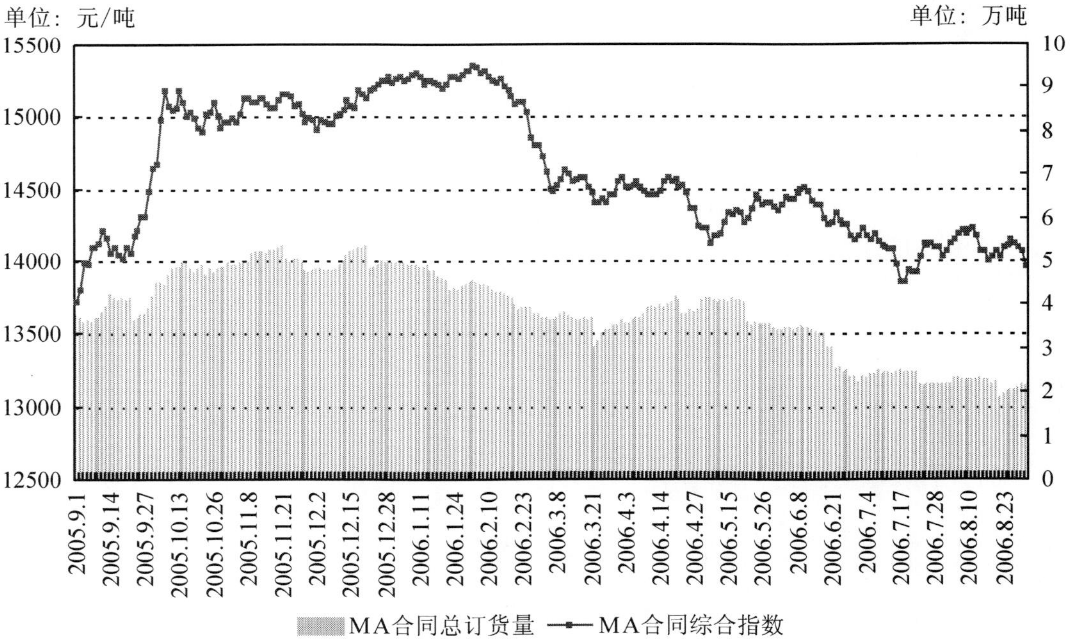

图 4－12　2005/2006 年度撮合交易订货量变化

4—35 2005/2006年度国内外现货市场价格对比数据表(含图)

单位:元/吨

月 份	国家棉花价格A指数	国家棉花价格B指数	国际棉花指数(SM)	国际棉花指数(M)
2005年9月	13847	13455	12145	11214
2005年10月	13849	13457	12196	11261
2005年11月	13851	13459	12226	11290
2005年12月	13855	13461	12235	11298
2006年1月	13859	13464	12278	11333
2006年2月	13864	13467	12307	11360
2006年3月	13896	13498	12317	11370
2006年4月	13939	13540	12333	11384
2006年5月	13983	13581	12360	11407
2006年6月	14028	13623	12408	11444
2006年7月	14081	13670	12459	11486
2006年8月	14135	13719	12498	11519

注:国际棉花指数折成人民币价格所采用的汇率为中国银行基准价;关税为配额内关税(1%);增值税(13%)和港口费用(200元/吨)也包括在内。

国际棉花指数简介

国际棉花指数(International Cotton Indices)包括SM级指数(Premium Index)和M级指数(Standard Index),目前所采集的是亚洲主要港口CNF价(即成本加运费,不包括关税、增值税和港口费用),其中SM级指数为12个SM 1—1/8"品种(马克隆值:3.5—4.9,无公差;强力:26.5—28.4克/特克斯)5个最低报价的平均价;M级指数为18个M 1—3/32"品种(马克隆值:3.5—4.9,无公差;强力:26.5—28.4克/特克斯)5个最低报价的平均价(详见下表)。

相关背景:

近几年,全球棉花消费出现两大特点:一是集中在亚洲;二是高等级棉消费剧增。国际棉花指数所选择的这两个品级是亚洲棉花消费的主流,并于北京时间每日上午发布,以便及时、准确地反映当日全球棉花现货价格的变化。更重要的是,目前以中国为主的全球棉花消费对SM级棉花的需求量十分可观,成为国际棉花贸易的主要品种之一。中国棉花网和GLOBECOT公司开创性地推出SM级价格指数,旨在让业界更直观地了解国际市场高等级棉价格变化。

指数的开发者——中国棉花网和美国GLOBECOT公司,分别是中国和全球最知名的棉花信息服务提供商,有多年跟踪和发布国际棉花现货实盘报价的经验,在业界拥有广泛的客户群和贸易商,为指数的推出打下了坚实的基础。国际棉花指数的发布基于大量现货实盘报价,是国际棉花现货价格的晴雨表,也是世界各国政府部门和涉棉企业的重要参考依据。

SM级指数(Premium Index)	M级指数(Standard Index)
1. 美国 SJV—ACALA SM 1—1/8″	1. 美国 C/A M 1—3/32″
2. 美国 C/A SM 1—1/8″	2. 美国 E/MOT M 1—3/32″
3. 美国 FiberMax SM 1—1/8″	3. 美国 FiberMax M 1—3/32″
4. 乌兹别克斯坦 SM 1—1/8″	4. 乌兹别克斯坦 M 1—3/32″
5. 澳大利亚 SM 1—1/8″	5. 土库曼斯坦 M 1—3/32″
6. 马里 SM 1—1/8″	6. 塔吉克斯坦 M 1—3/32″
7. 布基纳法索 SM 1—1/8″	7. 巴拉圭 M 1—3/32″
8. 贝宁 SM 1—1/8″	8. 巴西 M 1—3/32″
9. 象牙海岸 SM 1—1/8″	9. 叙利亚 M 1—3/32″
10. 津巴布韦 SM 1—1/8″	10. 希腊 M 1—3/32″
11. 巴西 SM 1—1/8″	11. 中国 328 级(出口报价)
12. 中国 229 级(出口报价)	12. 马里 M 1—3/32″
	13. 布基纳法索 M 1—3/32″
	14. 贝宁 M 1—3/32″
	15. 象牙海岸 M 1—3/32″
	16. 喀麦隆 M 1—3/32″
	17. 坦桑尼亚 M 1—3/32″
	18. 印度 M 1—3/32″

注:国际棉花指数没有选择土耳其和墨西哥的报价,因为受地理位置的影响,这两个国家的进口价格比较特殊,不利于准确地体现国际现货市场主流价格的变化。

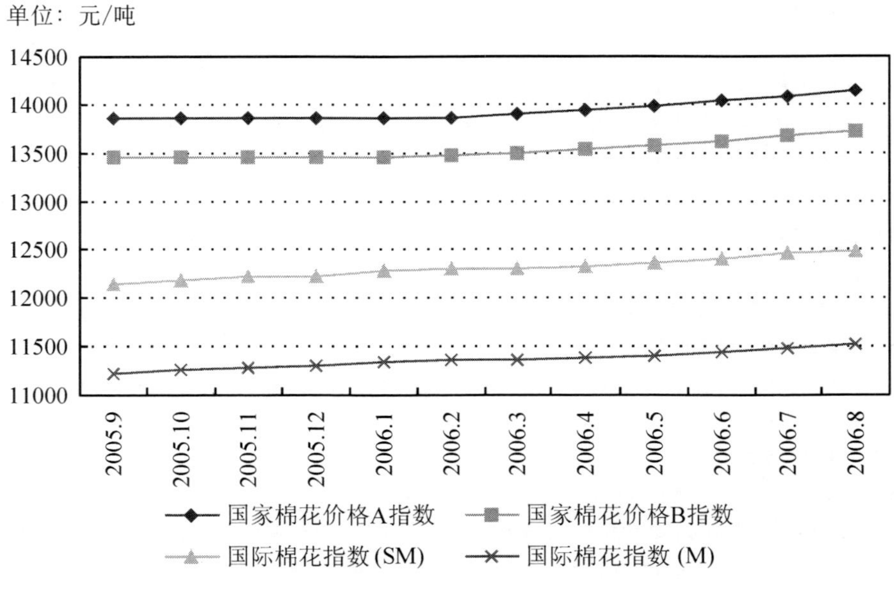

图 4—13　2005/2006 年度国内外现货市场价格对比图

4—36　2005/2006年度国际棉花价格M指数及CotlookA指数月均价对比表图

单位:美分/磅

月　份	国际棉花指数(M)	北欧到岸价 A 指数
2004年9月	54.09	55.14
2004年10月	57.12	58.67
2004年11月	56.68	56.91
2004年12月	60.77	56.64
2005年1月	59.89	59.10
2005年2月	60.53	60.73
2005年3月	59.10	58.62
2005年4月	57.63	57.19
2005年5月	56.20	55.44
2005年6月	56.86	56.42
2005年7月	55.29	56.73
2005年8月	57.29	60.90

数据来源:中国棉花网。

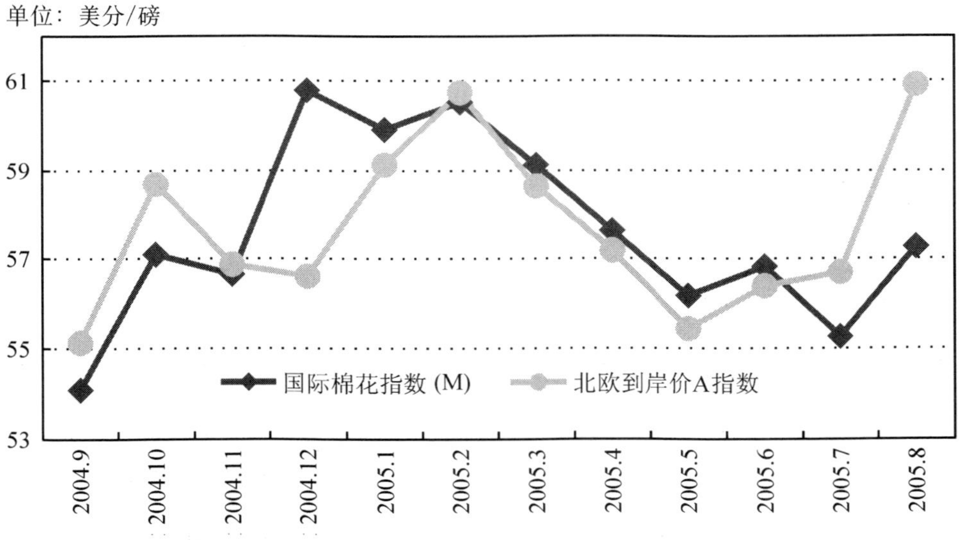

图4—14　2005/2006年度国际棉花价格M指数及Cotlook A指数月均价对比

4—37 2005/2006 年度国际市场期、现货月均价格对比表(含图)

单位:美分/磅

月 份	国际棉花指数(M)	纽约期货近月合约	北欧到岸价 A 指数
2005 年 9 月	54.09	49.91	55.23
2005 年 10 月	56.98	53.87	58.22
2005 年 11 月	56.68	50.27	56.86
2005 年 12 月	57.43	52.37	56.53
2006 年 1 月	59.89	55.66	59.10
2006 年 2 月	60.48	56.49	60.70
2006 年 3 月	59.06	53.76	58.62
2006 年 4 月	57.69	51.81	57.14
2006 年 5 月	56.20	50.34	55.44
2006 年 6 月	56.85	50.91	56.37
2006 年 7 月	55.30	51.65	56.73
2006 年 8 月	57.29	53.65	60.90

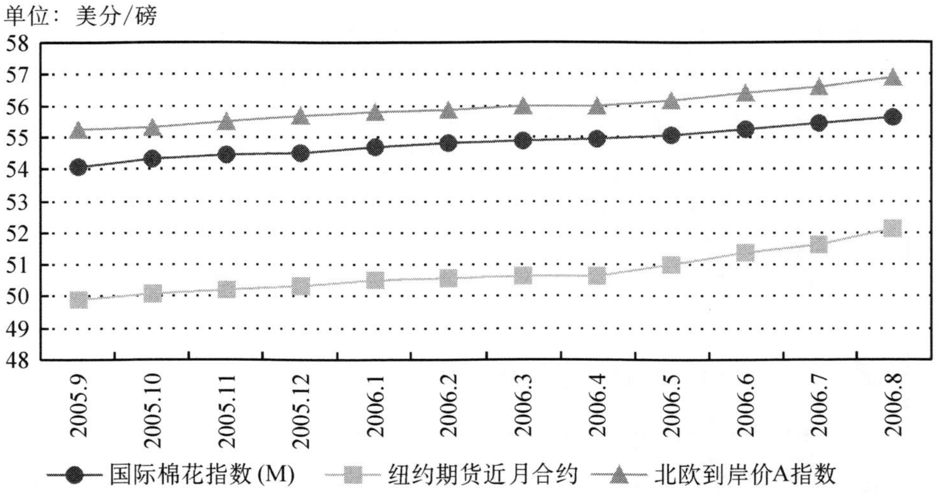

图 4—15 2005/2006 年度国际市场期、现货月均价比较表

4—38 2005/2006年度纽约期货近月合约结算价格按交易日统计表

单位:美分/磅

日 期	最高价	最低价	结算价
2005年			
9月1日	48.50	46.40	48.29
9月2日	48.80	47.60	48.47
9月6日	50.50	48.70	50.45
9月7日	51.27	50.25	51.25
9月8日	51.20	50.15	50.37
9月9日	50.50	50.05	50.05
9月12日	49.65	48.70	49.60
9月13日	49.15	48.00	48.37
9月14日	48.80	48.10	48.60
9月15日	48.50	48.00	48.04
9月16日	48.60	47.85	47.99
9月19日	50.25	48.40	50.17
9月20日	49.75	48.65	49.00
9月21日	50.30	49.60	50.00
9月22日	50.40	48.90	50.00
9月23日	50.05	49.00	49.15
9月26日	49.50	48.25	49.08
9月27日	52.50	49.30	52.00
9月28日	53.00	51.85	52.70
9月29日	52.20	52.20	53.10
9月30日	53.00	52.25	51.50
10月4日	52.75	52.00	51.55
10月5日	52.20	52.20	52.45
10月6日	53.50	52.75	52.75
10月7日	53.70	53.60	52.20
10月10日	56.55	54.50	55.66
10月11日	55.85	55.10	55.17
10月12日	56.07	55.27	55.90
10月13日	57.80	55.80	56.18
10月14日	57.00	55.10	56.93
10月17日	56.93	55.90	56.00
10月18日	55.75	54.52	55.37
10月19日	55.00	53.57	54.29

续表 1

日　期	最高价	最低价	结算价
10 月 20 日	54.90	53.05	53.21
10 月 21 日	54.60	53.07	54.49
10 月 24 日	54.65	53.75	54.03
10 月 25 日	55.34	54.10	55.23
10 月 26 日	55.00	54.25	54.76
10 月 27 日	54.10	52.10	52.13
10 月 28 日	52.80	51.71	52.52
10 月 31 日	52.75	51.57	51.87
11 月 1 日	52.70	51.90	52.11
11 月 2 日	52.35	51.65	52.29
11 月 3 日	52.99	51.60	51.73
11 月 4 日	52.15	51.30	51.44
11 月 7 日	52.00	51.17	51.26
11 月 8 日	51.45	50.90	50.96
11 月 9 日	51.30	50.40	50.41
11 月 10 日	51.25	49.95	50.20
11 月 11 日	50.94	50.12	50.72
11 月 14 日	51.29	50.61	50.89
11 月 15 日	51.05	50.26	50.28
11 月 16 日	50.20	49.30	49.79
11 月 17 日	50.15	49.26	49.64
11 月 18 日	49.80	49.25	49.31
11 月 21 日	49.55	48.40	48.54
11 月 22 日	50.50	48.75	49.90
11 月 23 日	50.10	48.65	48.95
11 月 28 日	50.50	48.25	48.85
11 月 29 日	49.75	49.10	48.98
11 月 30 日	49.50	49.00	49.19
12 月 1 日	49.50	48.50	48.30
12 月 2 日	48.90	48.30	48.30
12 月 5 日	49.20	49.00	49.05
12 月 6 日	49.50	49.00	49.10
12 月 7 日	49.80	49.00	49.62
12 月 8 日	53.25	52.30	52.75
12 月 9 日	52.75	52.17	52.72
12 月 12 日	53.60	53.10	53.41
12 月 13 日	53.75	53.30	53.69

续表 2

日 期	最高价	最低价	结算价
12 月 14 日	53.60	52.50	53.24
12 月 15 日	53.35	52.90	53.01
12 月 16 日	53.45	52.80	53.39
12 月 19 日	53.65	53.39	53.63
12 月 20 日	53.50	53.10	53.22
12 月 21 日	53.45	52.71	52.85
12 月 22 日	54.25	53.05	54.14
12 月 23 日	54.19	53.22	53.54
12 月 27 日	54.25	53.60	53.80
12 月 28 日	54.25	53.85	54.07
12 月 29 日	54.55	53.50	53.65
12 月 30 日	54.25	53.07	54.19
2006 年			
1 月 3 日	55.25	54.40	55.24
1 月 4 日	55.25	54.35	54.94
1 月 5 日	55.20	54.51	54.69
1 月 6 日	55.09	54.50	55.05
1 月 9 日	56.00	55.50	55.70
1 月 10 日	55.64	55.25	55.59
1 月 11 日	55.55	54.77	55.43
1 月 12 日	55.60	54.80	55.44
1 月 13 日	55.95	55.20	55.93
1 月 17 日	56.01	55.70	55.99
1 月 18 日	55.80	54.50	54.56
1 月 19 日	55.89	54.70	55.76
1 月 20 日	56.65	55.76	56.57
1 月 23 日	56.85	56.05	56.78
1 月 24 日	56.70	56.01	56.60
1 月 25 日	56.65	55.97	56.53
1 月 26 日	56.70	56.15	56.48
1 月 27 日	56.48	54.92	55.53
1 月 30 日	55.80	54.92	55.17
1 月 31 日	55.80	54.70	55.72
2 月 1 日	55.95	55.40	55.87
2 月 2 日	57.30	55.65	57.23
2 月 3 日	57.45	56.79	56.95
2 月 6 日	57.30	56.90	57.19

续表 3

日　期	最高价	最低价	结算价
2 月 7 日	56.85	54.95	55.10
2 月 8 日	57.19	55.55	56.28
2 月 9 日	56.55	55.86	56.42
2 月 10 日	56.40	55.92	55.97
2 月 13 日	55.80	55.15	55.16
2 月 14 日	57.29	55.05	57.04
2 月 15 日	57.65	56.05	56.92
2 月 16 日	57.25	56.26	56.46
2 月 17 日	57.50	56.80	57.43
2 月 21 日	57.60	56.50	56.68
2 月 22 日	57.20	55.70	56.90
2 月 23 日	57.38	56.55	57.38
2 月 24 日	57.65	56.90	56.92
2 月 27 日	56.50	55.47	55.45
2 月 28 日	56.00	55.50	56.00
3 月 1 日	56.30	55.85	55.60
3 月 2 日	55.50	55.00	55.18
3 月 3 日	55.20	54.20	54.60
3 月 6 日	54.20	54.05	54.02
3 月 7 日	54.35	53.60	53.80
3 月 8 日	54.50	52.10	53.10
3 月 9 日	54.50	53.80	53.62
3 月 10 日	55.15	54.30	55.11
3 月 13 日	55.00	54.15	54.24
3 月 14 日	54.78	54.02	54.10
3 月 15 日	54.80	54.30	54.58
3 月 16 日	55.10	54.48	54.49
3 月 17 日	54.55	54.05	54.06
3 月 20 日	53.98	53.35	53.51
3 月 21 日	53.60	53.17	53.21
3 月 22 日	53.40	52.20	52.22
3 月 23 日	53.15	52.02	52.99
3 月 24 日	52.90	52.38	52.50
3 月 27 日	53.15	52.50	53.10
3 月 28 日	53.35	52.73	52.91
3 月 29 日	53.20	52.75	53.16

续表 4

日 期	最高价	最低价	结算价
3月30日	53.90	53.35	53.70
3月31日	53.57	52.56	52.65
4月3日	53.35	52.55	52.57
4月4日	53.10	52.40	52.81
4月5日	54.25	53.15	53.96
4月6日	53.96	53.50	53.64
4月7日	54.40	53.65	53.97
4月10日	54.45	53.15	53.20
4月11日	53.38	51.63	52.31
4月12日	52.75	52.03	52.28
4月13日	52.70	51.90	52.01
4月17日	53.05	52.30	52.60
4月18日	52.80	52.40	52.50
4月19日	52.75	52.25	52.55
4月20日	52.70	50.80	50.88
4月21日	51.20	50.50	50.67
4月24日	50.90	50.10	50.11
4月25日	50.20	48.90	49.50
4月26日	50.00	48.30	50.00
4月27日	50.10	49.10	49.10
5月1日	51.10	50.20	50.15
5月3日	49.40	49.20	49.45
5月4日	48.85	48.80	48.85
5月5日	48.85	48.65	48.70
5月9日	51.30	50.75	51.13
5月10日	51.05	50.30	50.44
5月11日	51.40	50.35	51.31
5月12日	52.15	51.50	52.05
5月15日	52.05	51.40	51.60
5月16日	51.75	51.35	51.39
5月17日	51.70	50.51	50.81
5月18日	50.95	49.51	50.02
5月19日	49.55	48.95	49.36
5月22日	49.75	48.75	49.17
5月23日	50.80	49.60	50.78

续表 5

日　期	最高价	最低价	结算价
5 月 24 日	50.50	49.85	49.95
5 月 25 日	51.15	50.00	50.06
5 月 26 日	51.00	50.04	50.94
5 月 30 日	51.68	51.00	51.65
5 月 31 日	51.70	50.45	50.94
6 月 1 日	52.50	51.50	52.35
6 月 2 日	53.00	52.11	52.92
6 月 5 日	53.45	52.60	52.64
6 月 6 日	52.55	51.50	51.88
6 月 7 日	52.57	51.91	52.12
6 月 8 日	53.15	51.90	52.82
6 月 9 日	53.48	52.60	52.61
6 月 12 日	53.60	52.61	52.70
6 月 13 日	52.70	51.50	51.75
6 月 14 日	52.80	51.60	51.83
6 月 15 日	52.55	52.00	52.44
6 月 16 日	52.50	51.47	52.07
6 月 19 日	51.81	50.86	50.90
6 月 20 日	51.60	50.50	51.10
6 月 21 日	51.35	50.75	50.89
6 月 22 日	50.90	49.00	49.12
6 月 23 日	49.25	46.12	46.12
6 月 26 日	49.00	47.76	47.76
6 月 27 日	48.50	47.50	47.95
6 月 28 日	49.50	48.00	48.75
6 月 29 日	50.00	48.75	49.50
6 月 30 日	49.30	49.20	49.75
7 月 3 日	51.00	48.50	49.00
7 月 5 日	49.20	49.20	49.20
7 月 6 日	49.50	49.00	49.15
7 月 7 日	47.80	45.00	47.50
7 月 10 日	50.50	50.00	50.49
7 月 11 日	51.00	50.49	50.68
7 月 12 日	52.15	50.80	51.89
7 月 13 日	51.60	51.15	51.15

续表 6

日　期	最高价	最低价	结算价
7 月 14 日	51.15	50.20	50.37
7 月 17 日	51.50	50.45	50.95
7 月 18 日	52.80	50.75	52.40
7 月 19 日	53.25	52.50	52.90
7 月 20 日	52.70	52.00	52.25
7 月 21 日	53.70	52.05	53.60
7 月 24 日	54.40	52.90	54.15
7 月 25 日	54.00	52.90	53.40
7 月 26 日	53.90	53.15	53.25
7 月 27 日	53.60	53.00	53.60
7 月 28 日	53.80	53.30	53.70
7 月 31 日	53.60	52.35	53.45
8 月 1 日	54.95	53.60	54.73
8 月 2 日	54.85	54.45	54.83
8 月 3 日	55.35	54.50	55.23
8 月 4 日	55.25	53.90	54.48
8 月 7 日	55.90	54.65	54.80
8 月 8 日	54.80	54.35	54.75
8 月 9 日	54.95	54.65	54.78
8 月 10 日	55.50	53.90	55.08
8 月 11 日	54.75	53.40	53.74
8 月 14 日	53.40	52.70	52.71
8 月 15 日	53.40	52.30	53.35
8 月 16 日	54.15	53.05	53.20
8 月 17 日	53.40	52.80	52.80
8 月 18 日	52.80	52.35	52.40
8 月 21 日	52.55	52.00	52.11
8 月 22 日	53.80	52.15	53.25
8 月 23 日	53.40	52.75	53.05
8 月 24 日	53.50	52.80	53.10
8 月 25 日	54.00	53.25	53.50
8 月 28 日	53.50	52.60	53.18
8 月 29 日	53.45	53.24	53.35
8 月 30 日	53.25	52.50	52.50
8 月 31 日	53.10	52.30	53.05

资料来源：纽约期货交易所。

4—39　2005/2006 年度纽约期货近月合约价格及多空对比图

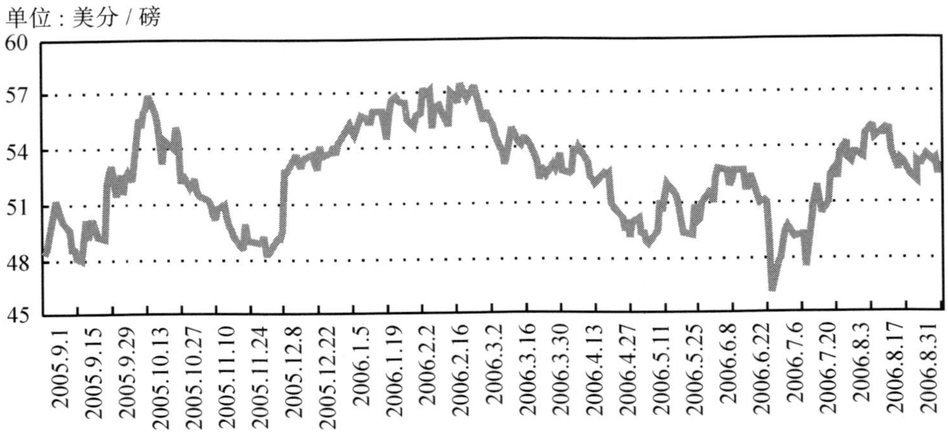

图 4—16　2005/2006 年度纽约期货近月合约价格走势图

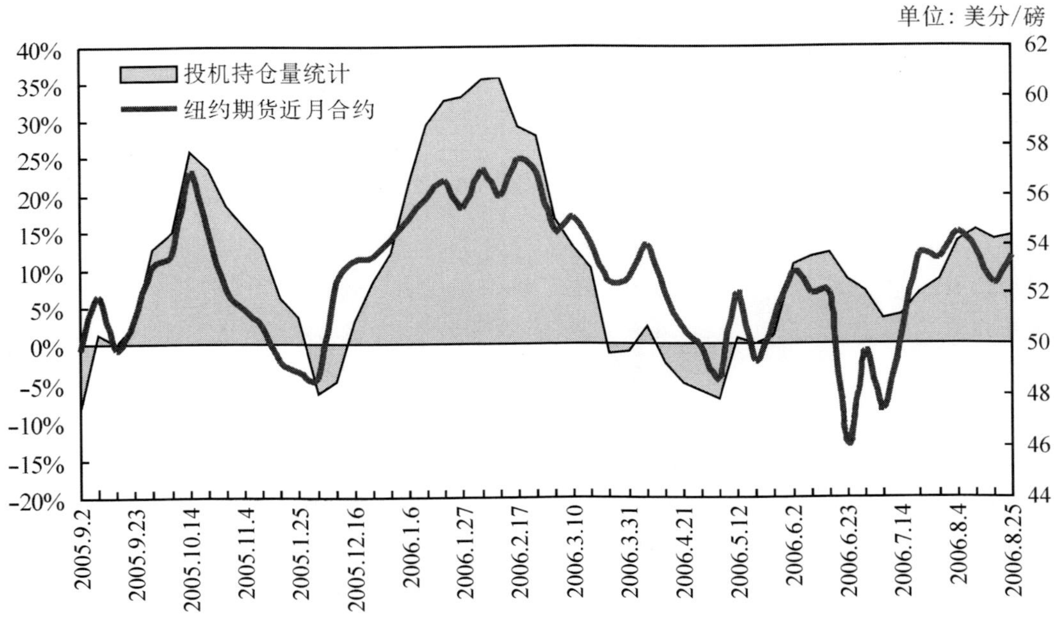

图 4—17　2005/2006 年度纽约期货近月合约价格及多空对比图

4—40　2005/2006 年度华中棉花交易市场日均价和成交量(含图)

单位:吨、元/吨

日　期	成交量	新疆 229 级棉日均成交价格
2005 年		
9 月 1 日	180	13780
9 月 2 日	210	13800
9 月 5 日	260	13780
9 月 6 日	120	13780
9 月 7 日	100	13780
9 月 9 日	100	13780
9 月 12 日	150	13790
9 月 13 日	120	13800
9 月 14 日	80	13800
9 月 16 日	80	13810
9 月 19 日	160	13810
9 月 20 日	200	13810
9 月 21 日	120	13810
9 月 22 日	60	13820
9 月 26 日	120	13840
9 月 27 日	60	13840
9 月 28 日	230	14050
9 月 29 日	170	14230
9 月 30 日	260	14350
10 月 9 日	220	14650
10 月 10 日	200	14610
10 月 11 日	160	14590
10 月 12 日	230	14620
10 月 13 日	270	14630
10 月 14 日	170	14610
10 月 17 日	160	14586
10 月 18 日	260	14674
10 月 19 日	360	14634
10 月 20 日	230	14637
10 月 21 日	160	14639
10 月 24 日	180	14746
10 月 25 日	160	14856
10 月 26 日	180	14859
10 月 27 日	100	14802
10 月 28 日	160	14732

续表 1

日　期	成交量	新疆 229 级棉日均成交价格
10 月 31 日	150	14765
11 月 1 日	80	14766
11 月 2 日	100	14775
11 月 3 日	110	14776
11 月 4 日	100	14805
11 月 7 日	160	14912
11 月 8 日	100	14900
11 月 9 日	110	14856
11 月 10 日	80	14860
11 月 11 日	80	14910
11 月 14 日	100	14960
11 月 15 日	120	14954
11 月 16 日	80	14940
11 月 17 日	120	14946
11 月 18 日	100	14965
11 月 21 日	80	14995
11 月 22 日	100	15010
11 月 23 日	100	15015
11 月 24 日	100	15100
11 月 25 日	80	15095
11 月 28 日	80	15015
11 月 29 日	100	15020
11 月 30 日	100	15025
12 月 1 日	100	15015
12 月 2 日	80	15005
12 月 5 日	100	15015
12 月 6 日	100	15015
12 月 7 日	80	15010
12 月 8 日	80	15015
12 月 9 日	100	15025
12 月 12 日	100	15025
12 月 13 日	80	15020
12 月 14 日	100	15015
12 月 15 日	80	15010
12 月 16 日	100	15015
12 月 19 日	100	15025
12 月 20 日	80	15020
12 月 21 日	100	15015
12 月 22 日	80	15020

续表 2

日　期	成交量	新疆 229 级棉日均成交价格
12 月 23 日	100	15025
12 月 26 日	100	15020
12 月 27 日	80	15025
12 月 28 日	100	15020
12 月 29 日	100	15015
12 月 30 日	80	15020
12 月 31 日	60	15015
2006 年		
1 月 4 日	80	15020
1 月 5 日	100	15025
1 月 6 日	80	15020
1 月 9 日	100	15035
1 月 10 日	100	15025
1 月 11 日	80	15020
1 月 12 日	100	15020
1 月 13 日	80	15030
1 月 16 日	100	15025
1 月 17 日	80	15020
1 月 18 日	80	15015
1 月 19 日	80	15015
1 月 20 日	80	15020
1 月 23 日	100	15025
1 月 24 日	80	15020
1 月 25 日	60	15025
2 月 5 日	60	15025
2 月 6 日	80	15030
2 月 7 日	100	15025
2 月 8 日	100	15020
2 月 9 日	80	15030
2 月 10 日	100	15025
2 月 13 日	120	15020
2 月 14 日	100	15020
2 月 15 日	100	15020
2 月 16 日	80	15030
2 月 17 日	100	15020
2 月 20 日	80	15020
2 月 21 日	100	15025
2 月 22 日	80	15020
2 月 23 日	100	15020
2 月 24 日	80	14980
2 月 27 日	100	14950

续表 3

日　期	成交量	新疆 229 级棉日均成交价格
2 月 28 日	80	14925
3 月 1 日	100	14925
3 月 2 日	100	14900
3 月 3 日	80	14850
3 月 6 日	100	14800
3 月 7 日	80	14800
3 月 8 日	80	14800
3 月 9 日	100	14815
3 月 10 日	110	14820
3 月 13 日	100	14820
3 月 14 日	100	14815
3 月 15 日	100	14810
3 月 16 日	80	14815
3 月 17 日	100	14820
3 月 20 日	100	14800
3 月 21 日	80	14760
3 月 22 日	100	14700
3 月 23 日	80	14700
3 月 24 日	80	14680
3 月 27 日	100	14680
3 月 28 日	100	14680
3 月 29 日	80	14660
3 月 30 日	100	14660
3 月 31 日	120	14600
4 月 3 日	80	14560
4 月 4 日	80	14560
4 月 5 日	100	14550
4 月 6 日	120	14550
4 月 7 日	80	14500
4 月 10 日	100	14500
4 月 11 日	120	14400
4 月 12 日	100	14350
4 月 13 日	80	14360
4 月 14 日	100	14320
4 月 17 日	80	14320
4 月 18 日	100	14280
4 月 19 日	120	14250
4 月 20 日	100	14260
4 月 21 日	80	14250
4 月 24 日	100	14240

续表 4

日　期	成交量	新疆 229 级棉日均成交价格
4 月 25 日	100	14240
4 月 26 日	100	14180
4 月 27 日	120	14200
4 月 28 日	100	14160
5 月 8 日	80	14060
5 月 9 日	100	14080
5 月 10 日	120	14030
5 月 11 日	100	14000
5 月 12 日	120	14010
5 月 15 日	100	14040
5 月 16 日	120	14040
5 月 17 日	100	14020
5 月 18 日	120	14010
5 月 19 日	100	14020
5 月 22 日	100	14050
5 月 23 日	120	14060
5 月 24 日	100	14080
5 月 25 日	100	14075
5 月 26 日	120	14080
5 月 29 日	100	14100
5 月 30 日	80	14080
5 月 31 日	100	14080
6 月 1 日	120	14150
6 月 2 日	100	14165
6 月 5 日	100	14177
6 月 7 日	80	14170
6 月 9 日	100	14194
6 月 13 日	100	14170
6 月 14 日	100	14147
6 月 15 日	120	14140
6 月 16 日	80	14155
6 月 19 日	80	14115
6 月 20 日	140	14105
6 月 21 日	100	14110
6 月 22 日	80	14114
6 月 26 日	100	14110
6 月 27 日	100	14108
6 月 28 日	100	14100
6 月 29 日	100	14095
7 月 3 日	100	14110
7 月 4 日	80	14105

续表 5

日　期	成交量	新疆 229 级棉日均成交价格
7 月 5 日	80	14105
7 月 6 日	80	14115
7 月 7 日	80	14120
7 月 10 日	100	14116
7 月 11 日	100	14118
7 月 12 日	100	14117
7 月 13 日	100	14125
7 月 14 日	100	14090
7 月 17 日	100	14050
7 月 18 日	120	14055
7 月 19 日	120	14100
7 月 20 日	80	14105
7 月 21 日	80	14096
7 月 24 日	140	14145
7 月 25 日	100	14150
7 月 26 日	100	14160
7 月 27 日	100	14170
7 月 28 日	100	14170
7 月 31 日	310	14195
8 月 1 日	140	14160
8 月 2 日	140	14175
8 月 3 日	120	14200
8 月 4 日	100	14205
8 月 7 日	100	14210
8 月 8 日	100	14200
8 月 9 日	120	14185
8 月 10 日	120	14190
8 月 11 日	80	14195
8 月 14 日	120	14160
8 月 15 日	100	14110
8 月 16 日	120	14117
8 月 17 日	120	14105
8 月 21 日	120	14120
8 月 22 日	80	14105
8 月 23 日	80	14140
8 月 24 日	80	14165
8 月 25 日	80	14170
8 月 28 日	80	14180
8 月 29 日	80	14145
8 月 30 日	100	14245
8 月 31 日	100	14240

数据来源：华中棉花交易市场。

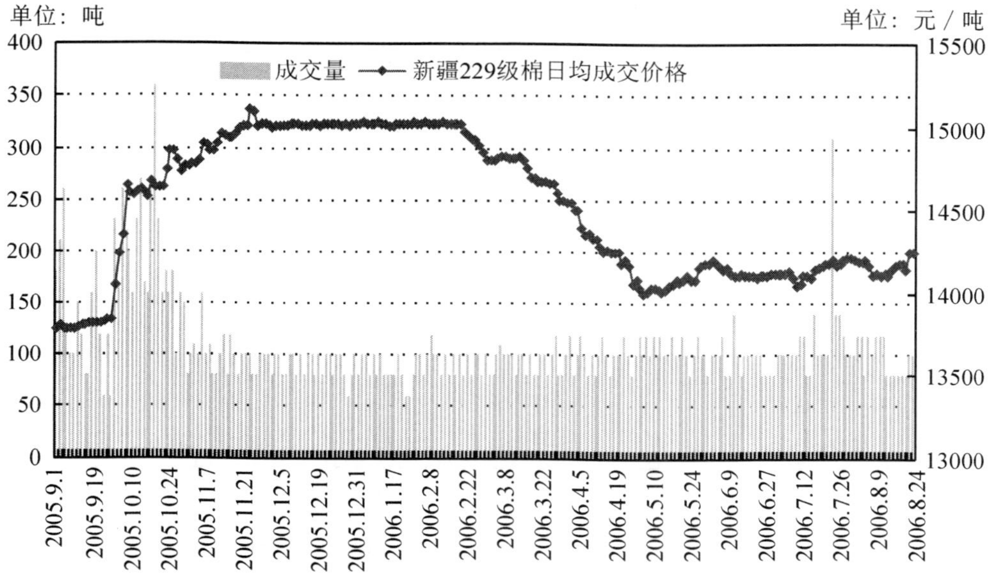

图 4—18　2005/2006 年度华中交易市场成交价格

棉花进出口

4—41　2005/2006 年度棉花进口分贸易方式统计表

单位：吨

项目名称	年度累计	同　期	同　比	%
总计	4112572	1659850	2452722	+148
(一)一般贸易	2116562	863329	1253232	+145
(二)其他来源合计	1996010	796521	1199489	+151
1. 来料加工	9969	6693	3276	+49
2. 进料加工	712111	570766	141345	+25
3. 出料加工	109	113	—4	—3
4. 边境小额贸易	68	0	68	+100
5. 外商投资	0	0	0	0
6. 保税仓库进出境	380844	50304	330540	+657
7. 保税仓库转口货物	892352	167000	725352	+434
8. 其他	557	1645	—1088	—66

资料来源：中国海关。

4—42　2005/2006年度我国棉花进口分国别统计表

单位:万吨

产　地	数　量
美　国	200.68
印　度	52.68
乌兹别克斯坦	36.94
澳大利亚	27.45
布基纳法索	14.86
其它产地	78.39

4—43　2005/2006年度我国棉花进口分港别统计表

单位:万吨、%

港　别	数　量	比　重	港　别	数　量	比　重
青岛海关	157.19	38.24	郑州海关	1.27	0.31
上海海关	113.46	27.60	合肥海关	1.06	0.26
天津海关	57.34	13.95	西安海关	0.82	0.20
南京海关	33.09	8.05	厦门海关	0.71	0.17
黄埔海关	14.66	3.57	深圳海关	0.71	0.17
宁波海关	9.03	2.20	杭州海关	0.65	0.16
乌鲁木齐海关	8.31	2.02	福州海关	0.44	0.11
湛江海关	3.01	0.73	汕头海关	0.36	0.09
江门海关	2.76	0.67	拱北海关	0.15	0.04
大连海关	2.44	0.59	石家庄海关	0.10	0.02
武汉海关	2.05	0.50	长沙海关	0.03	0.01
广州海关	1.39	0.34	昆明海关	0.00	0.00

资料来源:中国海关。

4—44　2005/2006年度我国棉花出口分港别统计表

单位:吨

港　别	数　量	港　别	数　量
天津海关	1467	大连海关	50
上海海关	3338	青岛海关	2022
黄埔海关	193	深圳海关	1696

资料来源:中国海关。

4—45　2005/2006年度我国棉花出口分贸易方式统计表

单位：吨

项目名称	年度累计	同　期	同　比	%
总计	8867	5896	2971	+50
(一)一般贸易	1157	3202	−2045	−64
(二)其他来源合计	7711	2694	5017	+186
1. 来料加工	0	0	0	0
2. 进料加工	0	0	0	0
3. 出料加工	93	123	−30	−24
4. 边境小额贸易	57	476	−419	−88
5. 保税区仓储转口	6673	1452	5221	+360
6. 其他	888	643	245	+38

资料来源：中国海关。

4—46　2005/2006年度我国棉花出口分国别统计表

单位：吨

国家和地区	数　量	国家和地区	数　量
香港特别行政区	4376	泰　国	137
日　本	2028	印　度	132
朝　鲜	1455	巴基斯坦	118
印度尼西亚	1253	菲律宾	70
台湾省	928	比利时	21
韩　国	673	智　利	5
孟加拉国	459	安哥拉	3
越　南	202	马来西亚	2

资料来源：中国纺织品进出口商会。

4—47　2005/2006年度我国棉花出口分省统计

单位：吨

省　份	数　量	省　份	数　量
广　东	3878	辽　宁	237
上　海	3296	江　苏	70
山　东	2294	北　京	29
新　疆	1157	吉　林	5
黑龙江	465	广　西	3
天　津	426	湖　北	2

资料来源：中国纺织品进出口商会。

4—48 2005/2006年度我国棉花出口企业构成

单位：吨

企业类型	数 量	企业类型	数 量
国有企业	4541	外商独资企业	1288
私人企业	3711	集体企业	526
中外合资企业	1796		

资料来源：中国纺织品进出口商会。

4—49 近年来国内市场国产棉和进口棉市场份额对比

单位：万吨、%

年 度	产 量	进 口	合 计	进口棉比重
2000/2001	442	5	446	1.03
2001/2002	532	12	544	2.14
2002/2003	492	72	564	12.76
2003/2004	487	199	686	29.01
2004/2005	632	166	798	20.79
2005/2006	600	411	1011	40.65

数据来源：中国棉花网。

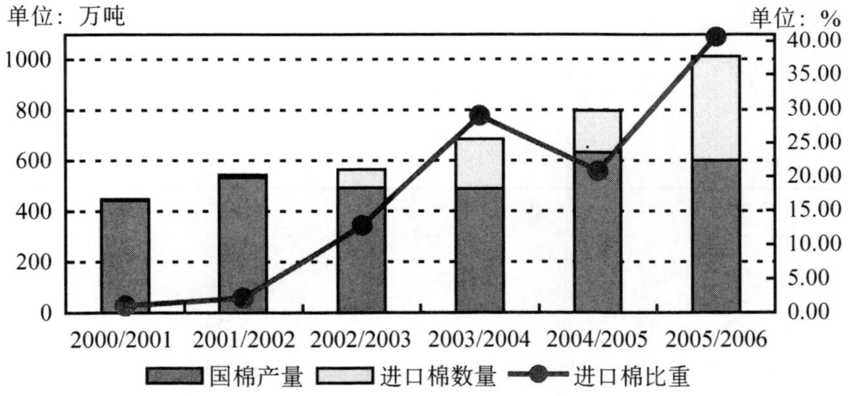

图4—19 近年来国产棉与进口棉份额比较

4—50 2005/2006年度国产棉购销进度表(每周)

单位:%

日　期	收购进度	销售进度
2005年		
10月5日	32.32	9.71
10月12日	43.70	13.24
10月19日	65.22	15.51
10月26日	71.35	17.26
11月2日	79.28	19.12
11月9日	81.59	22.13
11月16日	82.77	23.38
11月23日	83.86	25.27
11月30日	85.18	26.35
12月7日	86.64	28.45
12月14日	88.14	29.43
12月21日	89.37	30.05
12月28日	90.67	31.31
2006年		
1月4日	92.30	32.05
1月11日	93.87	33.91
1月18日	94.30	36.54
1月25日	94.31	38.87
2月8日	94.50	39.90
2月15日	95.15	40.42
2月22日	95.56	41.72
3月1日	95.78	44.14
3月8日	96.08	48.19
3月15日	96.16	50.66
3月22日	96.24	51.83
3月29日	96.33	53.15
4月6日	96.40	54.54
4月13日	96.42	56.63
4月19日	96.49	57.21
5月11日	96.77	59.76
5月17日	96.85	61.04
5月24日	96.89	62.71
5月31日	97.06	64.05
6月7日	97.10	65.66
6月14日	97.12	67.04
6月21日	97.16	68.34
6月28日	97.28	69.36
7月5日	97.31	70.42
7月12日	97.60	72.06
7月19日	97.90	73.74
7月26日	98.03	75.59
8月2日	98.21	76.96
8月9日	98.32	79.30
8月16日	98.48	81.98
8月23日	98.65	84.65
8月30日	98.76	87.68

数据来源:中国棉花网。

4—51 近年国产棉购销进度比较图(每周)

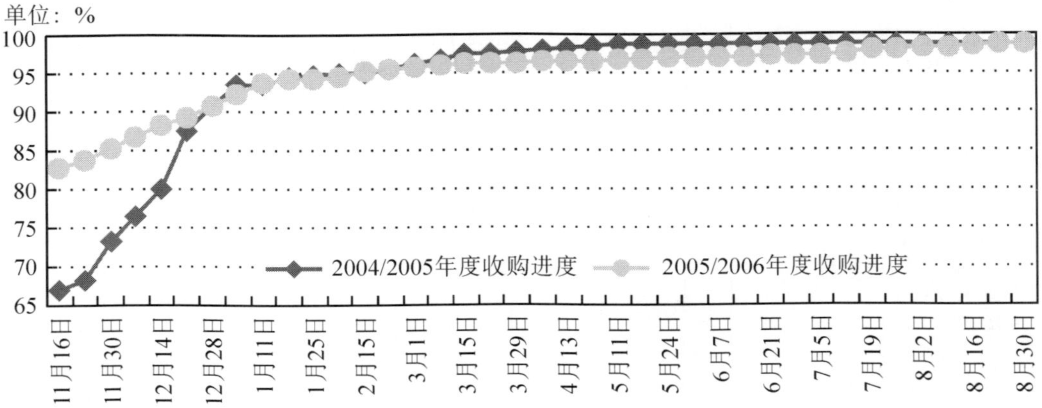

图 4—20 2004/2005 年度与 2005/2006 年度国产棉收购进度对比

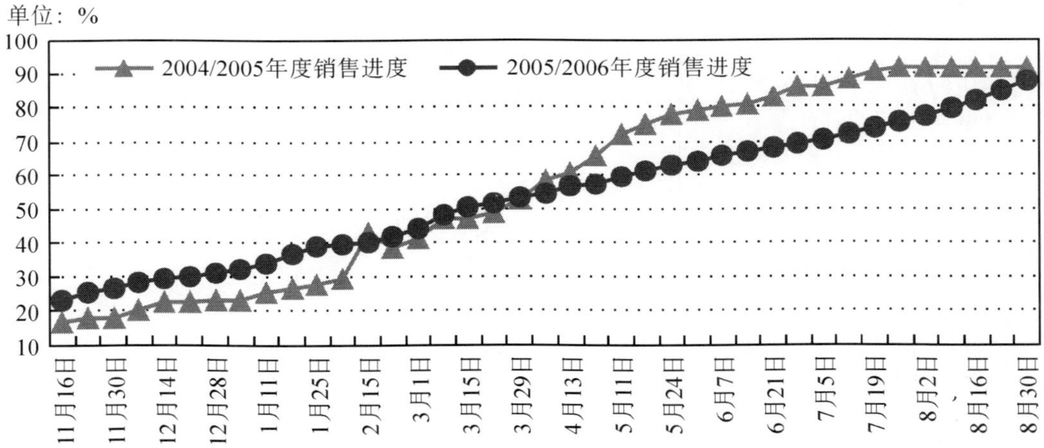

图 4—21 2004/2005 年度与 2005/2006 年度国产棉销售进度对比

棉花消费与纺织生产、进出口统计

4—52　2005/2006年度棉花、棉纱价格对比

单位：元/吨

日　期	CNCotton B指数(国内标准级棉均价)	32支纯棉纱价格	纱、棉价差
2005年			
9月1日	13428	18940	5512
9月2日	13424	18930	5506
9月5日	13423	18930	5507
9月6日	13412	18930	5518
9月7日	13412	18930	5518
9月8日	13413	18930	5517
9月9日	13413	18930	5517
9月12日	13415	18960	5545
9月13日	13415	18960	5545
9月14日	13416	18960	5544
9月15日	13415	18960	5545
9月16日	13413	18960	5547
9月19日	13414	19000	5586
9月20日	13414	19050	5636
9月21日	13425	19050	5625
9月22日	13458	19080	5622
9月23日	13466	19100	5634
9月26日	13489	19130	5641
9月27日	13491	19130	5639
9月28日	13501	19140	5639
9月29日	13593	19180	5587
9月30日	13733	19250	5517
10月8日	13916	19300	5384
10月9日	14074	19380	5306
10月10日	14076	19450	5374
10月11日	14085	19500	5415
10月12日	14172	19600	5428
10月13日	14204	19650	5446
10月14日	14212	19680	5468
10月17日	14214	19700	5486
10月18日	14216	19750	5534

续表 1

日　期	CNCotton B 指数(国内标准级棉均价)	32 支纯棉纱价格	纱、棉价差
10 月 19 日	14241	19750	5509
10 月 20 日	14270	19750	5480
10 月 21 日	14272	19750	5478
10 月 24 日	14271	19750	5479
10 月 25 日	14270	19750	5480
10 月 26 日	14262	19800	5538
10 月 27 日	14258	19800	5542
10 月 28 日	14260	19800	5540
10 月 31 日	14259	19790	5531
11 月 1 日	14231	19790	5559
11 月 2 日	14205	19790	5585
11 月 3 日	14187	19790	5603
11 月 4 日	14182	19790	5608
11 月 7 日	14177	19790	5613
11 月 8 日	14178	19780	5602
11 月 9 日	14191	19780	5589
11 月 10 日	14188	19780	5592
11 月 11 日	14190	19780	5590
11 月 14 日	14193	19770	5577
11 月 15 日	14196	19760	5564
11 月 16 日	14201	19760	5559
11 月 17 日	14209	19760	5551
11 月 18 日	14213	19760	5547
11 月 21 日	14218	19760	5542
11 月 22 日	14218	19760	5542
11 月 23 日	14217	19750	5533
11 月 24 日	14218	19750	5532
11 月 25 日	14216	19750	5534
11 月 28 日	14215	19750	5535
11 月 29 日	14213	19750	5537
11 月 30 日	14212	19750	5538
12 月 1 日	14208	19755	5547
12 月 2 日	14199	19755	5556
12 月 5 日	14195	19750	5555
12 月 6 日	14188	19750	5562
12 月 7 日	14178	19750	5572

续表 2

日　　期	CNCotton B 指数(国内标准级棉均价)	32 支纯棉纱价格	纱、棉价差
12 月 8 日	14171	19750	5579
12 月 9 日	14160	19750	5590
12 月 12 日	14158	19750	5592
12 月 13 日	14159	19750	5591
12 月 14 日	14161	19750	5589
12 月 15 日	14160	19750	5590
12 月 16 日	14162	19740	5578
12 月 19 日	14171	19740	5569
12 月 20 日	14173	19730	5557
12 月 21 日	14174	19730	5556
12 月 22 日	14172	19725	5553
12 月 23 日	14173	19725	5552
12 月 26 日	14173	19720	5547
12 月 27 日	14178	19720	5542
12 月 28 日	14181	19720	5539
12 月 29 日	14183	19720	5537
12 月 30 日	14180	19720	5540
12 月 31 日	14178	19720	5542
2006 年			
1 月 4 日	14180	19720	5540
1 月 5 日	14185	19715	5530
1 月 6 日	14207	19715	5508
1 月 9 日	14211	19715	5504
1 月 10 日	14233	19715	5482
1 月 11 日	14215	19715	5500
1 月 12 日	14265	19715	5450
1 月 13 日	14263	19710	5447
1 月 16 日	14276	19710	5434
1 月 17 日	14258	19710	5452
1 月 18 日	14274	19710	5436
1 月 19 日	14251	19710	5459
1 月 20 日	14244	19710	5466
1 月 23 日	14220	19710	5490
1 月 24 日	14235	19710	5475
1 月 25 日	14252	19710	5458
1 月 26 日	14239	19710	5471
1 月 27 日	14236	19710	5474

续表 3

日　　期	CNCotton B 指数(国内标准级棉均价)	32 支纯棉纱价格	纱、棉价差
2 月 5 日	14333	19710	5377
2 月 6 日	14342	19710	5368
2 月 7 日	14348	19710	5362
2 月 8 日	14351	19720	5369
2 月 9 日	14354	19730	5376
2 月 10 日	14366	19750	5384
2 月 13 日	14375	19750	5375
2 月 14 日	14386	19800	5414
2 月 15 日	14415	19800	5385
2 月 16 日	14417	19800	5383
2 月 17 日	14438	19810	5372
2 月 20 日	14438	19810	5372
2 月 21 日	14447	19810	5363
2 月 22 日	14449	19810	5361
2 月 23 日	14449	19810	5361
2 月 24 日	14456	19810	5354
2 月 27 日	14453	19810	5357
2 月 28 日	14447	19810	5363
3 月 1 日	14442	19810	5368
3 月 2 日	14438	19810	5372
3 月 3 日	14421	19810	5389
3 月 6 日	14401	19800	5399
3 月 7 日	14389	19800	5411
3 月 8 日	14369	19800	5431
3 月 9 日	14356	19780	5424
3 月 10 日	14340	19780	5440
3 月 13 日	14326	19780	5454
3 月 14 日	14313	19780	5467
3 月 15 日	14308	19780	5472
3 月 16 日	14304	19780	5476
3 月 17 日	14303	19770	5467
3 月 20 日	14299	19750	5451
3 月 21 日	14292	19750	5458
3 月 22 日	14283	19700	5417
3 月 23 日	14268	19680	5412
3 月 24 日	14240	19680	5440

续表 4

日　　期	CNCotton B 指数(国内标准级棉均价)	32 支纯棉纱价格	纱、棉价差
3 月 27 日	14229	19680	5451
3 月 28 日	14219	19680	5461
3 月 29 日	14216	19680	5464
3 月 30 日	14208	19660	5452
3 月 31 日	14208	19650	5442
4 月 3 日	14213	19630	5417
4 月 4 日	14206	19630	5424
4 月 5 日	14201	19620	5419
4 月 6 日	14199	19600	5401
4 月 7 日	14206	19600	5394
4 月 10 日	14199	19580	5381
4 月 11 日	14195	19560	5365
4 月 12 日	14191	19560	5369
4 月 13 日	14190	19550	5360
4 月 14 日	14184	19530	5346
4 月 17 日	14177	19530	5353
4 月 18 日	14177	19530	5353
4 月 19 日	14171	19530	5359
4 月 20 日	14165	19530	5365
4 月 21 日	14162	19530	5368
4 月 24 日	14157	19530	5373
4 月 25 日	14156	19530	5374
4 月 26 日	14152	19530	5378
4 月 27 日	14149	19520	5371
4 月 28 日	14147	19520	5373
4 月 29 日	14147	19500	5353
4 月 30 日	14147	19500	5353
5 月 8 日	14139	19500	5361
5 月 9 日	14104	19500	5396
5 月 10 日	14093	19490	5397
5 月 11 日	14091	19490	5399
5 月 12 日	14087	19480	5393
5 月 15 日	14088	19480	5392
5 月 16 日	14087	19470	5383
5 月 17 日	14085	19480	5395
5 月 18 日	14085	19480	5395
5 月 19 日	14081	19470	5389
5 月 22 日	14081	19460	5379

续表5

日　期	CNCotton B 指数(国内标准级棉均价)	32 支纯棉纱价格	纱、棉价差
5月23日	14080	19460	5380
5月24日	14079	19460	5381
5月25日	14078	19460	5382
5月26日	14076	19460	5384
5月29日	14078	19450	5372
5月30日	14077	19440	5363
5月31日	14077	19440	5363
6月1日	14077	19430	5353
6月2日	14077	19420	5343
6月5日	14078	19420	5342
6月6日	14079	19410	5331
6月7日	14079	19410	5331
6月8日	14080	19400	5320
6月9日	14081	19400	5319
6月12日	14081	19400	5319
6月13日	14081	19400	5319
6月14日	14081	19400	5319
6月15日	14083	19395	5312
6月16日	14083	19395	5312
6月19日	14083	19395	5312
6月20日	14079	19395	5316
6月21日	14077	19395	5318
6月22日	14073	19395	5322
6月23日	14072	19395	5323
6月26日	14069	19395	5326
6月27日	14068	19395	5327
6月28日	14066	19395	5329
6月29日	14061	19395	5334
6月30日	14057	19395	5338
7月3日	14057	19395	5338
7月4日	14052	19395	5343
7月5日	14046	19395	5349
7月6日	14039	19395	5356
7月7日	14037	19395	5358
7月10日	14033	19395	5362
7月11日	14032	19395	5363

续表 6

日 期	CNCotton B 指数(国内标准级棉均价)	32 支纯棉纱价格	纱、棉价差
7 月 12 日	14030	19395	5365
7 月 13 日	14029	19395	5366
7 月 14 日	14024	19395	5371
7 月 17 日	14018	19395	5377
7 月 18 日	14014	19395	5381
7 月 19 日	13987	19395	5408
7 月 20 日	13980	19395	5415
7 月 21 日	13972	19395	5423
7 月 24 日	13970	19395	5425
7 月 25 日	13968	19395	5427
7 月 26 日	13967	19395	5428
7 月 27 日	13967	19395	5428
7 月 28 日	13967	19395	5428
7 月 31 日	13967	19395	5428
8 月 1 日	13967	19395	5428
8 月 2 日	13966	19395	5429
8 月 3 日	13942	19395	5453
8 月 4 日	13936	19395	5459
8 月 7 日	13940	19395	5455
8 月 8 日	13946	19395	5449
8 月 9 日	13948	19395	5447
8 月 10 日	13950	19395	5445
8 月 11 日	13951	19405	5454
8 月 14 日	13953	19425	5472
8 月 15 日	13972	19425	5453
8 月 16 日	13997	19435	5438
8 月 17 日	13997	19435	5438
8 月 18 日	13998	19435	5437
8 月 21 日	14005	19435	5430
8 月 22 日	14007	19435	5428
8 月 23 日	14025	19435	5410
8 月 24 日	14027	19435	5408
8 月 25 日	14028	19435	5407
8 月 28 日	14032	19435	5403
8 月 29 日	14035	19435	5400
8 月 30 日	14037	19435	5398
8 月 31 日	14038	19435	5397

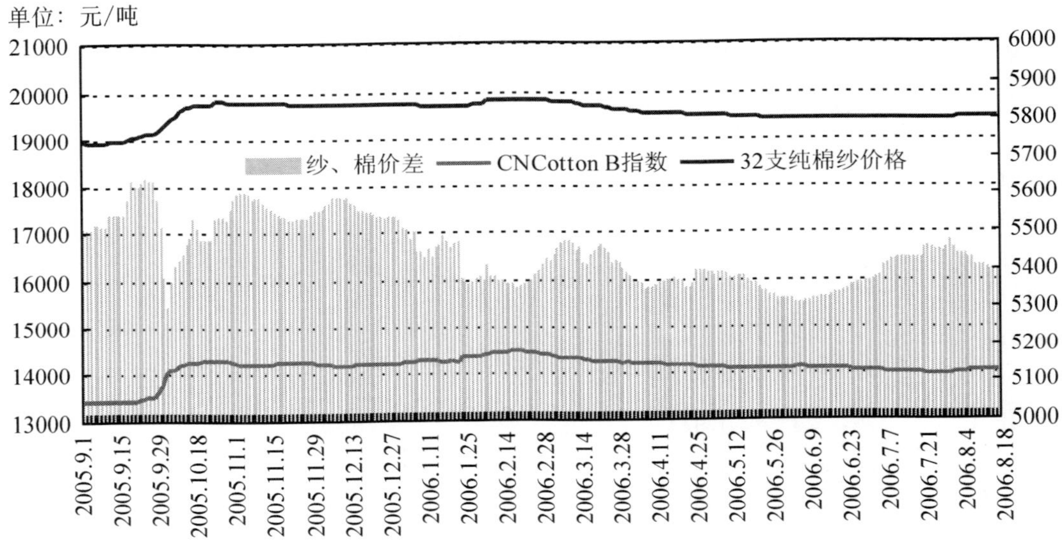

图 4－22　2005/2006 年度纱、棉花价格对比

4－53　2005/2006 年度棉花、涤纶短纤、粘胶短纤价格对比

单位：元/吨

日　　期	CNCotton B 指数（国内标准级棉均价）	涤纶短纤	粘胶短纤
2005 年			
9 月 1 日	13428	10900	12900
9 月 2 日	13424	10920	12900
9 月 5 日	13423	10950	12950
9 月 6 日	13412	11000	12950
9 月 7 日	13412	11050	12950
9 月 8 日	13413	11100	12950
9 月 9 日	13413	11100	12950
9 月 12 日	13415	11100	12900
9 月 13 日	13415	11130	12950
9 月 14 日	13416	11130	13000
9 月 15 日	13415	11130	13000
9 月 16 日	13413	11130	13050
9 月 19 日	13414	11130	13050
9 月 20 日	13414	11100	13050
9 月 21 日	13425	11080	13100
9 月 22 日	13458	11050	13150
9 月 23 日	13466	11045	13200
9 月 26 日	13489	11030	13220
9 月 27 日	13491	11010	13220

续表 1

日　　期	CNCotton B 指数(国内标准级棉均价)	涤纶短纤	粘胶短纤
9 月 28 日	13501	11000	13240
9 月 29 日	13593	10970	13250
9 月 30 日	13733	10870	13200
10 月 8 日	13916	10870	13300
10 月 9 日	14074	10880	13300
10 月 10 日	14076	10880	13300
10 月 11 日	14085	10880	13300
10 月 12 日	14172	10880	13300
10 月 13 日	14204	10880	13300
10 月 14 日	14212	10880	13300
10 月 17 日	14214	10850	13300
10 月 18 日	14216	10800	13300
10 月 19 日	14241	10760	13300
10 月 20 日	14270	10760	13300
10 月 21 日	14272	10720	13300
10 月 24 日	14271	10700	13400
10 月 25 日	14270	10680	13400
10 月 26 日	14262	10670	13400
10 月 27 日	14258	10670	13400
10 月 28 日	14260	10670	13400
10 月 31 日	14259	10600	13400
11 月 1 日	14231	10550	13400
11 月 2 日	14205	10550	13400
11 月 3 日	14187	10560	13400
11 月 4 日	14182	10560	13400
11 月 7 日	14177	10560	13350
11 月 8 日	14178	10560	13300
11 月 9 日	14191	10530	13300
11 月 10 日	14188	10530	13300
11 月 11 日	14190	10530	13300
11 月 14 日	14193	10530	13250
11 月 15 日	14196	10530	13200
11 月 16 日	14201	10530	13200
11 月 17 日	14209	10500	13200
11 月 18 日	14213	10500	13190
11 月 21 日	14218	10450	13190
11 月 22 日	14218	10400	13190
11 月 23 日	14217	10400	13190
11 月 24 日	14218	10400	13100

续表 2

日　期	CNCotton B 指数(国内标准级棉均价)	涤纶短纤	粘胶短纤
11 月 25 日	14216	10400	13100
11 月 28 日	14215	10400	13100
11 月 29 日	14213	10400	13100
11 月 30 日	14212	10400	13050
12 月 1 日	14208	10400	13045
12 月 2 日	14199	10400	13045
12 月 5 日	14195	10380	13000
12 月 6 日	14188	10360	13000
12 月 7 日	14178	10360	13000
12 月 8 日	14171	10350	13000
12 月 9 日	14160	10350	13000
12 月 12 日	14158	10330	12980
12 月 13 日	14159	10320	12970
12 月 14 日	14161	10350	12970
12 月 15 日	14160	10350	12970
12 月 16 日	14162	10350	12970
12 月 19 日	14171	10350	12950
12 月 20 日	14173	10380	12940
12 月 21 日	14174	10380	12940
12 月 22 日	14172	10385	12920
12 月 23 日	14173	10385	12900
12 月 26 日	14173	10385	12900
12 月 27 日	14178	10385	12900
12 月 28 日	14181	10385	12900
12 月 29 日	14183	10400	12900
12 月 30 日	14180	10420	12900
12 月 31 日	14178	10430	12900
2006 年			
1 月 4 日	14180	10450	12900
1 月 5 日	14185	10480	12900
1 月 6 日	14207	10500	12850
1 月 9 日	14211	10600	12800
1 月 10 日	14233	10650	12780
1 月 11 日	14215	10680	12780
1 月 12 日	14265	10700	12750
1 月 13 日	14263	10700	12750
1 月 16 日	14276	10800	12750
1 月 17 日	14258	10850	12750
1 月 18 日	14274	10860	12700
1 月 19 日	14251	10880	12700

续表 3

日 期	CNCotton B 指数(国内标准级棉均价)	涤纶短纤	粘胶短纤
1 月 20 日	14244	10900	12700
1 月 23 日	14220	10900	12700
1 月 24 日	14235	10900	12700
1 月 25 日	14252	10900	12700
1 月 26 日	14239	10900	12700
1 月 27 日	14236	10900	12700
2 月 5 日	14333	10900	12700
2 月 6 日	14342	11050	12730
2 月 7 日	14348	11100	12730
2 月 8 日	14351	11100	12750
2 月 9 日	14354	11110	12780
2 月 10 日	14366	11110	12780
2 月 13 日	14375	11100	12780
2 月 14 日	14386	11080	12780
2 月 15 日	14415	11050	12780
2 月 16 日	14417	11000	12780
2 月 17 日	14438	11000	12780
2 月 20 日	14438	10900	12800
2 月 21 日	14447	10880	12800
2 月 22 日	14449	10880	12800
2 月 23 日	14449	10850	12800
2 月 24 日	14456	10800	12800
2 月 27 日	14453	10780	12800
2 月 28 日	14447	10750	12800
3 月 1 日	14442	10740	12800
3 月 2 日	14438	10650	12800
3 月 3 日	14421	10600	12800
3 月 6 日	14401	10500	12800
3 月 7 日	14389	10450	12850
3 月 8 日	14369	10300	12850
3 月 9 日	14356	10300	12850
3 月 10 日	14340	10250	12850
3 月 13 日	14326	10200	12850
3 月 14 日	14313	10150	12860
3 月 15 日	14308	10100	12860
3 月 16 日	14304	10100	12860
3 月 17 日	14303	10100	12860
3 月 20 日	14299	10150	12900
3 月 21 日	14292	10180	12920

续表 4

日　期	CNCotton B 指数(国内标准级棉均价)	涤纶短纤	粘胶短纤
3月22日	14283	10160	12920
3月23日	14268	10160	12920
3月24日	14240	10180	12920
3月27日	14229	10200	12950
3月28日	14219	10250	12950
3月29日	14216	10300	12960
3月30日	14208	10320	12960
3月31日	14208	10320	12960
4月3日	14213	10380	12960
4月4日	14206	10400	12960
4月5日	14201	10410	12960
4月6日	14199	10450	12960
4月7日	14206	10500	12960
4月10日	14199	10520	12980
4月11日	14195	10520	12980
4月12日	14191	10520	12980
4月13日	14190	10550	13000
4月14日	14184	10550	13000
4月17日	14177	10590	13000
4月18日	14177	10590	13000
4月19日	14171	10590	13000
4月20日	14165	10590	13000
4月21日	14162	10600	13000
4月24日	14157	10600	13000
4月25日	14156	10630	13000
4月26日	14152	10630	13000
4月27日	14149	10650	13050
4月28日	14147	10650	13050
4月29日	14147	10680	13080
4月30日	14147	10680	13080
5月8日	14139	10680	13080
5月9日	14104	10680	13130
5月10日	14093	10680	13130
5月11日	14091	10670	13180
5月12日	14087	10670	13200
5月15日	14088	10650	13200
5月16日	14087	10640	13200
5月17日	14085	10640	13250
5月18日	14085	10630	13300

续表 5

日　期	CNCotton B 指数(国内标准级棉均价)	涤纶短纤	粘胶短纤
5 月 19 日	14081	10630	13300
5 月 22 日	14081	10620	13320
5 月 23 日	14080	10600	13350
5 月 24 日	14079	10600	13380
5 月 25 日	14078	10600	13400
5 月 26 日	14076	10600	13400
5 月 29 日	14078	10650	13450
5 月 30 日	14077	10690	13450
5 月 31 日	14077	10690	13450
6 月 1 日	14077	10700	13450
6 月 2 日	14077	10700	13460
6 月 5 日	14078	10750	13480
6 月 6 日	14079	10760	13490
6 月 7 日	14079	10800	13490
6 月 8 日	14080	10900	13495
6 月 9 日	14081	10950	13495
6 月 12 日	14081	11000	13495
6 月 13 日	14081	11010	13495
6 月 14 日	14081	11030	13495
6 月 15 日	14083	11040	13495
6 月 16 日	14083	11040	13495
6 月 19 日	14083	11090	13495
6 月 20 日	14079	11130	13495
6 月 21 日	14077	11190	13495
6 月 22 日	14073	11250	13495
6 月 23 日	14072	11250	13495
6 月 26 日	14069	11260	13495
6 月 27 日	14068	11300	13495
6 月 28 日	14066	11400	13495
6 月 29 日	14061	11450	13495
6 月 30 日	14057	11510	13495
7 月 3 日	14057	11540	13495
7 月 4 日	14052	11580	13495
7 月 5 日	14046	11620	13495
7 月 6 日	14039	11640	13495
7 月 7 日	14037	11660	13495
7 月 10 日	14033	11680	13495

续表 6

日　　期	CNCotton B 指数(国内标准级棉均价)	涤纶短纤	粘胶短纤
7 月 11 日	14032	11690	13495
7 月 12 日	14030	11720	13485
7 月 13 日	14029	11720	13485
7 月 14 日	14024	11800	13485
7 月 17 日	14018	11800	13485
7 月 18 日	14014	11800	13485
7 月 19 日	13987	11800	13485
7 月 20 日	13980	11800	13480
7 月 21 日	13972	11800	13475
7 月 24 日	13970	11795	13475
7 月 25 日	13968	11795	13475
7 月 26 日	13967	11795	13475
7 月 27 日	13967	11795	13475
7 月 28 日	13967	11795	13475
7 月 31 日	13967	11895	13475
8 月 1 日	13967	12000	13475
8 月 2 日	13966	12020	13465
8 月 3 日	13942	12080	13455
8 月 4 日	13936	12130	13455
8 月 7 日	13940	12220	13455
8 月 8 日	13946	12270	13455
8 月 9 日	13948	12350	13455
8 月 10 日	13950	12400	13455
8 月 11 日	13951	12500	13455
8 月 14 日	13953	12700	13455
8 月 15 日	13972	12800	13465
8 月 16 日	13997	12900	13495
8 月 17 日	13997	12950	13515
8 月 18 日	13998	13000	13515
8 月 21 日	14005	13100	13525
8 月 22 日	14007	13100	13525
8 月 23 日	14025	13200	13555
8 月 24 日	14027	13200	13655
8 月 25 日	14028	13220	13665
8 月 28 日	14032	13230	13665
8 月 29 日	14035	13280	13685
8 月 30 日	14037	13290	13695
8 月 31 日	14038	13290	13795

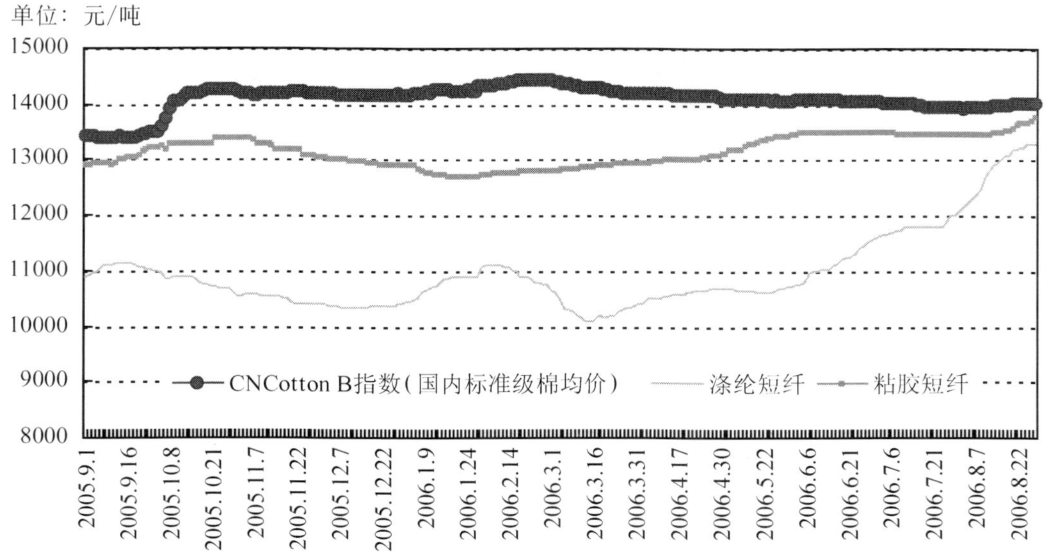

图 4－23　2005/2006 年度纺织原料价格对比

4－54　2005/2006 年度国内各类型纱价格对比表

单位：元/吨

日　期	气流纺 10 支纱	32 支纯棉纱	40 支纯棉精梳纱	45 支混纺纱
2005 年				
9 月 1 日	13060	18940	23900	18570
9 月 2 日	13060	18930	23900	18570
9 月 5 日	13060	18930	23900	18570
9 月 6 日	13100	18930	23900	18570
9 月 7 日	13100	18930	23900	18570
9 月 8 日	13100	18930	23900	18570
9 月 9 日	13100	18930	23900	18570
9 月 12 日	13120	18960	23900	18570
9 月 13 日	13120	18960	23900	18570
9 月 14 日	13120	18960	23900	18570
9 月 15 日	13120	18960	23900	18570
9 月 16 日	13150	18960	23900	18570
9 月 19 日	13150	19000	23900	18600
9 月 20 日	13200	19050	23950	18610
9 月 21 日	13220	19050	23960	18610
9 月 22 日	13250	19080	23980	18610
9 月 23 日	13280	19100	23990	18610
9 月 26 日	13290	19130	23990	18610
9 月 27 日	13290	19130	23990	18610

续表 1

日　　期	气流纺 10 支纱	32 支纯棉纱	40 支纯棉精梳纱	45 支混纺纱
9 月 28 日	13300	19140	24000	18610
9 月 29 日	13300	19180	24000	18610
9 月 30 日	13320	19250	24050	18610
10 月 8 日	13340	19300	24050	18610
10 月 9 日	13380	19380	24100	18610
10 月 10 日	13400	19450	24180	18610
10 月 11 日	13400	19500	24200	18610
10 月 12 日	13450	19600	24250	18630
10 月 13 日	13480	19650	24300	18630
10 月 14 日	13500	19680	24300	18630
10 月 17 日	13510	19700	24350	18630
10 月 18 日	13530	19750	24400	18630
10 月 19 日	13550	19750	24400	18630
10 月 20 日	13550	19750	24400	18630
10 月 21 日	13350	19750	24400	18630
10 月 24 日	13550	19750	24400	18630
10 月 25 日	13550	19750	24400	18630
10 月 26 日	13580	19800	24400	18630
10 月 27 日	13580	19800	24400	18630
10 月 28 日	13580	19800	24400	18610
10 月 31 日	13580	19790	24400	18610
11 月 1 日	13580	19790	24400	18610
11 月 2 日	13580	19790	24400	18610
11 月 3 日	13580	19790	24400	18610
11 月 4 日	13580	19790	24400	18610
11 月 7 日	13580	19790	24400	18610
11 月 8 日	13580	19780	24400	18610
11 月 9 日	13580	19780	24400	18610
11 月 10 日	13580	19780	24400	18610
11 月 11 日	13580	19780	24400	18610
11 月 14 日	13570	19770	24400	18600
11 月 15 日	13560	19760	24400	18600
11 月 16 日	13560	19760	24400	18600
11 月 17 日	13560	19760	24400	18600
11 月 18 日	13560	19760	24400	18600
11 月 21 日	13560	19760	24400	18600
11 月 22 日	13560	19760	24400	18600
11 月 23 日	13560	19750	24400	18600

续表 2

日　期	气流纺 10 支纱	32 支纯棉纱	40 支纯棉精梳纱	45 支混纺纱
11 月 24 日	13560	19750	24400	18600
11 月 25 日	13560	19750	24400	18600
11 月 28 日	13560	19750	24400	18600
11 月 29 日	13560	19750	24400	18600
11 月 30 日	13560	19750	24400	18600
12 月 1 日	13555	19755	24410	18595
12 月 2 日	13555	19755	24410	18590
12 月 5 日	13500	19750	24410	18590
12 月 6 日	13500	19750	24420	18585
12 月 7 日	13500	19750	24420	18585
12 月 8 日	13500	19750	24420	18585
12 月 9 日	13500	19750	24420	18585
12 月 12 日	13500	19750	24420	18585
12 月 13 日	13500	19750	24420	18585
12 月 14 日	13500	19750	24420	18580
12 月 15 日	13500	19750	24420	18575
12 月 16 日	13500	19740	24420	18575
12 月 19 日	13480	19740	24420	18575
12 月 20 日	13480	19730	24410	18575
12 月 21 日	13480	19730	24410	18575
12 月 22 日	13470	19725	24420	18565
12 月 23 日	13470	19725	24420	18565
12 月 26 日	13450	19720	24425	18565
12 月 27 日	13450	19720	24425	18565
12 月 28 日	13450	19720	24420	18560
12 月 29 日	13435	19720	24420	18560
12 月 30 日	13435	19720	24420	18560
12 月 31 日	13435	19720	24420	18560
2006 年				
1 月 4 日	13435	19720	24420	18560
1 月 5 日	13430	19715	24420	18560
1 月 6 日	13430	19715	24420	18560
1 月 9 日	13430	19715	24420	18560
1 月 10 日	13430	19715	24420	18560
1 月 11 日	13430	19715	24420	18560
1 月 12 日	13430	19715	24420	18560
1 月 13 日	13420	19710	24410	18560
1 月 16 日	13420	19710	24410	18560
1 月 17 日	13420	19710	24410	18560

续表 3

日　期	气流纺 10 支纱	32 支纯棉纱	40 支纯棉精梳纱	45 支混纺纱
1 月 18 日	13400	19710	24400	18560
1 月 19 日	13400	19710	24400	18560
1 月 20 日	13400	19710	24400	18560
1 月 23 日	13400	19710	24400	18560
1 月 24 日	13400	19710	24400	18560
1 月 25 日	13400	19710	24400	18560
1 月 26 日	13400	19710	24400	18560
1 月 27 日	13400	19710	24400	18560
2 月 5 日	13400	19710	24400	18560
2 月 6 日	13400	19710	24400	18580
2 月 7 日	13400	19710	24400	18580
2 月 8 日	13400	19720	24410	18580
2 月 9 日	13410	19730	24410	18580
2 月 10 日	13410	19750	24420	18580
2 月 13 日	13410	19750	24420	18590
2 月 14 日	13410	19800	24450	18600
2 月 15 日	13420	19800	24480	18620
2 月 16 日	13420	19800	24480	18620
2 月 17 日	13420	19810	24490	18630
2 月 20 日	13420	19810	24500	18640
2 月 21 日	13420	19810	24500	18640
2 月 22 日	19810	24500	18640	
2 月 23 日	13420	19810	24500	18650
2 月 24 日	13420	19810	24500	18650
2 月 27 日	13420	19810	24500	18650
2 月 28 日	13420	19810	24500	18650
3 月 1 日	13420	19810	24500	18650
3 月 2 日	13420	19810	24500	18650
3 月 3 日	13420	19810	24500	18650
3 月 6 日	13420	19800	24500	18640
3 月 7 日	13420	19800	24490	18630
3 月 8 日	13380	19800	24490	18640
3 月 9 日	13380	19780	24490	18630
3 月 10 日	13380	19780	24490	18630
3 月 13 日	13370	19780	24490	18610
3 月 14 日	13370	19780	24490	18610
3 月 15 日	13370	19780	24490	18600
3 月 16 日	13370	19780	24490	18600

续表 4

日　　期	气流纺 10 支纱	32 支纯棉纱	40 支纯棉精梳纱	45 支混纺纱
3 月 17 日	13360	19770	24490	18590
3 月 20 日	13350	19750	24485	18590
3 月 21 日	13350	19750	24485	18590
3 月 22 日	13350	19700	24480	18560
3 月 23 日	13350	19680	24480	18550
3 月 24 日	13350	19680	24480	18550
3 月 27 日	13350	19680	24480	18550
3 月 28 日	13350	19680	24480	18550
3 月 29 日	13350	19680	24480	18550
3 月 30 日	13350	19660	24480	18550
3 月 31 日	13350	19650	24480	18540
4 月 3 日	13350	19630	24480	18540
4 月 4 日	13350	19630	24480	18540
4 月 5 日	13350	19620	24460	18540
4 月 6 日	13350	19600	24460	18540
4 月 7 日	13340	19600	24460	18540
4 月 10 日	13320	19580	24450	18530
4 月 11 日	13320	19560	24450	18530
4 月 12 日	13320	19560	24450	18530
4 月 13 日	13300	19550	24450	18530
4 月 14 日	13300	19530	24450	18530
4 月 17 日	13300	19530	24450	18530
4 月 18 日	13300	19530	24450	18530
4 月 19 日	13300	19530	24450	18530
4 月 20 日	13300	19530	24450	18530
4 月 21 日	13300	19530	24450	18530
4 月 24 日	13300	19530	24450	18530
4 月 25 日	13300	19530	24450	18530
4 月 26 日	13300	19530	24450	18530
4 月 27 日	13300	19520	24450	18530
4 月 28 日	13300	19520	24450	18530
4 月 29 日	13300	19500	24450	18530
4 月 30 日	13300	19500	24450	18530
5 月 8 日	13300	19500	24450	18530
5 月 9 日	13300	19500	24450	18530
5 月 10 日	13290	19490	24450	18530
5 月 11 日	13290	19490	24450	18530
5 月 12 日	13280	19480	24450	18530

续表 5

日　期	气流纺 10 支纱	32 支纯棉纱	40 支纯棉精梳纱	45 支混纺纱
5 月 15 日	13270	19480	24450	18530
5 月 16 日	13260	19470	24450	18525
5 月 17 日	13260	19480	24450	18520
5 月 18 日	13260	19480	24450	18510
5 月 19 日	13260	19470	24450	18500
5 月 22 日	13260	19460	24450	18500
5 月 23 日	13260	19460	24450	18500
5 月 24 日	13260	19460	24450	18490
5 月 25 日	13260	19460	24450	18490
5 月 26 日	13260	19460	24450	18490
5 月 29 日	13250	19450	24450	18490
5 月 30 日	13240	19440	24450	18480
5 月 31 日	13240	19440	24450	18480
6 月 1 日	13240	19430	24450	18480
6 月 2 日	13230	19420	24450	18475
6 月 5 日	13230	19420	24445	18465
6 月 6 日	13210	19410	24445	18460
6 月 7 日	13210	19410	24445	18450
6 月 8 日	13200	19400	24440	18440
6 月 9 日	13190	19400	24440	18440
6 月 12 日	13190	19400	24440	18430
6 月 13 日	13180	19400	24445	18430
6 月 14 日	13180	19400	24445	18430
6 月 15 日	13180	19395	24445	18430
6 月 16 日	13180	19395	24445	18435
6 月 19 日	13180	19395	24445	18445
6 月 20 日	13180	19395	24445	18445
6 月 21 日	13180	19395	24445	18445
6 月 22 日	13180	19395	24445	18445
6 月 23 日	13180	19395	24445	18475
6 月 26 日	13180	19395	24445	18480
6 月 27 日	13180	19395	24445	18485
6 月 28 日	13180	19395	24445	18490
6 月 29 日	13180	19395	24445	18490
6 月 30 日	13180	19395	24445	18490
7 月 3 日	13180	19395	24445	18490
7 月 4 日	13180	19395	24445	18490
7 月 5 日	13180	19395	24445	18490
7 月 6 日	13180	19395	24445	18490

续表 6

日　期	气流纺 10 支纱	32 支纯棉纱	40 支纯棉精梳纱	45 支混纺纱
7 月 7 日	13180	19395	24445	18490
7 月 10 日	13180	19395	24445	18490
7 月 11 日	13180	19395	24445	18490
7 月 12 日	13180	19395	24445	18490
7 月 13 日	13180	19395	24445	18490
7 月 14 日	13180	19395	24445	18490
7 月 17 日	13180	19395	24445	18490
7 月 18 日	13180	19395	24445	18490
7 月 19 日	13180	19395	24445	18490
7 月 20 日	13180	19395	24445	18490
7 月 21 日	13180	19395	24445	18490
7 月 24 日	13180	19395	24445	18490
7 月 25 日	13180	19395	24445	18490
7 月 26 日	13180	19395	24445	18490
7 月 27 日	13180	19395	24445	18490
7 月 28 日	13180	19395	24425	18490
7 月 31 日	13180	19395	24425	18490
8 月 1 日	13180	19395	24415	18490
8 月 2 日	13180	19395	24415	18490
8 月 3 日	13180	19395	24415	18490
8 月 4 日	13180	19395	24415	18490
8 月 7 日	13180	19395	24415	18510
8 月 8 日	13180	19395	24415	18530
8 月 9 日	13180	19395	24415	18550
8 月 10 日	13180	19395	24415	18550
8 月 11 日	13180	19405	24415	18580
8 月 14 日	13180	19425	24415	18610
8 月 15 日	13180	19425	24415	18620
8 月 16 日	13180	19435	24415	18650
8 月 17 日	13180	19435	24405	18670
8 月 18 日	13180	19435	24405	18690
8 月 21 日	13180	19435	24405	18700
8 月 22 日	13180	19435	24405	18710
8 月 23 日	13180	19435	24405	18715
8 月 24 日	13180	19435	24405	18720
8 月 25 日	13180	19435	24405	18720
8 月 28 日	13180	19435	24405	18730
8 月 29 日	13180	19435	24405	18730
8 月 30 日	13180	19435	24405	18730
8 月 31 日	13180	19435	24405	18735

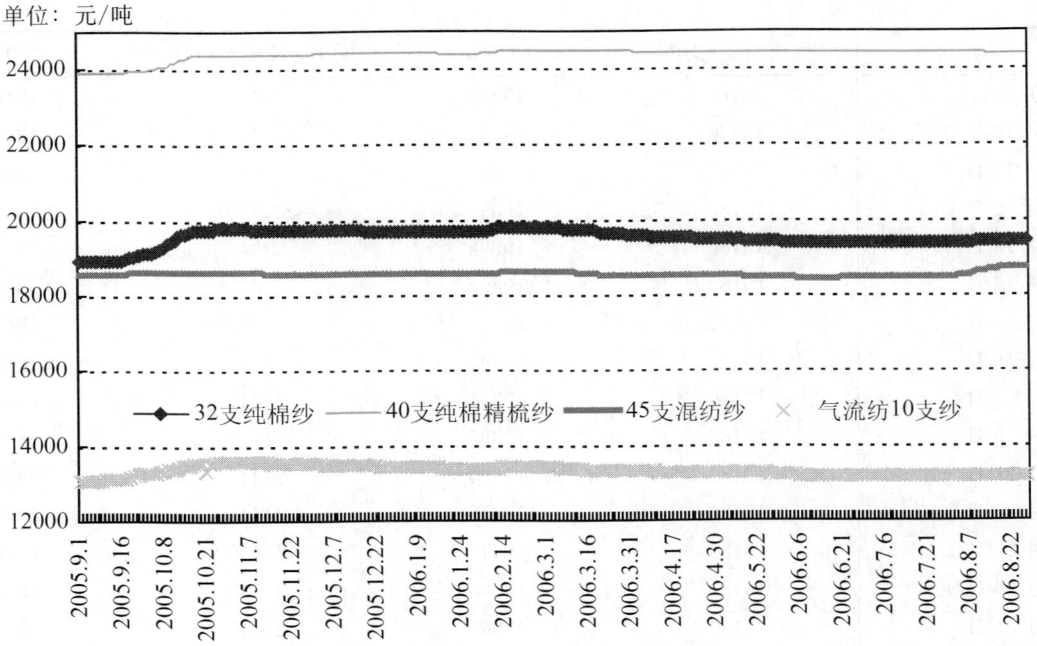

图 4－24　2005/2006 年度国内各类型纱价格对比

4－55　2005/2006 年度国内纺纱产量及棉花消费分月预测表

单位：万吨

月　份	纺纱产量	纺纱用棉量	同比(%)
2005 年 9 月	124.06	84.56	22.61
2005 年 10 月	124.74	85.02	29.32
2005 年 11 月	133.71	91.14	24.87
2005 年 12 月	139.81	95.29	23.96
2006 年 1 月	107.82	73.49	29.93
2006 年 2 月	106.81	72.80	25.03
2006 年 3 月	131.83	89.86	20.67
2006 年 4 月	136.46	93.01	17.07
2006 年 5 月	136.55	93.07	15.02
2006 年 6 月	156.53	106.69	22.64
2006 年 7 月	145.7	99.31	20.18
2006 年 8 月	157.97	107.67	30.79
年度总计	1604.56	1093.67	22.34

注：1. 纺纱产量数据源自国家统计局。

2. 用棉量计算标准：耗棉 1.065，配棉比 64%。

4—56　2005/2006 年度分省纱产量及棉花消费量估计

单位：万吨

	纺纱产量	用棉量	同比(±%)
总　计	1604.56	1093.67	22.34
山　东	444.66	303.08	32.09
江　苏	329.82	224.81	21.66
河　南	163.32	111.32	26.11
浙　江	107.78	73.46	17.54
湖　北	100.5	68.50	13.74
福　建	86.55	58.99	33.24
河　北	80.14	54.62	29.38
安　徽	39.34	26.81	9.34
广　东	35	23.86	5.71
湖　南	32.33	22.04	20.72
四　川	28.78	19.62	29.7
新　疆	27.39	18.67	−3.11
江　西	23.65	16.12	22.93
陕　西	19.46	13.26	7.04
辽　宁	18.37	12.52	12.49
广　西	11.42	7.78	1.24
上　海	10.93	7.45	−1.71
山　西	10.5	7.16	−4.46
天　津	7.25	4.94	−7.41
重　庆	6.93	4.72	16.47
吉　林	6.53	4.45	0.31
内蒙古	4.01	2.73	73.59
黑龙江	4	2.73	−11.5
贵　州	1.73	1.18	15.33
云　南	1.29	0.88	0.78
北　京	1.28	0.87	−25.15
甘　肃	1.2	0.82	−30.23
青　海	0.37	0.25	8.82
宁　夏	0.06	0.04	−62.5

注：纺纱产量数据源自国家统计局，用棉量估计方法同上表。

4—57 2005/2006 年度全国纺织生产分月统计表

单位：万吨、亿米

月份	纺纱产量	同比(%)	化纤产量	同比(%)	棉布产量	同比(%)
2005 年 9 月	124.06	22.61	146.12	16.62	16.77	24.59
2005 年 10 月	124.74	29.32	144.45	17.27	16.86	24.15
2005 年 11 月	133.71	24.87	142.97	18.76	17.33	21.36
2005 年 12 月	139.81	23.96	166.45	33.87	19.67	15
2006 年 1 月	107.82	29.93	145.90	22.20	14.80	27.59
2006 年 2 月	106.81	25.03	145.06	4.41	15.32	28.63
2006 年 3 月	131.83	20.67	159.6	20.29	18.59	20.48
2006 年 4 月	136.46	17.07	162.62	26.26	25	9.6
2006 年 5 月	136.55	15.02	166.75	27.87	19.86	20.8
2006 年 6 月	156.53	22.64	178	23.29	20.6	14.51
2006 年 7 月	145.7	20.18	166.09	10.06	19.91	24.05
2006 年 8 月	157.97	30.79	170.29	11.9	21.16	30.54

资料来源：国家统计局。

4—58 2005年9月全国纺织品服装进出口分省统计

单位:万美元

省 份	进出口额	同比(%)	出口额	同比(%)	进口额	同比(%)
总 计	1317413.4	19.13	1171064.2	22.04	146349.2	0.02
浙 江	249354.6	17.52	239622.1	18.33	9732.5	0.71
广 东	271427.6	19.59	204688.6	26.38	66739.0	2.67
江 苏	208979.8	24.40	192900.5	27.39	16079.3	—2.88
上 海	149108.7	6.51	129998.0	8.89	19110.8	—7.33
山 东	114041.3	10.48	101443.6	11.34	12597.6	4.01
福 建	52330.8	10.69	46954.9	10.30	5375.9	14.25
河 北	41182.5	10.99	40583.5	11.09	599.0	4.12
黑龙江	33141.4	80.18	33063.6	80.18	77.8	82.69
辽 宁	37651.7	16.34	31148.5	23.83	6503.2	—9.79
北 京	32519.1	38.26	28850.0	48.56	3669.1	—10.54
新 疆	27741.1	176.91	27726.2	177.66	14.9	—54.05
天 津	26392.7	49.54	24277.3	57.59	2115.4	—5.73
安 徽	10723.1	16.11	10402.2	16.19	320.9	13.41
湖 北	10786.2	10.12	9626.9	13.18	1159.3	—10.06
四 川	9777.1	29.80	9463.2	30.72	313.9	7.00
江 西	7333.1	4.44	6933.2	3.81	399.9	16.75
河 南	6928.6	13.30	6840.2	13.40	88.3	5.93
内蒙古	6029.2	—18.81	5998.9	—18.81	30.4	—19.77
湖 南	4112.1	12.22	3863.8	12.75	248.2	4.57
广 西	3414.7	13.72	3201.6	14.38	213.1	4.59
吉 林	3090.9	—4.24	2650.4	—11.05	440.5	77.47
陕 西	2568.4	—39.95	2546.4	—40.02	22.0	—30.36
重 庆	1756.2	6.91	1742.4	6.96	13.8	1.49
海 南	1861.5	—13.84	1528.8	—18.40	332.6	15.90
云 南	1418.0	50.21	1341.5	48.57	76.5	86.46
宁 夏	1054.0	47.04	1054.0	47.22	0.0	—100.00
西 藏	727.0	0.13	711.1	—0.80	15.8	73.36
青 海	637.5	41.62	637.2	41.58	0.3	300.14
山 西	656.0	39.55	601.0	44.46	55.0	1.80
甘 肃	558.9	—18.97	557.3	—19.19	1.6	>1000.00
贵 州	109.7	—15.36	107.4	—15.59	2.3	—3.05

资料来源:中国海关。

4—59　2005年10月全国纺织品服装进出口分省统计

单位:万美元

省　份	进出口额	同比(%)	出口额	同比(%)	进口额	同比(%)
总　计	1141695.6	16.97	1008134.5	18.68	133561.1	5.52
浙　江	213835.2	24.50	205145.2	24.95	8690.1	14.74
广　东	253183.8	20.59	188585.4	27.26	64598.4	4.59
江　苏	174315.9	15.85	160119.5	17.59	14196.4	—0.67
上　海	122616.0	4.95	106445.5	4.38	16170.5	8.87
山　东	103131.2	12.58	91766.2	12.44	11365.0	13.72
福　建	42883.6	18.82	38224.5	19.36	4659.1	14.60
河　北	37080.7	—25.19	36432.1	—25.74	648.6	29.02
黑龙江	31303.2	72.58	31220.0	72.87	83.2	5.26
辽　宁	29680.8	4.87	24135.4	6.89	5545.4	—3.08
北　京	26060.0	36.19	23424.7	44.62	2635.3	—10.31
天　津	24397.7	62.38	22387.4	70.74	2010.3	5.04
新　疆	18509.3	115.02	18496.1	115.80	13.2	—64.37
安　徽	9634.3	16.02	9439.5	17.97	194.8	—35.65
四　川	8677.2	24.10	8420.9	24.66	256.3	7.92
湖　北	8832.2	8.95	8030.4	11.31	801.8	—10.15
河　南	6484.1	12.81	6452.1	13.34	32.0	—41.78
江　西	6597.6	9.98	6115.8	6.36	481.8	93.62
内蒙古	4964.5	—14.20	4943.1	—13.26	21.4	—75.56
湖　南	4078.3	14.58	3760.6	12.56	317.6	45.46
广　西	3355.9	10.64	3161.4	10.59	194.6	11.57
陕　西	2455.9	—15.57	2449.8	—15.38	6.1	—55.56
吉　林	2526.8	—1.64	2242.7	—2.83	284.1	8.93
海　南	1754.4	—11.20	1490.4	—12.36	264.0	—4.04
重　庆	1436.8	15.58	1413.1	14.00	23.7	579.12
云　南	945.2	—38.76	912.6	—39.84	32.6	23.92
西　藏	792.4	26.68	778.8	25.29	13.6	248.90
宁　夏	636.7	—11.36	636.6	—11.26	0.1	—93.78
青　海	588.5	36.51	588.5	36.91	0.0	—100.00
山　西	479.8	32.24	465.6	42.15	14.2	—59.81
甘　肃	375.5	—30.71	375.5	—30.24	<0.1	—99.84
贵　州	81.9	—25.72	74.9	—31.80	6.9	>1000.00

资料来源:中国海关。

4—60 2005年11月全国纺织品服装进出口分省统计

单位:万美元

省 份	进出口额	同比(%)	出口额	同比(%)	进口额	同比(%)
总 计	1121838.9	9.60	973412.6	10.88	148426.3	1.87
浙 江	205390.4	10.40	195174.5	10.58	10215.9	7.03
广 东	254124.5	14.00	186911.2	20.05	67213.2	−0.01
江 苏	172690.5	13.63	155284.3	14.88	17406.2	3.57
上 海	123604.3	3.62	104095.3	3.45	19509.1	4.54
山 东	104560.5	14.16	91083.9	13.89	13476.6	16.04
福 建	44151.3	16.95	39160.0	20.36	4991.3	−4.36
河 北	37082.4	−21.08	36388.9	−21.64	693.4	26.01
新 疆	25130.0	−9.30	25114.3	−9.28	15.6	−31.19
辽 宁	30821.6	7.58	24779.8	12.33	6041.8	−8.30
北 京	24258.7	19.93	21137.4	27.78	3121.2	−15.32
黑龙江	19627.6	11.39	19563.5	11.43	64.2	2.11
天 津	19042.8	26.02	16789.0	30.39	2253.7	0.86
四 川	9108.9	22.89	8877.0	24.06	231.9	−9.66
安 徽	9057.4	5.80	8785.4	7.49	272.0	−29.83
湖 北	9202.1	14.73	8100.4	19.47	1101.7	−11.18
河 南	5877.1	5.80	5815.9	5.61	61.2	27.77
江 西	6169.8	4.56	5655.5	1.79	514.3	49.10
湖 南	4011.2	19.60	3769.3	17.71	241.9	59.59
广 西	3292.9	5.82	3193.0	8.12	99.9	−37.03
内蒙古	2551.0	−29.67	2536.2	−28.56	14.9	−80.75
吉 林	2964.9	30.96	2485.4	31.12	479.5	30.15
陕 西	1787.1	−28.43	1774.3	−28.04	12.8	−59.21
重 庆	1641.6	7.87	1601.2	6.87	40.3	72.21
海 南	1709.7	−8.46	1422.8	−8.65	286.9	−7.48
云 南	1112.3	−14.91	1099.9	−14.09	12.5	−53.90
山 西	841.4	54.27	815.0	61.18	26.4	−33.65
宁 夏	585.7	40.69	582.5	39.95	3.2	>1000.00
青 海	452.9	−8.25	452.9	−8.25	0.0	—
甘 肃	447.8	−2.57	447.3	−1.23	0.5	−92.76
西 藏	422.6	−36.90	398.6	−39.84	24.0	233.24
贵 州	117.7	22.78	117.5	26.19	0.1	−94.74

资料来源:中国海关。

4－61 2005年12月全国纺织品服装进出口分省统计

单位:万美元

省 份	进出口额	同比(%)	出口额	同比(%)	进口额	同比(%)
总 计	1181684.4	14.12	1021546.0	16.91	160138.4	－0.97
广 东	320261.4	28.30	248718.0	40.09	71543.4	－0.75
浙 江	217144.5	10.83	205860.6	11.26	11283.9	3.49
江 苏	174385.1	15.49	155038.7	18.39	19346.4	－3.45
山 东	103968.4	13.51	90214.8	15.04	13753.6	4.39
上 海	95331.1	－3.54	73228.0	－3.11	22103.2	－4.93
福 建	53751.4	5.98	48974.1	7.54	4777.2	－7.72
河 北	31126.1	25.72	30532.4	26.29	593.7	2.23
辽 宁	31273.1	10.35	24299.1	12.33	6974.0	3.98
新 疆	23076.3	－25.83	23051.9	－25.85	24.4	4.06
北 京	24327.2	16.56	20552.7	19.33	3774.5	3.49
黑龙江	17211.5	16.86	17129.5	16.83	82.0	24.41
天 津	18918.1	30.51	16776.3	37.08	2141.8	－5.12
四 川	13990.1	82.43	13828.1	87.08	162.0	－41.53
安 徽	9871.7	23.51	9544.2	24.98	327.5	－7.98
湖 北	9121.4	1.13	7795.7	5.99	1325.6	－20.36
江 西	7936.6	－17.74	7475.0	－19.15	461.6	14.68
河 南	7340.7	27.48	7278.3	27.01	62.4	124.85
湖 南	4415.9	17.54	4114.9	14.63	301.0	80.01
吉 林	3070.9	31.41	2648.1	34.61	422.8	14.36
广 西	2716.5	－21.29	2575.3	－21.15	141.3	－23.72
陕 西	2369.2	－29.46	2350.8	－29.32	18.4	－43.70
海 南	2284.1	23.18	1950.7	15.24	333.5	106.41
内蒙古	1713.4	－34.92	1693.9	－34.46	19.4	－59.46
云 南	1507.7	8.21	1462.6	6.72	45.1	97.47
重 庆	1285.7	－26.66	1225.0	－28.78	60.7	83.25
山 西	886.2	79.67	833.7	80.56	52.5	66.61
西 藏	782.0	－6.56	777.6	－5.88	4.4	－58.89
青 海	652.0	9.38	652.0	9.38	<0.1	—
甘 肃	453.9	－21.57	453.9	－21.57	0.0	—
宁 夏	378.6	34.76	378.6	35.73	<0.1	－99.93
贵 州	133.4	22.35	131.4	23.53	2.0	－24.41

资料来源:中国海关。

4—62　2006年1—8月全国纺织品服装进出口分省统计

单位：万美元

省　份	进出口额	同比(%)	出口额	同比(%)	进口额	同比(%)
总　计	10329965.0	22.19	9136177.3	24.65	1193788.0	6.10
广　东	2746281.4	47.25	2203517.8	60.59	542763.6	10.11
浙　江	1998521.9	19.48	1919207.5	20.12	79314.4	5.85
江　苏	1559731.4	15.04	1417882.3	16.35	141849.1	3.44
上　海	1109975.1	8.42	956999.2	9.61	152975.9	1.54
山　东	875291.8	11.21	773147.2	12.46	102144.5	2.57
福　建	406998.4	20.34	363225.9	22.46	43772.5	5.25
辽　宁	240527.0	10.63	189416.1	13.37	51110.9	1.54
黑龙江	180023.0	14.34	179449.7	14.52	573.3	—23.13
北　京	176669.8	—0.44	149777.6	—0.60	26892.3	0.48
河　北	168165.7	—5.64	162693.9	—6.14	5471.8	12.20
新　疆	160869.7	92.33	160691.1	92.29	178.7	129.18
天　津	132253.0	0.70	114234.6	1.74	18018.4	—5.40
四　川	98438.3	74.48	96855.8	78.26	1582.4	—24.03
湖　北	85045.8	15.68	76394.5	17.67	8651.3	0.65
安　徽	79252.6	11.41	76371.2	11.14	2881.4	19.13
江　西	65189.2	29.88	60516.3	27.92	4672.9	62.02
河　南	54771.8	16.99	54106.0	17.02	665.8	14.34
湖　南	34475.5	15.29	32702.9	15.69	1772.7	8.32
内蒙古	27144.7	—1.05	26845.3	—1.39	299.3	42.34
广　西	22305.7	28.03	20868.4	33.78	1437.4	—21.19
吉　林	22157.2	12.83	19227.8	13.90	2929.4	6.32
陕　西	20650.3	4.58	20173.2	3.90	477.1	44.66
海　南	15793.9	6.37	13618.9	5.87	2175.0	9.66
重　庆	13999.7	5.86	13381.1	5.01	618.6	28.42
云　南	9286.7	2.41	9125.0	3.85	161.7	—42.54
山　西	7644.0	77.07	7363.7	81.71	280.4	5.98
宁　夏	5605.3	97.76	5596.3	98.16	9.0	—11.97
青　海	4311.8	59.40	4311.1	59.45	0.7	—47.30
西　藏	4054.0	54.59	3974.2	55.21	79.8	28.85
甘　肃	3674.9	4.91	3664.2	5.47	10.7	—62.55
贵　州	855.6	—11.82	838.5	—12.43	17.0	33.23

资料来源：中国海关。

4—63 2005年9月全国纺织品进出口分省统计

单位：万美元

省　份	进出口额	同比(%)	出口额	同比(%)	进口额	同比(%)
总　计	509374.2	17.13	382266.4	25.09	127107.8	－1.70
广　东	113313.3	12.82	57853.0	28.54	55460.4	0.06
浙　江	111761.3	20.01	102523.9	22.13	9237.5	0.59
江　苏	91209.4	25.91	75752.3	33.48	15457.1	－1.48
山　东	57340.9	13.09	45142.7	15.83	12198.2	4.00
上　海	49213.2	7.09	33548.8	18.30	15664.4	－10.98
福　建	12755.9	27.82	7602.9	39.40	5153.0	13.87
辽　宁	10599.5	1.61	5261.5	25.38	5337.9	－14.38
北　京	7599.2	5.78	4682.3	21.27	2916.9	－12.23
黑龙江	6488.6	78.89	6413.9	78.82	74.6	84.59
新　疆	6474.6	326.76	6459.7	334.85	14.9	－52.93
河　北	6452.2	9.66	5923.3	8.94	528.9	18.49
天　津	6279.8	－4.14	4361.5	－2.08	1918.3	－8.49
安　徽	4841.5	4.40	4524.4	3.63	317.0	16.86
四　川	4259.3	28.86	4210.6	30.61	48.7	－40.42
河　南	4228.2	10.25	4141.5	9.97	86.7	25.39
湖　北	3467.4	－6.41	2396.9	－4.00	1070.6	－11.40
湖　南	2230.2	9.70	1994.1	10.98	236.1	－0.08
江　西	2116.5	14.43	1726.9	13.85	389.6	17.05
陕　西	1689.8	5.68	1667.9	6.38	21.9	－29.73
广　西	1281.1	128.18	1107.7	153.61	173.4	39.07
重　庆	1235.2	11.13	1229.3	11.69	5.8	－45.72
云　南	974.0	66.82	923.7	68.05	50.3	47.01
吉　林	847.9	10.59	494.9	－8.47	353.0	56.17
海　南	844.6	3.69	531.6	－2.16	313.0	15.41
内蒙古	495.9	－62.95	466.7	－64.15	29.2	－21.03
青　海	417.3	91.18	417.0	91.11	0.3	307.56
山　西	328.3	35.51	292.6	39.92	35.7	7.71
甘　肃	207.7	－0.14	206.1	－0.86	1.6	＞1000.00
宁　夏	188.9	＞1000.00	188.9	＞1000.00	0.0	－100.00
西　藏	163.2	－5.68	152.6	－7.41	10.6	28.83
贵　州	69.5	41.69	67.2	43.98	2.3	－3.05

资料来源：中国海关。

4—64　2005年10月全国纺织品进出口分省统计

单位：万美元

省　份	进出口额	同比(%)	出口额	同比(%)	进口额	同比(%)
总　计	470325.9	19.52	352439.1	25.82	117886.8	3.95
广　东	107224.7	10.87	52256.8	21.51	54967.9	2.35
浙　江	104050.0	26.47	95724.0	27.70	8326.0	13.92
江　苏	82381.9	24.43	68803.3	31.23	13578.6	—1.45
山　东	53545.2	19.15	42532.0	20.88	11013.2	12.94
上　海	44865.7	16.76	31024.5	22.44	13841.2	5.76
福　建	11649.1	33.29	7237.3	48.23	4411.8	14.37
辽　宁	8790.1	—0.79	4288.5	1.98	4501.6	—3.29
北　京	6378.9	0.91	4154.3	11.23	2224.5	—13.99
河　北	6164.0	9.36	5676.6	8.33	487.4	22.90
黑龙江	6126.1	62.60	6050.7	63.88	75.4	0.00
天　津	5845.1	—1.76	3972.3	—5.99	1872.7	8.61
安　徽	4801.1	14.08	4607.6	17.42	193.5	—31.96
河　南	4539.5	23.86	4508.1	24.66	31.4	—35.49
四　川	4433.8	40.98	4392.0	42.61	41.8	—35.92
新　疆	3969.1	391.25	3955.9	413.20	13.2	—64.37
湖　北	3023.6	—0.66	2272.4	2.65	751.2	—9.49
湖　南	2338.7	11.82	2022.4	7.88	316.3	45.86
江　西	2138.8	17.27	1670.9	5.55	467.9	94.36
陕　西	1616.5	14.71	1610.6	15.42	5.9	—56.92
广　西	1286.9	111.14	1109.7	122.41	177.2	60.26
重　庆	1269.5	37.31	1245.9	35.12	23.6	826.14
海　南	742.8	—4.96	486.4	—6.80	256.4	—1.27
吉　林	736.1	5.35	485.7	4.98	250.4	6.09
云　南	662.5	—25.19	645.6	—25.48	17.0	—11.94
内蒙古	379.0	—54.52	359.3	—51.84	19.7	—77.43
青　海	374.3	76.08	374.3	77.11	0.0	—100.00
宁　夏	317.4	>1000.00	317.4	>1000.00	0.0	—100.00
山　西	299.4	42.08	295.0	56.65	4.4	—80.36
西　藏	197.6	36.37	188.0	33.26	9.7	149.89
甘　肃	139.8	—7.61	139.8	—5.31	<0.1	—99.84
贵　州	38.8	34.51	31.9	10.73	6.9	>1000.00

资料来源：中国海关。

4—65 2005年11月全国纺织品进出口分省统计

单位：万美元

省 份	进出口额	同比(%)	出口额	同比(%)	进口额	同比(%)
总 计	490493.0	10.57	356718.8	14.64	133774.3	0.99
广 东	113497.4	6.45	55137.9	16.99	58359.5	—1.90
浙 江	104284.8	9.64	94450.3	10.01	9834.4	6.22
江 苏	85454.8	12.06	68837.7	14.23	16617.1	3.90
山 东	56495.8	16.52	43318.6	16.44	13177.3	16.77
上 海	50037.8	9.91	32844.3	14.36	17193.5	2.30
福 建	12780.2	19.05	7981.5	40.14	4798.8	—4.79
辽 宁	10051.6	3.99	4741.1	16.81	5310.5	—5.29
北 京	7510.0	10.14	4770.1	36.30	2739.9	—17.44
天 津	5652.5	—12.31	3582.8	—18.29	2069.7	0.42
河 北	5474.6	—5.32	4894.8	—8.33	579.8	30.96
四 川	4928.5	33.46	4836.5	34.20	92.1	3.64
安 徽	4766.4	—0.60	4509.1	1.74	257.3	—29.21
新 疆	4439.2	137.84	4423.6	139.92	15.6	—31.13
黑龙江	4246.3	22.50	4191.0	22.66	55.3	11.48
河 南	4215.8	20.66	4155.6	20.33	60.2	49.05
湖 北	3642.1	3.29	2614.0	10.12	1028.1	—10.78
湖 南	2448.3	11.15	2211.1	7.54	237.2	61.87
江 西	2213.0	11.09	1727.9	4.28	485.0	44.79
重 庆	1521.1	25.06	1482.5	24.20	38.6	69.92
陕 西	1350.0	—8.28	1337.3	—7.17	12.7	—59.53
广 西	1101.9	80.44	1018.7	110.58	83.2	—34.44
吉 林	934.8	—2.54	512.7	—15.50	422.1	19.76
海 南	922.2	21.26	667.1	42.06	255.1	—12.32
云 南	866.2	27.03	863.6	30.16	2.6	—85.80
内蒙古	403.9	—9.63	389.0	5.10	14.9	—80.64
山 西	366.8	—0.15	357.6	5.70	9.2	—68.34
宁 夏	276.2	>1000.00	273.0	>1000.00	3.2	>1000.00
青 海	235.7	18.38	235.7	18.38	0.0	—
甘 肃	231.0	10.66	230.7	14.22	0.3	—95.86
西 藏	96.5	—37.44	75.4	—49.01	21.1	231.82
贵 州	47.8	60.10	47.7	75.51	0.1	—94.74

资料来源：中国海关。

4—66　2005年12月全国纺织品进出口分省统计

单位:万美元

省　份	进出口额	同比(%)	出口额	同比(%)	进口额	同比(%)
总　计	503032.5	7.99	358943.8	13.10	144088.8	—2.94
广　东	118324.5	2.64	56761.6	10.93	61562.9	—3.98
浙　江	109777.2	9.11	98790.1	9.79	10987.1	3.41
江　苏	86721.7	14.17	68152.9	19.95	18568.8	—2.99
山　东	59055.7	12.81	45680.3	15.74	13375.4	3.85
上　海	41846.4	—5.00	22476.4	—2.43	19370.0	—7.81
福　建	14508.4	24.03	9906.0	47.84	4602.4	—7.90
辽　宁	11178.2	5.41	4933.0	10.60	6245.2	1.64
北　京	7736.0	—0.21	4391.6	0.96	3344.4	—1.71
天　津	6886.0	3.17	4859.9	6.32	2026.1	—3.69
河　北	6357.0	3.61	5815.3	3.69	541.7	2.74
河　南	4985.8	27.62	4924.1	26.87	61.7	142.19
安　徽	4946.6	6.99	4622.1	7.94	324.5	—4.83
四　川	4822.5	27.66	4769.8	30.19	52.7	—53.69
新　疆	4531.1	83.19	4508.4	84.03	22.6	—3.52
黑龙江	3945.9	1.52	3868.9	1.09	76.9	29.65
湖　北	3699.0	—0.67	2463.8	14.28	1235.2	—21.23
湖　南	2886.9	19.64	2590.0	15.12	296.9	82.00
江　西	2519.0	6.28	2083.5	5.47	435.6	10.36
陕　西	1466.6	6.88	1448.2	8.11	18.3	—43.69
重　庆	1094.6	—7.58	1034.4	—10.59	60.3	119.59
吉　林	1067.0	—0.35	694.0	—2.59	373.0	4.10
云　南	1004.4	20.93	971.0	19.11	33.4	117.56
广　西	970.6	58.19	853.0	79.38	117.5	—14.83
海　南	806.9	22.75	514.1	1.32	292.9	95.22
山　西	448.6	42.29	409.0	41.32	39.7	53.09
青　海	404.4	32.04	404.4	32.02	<0.1	—
内蒙古	377.6	—43.06	359.5	—41.60	18.1	—61.93
宁　夏	226.6	108.78	226.6	112.73	<0.1	—99.93
西　藏	218.5	56.62	215.0	65.70	3.5	—64.29
甘　肃	163.4	—33.14	163.4	—33.14	0.0	—
贵　州	55.4	51.45	53.4	57.42	2.0	—24.41

资料来源:中国海关。

4—67　2006年1—8月全国纺织品进出口分省统计金额

单位:万美元

省　份	进出口额	同比(%)	出口额	同比(%)	进口额	同比(%)
总　计	3692161.5	17.42	2663594.8	24.67	1028566.7	2.05
广　东	840721.6	7.74	398111.6	15.76	442610.0	1.42
浙　江	791759.9	27.01	719800.5	29.71	71959.4	5.15
江　苏	634844.0	22.95	503788.8	27.46	131055.2	8.24
山　东	438133.4	25.10	341478.8	32.35	96654.7	4.80
上　海	381074.2	8.53	249120.5	15.58	131953.7	—2.68
福　建	98317.6	14.42	57989.6	31.32	40328.0	—3.46
辽　宁	74997.7	6.83	30588.4	16.63	44409.3	0.98
北　京	56655.6	16.95	33076.1	31.95	23579.5	0.86
天　津	52687.8	3.39	34858.9	4.13	17828.9	1.97
河　北	46623.0	7.28	42448.7	6.16	4174.3	20.15
安　徽	37146.5	8.39	34851.0	10.97	2295.5	—19.88
黑龙江	36383.9	131.66	35687.4	135.93	696.4	20.18
四　川	29790.5	24.72	29205.8	24.34	584.6	47.24
河　南	28577.0	6.43	28014.1	6.32	562.9	12.26
湖　北	25123.8	—1.89	17055.8	1.09	8068.0	—7.64
新　疆	24766.0	194.00	24688.8	196.46	77.2	—19.37
湖　南	16750.2	5.71	15138.9	3.26	1611.3	35.99
江　西	14741.4	—1.42	11970.6	—3.09	2770.9	6.49
陕　西	10992.3	—6.99	10664.1	—8.02	328.2	45.85
重　庆	10334.7	19.61	9861.1	17.27	473.6	104.57
内蒙古	9371.3	—13.32	9164.7	—10.24	206.7	—65.61
吉　林	6824.2	3.77	4285.1	2.15	2539.1	6.62
云　南	6775.8	50.76	6588.7	48.03	187.1	328.45
广　西	5721.7	26.35	4105.1	41.48	1616.7	—0.62
海　南	5472.6	—0.48	3711.2	—4.72	1761.4	9.82
山　西	2614.1	36.36	2479.0	51.48	135.1	—51.84
青　海	1580.0	30.59	1578.8	31.52	1.2	—87.71
甘　肃	1292.9	—10.77	1264.6	—7.80	28.4	—63.38
宁　夏	928.8	109.16	918.8	108.51	10.0	192.31
西　藏	821.3	—4.91	774.2	—7.17	47.1	58.61
贵　州	337.7	8.85	325.1	24.34	12.6	—74.16

资料来源:中国海关。

4—68 2005年9月全国服装进出口分省统计

单位：万美元

省 份	进出口额	同比(%)	出口额	同比(%)	进口额	同比(%)
总 计	808039.2	20.42	788797.8	20.61	19241.4	13.04
广 东	158114.3	24.96	146835.7	25.55	11278.6	17.78
浙 江	137593.3	15.58	137098.2	15.63	495.1	2.93
江 苏	117770.4	23.27	117148.2	23.74	622.1	－28.25
上 海	99895.6	6.22	96449.1	5.96	3446.4	13.96
山 东	56700.4	7.96	56301.0	7.99	399.5	4.49
福 建	39574.9	6.11	39351.9	6.02	222.9	24.00
河 北	34730.3	11.23	34660.2	11.47	70.1	－45.62
辽 宁	27052.3	23.35	25887.0	23.52	1165.3	19.59
黑龙江	26652.8	80.50	26649.7	80.51	3.2	46.99
北 京	24919.9	52.54	24167.7	55.33	752.2	－3.32
新 疆	21266.5	150.17	21266.5	150.19	＜0.1	－98.50
天 津	20112.9	81.22	19915.8	81.86	197.2	33.52
湖 北	7318.8	20.18	7230.0	20.32	88.8	10.03
安 徽	5881.7	27.91	5877.8	28.15	3.9	－66.77
内蒙古	5533.3	－9.10	5532.1	－9.11	1.1	35.20
四 川	5517.8	30.53	5252.6	30.81	265.2	25.31
江 西	5216.6	0.87	5206.3	0.86	10.3	6.44
河 南	2700.4	18.43	2698.7	19.10	1.7	－88.32
吉 林	2243.0	－8.86	2155.5	－11.62	87.5	294.74
广 西	2133.6	－12.60	2093.9	－11.36	39.7	－49.76
湖 南	1881.9	15.36	1869.8	14.70	12.1	＞1000.00
海 南	1016.9	－24.46	997.2	－25.03	19.7	24.22
陕 西	878.6	－67.19	878.5	－67.19	0.1	－71.05
宁 夏	865.2	23.58	865.2	23.59	0.0	－100.00
西 藏	563.8	1.95	558.5	1.17	5.2	480.94
重 庆	521.0	－1.91	513.1	－2.90	7.9	184.78
云 南	444.0	23.29	417.8	18.25	26.2	284.42
甘 肃	351.2	－27.10	351.2	－27.10	0.0	—
山 西	327.7	43.86	308.4	49.05	19.3	－7.60
青 海	220.2	－5.04	220.2	－5.04	0.0	－100.00
贵 州	40.2	－50.12	40.2	－50.12	0.0	—

资料来源：中国海关。

4—69　2005年10月全国服装进出口分省统计

单位：万美元

省　份	进出口额	同比(%)	出口额	同比(%)	进口额	同比(%)
总　计	671369.6	15.25	655695.4	15.17	15674.3	19.05
广　东	145959.1	28.90	136328.6	29.62	9630.5	19.52
浙　江	109785.3	22.69	109421.2	22.64	364.1	37.40
江　苏	91934.1	9.11	91316.3	9.04	617.8	20.29
上　海	77750.3	−0.84	75421.0	−1.59	2329.3	31.91
山　东	49586.0	6.25	49234.3	6.05	351.8	45.23
福　建	31234.5	14.20	30987.2	14.16	247.4	18.90
河　北	30916.7	−29.62	30755.5	−29.82	161.2	51.89
黑龙江	25177.2	75.19	25169.3	75.18	7.9	112.60
辽　宁	20890.7	7.45	19846.8	8.01	1043.9	−2.19
北　京	19681.1	53.59	19270.4	54.62	410.7	16.83
天　津	18552.6	104.42	18415.1	107.23	137.5	−27.42
新　疆	14540.2	86.41	14540.2	86.41	0.0	—
湖　北	5808.6	14.73	5758.0	15.15	50.6	−18.96
安　徽	4833.3	18.01	4832.0	18.51	1.3	−92.84
内蒙古	4585.5	−7.42	4583.8	−7.45	1.7	704.92
江　西	4458.8	6.79	4444.9	6.67	13.9	71.67
四　川	4243.4	10.29	4028.9	9.63	214.5	24.54
广　西	2069.0	−14.63	2051.7	−13.06	17.4	−72.81
河　南	1944.6	−6.63	1944.0	−6.37	0.7	−89.55
吉　林	1790.7	−4.25	1757.0	−4.79	33.7	35.85
湖　南	1739.6	18.51	1738.2	18.55	1.4	−10.99
海　南	1011.6	−15.28	1004.0	−14.82	7.7	−50.43
陕　西	839.4	−44.02	839.2	−44.04	0.2	>1000.00
西　藏	594.8	23.75	590.9	22.94	3.9	>1000.00
宁　夏	319.3	−54.85	319.2	−54.81	0.1	−93.28
云　南	282.7	−57.03	267.1	−58.96	15.6	122.52
甘　肃	235.6	−39.66	235.6	−39.66	0.0	—
青　海	214.3	−1.97	214.3	−1.97	0.0	—
山　西	180.4	18.60	170.6	22.53	9.8	−23.98
重　庆	167.3	−47.48	167.2	−47.34	<0.1	−96.74
贵　州	43.1	−47.07	43.1	−46.90	0.0	−100.00

资料来源：中国海关。

4—70　2005年11月全国服装进出口分省统计

单位：万美元

省　份	进出口额	同比(%)	出口额	同比(%)	进口额	同比(%)
总　计	631345.9	8.86	616693.8	8.82	14652.1	10.74
广　东	140627.0	20.92	131773.3	21.38	8853.7	14.47
浙　江	101105.7	11.19	100724.2	11.12	381.5	33.40
江　苏	87235.7	15.20	86446.6	15.40	789.1	−3.05
上　海	73566.6	−0.27	71251.0	−0.91	2315.6	24.82
山　东	48064.7	11.51	47765.4	11.67	299.3	−8.87
河　北	31607.8	−23.29	31494.1	−23.37	113.7	5.66
福　建	31371.1	16.11	31178.5	16.17	192.6	7.73
辽　宁	20770.0	9.41	20038.7	11.32	731.3	−25.51
新　疆	20690.8	−19.93	20690.8	−19.93	0.0	−100.00
北　京	16748.7	24.90	16367.3	25.49	381.4	3.81
黑龙江	15381.4	8.67	15372.5	8.71	8.9	−33.00
天　津	13390.3	54.53	13206.3	55.53	184.0	6.05
湖　北	5560.1	23.70	5486.5	24.50	73.6	−16.41
安　徽	4291.0	13.97	4276.3	14.31	14.8	−39.06
四　川	4180.3	12.40	4040.6	13.77	139.8	−16.69
江　西	3956.9	1.23	3927.6	0.73	29.3	194.33
广　西	2191.0	−12.40	2174.3	−11.95	16.7	−47.40
内蒙古	2147.1	−32.49	2147.1	−32.48	0.0	−100.00
吉　林	2030.1	55.60	1972.7	53.07	57.4	259.70
河　南	1661.4	−19.39	1660.3	−19.15	1.0	−86.30
湖　南	1562.9	35.76	1558.2	35.95	4.7	−6.64
海　南	787.5	−28.87	755.8	−30.54	31.7	66.30
山　西	474.6	166.56	457.4	173.38	17.2	60.28
陕　西	437.1	−57.36	437.0	−57.37	0.1	454.55
西　藏	326.2	−36.74	323.2	−37.20	2.9	243.80
宁　夏	309.5	−21.50	309.5	−21.49	0.0	−100.00
云　南	246.1	−60.64	236.2	−61.69	9.8	14.07
青　海	217.2	−26.25	217.2	−26.25	0.0	—
甘　肃	216.8	−13.58	216.6	−13.67	0.2	—
重　庆	120.5	−60.56	118.8	−61.03	1.7	146.91
贵　州	69.8	5.87	69.8	5.87	0.0	—

资料来源：中国海关。

4—71 2005年12月全国服装进出口分省统计

单位：万美元

省　份	进出口额	同比(%)	出口额	同比(%)	进口额	同比(%)
总　计	678651.9	19.13	662602.3	19.08	16049.6	21.09
广　东	201936.9	50.31	191956.3	51.89	9980.5	25.27
浙　江	107367.4	12.64	107070.5	12.66	296.9	6.73
江　苏	87663.4	16.82	86885.8	17.18	777.6	—13.14
上　海	53484.7	—2.37	50751.6	—3.41	2733.2	22.07
山　东	44912.7	14.44	44534.5	14.33	378.2	28.21
福　建	39243.0	0.57	39068.2	0.58	174.8	—2.77
河　北	24769.1	33.01	24717.1	33.11	52.0	—2.74
辽　宁	20095.0	13.31	19366.2	12.78	728.8	29.54
新　疆	18545.3	—35.24	18543.5	—35.25	1.8	—
北　京	16591.2	26.47	16161.1	25.53	430.1	75.94
黑龙江	13265.6	22.36	13260.6	22.39	5.1	—22.93
天　津	12032.1	53.84	11916.4	55.41	115.7	—24.72
四　川	9167.7	135.60	9058.3	142.99	109.4	—33.06
湖　北	5422.3	2.39	5331.9	2.55	90.4	—6.11
江　西	5417.5	—25.56	5391.6	—25.84	26.0	235.02
安　徽	4925.1	46.18	4922.1	46.74	2.9	—80.20
河　南	2354.9	27.19	2354.3	27.31	0.7	—69.68
吉　林	2003.9	58.26	1954.1	55.73	49.8	336.13
广　西	1746.0	—38.47	1722.2	—38.28	23.7	—49.70
湖　南	1529.0	13.76	1524.9	13.80	4.1	0.80
海　南	1477.2	23.42	1436.6	21.20	40.6	252.03
内蒙古	1335.7	—32.18	1334.4	—32.23	1.3	227.03
陕　西	902.6	—54.56	902.5	—54.56	0.1	—48.32
西　藏	563.5	—19.20	562.5	—19.22	0.9	—5.05
云　南	503.4	—10.56	491.6	—11.47	11.8	56.52
山　西	437.6	145.89	424.7	146.44	12.8	129.07
甘　肃	290.5	—13.11	290.5	—13.11	0.0	—
青　海	247.6	—14.56	247.6	—14.56	0.0	—
重　庆	191.0	—66.40	190.6	—66.14	0.4	—92.49
宁　夏	152.0	—11.84	152.0	—11.84	0.0	—
贵　州	78.0	7.67	78.0	7.67	0.0	—

资料来源：中国海关。

4—72　2006年1—8月全国服装进出口分省统计

单位:万美元

省市名称	进出口额	同比(±%)	出口金额	同比(±%)	进口金额	同比(±%)
总　计	6088493.0	27.85	5974296.0	28.05	114197.0	18.24
广　东	1793889.0	75.13	1730138.0	77.63	63751.0	26.65
广　州	235155.0	17.97	228494.0	18.22	6661.0	10.00
深　圳	882043.0	250.79	868160.0	259.20	13883.0	42.28
珠　海	41915.0	31.29	37502.0	25.10	4414.0	126.49
汕　头	44912.0	8.71	44532.0	8.77	379.0	2.31
浙　江	1035874.0	17.60	1032732.0	17.64	3142.0	5.70
杭　州	289194.0	11.74	288673.0	11.77	522.0	－4.17
宁　波	258115.0	20.89	257695.0	20.94	419.0	－3.31
江　苏	820436.0	13.80	814899.0	14.00	5537.0	－8.95
南　京	182915.0	6.36	182564.0	6.73	351.0	－62.28
上　海	696130.0	8.32	674557.0	8.11	21574.0	15.36
山　东	384055.0	10.06	380749.0	10.04	3307.0	12.69
青　岛	198003.0	9.64	195765.0	9.54	2239.0	18.61
福　建	282610.0	17.81	281210.0	17.84	1400.0	11.05
厦　门	139135.0	24.61	138841.0	24.66	294.0	3.73
辽　宁	155585.0	28.51	155521.0	28.51	64.0	30.20
沈　阳	1849.0	－8.12	1787.0	－9.02	63.0	27.95
大　连	161607.0	13.47	155011.0	13.57	6595.0	11.24
黑龙江	10180.0	－2.59	9928.0	－2.97	252.0	15.43
哈尔滨	112061.0	14.53	109915.0	14.59	2147.0	11.96
新　疆	127565.0	116.66	127563.0	116.66	2.0	185.63
河　北	119530.0	－1.05	115619.0	－1.69	3911.0	22.80
北　京	114763.0	－12.79	113876.0	－13.00	887.0	26.23
天　津	77827.0	－1.04	76658.0	－0.99	1169.0	－4.00
湖　北	63673.0	139.12	62421.0	148.40	1252.0	－16.43
武　汉	55148.0	151.32	53896.0	163.60	1252.0	－16.35
四　川	54139.0	11.88	53604.0	11.99	535.0	1.41
成　都	27676.0	14.30	27650.0	14.29	27.0	20.43
江　西	44251.0	24.82	43937.0	24.33	315.0	177.89
安　徽	39269.0	15.53	39200.0	15.75	68.0	－44.44
河　南	20564.0	12.73	20533.0	12.68	31.0	60.59
内蒙古	19564.0	8.32	19561.0	8.32	3.0	－19.94
湖　南	14385.0	9.36	14365.0	9.41	20.0	－21.67
广　西	13942.0	8.81	13835.0	9.83	107.0	－50.39
吉　林	5955.0	－25.01	5896.0	－23.82	59.0	－70.78
长　春	12638.0	8.01	12541.0	9.11	97.0	－53.00
海　南	8835.0	－5.76	8624.0	－5.78	211.0	－4.88
陕　西	7399.0	－15.48	7394.0	－15.52	5.0	182.91
西　安	7344.0	－14.57	7340.0	－14.61	5.0	182.91
山　西	4147.0	143.55	4024.0	155.78	123.0	－5.01
甘　肃	3096.0	62.46	3095.0	62.43	1.0	360.49
重　庆	2845.0	57.96	2825.0	58.14	20.0	37.13
西　藏	2813.0	－2.64	2806.0	－2.61	7.0	－10.79
宁　夏	2769.0	25.28	2768.0	25.28	0.0	－13.98
云　南	2209.0	－3.65	2146.0	－2.34	62.0	－34.12
青　海	1530.0	35.96	1530.0	35.99	0.0	－100.00
贵　州	554.0	－12.34	554.0	－12.34	0.0	－14.06

资料来源:中国海关,表中省份以出口金额排序。

4—73 1995年以来全国货物贸易及纺织品服装进出口统计

单位:亿美元

年份	全国货物贸易							
	进出口额	同比(%)	出口额	同比(%)	进口额	同比(%)	顺差	同比(%)
1995年	2809	—	1488	—	1321	—	167	—
1996年	2899	3.20	1511	1.55	1388	5.07	123	—26.35
1997年	3251	12.14	1827	20.91	1424	2.59	403	227.64
1998年	3240	—0.34	1838	0.60	1402	—1.54	436	8.19
1999年	3606	11.30	1949	6.04	1657	18.19	292	—33.03
2000年	4743	31.53	2492	27.86	2251	35.85	241	—17.47
2001年	5098	7.48	2662	6.82	2436	8.22	226	—6.22
2002年	6208	21.77	3256	22.31	2952	21.18	304	34.51
2003年	8512	37.11	4384	34.64	4128	39.84	256	—15.79
2004年	11548	35.67	5934	35.36	5614	36.00	320	25.00
2005年	14221	23.15	7620	28.41	6601	17.58	1019	218.44
2006年1—9月	12729	—	6914	26.63	5815	21.65	1099	—

续表1

年份	其中:纺织品服装											
	进出口额	占比(%)	同比(%)	出口额	占比(%)	同比(%)	进口额	占比(%)	同比(%)	顺差	占比(%)	同比(%)
1995年	517	18.41	—	359	24.13	—	158	11.96	—	201	120.36	—
1996年	517	17.83	0.00	350	23.16	—2.51	167	12.03	5.70	183	148.78	—8.96
1997年	604	18.58	16.83	432	23.65	23.43	172	12.08	2.99	260	64.52	42.08
1998年	549	16.94	—9.11	405	22.03	—6.25	144	10.27	—16.28	261	59.86	0.38
1999年	523	14.50	—4.74	403	20.68	—0.49	120	7.24	—16.67	283	96.92	8.43
2000年	614	12.95	17.40	485	19.46	20.35	129	5.73	7.50	356	147.72	25.80
2001年	647	12.69	5.37	519	19.50	7.01	128	5.25	—0.78	391	173.01	9.83
2002年	766	12.34	18.39	622	19.10	19.85	144	4.88	12.50	478	157.24	22.25
2003年	950	11.16	24.02	793	18.09	27.49	157	3.80	9.03	636	248.44	33.05
2004年	1120	9.70	17.89	951	16.03	19.92	169	3.01	7.64	782	244.38	22.96
2005年	1321	9.29	17.95	1150	15.09	20.93	171	2.59	1.18	979	96.07	25.19
2006年1—9月	1193	9.37	—	1059	15.32	24.15	134	2.30	4.69	925	84.17	—

资料来源:中国海关。

4—74　2006年1—8月全国货物贸易商品进出口总值及纺织品服装进出口统计

单位：亿美元

月　份	全国货物贸易							
	进出口额	同比(%)	出口额	同比(%)	进口额	同比(%)	顺差	同比(%)
2005年7月	1208	—	656	—	552	—	104	—
2005年8月	1250	—	674	—	576	—	98	—
2005年9月	1328	—	702	—	626	—	76	—
2005年10月	1242	—	681	—	561	—	120	—
2005年11月	1337	—	721	—	616	—	105	—
2005年12月	1398	—	754	—	644	—	110	—
2006年1月	1205	—	650	—	555	—	95	—
2006年2月	1059	—	542	—	517	—	25	—
2006年3月	1450	—	781	—	669	—	112	—
2006年4月	1435	—	770	—	665	—	105	—
2006年5月	1332	—	731	—	601	—	130	—
2006年6月	1481	—	813	—	668	—	145	—
2006年7月	1460	20.86	803	22.41	657	19.02	146	40.38
2006年8月	1628	30.24	908	34.72	720	25.00	188	91.84
2006年9月	1679	26.43	916	30.48	763	21.88	153	101.32

续表1

月　份	其中：纺织品服装											
	进出口额	占比(%)	同比(%)	出口额	占比(%)	同比(%)	进口额	占比(%)	同比(%)	顺差	占比(%)	同比(%)
2005年7月	128	10.60	0.00	112	17.07	0.00	16	2.90	0.00	96	92.31	0.00
2005年8月	133	10.64	3.91	118	17.51	5.36	15	2.60	−6.25	103	105.10	7.29
2005年9月	132	9.94	3.12	117	16.67	4.46	15	2.40	−6.25	102	134.21	6.25
2005年10月	114	9.18	−10.94	101	14.83	−9.82	13	2.32	−18.75	88	73.33	−8.33
2005年11月	112	8.38	−12.50	97	13.45	−13.39	15	2.44	−6.25	82	78.10	−14.58
2005年12月	119	8.51	−7.03	103	13.66	−8.04	16	2.48	0.00	87	79.09	−9.38
2006年1月	113	9.38	−11.72	102	15.69	−8.93	11	1.98	−31.25	91	95.79	−5.21
2006年2月	77	7.27	−39.84	66	12.18	−41.07	11	2.13	−31.25	55	220.00	−42.71
2006年3月	121	8.34	−5.47	105	13.44	−6.25	16	2.39	0.00	89	79.46	−7.29
2006年4月	128	8.92	0.00	112	14.55	0.00	16	2.41	0.00	96	91.43	0.00
2006年5月	127	9.53	−0.78	112	15.32	0.00	15	2.50	−6.25	97	74.62	1.04
2006年6月	148	9.99	15.62	131	16.11	16.96	17	2.54	6.25	114	78.62	18.75
2006年7月	152	10.41	18.75	136	16.94	21.43	16	2.44	0.00	120	82.19	25.00
2006年8月	169	10.38	27.07	153	16.85	29.66	16	2.22	6.67	137	72.87	33.01
2006年9月	158	9.41	19.70	142	15.50	21.37	16	2.10	6.67	126	82.35	23.53

资料来源：中国海关。

4—75 2005/2006年度棉纱进出口分月统计表

单位：吨、万美元

月份	进口				出口			
	数量	同比(%)	金额	同比(%)	数量	同比(%)	金额	同比(%)
年度总计	910543	20.68	195438	21.59	529954	15.43	165567	22.42
2005年9月	68553	12.62	15158	17.30	40123	8.10	12194	8.96
2005年10月	65262	16.42	14213	16.60	34811	1.85	10530	5.96
2005年11月	67721	13.54	14388	9.77	37012	2.42	10854	4.00
2005年12月	73796	26.78	15513	23.57	34236	4.04	10170	11.55
2006年1月	66350	17.96	13706	23.86	28198	7.67	8321	11.81
2006年2月	65083	81.84	14206	90.76	35655	67.13	10746	72.96
2006年3月	95114	31.85	21110	37.39	58241	18.72	18373	19.58
2006年4月	88012	13.76	19226	16.97	54653	10.25	17564	20.52
2006年5月	81938	14.47	17758	14.17	52233	7.91	16781	17.55
2006年6月	77889	13.23	16424	11.33	49627	10.37	16375	16.46
2006年7月	73658	10.39	15480	10.02	49793	29.08	15967	34.04
2006年8月	87167	22.65	18256	18.55	55370	37.36	17692	47.26

资料来源：中国海关。

4—76 2005/2006年度棉纱进口分贸易方式统计表

单位：吨

年份	总计	一般贸易	来料加工	进料加工	保税仓库进出境	其他
年度总计	910544	93569	184762	627623	922	3648
2005年9月	68553	5092	13802	49288	201	169
2005年10月	65262	5632	12727	46518	100	284
2005年11月	67721	7721	12918	46461	105	515
2005年12月	73796	9021	14640	49547	94	494
2006年1月	66350	8217	11308	45991	245	589
2006年2月	65083	5964	12145	46888	18	68
2006年3月	95114	8288	19269	67291	0	266
2006年4月	88012	7379	17296	62880	0	456
2006年5月	81938	7682	14687	59422	31	116
2006年6月	77889	7789	16867	52973	0	260
2006年7月	73658	8836	18006	46535	74	201
2006年8月	87167	11946	21097	53829	54	241

资料来源：中国海关。

4—77　2005/2006年度棉纱出口分贸易方式统计表

单位:吨

月　份	总　计	一般贸易	来料加工	进料加工	边境小额贸易	保税仓库进出境	其　他
年度总计	529954	185724	10639	330317	1808	49	1416
2005年9月	40123	14622	864	24334	187	1	115
2005年10月	34811	13639	996	19939	97	2	138
2005年11月	37012	13190	803	22860	75	4	80
2005年12月	34236	12437	644	20989	71	0	95
2006年1月	28198	9170	669	18192	128	1	38
2006年2月	35655	11495	703	23276	99	0	84
2006年3月	58241	19487	1251	37222	174	7	101
2006年4月	54653	19308	913	34062	235	13	123
2006年5月	52233	18564	720	32626	179	7	137
2006年6月	49627	18017	924	30401	135	2	148
2006年7月	49793	17170	1117	31053	218	2	233
2006年8月	55370	18625	1036	35363	211	11	124

资料来源:中国海关。

4—78　2005/2006年度棉布进出口分月统计表

单位:万米、万美元

月　份	进　口				出　口			
	数量	同比增减(%)	金额	同比增减(%)	数量	同比增减(%)	金额	同比增减(%)
年度总计	151110	—5.08	212708	—0.37	590661	11.09	660142	14.66
2005年9月	12536	—0.72	15445	—1.20	49554	13.08	56265	17.20
2005年10月	13544	—1.47	16611	2.10	48309	10.14	55665	12.59
2005年11月	14939	—9.46	19768	—6.49	50034	3.77	57600	7.93
2005年12月	16516	—10.94	23703	—3.19	51098	1.51	58108	4.60
2006年1月	9123	—12.84	13865	—11.67	49477	23.62	53765	23.59
2006年2月	8928	8.65	13759	8.81	30283	—2.82	33824	3.16
2006年3月	12784	—4.31	18900	—1.46	52483	11.37	60056	20.80
2006年4月	13451	—9.92	18718	—3.96	51614	12.61	58938	17.25
2006年5月	12139	—4.95	16927	0.76	50757	18.53	56467	21.96
2006年6月	13051	—1.11	20126	5.50	51484	11.93	56442	14.85
2006年7月	12288	—1.85	18371	127.00	49573	11.62	52671	11.78
2006年8月	11812	—4.03	16515	2.45	55619	16.85	60341	18.29

资料来源:中国海关。

4—79 2005/2006年度棉布进口分贸易方式统计表

单位:万米

月 份	总 计	一般贸易	来料加工	进料加工	保税仓库进出境	保税区仓储转口货物	其 他
年度总计	151110	2224	58912	87588	159	2106	120
2005年9月	12536	171	4667	7383	9	299	7
2005年10月	13544	175	4895	8225	16	228	5
2005年11月	14939	205	5509	8892	9	318	7
2005年12月	16516	240	6451	9556	22	235	12
2006年1月	9123	185	3599	5228	22	80	9
2006年2月	8928	128	3771	4868	15	138	8
2006年3月	12784	175	5166	7199	22	210	13
2006年4月	13451	179	5400	7704	20	132	16
2006年5月	12139	151	4900	6967	5	104	13
2006年6月	13051	207	5023	7717	4	85	15
2006年7月	12288	188	4958	7013	4	118	7
2006年8月	11812	221	4574	6837	10	160	9

资料来源:中国海关。

4—80 2005/2006年度棉布出口分贸易方式统计表

单位:万米

月 份	总计	一般贸易	来料加工	进料加工	边境小额贸易	保税仓库进出境	保税区仓储转口货物	其 他
年度总计	590284	415296	13375	157441	1963	257	1828	125
2005年9月	49554	34965	1313	12829	89	20	254	83
2005年10月	48309	34835	1083	12145	36	17	191	3
2005年11月	50034	36560	1219	11936	76	18	215	11
2005年12月	51098	35742	1485	13302	351	27	191	0
2006年1月	49477	35892	895	12431	131	17	111	0
2006年2月	30283	20366	648	9084	87	14	83	0
2006年3月	52483	35626	1296	15185	110	20	245	0
2006年4月	51614	35979	1274	13903	265	37	150	5
2006年5月	50757	36604	1049	12788	191	9	115	0
2006年6月	51484	36662	1203	13348	143	33	90	5
2006年7月	49573	33669	811	14739	248	29	68	9
2006年8月	55619	38396	1100	15750	235	15	114	9

资料来源:中国海关。

国内产销存预测

4—81　2005/2006年度我国棉花产销存预测分月调整表

单位:万吨

月 份	期初库存	产 量	进 口	国内需求	出 口	期末库存
2005年9月	185	566	320	920	1	150
2005年10月	185	566	320	920	1	150
2005年11月	185	559	340	927	1	156
2005年12月	185	559	340	927	1	156
2006年1月	185	559	340	927	1	156
2006年2月	185	570	377	961	1	170
2006年3月	190	570	377	947	1	189
2006年4月	190	570	377	947	1	190
2006年5月	187	570	353	946	0	164
2006年6月	184	570	370	952	0	172
2006年7月	181	570	385	954	0	182
2006年8月	180	570	385	982	0	153

数据来源:中国棉花网。

4—82　2001年度以来国内棉花产销存平衡表

单位:万吨、元/吨

年 度	期初库存	产 量	进 口	国内需求	出 口	期末库存	库存消费比	年度均价
2001/2002	393	532	12	582	9	346	0.60	8638
2002/2003	346	492	72	653	15	242	0.37	12008
2003/2004	242	487	199	648	3	277	0.43	16176
2004/2005	277	632	166	879	1	195	0.22	12432
2005/2006	195	600	411	1022	0	184	0.18	14103
2006/2007预计	184	647	460	1106	0	185	0.17	13322

数据来源:中国棉花网。

注:2006/2007年度均价截至11月中旬。

4—83 近年来库存消费比及标准级棉花价格对比图

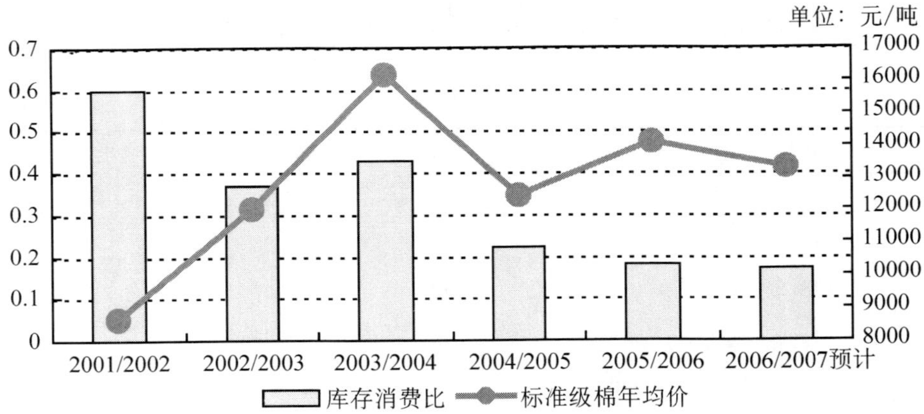

图 4—25

国际棉花产销存

4—84 2005/2006 年度全球产销存预测(含图)

单位:万吨

年 度	期初库存	产 量	进口量	消费量	出口量	期末库存
2005/2006	1177.3	2485.1	962.6	2522.4	987.6	1171.6
2006/2007	1171.6	2519.5	915.1	2631.9	904.7	1111.5

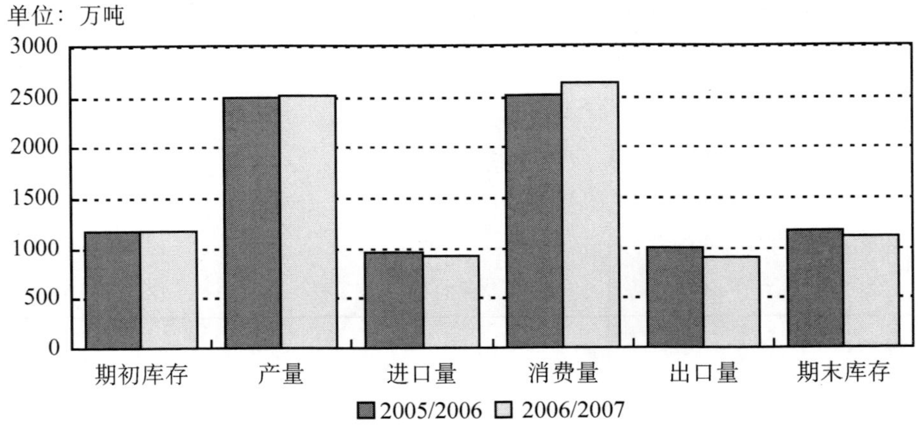

图 4—26 2005/2006 与 2006/2007 年度全球产销存预测比较图

4—85　2005/2006年度主要国家棉花产销存预测表

单位：万吨

国家和地区	期初库存	产　量	进口量	消费量	出口量	期末库存
全　球	1177.3	2485.1	962.6	2522.4	987.6	1171.6
美　国	119.8	520.2	0.7	128.2	392.8	131.7
中　亚	51.4	182.0	0.1	31.8	152.4	49.4
西　非	42.9	92.3	0.1	4.1	97.3	33.7
澳大利亚	42.7	61.0	0.1	1.3	62.7	42.2
巴　西	110.6	102.3	6.7	88.2	42.9	88.6
印　度	190.7	418.0	8.7	359.3	87.1	171.1
墨西哥	28.7	13.9	37.9	45.7	5.4	28.7
中　国	284.4	570.4	419.8	979.8	0.9	341.0
土耳其	39.0	77.3	75.1	150.2	4.4	36.8
巴基斯坦	77.1	214.5	39.2	255.8	7.0	67.5
印度尼西亚	8.3	0.7	47.9	47.5	0.4	8.1
泰　国	13.7	1.1	41.2	44.6	0.2	10.9
孟加拉国	8.3	1.5	48.1	47.9	0.0	10.0

资料来源：美国农业部。

4—86　2005/2006年度美棉出口分月统计表(含图)

单位：万吨

月　份	美棉净出口量	美棉对中国净出口量
2005年9月	29.11	18.76
2005年10月	16.77	8.59
2005年11月	25.71	19.02
2005年12月	41.49	21.51
2006年1月	28.60	15.05
2006年2月	34.18	20.24
2006年3月	47.26	22.98
2006年4月	22.74	12.15
2006年5月	22.90	9.99
2006年6月	27.08	11.73
2006年7月	10.58	1.75
2006年8月	50.87	10.23

资料来源：美国农业部。

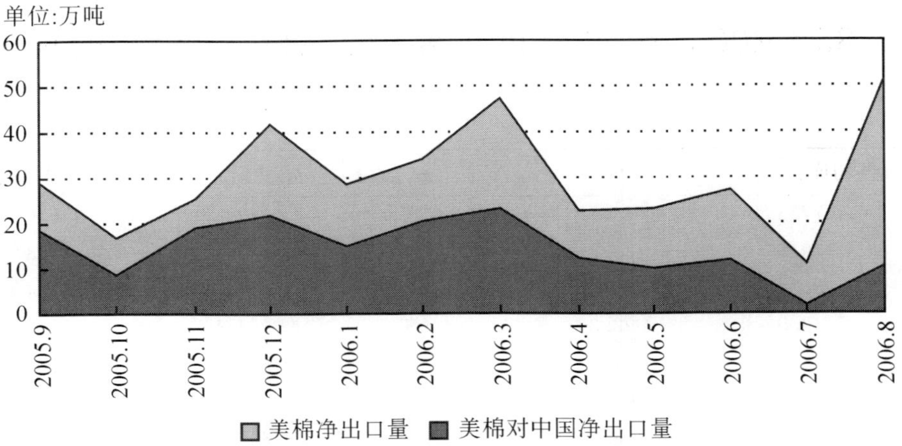

图 4—27　中国进口美棉占美棉净出口比重

4—87　2005/2006 年度美国纺织用棉分月统计(含图)

单位:万吨

月　　份	美国纺织用棉量	月　　份	美国纺织用棉量
2005 年 9 月	12.56	2006 年 3 月	12.71
2005 年 10 月	12.89	2006 年 4 月	11.88
2005 年 11 月	12.14	2006 年 5 月	11.67
2005 年 12 月	11.57	2006 年 6 月	11.92
2006 年 1 月	13.08	2006 年 7 月	11.40
2006 年 2 月	13.27	2006 年 8 月	10.77

资料来源:美国统计局。

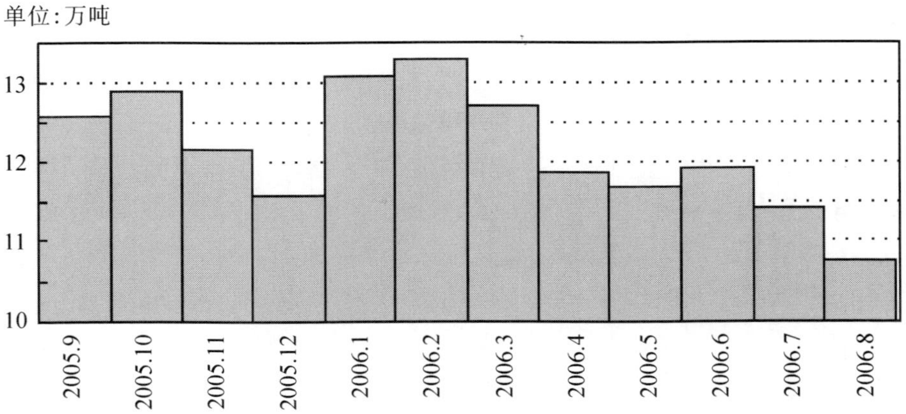

图 4—28　美国国内纺纱用棉情况

4—88　近10年全球棉花种植面积变化情况(含图)

单位:亿亩

年　度	种植面积	年　度	种植面积
1997/1998	5.1	2002/2003	4.6
1998/1999	4.9	2003/2004	4.8
1999/2000	4.8	2004/2005	5.4
2000/2001	4.8	2005/2006	5.2
2001/2002	5.1	2006/2007	5.2

资料来源:美国农业部。

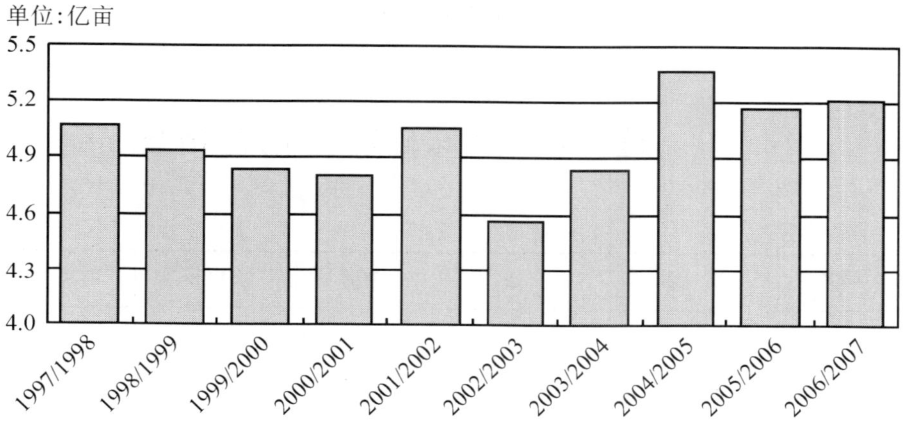

图4—29　近10年全球棉花种植面积变化情况

4—89　近10年全球棉花单产变化情况(含图)

单位:公斤/亩

年　度	单　产	年　度	单　产
1997/1998	39.7	2002/2003	42.1
1998/1999	37.7	2003/2004	42.9
1999/2000	39.5	2004/2005	48.9
2000/2001	40.3	2005/2006	48.1
2001/2002	42.5	2006/2007	48.3

资料来源:美国农业部。

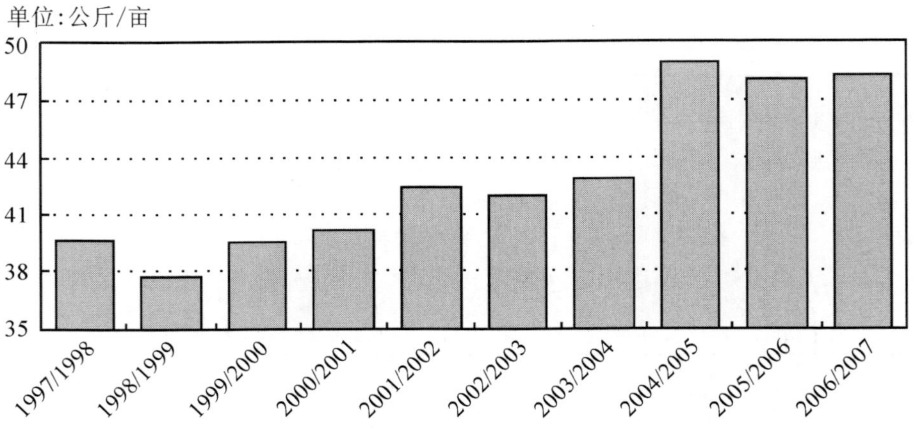

图 4—30 近 10 年全球棉花平均单产变化情况

4—90 近 10 年全球棉花产销存情况

单位:万吨

年 度	期初库存	产 量	进口量	消费量	出口量	期末库存	库存消费比
1997/1998	971.0	2008.2	564.5	1900.0	581.8	1074.5	56.55%
1998/1999	1074.5	1861.6	533.0	1845.5	512.2	1135.7	61.54%
1999/2000	1135.7	1909.9	609.1	1982.6	592.1	1093.1	55.14%
2000/2001	1093.1	1934.5	570.6	2006.6	574.8	1046.5	52.16%
2001/2002	1046.5	2150.0	641.0	2053.2	632.0	1169.4	56.96%
2002/2003	1169.4	1921.5	655.1	2139.8	660.3	962.3	44.97%
2003/2004	962.3	2074.2	741.6	2134.4	723.3	937.5	43.92%
2004/2005	937.5	2621.3	725.9	2369.3	762.5	1177.2	49.69%
2005/2006	1177.2	2485.2	962.6	2522.4	987.6	1171.6	46.45%
2006/2007	1171.6	2519.6	915.0	2631.9	904.6	1111.5	42.23%

资料来源:美国农业部。

4—91　近10年主要产棉国产量变化比较表(含图)

单位:万吨

年　度	中　国	美　国	印　度	巴基斯坦	乌兹别克斯坦	巴　西	土耳其	澳大利亚	西　非
1997/1998	459.4	409.2	268.6	156.2	113.8	156.2	79.5	68.9	82.5
1998/1999	450.7	409.2	280.5	137.2	100.2	52.1	84.0	72.4	79.4
1999/2000	383.2	303.0	265.2	187.2	112.8	70.0	79.1	75.3	75.9
2000/2001	442.0	369.4	238.0	178.5	95.8	93.9	78.4	80.6	68.2
2001/2002	531.3	374.2	267.8	180.7	106.7	76.6	86.5	72.7	94.8
2002/2003	492.1	442.1	230.8	169.8	100.2	84.7	91.0	36.6	83.9
2003/2004	485.5	374.7	304.8	168.7	89.3	131.0	89.3	37.0	92.8
2004/2005	631.4	397.5	413.7	242.6	113.2	128.5	90.4	65.3	102.5
2005/2006	570.4	506.2	418.0	214.5	120.8	102.3	77.3	61.0	90.9
2006/2007	653.2	520.2	457.2	206.8	119.8	114.3	90.4	37.0	94.9

资料来源:美国农业部。

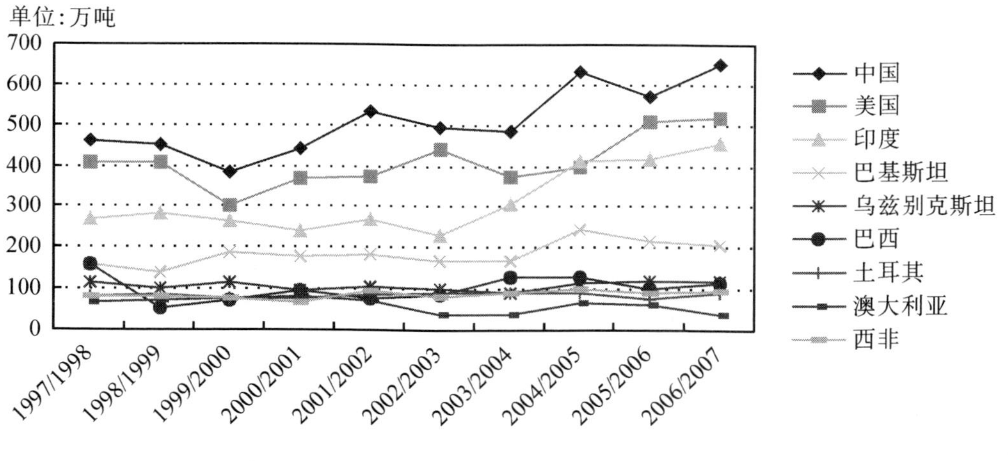

图4—31　近10年主要产棉国棉花产量变化情况

4—92 近10年主要国家棉花消费情况(含图)

单位:万吨

年 度	中 国	印 度	巴基斯坦	土耳其	美国	巴 西	孟加拉国	印度尼西亚	泰 国	墨西哥
1997/1998	416.9	276.0	156.5	108.9	247.1	78.9	14.2	40.3	29.0	34.8
1998/1999	407.2	274.8	152.4	100.2	226.5	82.2	15.2	47.9	28.1	43.5
1999/2000	463.8	295.0	166.6	121.9	222.0	92.2	17.4	43.5	34.0	47.9
2000/2001	511.7	294.9	176.4	112.5	193.0	91.4	21.8	53.3	35.9	52.3
2001/2002	571.5	289.0	185.1	133.9	167.6	82.7	26.1	50.1	39.2	45.7
2002/2003	651.0	289.6	204.7	137.2	158.4	78.4	33.7	49.0	42.5	47.9
2003/2004	696.7	293.9	209.0	130.6	136.4	86.0	37.6	46.8	40.3	45.7
2004/2005	838.3	322.2	234.1	154.6	145.7	91.4	40.8	46.8	45.7	43.5
2005/2006	979.8	359.3	255.8	150.2	128.2	88.2	47.9	47.4	44.6	45.7
2006/2007	1088.6	381.0	265.6	145.9	113.2	88.2	50.1	47.4	45.7	45.7

资料来源:美国农业部。

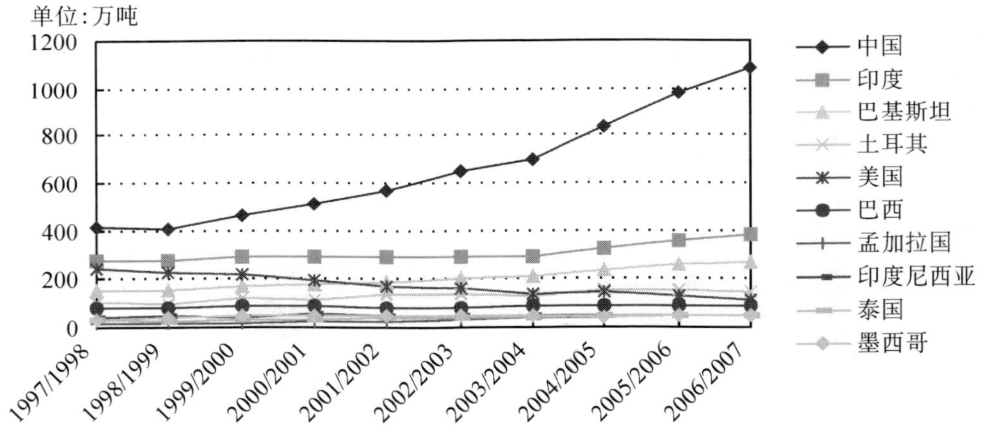

图4—32 近10年主要国家棉花消费量变化图

4—93　近10年主要棉花进口国进口情况(含图)

单位:万吨

年　度	中　国	土耳其	巴基斯坦	孟加拉国	印度尼西亚	泰　国	墨西哥	印　度
1997/1998	37.6	31.6	2.6	13.0	41.6	26.9	29.9	3.2
1998/1999	7.2	24.8	20.1	14.2	50.6	26.3	31.0	11.1
1999/2000	2.5	52.5	10.3	16.9	45.2	36.9	39.5	34.8
2000/2001	5.0	38.3	9.8	21.8	57.7	34.2	40.6	34.1
2001/2002	9.8	64.8	21.8	26.1	51.3	41.0	45.0	52.0
2002/2003	68.1	49.3	18.5	34.8	48.5	42.3	50.7	26.5
2003/2004	192.3	51.6	40.3	37.0	46.8	36.5	40.5	17.4
2004/2005	139.0	74.3	37.0	40.3	47.9	49.7	39.4	22.6
2005/2006	419.9	75.1	39.2	48.2	47.9	41.2	38.0	8.7
2006/2007	381.0	55.5	50.1	50.1	47.9	44.6	30.5	13.1

资料来源:美国农业部。

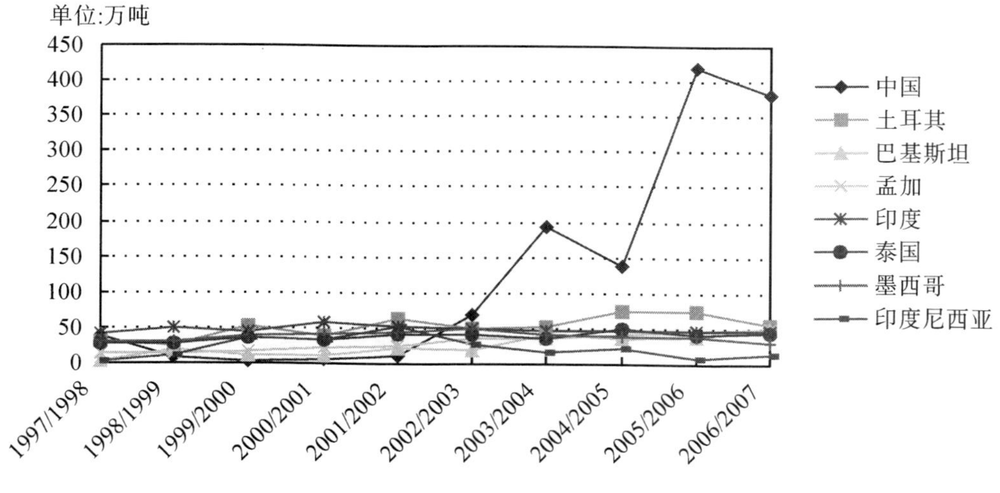

图4—33　近10年主要国家棉花进口量变化图

4－94　近10年主要棉花出口国出口情况（含图）

单位：万吨

年　度	美　国	乌兹别克斯坦	印　度	西　非	澳大利亚	巴　西
1997/1998	163.3	99.5	6.8	62.0	59.0	0.0
1998/1999	93.6	83.0	4.2	66.7	66.2	0.5
1999/2000	147.0	91.4	1.5	70.2	69.9	0.3
2000/2001	146.7	75.1	2.0	62.8	85.0	6.9
2001/2002	239.5	76.2	1.3	68.5	68.1	14.7
2002/2003	259.1	74.0	1.2	71.9	57.8	10.6
2003/2004	299.6	67.5	15.2	86.8	47.0	21.0
2004/2005	314.3	86.0	14.4	79.2	43.5	33.9
2005/2006	392.7	104.5	87.1	88.9	62.8	42.9
2006/2007	352.7	102.3	91.4	86.8	53.3	30.5

资料来源：美国农业部。

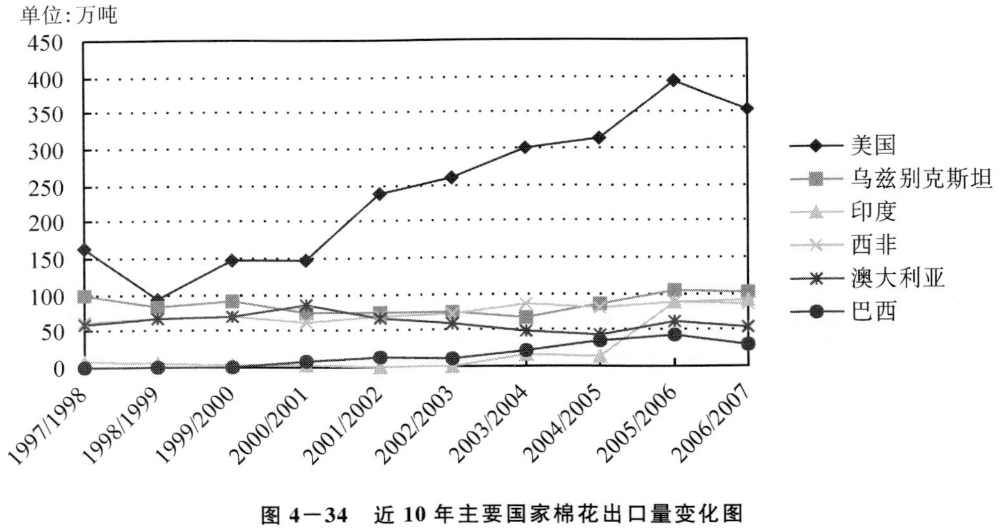

图4－34　近10年主要国家棉花出口量变化图

4—95　近 10 年主要国家棉花期末库存变化情况(含图)

单位:万吨

年　度	中　国	印　度	美　国	巴　西	巴基斯坦	土耳其	墨西哥
1997/1998	534.5	90.9	84.6	37.3	33.1	12.1	9.6
1998/1999	586.3	103.4	85.8	37.9	37.3	12.3	12.3
1999/2000	487.2	107.0	85.2	52.1	58.7	17.4	10.6
2000/2001	430.4	82.1	130.6	64.6	57.5	18.8	11.8
2001/2002	412.6	111.6	162.2	52.6	70.4	33.4	15.7
2002/2003	326.6	78.1	117.2	62.7	48.5	29.7	23.3
2003/2004	325.7	91.1	75.1	100.7	44.3	32.2	24.9
2004/2005	284.4	190.8	119.6	110.6	77.1	39.0	28.7
2005/2006	341.0	171.2	131.7	88.5	67.4	36.8	28.8
2006/2007	329.6	169.0	130.6	95.1	54.9	33.5	23.6

资料来源:美国农业部。

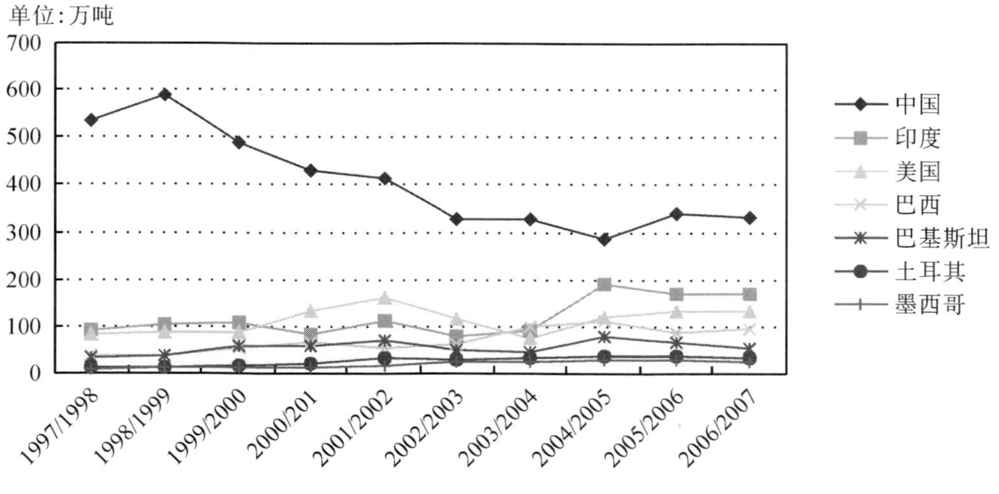

图 4—35　近 10 年主要国家棉花期末库存量变化

4—96 近10年国际棉价与产销存变化对比(含图)

单位:万吨、美分/磅

年 度	产 量	进口量	消费量	出口量	期末库存	库存消费比(%)	北欧到岸价A指数
1996/1997	1960.2	622.2	1910.8	584.3	971.0	50.82	78.59
1997/1998	2008.2	564.5	1900.0	581.8	1074.5	56.55	72.21
1998/1999	1861.6	533.0	1845.5	512.2	1135.7	61.54	58.89
1999/2000	1909.9	609.1	1982.6	592.1	1093.1	55.14	52.84
2000/2001	1934.5	570.6	2006.6	574.8	1046.5	52.16	57.20
2001/2002	2150.0	641.0	2053.2	632.0	1169.4	56.96	41.81
2002/2003	1921.5	655.1	2139.8	660.3	962.3	44.97	55.71
2003/2004	2074.2	741.6	2134.4	723.3	937.5	43.92	69.19
2004/2005	2621.3	725.9	2369.3	762.5	1177.2	49.69	53.52
2005/2006	2485.2	962.6	2522.4	987.6	1171.6	46.45	57.04

资料来源:美国农业部。

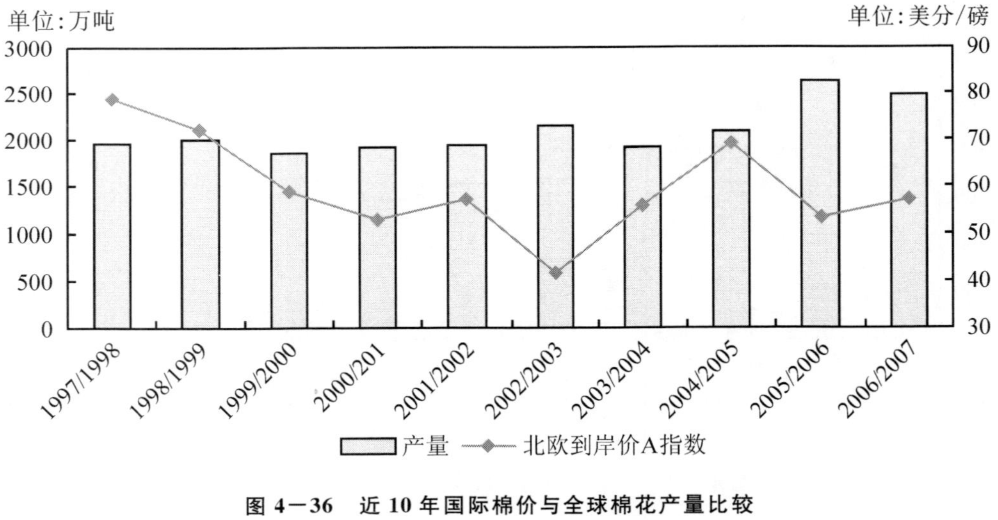

图4—36 近10年国际棉价与全球棉花产量比较

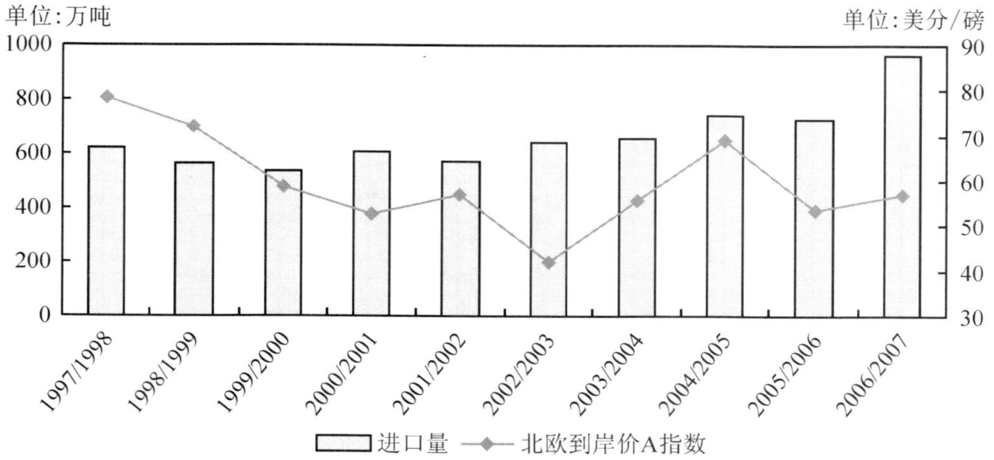

图 4—37　近 10 年国际棉价与全球棉花进口量比较

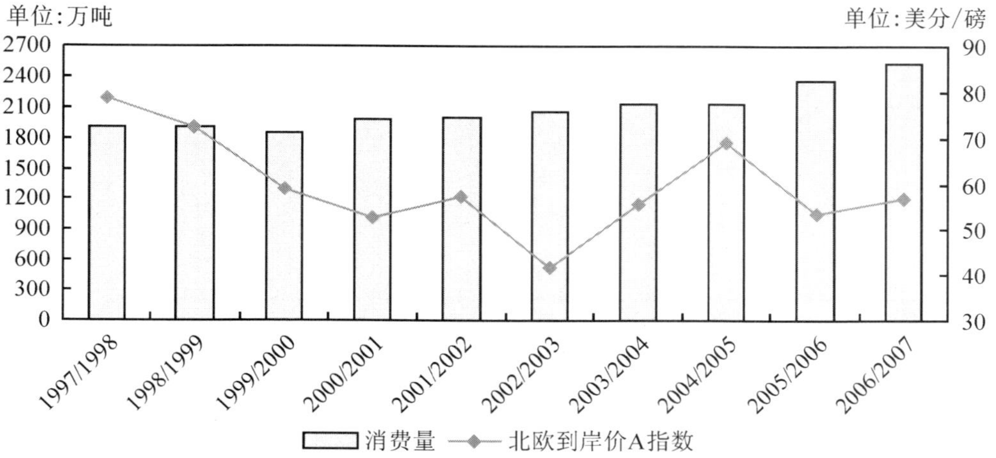

图 4—38　近 10 年国际棉价与全球棉花消费量比较

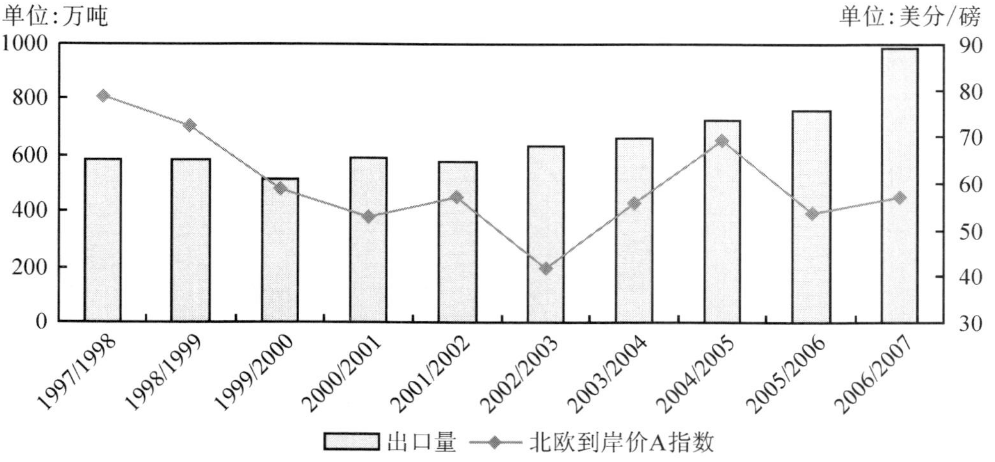

图 4—39　近 10 年国际棉价与全球棉花出口量比较

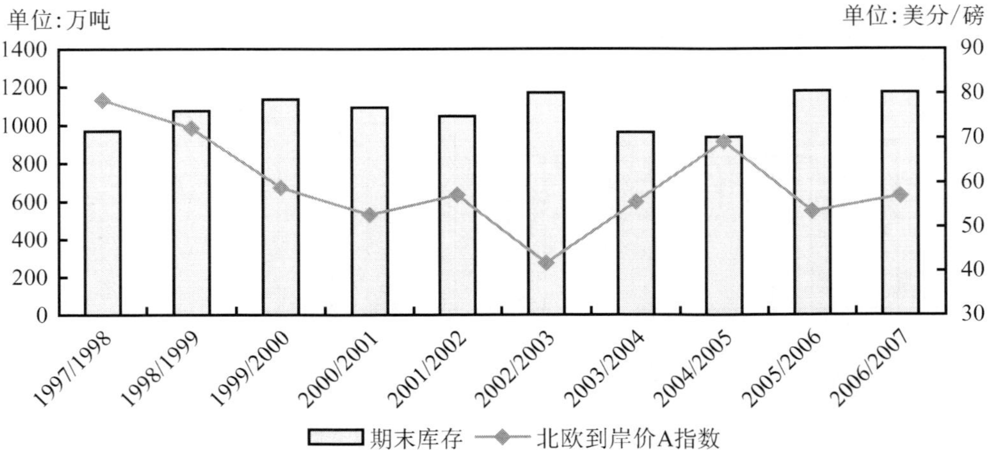

图 4－40　近 10 年国际棉价与全球棉花期末库存比较

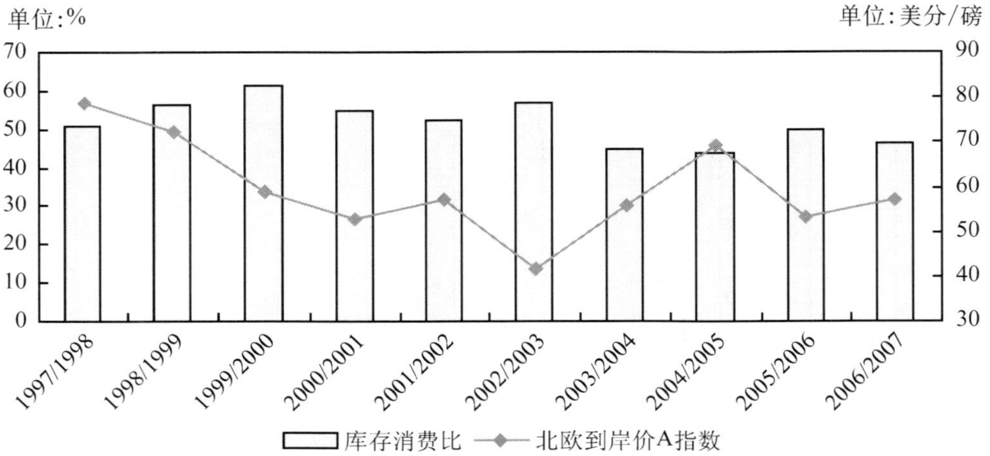

图 4－41　近 10 年国际棉价与全球棉花库存/消费比对比

4－97　近 5 年纽约期货价格与美棉出口量对比图

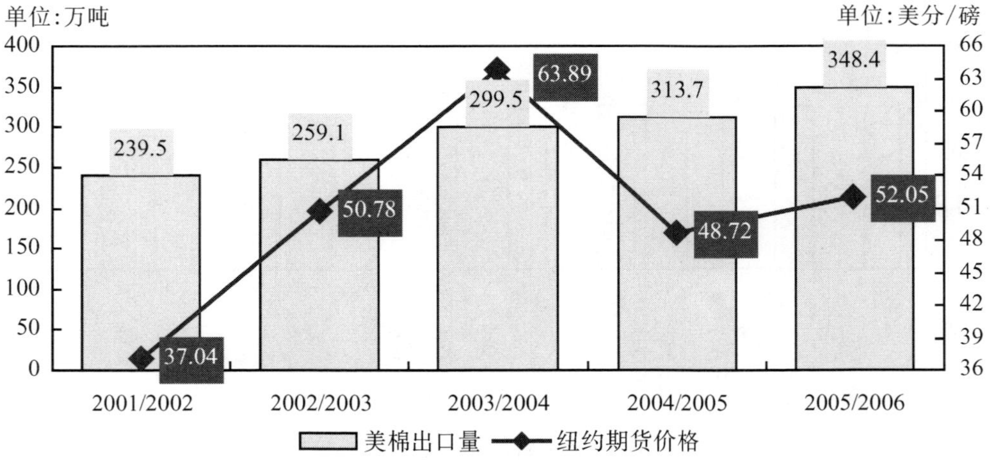

图 4－42

大事记

第五部分

国内棉花部分

全国棉花工作电视电话会议在京召开

2005年9月23日，国家发展和改革委、财政部、农业部、国家工商总局、国家质检总局、全国供销总社和中国农业发展银行七部门联合召开全国棉花工作电视电话会议，总结2004/2005年度棉花工作，分析新年度棉花形势，部署2005/2006年度的棉花工作。

会议认为，尽管受到欧美对我纺织品设限和人民币升值的影响，2005/2006年度我国纺织品生产和出口持续快速增长，棉花需求继续增加。我国的棉花生产虽然受到自然灾害的影响，但由于广大棉农和各方面的共同努力，棉花产量仍然是历史的较好水平。同时由于国际市场棉花资源较为充裕，纺织工业棉花供给是有保障的。2005/2006年度棉花市场不会出现供求严重失衡的局面。

会议要求，各地要引导广大棉花经营企业正确分析棉花产销形势，合理确定收购价格，积极入市，理性入市，既要防范市场风险，又要保护棉农利益。如果新棉集中上市后出现价格过度下跌的情况，国家将以适当价格收储，稳定市场棉价。收购加工企业要采取切实措施，抓好排除异性纤维工作，提高棉花加工质量。各地农业发展银行要合理布局收购资金供应点，做好棉花收购所需贷款的供应工作。各地要切实加强棉花市场管理，坚决取缔小轧花机、土打包机等非法加工设备，严厉打击无照经营行为。

会议强调，2005/2006年度是继续深化棉花流通体制改革的一年，也是全面推行棉花质量检验体制改革的第一年，各地要充分认识改革给我国棉花产业带来的深远影响，切实抓好各项改革工作，逐步完善棉花市场体系，加快推进棉花企业内部改革，引导棉花加工企业进行设备更新改造，提高我国棉花加工业的现代化、规模化、集约化和信息化水平。

取消农业税目标提前实现

2005年12月9日，财政部长金人庆表示，2006年在全国范围内将全面彻底取消农业税，延续了2600年的农业税将宣告终结，此举意味着温家宝总理此前承诺的5年内取消农业税的目标提前实现。

关税外进口棉配额发放办法确认

2005年12月15日，2005/2006年度进口棉关税外配额发放办法尘埃落定：第一批关税外配额在当年12月底前发放，基准价(不含税)10746元/吨，滑准税起征点5%。据此推算，进口棉一般贸易港口提货价约13000元/吨。12月31日，89.4万吨关税内棉花进口配额正式下发。

中国棉花协会加工分会正式成立

2005年12月29日，中国棉花协会加工分会正式成立。加工分会的成立旨在推进棉花质检体制改革，维护棉花加工企业和加工机械制造企业的利益，加强行业自律。

国家统计局发布2005年全国棉花产量

2006年1月25日，国家统计局公布了2005年全国棉花产量为570万吨，比上年减产9.8%。

中国农业发展银行开展2005棉花年度库存清查工作

2006年2月17日，中国农业发展银行发出通知，决定在全系统开展2005棉花年度库存清查工作，以摸清企业实际库存情况，防范和化解信贷风险。这次“摸家底”可能只是例行检查，但随后一直“慢吞吞”的现货销售不得不让农业发展银行在催贷政策上动起了“真格”，这一度影响了部分地区的现货价格。

中国棉花协会棉农合作分会成立

2006年2月23日，中国棉花协会棉农合作分会在北京成立。棉农合作分会旨在协调棉农与产业链其他各环节的关系，维护棉农利益，为棉农提供客观、准确的市场信息，推进棉花产业化进程。

吴仪副总理率政府采购团赴美国

2006年4月3日，国务院副总理吴仪率政府采购团奔赴美国，参加在华盛顿举行的第17届中美商务贸易联合会谈，并与美方签署了总金额高达40亿美元的27个项目协议，根据协议，中国进口了27万吨美棉。

中国国际棉花贸易论坛在青岛召开

2006年4月6日，2006中国国际棉花贸易论坛在山东青岛召开。会议一方面是分析中国及全球的供求形势和国际棉价，另一方面是为推出“中棉协条款”打前哨。

国家棉花市场监测系统建设全面启动

2006年6月3日，国家棉花市场监测系统全面启动工作会议在京召开，预示着国家唯一一个由国债资金投入建设的棉花市场监测、分析和预警系统进入全面建设阶段。国家棉花市场监测系统的全面启动将有助于国家有关部门对棉花市场有效实施宏观调控，同时对加快棉花流通市场化进程，推动棉花行业良性发展，提高纺织业出口竞争力将发挥重要作用。

国棉产需见面会在京召开

2006年7月3日，国棉产需见面会在北京召开。会议提出“两个不要”——棉花经营企业不能寄希望于国家不发配额、纺织企业不要寄希望于国家大规模地发放配额，以推动国内市场交易。在随后召开的棉花棉纺企业座谈会上，国家有关部门再次催促棉花企业加快销售。

棉花质量检验体制改革暨形势分析会在宁波召开

2006年7月10日，棉花质量检验体制改革棉花加工企业、棉纺织企业峰会暨市场衔接会在浙江宁波举行。国家发展和改革委负责人在会议结束前短短5分钟的总结发言让这次旨在推进体制改革的例行会议“蜚声中外”，“买一送一”的配额政策就此浮出水面，预计配额将在9月中旬下发。

郑州商品交易所修改交割规则

2006年7月17日，郑州商品交易所发布公告修改交割规则，是2006年以来第三次对交易规则的修改，这三次修改的内容涉及手续费、交割实物以及交易合约环节和交割库。

全国棉花产需市场信息交流会在德州召开

2006年7月29日，全国棉花产需市场信息交流会在山东省德州市举行。会议为期一天，中国棉纺织行业协会、中国纺织报、中国棉花协会、美国棉花公司等相关机构负责人以及河北、河南、山东、浙江等地的涉棉企业代表共计100多人参加会议。会议分析了我国纺织行业的最新情况及发展前景，共同探讨2006/2007年度国内外棉花市场形势。

全国棉花交易市场竞卖老商品棉

2006年8月1日，全国棉花交易市场进行老商品棉竞卖交易实战演练，为8月22日—9月22日进行的老商品棉竞卖交易做准备。此次竞卖老商品棉的数量为6万吨，起拍价为10000元/吨。

中国棉业发展高峰论坛在津举行

2006年8月8日，中国棉业发展高峰论坛在天津举行。相关领导和企业代表与会，部分嘉宾发表讲话。

相关部门出台新疆棉“一配一”政策

2006年8月，为促进新疆棉销售，相关部门出台了“一配一”的政策，纺织企业购买一吨新疆棉，就可以获得一吨棉花进口配额。

中国棉花棉纺织企业创新论坛在北京举行

2006年8月17日，2006中国棉花棉纺织企业创新论坛在北京隆重举行。会议旨在充分分析2006/2007年度中国棉花、棉纺织市场形势，全面探讨和深入分析行业热点问题，学习与借鉴国际同行先进经验，探索适合国内棉花流通企业发展的新思路，拓展企业创新思维模式，同时为国内外涉棉企业搭建交流和展示形象的平台。

纺　织　部　分

纺织品出口临时管理办法实施

商务部发布2005年第20号令即《纺织品出口临时管理办法》，自2005年9月22日起施行。《纺织品出口临时管理办法(暂行)》(商务部令2005年第13号)同时废止。该办法规定，纺织品临时出口许可数量的一定比例实行有偿招标，剩余部分按业绩分配。该办法有效控制了对美国、欧盟等设限地区的纺织品服装出口数量和进度，但也增加了纺织企业的出口成本。

中美政府签署纺织品和服装贸易谅解备忘录

2005年11月8日，商务部长薄熙来与美国贸易谈判代表波特曼在伦敦签署了《中华人民共和国政府和美利坚合众国政府关于纺织品和服装贸易的谅解备忘录》，11月10日，商务部就此发布《输美纺织品管理公告》。《备忘录》的达成，稳定了我国纺织品服装向美国出口的环境，但也限定了我国部分纺织品2006－2008年向美国出口的数量和增速。

商务部公布输欧输美纺织品配额第一次分配方案

2005年12月，商务部公布输欧盟10类纺织品2006年度第一次分配方案，随后，公布了输美21种纺织品2006年度第一次分配方案，纺织企业可根据商务部下达的可申请数量和当年业绩申请2006年输欧盟纺织品配额。

国家发展和改革委公布促进产业调整相关规定

2005年12月，国家发展和改革委在国务院新闻办正式对外公布了《促进产业结构调整暂行规定》和《产业结构调整指导目录》，指出纺织行业存在潜在的产能过剩，并且部分项目被列入淘汰类目录。

中国棉纺织行业协会三届二次理事扩大会议召开

2006年3月底，中国棉纺织行业协会三届二次理事扩大会在北京召开。国家发展和改革委经贸司有关负责人在会上表示，国内棉花行情出现大幅涨跌的可能性不大，预计总体价格将维持在14000元/吨左右。国内棉花企业的心理底线在有意无意中成形。

第99届广交会的相关情况

第99届广交会于2006年4月15日在广州举行。据举办机构汇总数据显示，一期到会采购商累计12.1多万人，比2005年10月份举行的第98届同期增长8.1%；成交额达209亿美元，比第98届同期增长9.3%。其中，服装及衣着附件类保持了较大增长趋势，成交额达28.5亿美元，比上届增长16%。

国家发展和改革委和中国纺织工业协会联合发布《纺织工业“十一五”发展纲要》

2006年6月，国家发展和改革委和中国纺织工业协会联合发布《纺织工业“十一五”发展纲要》。

《纲要》指出,“十一五”期间棉纺行业将以结构调整作为重点工作。“十一五”期间棉纺行业发展目标为:到“十一五”末,棉纺织90年代及国际水平的设备比重要达到65%,劳动生产率提高到55000元/人/年,精梳纱比重达到30%,无卷化率达到50%,无梭布比重达到70%,无结头纱比重达到70%,万元产值耗电比2005年降低10%-15%。同时,《纲要》还指出,“十一五”期间我国纺棉用量将进一步加大,棉花供求矛盾将更加突出。

2006年我国纺织品服装出口市场结构发生较大变化

2006年上半年,我国纺织行业出口市场结构发生了较大变化,日本取代美国成为我国纺织品服装进口第一大国。同时,上半年我国纺织品服装对美出口近乎零增长,对欧盟出口增速大幅降低,我国纺织出口在这两大市场上受限的影响已经十分显著。

国家发展和改革委公布上半年纺织经济运行情况

据国家发展和改革委2006年8月1日公布的一组数据显示,上半年我国纺织行业完成增加值2704亿元,增长16.7%(同比,下同),增幅回落2.3个百分点;出口交货值2920亿元,增长14.7%,增幅回落7.4个百分点。纱产量774万吨,布产量203亿米,分别增长19.2%和15.3%;服装产量76.4亿件,增长11.4%。化纤产量963万吨,增长16.4%。上半年,全行业实现利润357亿元,增长36.3%。其中,纺织业、服装、化纤行业利润分别增长38.8%、28.1%和51.5%。

我国纺织品服装对欧美出口大幅回落

2006年8月,中国纺织工业协会公布《上半年纺织行业运行分析与展望》。报告显示,2006年上半年,我国纺织品服装对欧盟和美国的出口出现大幅回落,设限产品更是出现负增长。上半年我国纺织品服装对欧盟出口增幅回落了45个百分点,设限的10类产品出口下降了29.69%;对美国出口增幅回落了70个百分点,设限的21类产品出口下降了31.71%。与此同时,纺织行业出口对非欧美国家和地区增长显著,上半年共出口640.32亿美元,增长了24.49%,对原非设限地区出口453.57亿美元,增长了34.18%,增幅上升了29个百分点。

2006年度输欧、输美纺织品出口许可数量协议招标的中标结果公布

2006年8月11日,商务部纺织品出口招标委员会公布了2006年度输欧、输美纺织品出口许可数量协议招标的中标结果,中标的4183家企业以低于之前两次公开竞标的价格获得配额。

国际棉花部分

巴基斯坦棉农有望获得1美分/磅补贴

巴基斯坦相关部门在2005年9月22日召开了关于鼓励棉农和轧花厂种植和收购无异性纤维和危害性杂物的棉花会议,巴基斯坦联邦纺织工业部主席和商业部部长列席了该会议。据了解,该会议制定了一份奖励计划:对种植和收购无异性纤维和危害性杂物的棉农和轧花厂都将给予1美分/磅的奖励。

乌兹别克斯坦召开国际棉花博览会

第一届乌兹别克斯坦国际棉花博览会在2005年10月10日-11日在乌兹别克斯坦首都塔什干举行。此次博览会的目标是与各国棉花进口商发展长期的棉花销售合作关系,介绍乌兹别克斯坦棉花在加工制造和贸易等领域的改革与创新。

WTO 第六次部长级会议在香港闭幕

2005 年 12 月 18 日，世界贸易组织第六次部长级会议在香港闭幕。与会部长们围绕多哈回合议题经过 6 天谈判后，发表了《部长宣言》，在农业、棉花以及发展问题上取得进展。这些成果对于世界经济特别是最不发达国家经济发展将带来一定的积极意义。这次香港会议的主要成果包括：发达成员和部分发展中成员同意 2008 年前向最不发达国家提供免关税和免配额市场准入；发达国家 2006 年取消棉花出口补贴，2013 年底前取消农产品出口补贴。

美国产棉区大会在得克萨斯州召开

2006 年 1 月 3 日—6 日，美国产棉区大会在美国得克萨斯州圣安东尼奥市举行。美国国家棉花总会（NCC）总裁马朗博士在美国棉产区大会上表示，世贸组织将在 2006 年 4 月 30 日之前完成香港会议结果的进一步讨论，美国棉花界仍面临着艰苦卓绝的谈判历程。马朗说，美国国家棉花总会将与美国贸易代表和美国农业部通力合作，避免让棉花问题被单独处理。对美国来说，市场准入是下一步谈判的关键。美国和欧盟虽然要求发展中国家降低进口关税，但除非关税削减幅度达到 60%—75%，否则美国不会在市场准入方面获得较大利益。

美国国家棉花总会公布美国意向植棉预测结果

根据美国国家棉花总会（NCC）2006 年 2 月 10 日发布的美国意向植棉预测报告，2006 年美国意向植棉面积为 8770 万亩，较 2005 年的实播面积增长 1.7%。

美国农业部公布美国意向植棉面积

2006 年 3 月 31 日，美国农业部（USDA）公布的 2006 年美国植棉意向调查报告显示，2006 年美国棉花播种面积为 8890 万亩（1463.4 万英亩），同比增长 3%，该预测数字略高于市场预期。美国陆地棉种植面积为 8687 万亩，同比增长 3%，皮马棉播种面积为 203 万亩，同比增长 24%，创历史最高纪录。

美国农业部调整 CCC 贷款升贴水

2006 年 4 月 21 日，美国农业部公布了 2006 年 CCC 贷款升贴水标准，其中 31—3—35 和以上等级的升水上调 35—60 点；31—3—35 至 SLM 1—1/16″升水上调 35 点；21—3—35 升水增加 40 点；31—3—36升水上涨 40 点；21—3—36 上涨 60 点。以上调整较几年前的 CCC 贷款升贴水明显增加。

“多哈回合”谈判被无限期推迟

2006 年 7 月 24 日，世贸组织总干事宣布，多哈回合谈判无限期推迟，直到有关国家有意重新开启谈判。多哈回合始于 2001 年 11 月，世贸组织在卡塔尔的多哈开始新一轮谈判，旨在降低农产品补贴和关税壁垒以及服务市场的开放。

美国取消棉花出口补贴

2006 年 7 月 31 日，美国政府正式取消美棉出口补贴（Step2）。

宏观经济与其他

2005 年中央经济工作会议召开

中共中央、国务院召开的中央经济工作会议 2005 年 11 月 29 日至 12 月 1 日在北京举行。胡锦涛总书记、温家宝总理在会上先后发表重要讲话，提出了 2006 年经济工作的指导思想、总体要求和主要任务。会议具体提出了八项任务：1. 继续实施稳健的财政政策和稳健的货币政策。2. 着力扩大消费需求和加强固定资产投资调控，努力增加城乡居民收入，大力开拓农村消费市场；保持合理投资规模，优化投资结构，坚持控制新开工项目。3. 加大投入和改革力度，切实加强农业和农村基础设施建设，全面深化农村改革，推进社会主义新农村建设。4. 加快产业结构调整和推动区域经济协调发展，提高产业层次和技术水平，推动部分产能过剩行业调整。5. 加大资源节约和环境保护力度。6. 深化经济体制改革和提高对外开放水平。7. 加快科技教育卫生文化等社会事业发展。8. 着力解决关系人民群众切身利益的问题。

全国人大通过个税起征点调整方案

十届全国人大常委会10月27日审议通过《关于修改〈中华人民共和国个人所得税法〉的决定》，将个人所得税工薪费用扣除标准从现行的每月800元提高到1600元。

十届全国人大四次会议通过国民经济和社会发展第十一个五年规划纲要

2006年3月14日，十届全国人大四次会议闭幕，本次会议批准了国民经济和社会发展第十一个五年规划纲要。

人民币汇率形成机制改革走过一整年

2006年7月20日人民币对美元汇率中间价为7.9918∶1，以此计算，在中国"出其不意"地启动人民币汇率形成机制改革整整一年后，人民币累计升值约3.5%。到8月31日，人民币对美元汇率中间价为7.9585∶1。

国家发展和改革委发出通知调整汽油、柴油价格

2006年7月23日，国家发展和改革委发出通知，自当日起将汽油、柴油出厂价格每吨分别提高300元和250元，零售中准价格按出厂价格调整幅度等额提高。这是2006年以来继3月23日、5月10日、5月23日、6月25日的第五次调价。

农业部发布《全国农业和农村经济发展第十一个五年规划》

2006年8月3日，农业部发布《全国农业和农村经济发展第十一个五年规划(2006－2010年)》。规划提出，坚持立足国内实现粮食基本自给的方针，稳定发展粮食生产，确保国家粮食安全。"十一五"时期，我国粮食综合生产能力达5亿吨，农民收入年均增长5%以上，粮食播种面积不低于1.0333亿公顷，棉花年产量达到680万吨。

商务部和财政部发出关于做好2006年度农轻纺产品贸易促进资金项目申报工作的通知

为推动农轻纺产业升级和结构调整，提高农轻纺产品出口质量，增强国际竞争力，根据《农轻纺产品贸易促进资金暂行管理办法》(商规发[2005]507号)。2006年8月23日，商务部和财政部共同发出关于做好2006年度农轻纺产品贸易促进资金项目申报工作的通知。

我国外汇储备接近万亿美元

据商务部公布数据，2006年8月份，我国取得贸易盈余100.4亿美元，同比增长122.1%。其中出口同比增长32.1%，进口同比增长23.4%。2006年1到8月，我国出口同比增长32%，为4756.7亿美元；进口同比增长14.9%，为4155亿，贸易盈余602.2亿。至8月底，我国外汇储备总额接近万亿美元。

政策文件

第六部分

棉花质量监督管理条例

【发布单位】 国务院
【发布文号】 中华人民共和国国务院令第 470 号
【发布日期】 2006 年 7 月 4 日

第一章 总 则

第一条 为了加强对棉花质量的监督管理，维护棉花市场秩序，保护棉花交易各方的合法权益，制定本条例。

第二条 棉花经营者（含棉花收购者、加工者、销售者、承储者，下同）从事棉花经营活动，棉花质量监督机构对棉花质量实施监督管理，必须遵守本条例。

第三条 棉花经营者从事棉花加工经营活动，应当按照国家有关规定取得资格认定。

棉花经营者应当建立、健全棉花质量内部管理制度，严格实施岗位质量规范、质量责任及相应的考核办法。

第四条 国务院质量监督检验检疫部门主管全国棉花质量监督工作，由其所属的中国纤维检验机构负责组织实施。

省、自治区、直辖市人民政府质量监督部门负责本行政区域内棉花质量监督工作。设有专业纤维检验机构的地方，由专业纤维检验机构在其管辖范围内对棉花质量实施监督；没有设立专业纤维检验机构的地方，由质量监督部门在其管辖范围内对棉花质量实施监督（专业纤维检验机构和地方质量监督部门并列使用时，统称棉花质量监督机构）。

第五条 地方各级人民政府及其工作人员不得包庇、纵容本地区的棉花质量违法行为，或者阻挠、干预棉花质量监督机构依法对棉花收购、加工、销售、承储中违反本条例规定的行为进行查处。

第六条 任何单位和个人对棉花质量违法行为，均有权检举。

第二章 棉花质量义务

第七条 棉花经营者收购棉花，应当建立、健全棉花收购质量检查验收制度，具备品级实物标准和棉花质量检验所必备的设备、工具。

棉花经营者收购棉花时，应当按照国家标准和技术规范，排除异性纤维和其他有害物质后确定所收购棉花的类别、等级、数量；所收购的棉花超出国家规定水分标准的，应当进行晾晒、烘干等技术处理，保证棉花质量。

棉花经营者应当分类别、分等级置放所收购的棉花。

第八条 棉花经营者加工棉花，必须符合下列要求：

（一）按照国家标准，对所加工棉花中的异性纤维和其他有害物质进行分拣，并予以排除；

（二）按照国家标准，对棉花分等级加工，并对加工后的棉花进行包装并标注标识，标识应当与棉花质量相符；

（三）按照国家标准，将加工后的棉花成包组批放置。

棉花经营者不得使用国家明令禁止的皮辊机、轧花机、打包机以及其他棉花加工设备加工棉花。

第九条 棉花经营者销售棉花，必须符合下列要求：

（一）每批棉花附有质量凭证；

（二）棉花包装、标识符合国家标准；

(三)棉花类别、等级、重量与质量凭证、标识相符;

(四)经公证检验的棉花,附有公证检验证书,其中国家储备棉还应当粘贴公证检验标志。

第十条 棉花经营者承储国家储备棉,应当建立、健全棉花入库、出库质量检查验收制度,保证入库、出库的国家储备棉的类别、等级、数量与公证检验证书、公证检验标志相符。

棉花经营者承储国家储备棉,应当按照国家规定维护、保养承储设施,保证国家储备棉质量免受人为因素造成的质量变异。

棉花经营者不得将未经棉花质量公证检验的棉花作为国家储备棉入库、出库。

政府机关及其工作人员,不得强令棉花经营者将未经棉花质量公证检验的棉花作为国家储备棉入库、出库。

第十一条 棉花经营者收购、加工、销售、承储棉花,不得伪造、变造、冒用棉花质量凭证、标识、公证检验证书、公证检验标志。

第十二条 严禁棉花经营者在收购、加工、销售、承储等棉花经营活动中掺杂掺假、以次充好、以假充真。

第三章 棉花质量监督

第十三条 国家实行棉花质量公证检验制度。

前款所称棉花质量公证检验,是指专业纤维检验机构按照国家标准和技术规范,对棉花的质量、数量进行检验并出具公证检验证书的活动。

第十四条 棉花经营者向用棉企业销售棉花,交易任何一方在棉花交易结算前,可以委托专业纤维检验机构对所交易的棉花进行公证检验;经公证检验后,由专业纤维检验机构出具棉花质量公证检验证书,作为棉花质量、数量的依据。

第十五条 国家储备棉的入库、出库,必须经棉花质量公证检验;经公证检验后,由专业纤维检验机构出具棉花质量公证检验证书,作为国家财政支付存储国家储备棉所需费用的依据。

经公证检验的国家储备棉,由专业纤维检验机构粘贴中国纤维检验机构统一规定的公证检验标志。

第十六条 专业纤维检验机构进行棉花质量公证检验,必须执行国家标准及其检验方法、技术规范和时间要求,保证客观、公正、及时。专业纤维检验机构出具的棉花质量公证检验证书应当真实、客观地反映棉花的质量、数量。

棉花质量公证检验证书的内容应当包括:产品名称、送检(委托)单位、批号、包数、检验依据、检验结果、检验单位、检验人员等内容。

棉花质量公证检验证书的格式由国务院质量监督检验检疫部门规定。

第十七条 专业纤维检验机构实施棉花质量公证检验不得收取费用,所需检验费用按照国家有关规定列支。

第十八条 国务院质量监督检验检疫部门在全国范围内对经棉花质量公证检验的棉花组织实施监督抽验,省、自治区、直辖市人民政府质量监督部门在本行政区域内对经棉花质量公证检验的棉花组织实施监督抽验。

监督抽验的内容是:棉花质量公证检验证书和公证检验标志是否与实物相符;专业纤维检验机构实施的棉花质量公证检验是否客观、公正、及时。

监督抽验所需样品从公证检验的留样中随机抽取,并应当自抽取样品之日起10日内作出检验结论。

第十九条 棉花质量监督机构对棉花质量公证检验以外的棉花,可以在棉花收购、加工、销售、承储的现场实施监督检查。

监督检查的内容是:棉花质量、数量和包装是否符合国家标准;棉花标识以及质量凭证是否与实物相符。

第二十条 棉花质量监督机构在实施棉花质量监督检查过程中,根据违法嫌疑证据或者举报,对涉嫌违反本条例规定的行为进行查处时,可以行使下列职权:

(一)对涉嫌从事违反本条例的经营活动的场所实施现场检查;

(二)向棉花经营单位的有关人员调查、了解与涉嫌从事违反本条例的经营活动有关的情况;

(三)查阅、复制与棉花经营有关的合同、单据、账簿以及其他资料;

（四）对涉嫌掺杂掺假、以次充好、以假充真或者其他有严重质量问题的棉花以及专门用于生产掺杂掺假、以次充好、以假充真的棉花的设备、工具予以查封或者扣押。

第二十一条　棉花质量监督机构根据监督检查的需要，可以对棉花质量进行检验；检验所需样品按照国家有关标准，从收购、加工、销售、储备的棉花中随机抽取，并应当自抽取检验样品之日起3日内作出检验结论。

依照前款规定进行的检验不得收取费用，所需检验费用按照国家有关规定列支。

第二十二条　棉花经营者、用棉企业对依照本条例进行的棉花质量公证检验和棉花质量监督检查中实施检验的结果有异议的，可以自收到检验结果之日起5日内向省、自治区、直辖市的棉花质量监督机构或者中国纤维检验机构申请复检；省、自治区、直辖市的棉花质量监督机构或者中国纤维检验机构应当自收到申请之日起7日内作出复检结论，并告知申请人。棉花经营者、用棉企业对复检结论仍有异议的，可以依法向人民法院提起诉讼。

第二十三条　经国务院质量监督检验检疫部门认可的其他纤维检验机构，可以受委托从事棉花质量检验业务。具体办法由国务院质量监督检验检疫部门会同国务院有关部门规定。

第四章　罚　则

第二十四条　棉花经营者收购棉花，违反本条例第七条第二款、第三款的规定，不按照国家标准和技术规范排除异性纤维和其他有害物质后确定所收购棉花的类别、等级、数量，或者对所收购的超出国家规定水分标准的棉花不进行技术处理，或者对所收购的棉花不分类别、等级置放的，由棉花质量监督机构责令改正，可以处3万元以下的罚款。

第二十五条　棉花经营者加工棉花，违反本条例第八条第一款的规定，不按照国家标准分拣、排除异性纤维和其他有害物质，不按照国家标准对棉花分等级加工、进行包装并标注标识，或者不按照国家标准成包组批放置的，由棉花质量监督机构责令改正，并可以根据情节轻重，处10万元以下的罚款；情节严重的，由原资格认定机关取消其棉花加工资格。

棉花经营者加工棉花，违反本条例第八条第二款的规定，使用国家明令禁止的棉花加工设备的，由棉花质量监督机构没收并监督销毁禁止的棉花加工设备，并处非法设备实际价值2倍以上10倍以下的罚款；情节严重的，由原资格认定机关取消其棉花加工资格。

第二十六条　棉花经营者销售棉花，违反本条例第九条的规定，销售的棉花没有质量凭证，或者其包装、标识不符合国家标准，或者质量凭证、标识与实物不符，或者经公证检验的棉花没有公证检验证书、国家储备棉没有粘贴公证检验标志的，由棉花质量监督机构责令改正，并可以根据情节轻重，处10万元以下的罚款。

第二十七条　棉花经营者承储国家储备棉，违反本条例第十条第一款、第二款、第三款的规定，未建立棉花入库、出库质量检查验收制度，或者入库、出库的国家储备棉实物与公证检验证书、标志不符，或者不按照国家规定维护、保养承储设施致使国家储备棉质量变异，或者将未经公证检验的棉花作为国家储备棉入库、出库的，由棉花质量监督机构责令改正，可以处10万元以下的罚款；造成重大损失的，对负责的主管人员和其他直接责任人员给予降级以上的纪律处分；构成犯罪的，依法追究刑事责任。

第二十八条　棉花经营者隐匿、转移、损毁被棉花质量监督机构查封、扣押的物品的，由棉花质量监督机构处被隐匿、转移、损毁物品货值金额2倍以上5倍以下的罚款；构成犯罪的，依法追究刑事责任。

第二十九条　棉花经营者违反本条例第十一条的规定，伪造、变造、冒用棉花质量凭证、标识、公证检验证书、公证检验标志的，由棉花质量监督机构处5万元以上10万元以下的罚款；情节严重的，移送工商行政管理机关吊销营业执照；构成犯罪的，依法追究刑事责任。

第三十条　棉花经营者违反本条例第十二条的规定，在棉花经营活动中掺杂掺假、以次充好、以假充真，构成犯罪的，依法追究刑事责任；尚不构成犯罪的，由棉花质量监督机构没收掺杂掺假、以次充好、以假充真的棉花和违法所得，处违法货值金额2倍以上5倍以下的罚款，并移送工商行政管理机关依法吊销营业执照。

第三十一条 专业纤维检验机构违反本条例第十六条的规定，不执行国家标准及其检验方法、技术规范或者时间要求，或者出具的棉花质量公证检验证书不真实、不客观的，由国务院质量监督检验检疫部门或者地方质量监督部门责令改正；对负责的主管人员和其他直接责任人员依法给予降级或者撤职的行政处分。

第三十二条 专业纤维检验机构违反本条例第十七条的规定收取公证检验费用的，由国务院质量监督检验检疫部门或者地方质量监督部门责令退回所收取的公证检验费用；对负责的主管人员和其他直接责任人员依法给予记大过或者降级的行政处分。

第三十三条 专业纤维检验机构未实施公证检验而编造、出具公证检验证书或者粘贴公证检验标志，弄虚作假的，由国务院质量监督检验检疫部门或者地方质量监督部门对负责的主管人员和其他直接责任人员依法给予降级或者撤职的行政处分；构成犯罪的，依法追究刑事责任。

第三十四条 政府机关及其工作人员违反本条例第十条第四款的规定，强令将未经公证检验的棉花作为国家储备棉入库、出库的，对负责的主管人员和其他直接责任人员依法给予降级或者撤职的行政处分。

第三十五条 政府机关及其工作人员包庇、纵容本地区的棉花质量违法行为，或者阻挠、干预棉花质量监督机构依法对违反本条例的行为进行查处的，依法给予降级或者撤职的行政处分；构成犯罪的，依法追究刑事责任。

第三十六条 本条例第二十八条、第三十条规定的棉花货值金额按照违法收购、加工、销售的棉花的牌价或者结算票据计算；没有牌价或者结算票据的，按照同类棉花市场价格计算。

第三十七条 依照本条例的规定实施罚款的行政处罚，应当依照有关法律、行政法规的规定，实行罚款决定与罚款收缴分离，收缴的罚款必须全部上缴国库。

第五章　附　则

第三十八条 毛、绒、茧丝、麻类纤维的质量监督管理，比照本条例执行。

第三十九条 本条例自公布之日起施行。

国家发展和改革委关于做好棉花收购等工作的紧急通知

【发布单位】 国家发展和改革委
【发布时间】 2005年10月21日

各有关省、自治区、直辖市及计划单列市发展改革委，新疆生产建设兵团发展改革委：

目前新棉收购工作全面展开。受9月下旬部分棉花产区连续阴雨影响，价格上涨预期增强，部分地区出现抬高价格、盲目抢购等问题。近日来，棉花收购价格和市场交易价格持续上涨，棉花市场蕴含着较大的市场风险。为切实做好新棉收购和棉花质量检验体制改革工作，现就有关问题通知如下：

一、引导企业防范市场风险。由于纺织生产和出口高速增长，我国棉花需求继续增加。今年的棉花面积和产量比上年有所减少，特别是近期部分产区遭受连阴雨天气，产量可能低于原来的预计，国内的棉花产需缺口有所扩大。去年由于棉花丰收，收购价格偏低，今年的收购价格回升一些是正常的。但必须看到，一是全球棉花资源是充裕的。据国际棉花咨询委员会最新预测，2005/2006年度全球棉花产量2496万吨，消费量2406万吨，产量大于消费量90万吨，期初库存1042万吨，比上年同期增加252万吨。二是棉花需求增长存在不确定因素。今年5月以来，欧盟、美国对我部分纺织品出口相继设限。虽然与欧盟最终达成了协议，但仍有数量限制。与美国的谈判还正在进行中。因此今年4季度以及明年上半年的棉花需求增长速度会比今年上半年有所回落。三是棉价水平偏高。目前棉花收购价格已涨到710元/担，接近2003/2004年度的价格水平，市场风险较大。各地要提醒企业吸取2003/2004年度收购价格上涨过高，后期价格回落，造成棉花销售困难的教训，不要盲目抬价抢购，切实防范市场风险。

二、切实加强棉花市场和质量管理，各地发展改革委要会同工商、质检等有关部门严把市场主体准入关，防止加工能力的盲目扩张。严禁任何地区或单位采取划片、设卡等方式限制棉花自由流通。坚决取缔小轧花机、土打包机等非法加工设备，严厉打击无照经营行为。棉花质量监督机构要依法加强棉花质量的监督检查，加强收购加工环节质量监督管理，打击混等混级收购以及掺杂使假等质量违法行为。要督促企业继续贯彻2002年原国家计委等五部门发布的《避免在棉花采摘、交售、加工过程中混入异性纤维的暂行规定》的各项要求，全面抓好各环节的排除异性纤维工作，切实降低异性纤维含量。

三、认真抓好棉花质量检验体制改革，今年是棉花质量检验体制改革全面推行的第一年，各地要充分认识棉花质量检验体制改革对我国棉花产业发展的深远影响。2005/2006年度全国参加改革的企业有322家，改革任务很重。要督促参加改革的棉花加工企业积极收购加工皮棉，配合公证检验承检机构做好仪器化公证检验工作。今年的棉花加工业生产设备更新改造贷款贴息投资计划已于近期下达。各地要根据《中央预算内投资补助和贴息项目管理暂行办法》(国家发展和改革委令第31号)等文件的有关规定，加强项目建设管理，做好项目单位设备更新改造的验收工作。各地要加强对棉花收购和棉花质量检验体制改革推行工作的协调指导，及时研究解决出现的新情况、新问题，确保棉花收购和质检改革的顺利进行。出现重大情况要及时报告当地人民政府和国家发展和改革委。

国家发展和改革委办公厅
二〇〇五年十月二十一日

国家发展和改革委等十部委(局)关于加快纺织行业结构调整促进产业升级若干意见的通知

【发布单位】 国家发展和改革委、财政部、科技部、劳动和社会保障部、农业部、商务部、人民银行、国家税务总局、环保总局、质量监督检验检疫总局

【发布文号】 发改运行[2006]762号

【发布日期】 2006年4月29日

各省、自治区、直辖市、新疆生产建设兵团发展改革委、经贸委(经委)、财政、科技、劳动和社会保障、农业、商务、中国人民银行上海总部、各分行、营业管理部、省会(省府)城市中心支行、国税、地税、质检、环保厅(局)：

近年来，我国纺织行业快速发展，国际竞争力明

显增强。但资源、环境和贸易摩擦等制约因素加剧，行业结构性矛盾日渐突出。为保持我国纺织行业持续健康发展，现就加快纺织行业结构调整，促进产业升级的有关意见通知如下。

一、纺织行业加快结构调整和产业升级意义重大

"十五"时期是我国纺织行业快速发展的五年。2005年，我国纺织纤维加工量2690万吨，比"九五"末增长近一倍，占全球纤维加工量的36%以上。纺织品服装出口1175亿美元，比"九五"末增长1.3倍，占全球纺织品服装贸易额的24%左右。同时，纺织产业结构有所改善，国际竞争力明显增强，运行质量和效益逐年提升，市场优胜劣汰机制已经形成。纺织行业在增加就业、工业反哺农业、改善人民生活和促进经济发展等方面做出了积极贡献。

随着产业规模的扩大和市场需求的变化，国际竞争更加激烈，资源、环境约束进一步加剧，行业长期积累的深层次问题日渐突出。一是自主创新能力不足。全行业研发投入不足销售收入的1%，高新技术和高端纺织设备大部分依赖进口；品牌设计和自主营销能力薄弱，产品出口主要是贴牌加工，自主品牌进入国际市场刚刚起步。二是结构性矛盾突出。化纤常规产品产能增长较快，而功能性、差别化纤维供应不足，配套原料发展滞后；在衣着、家用和产业用三大纺织产品中，劳动密集的服装加工竞争激烈，技术含量较高的产业用纺织品比重较低；企业小而散，市场竞争力不强，大型企业普遍缺少核心技术和跨国配置资源能力；中西部差距依然较大。三是资源、环境约束对产业发展形成较大制约。棉花、化纤原料缺口不断加大；纺织用水量已居制造业前列，而水的重复利用率却落后于制造业平均水平；污染物超标排放现象依然存在。四是市场竞争不规范。由于劳动保障、环保等法律法规执行不平衡，造成了不同地区、不同企业间的不公平竞争，既加剧了部分地区低水平产能的扩张和原料供求矛盾，也影响了优势企业竞争力的发挥。

面对国内外新挑战和行业结构性矛盾，当前大力推进纺织结构调整、转变增长方式、促进产业升级，意义十分重大。不仅是进一步巩固和发挥我国纺织行业竞争优势，保持纺织行业持续健康发展的需要，也是落实科学发展观，促进我国产业结构优化升级，实现经济社会和谐发展的重要内容。

二、纺织结构调整的指导原则和主要目标

"十一五"是全面建设小康社会承前启后的关键时期，纺织行业在我国社会经济发展中将继续发挥不可替代的作用。国内外经济的稳步增长为我国纺织行业发展提供了新机遇，资源环境约束和贸易摩擦等因素增加了行业调整升级的内在动力，科学发展观的全面落实，为纺织行业加快结构调整和产业升级创造了良好的宏观环境。

纺织行业要紧紧抓住当前的战略机遇期，坚持以科学发展观为统领，按照国家关于"十一五"期间加快结构调整、促进产业升级的总体要求和原则，全面推进技术进步，加快自主创新，充分发挥市场配置资源的基础性作用和产业政策的导向作用，规范市场竞争环境，转变经济增长方式，努力实现由纺织大国向纺织强国的转交。

（一）结构调整的主要原则

1. 充分发挥市场机制作用

纺织行业市场化程度高、竞争充分，要充分发挥市场配置资源的基础性作用，鼓励竞争，促进优胜劣汰。

2. 着力提高自主创新能力

要巩固、发挥和提升纺织行业现有的竞争优势，加快发展先进工艺、技术和产品。通过创新发展、淘汰落后能力，实现结构优化和产业升级。

3. 综合运用经济、法律和必要的行政手段

加强产业政策引导、信贷政策调节和财税政策支持，全面执行劳动保障、环保、资源节约、税务等法律法规和相关技术标准，规范市场竞争环境，引导产业健康发展。

（二）结构调整的主要目标

到"十一五"末，纺织纤维加工总量达到3600万吨，比"十五"末增长35%左右；人均劳动生产率提高60%以上；万元增加值的能源消耗下降20%；吨纤维耗水下降20%。行业科技创新能力明显增强，

拥有一批具有自主知识产权的关键技术和国际影响力的知名品牌;产业集中度进一步提高,形成若干具有较强国际竞争优势和影响力的大型企业和企业集团。

(三)结构调整的重点

1. 加快技术结构调整,提高产品附加价值

一是加强对高技术、功能性、差别化纤维和纺织先进加工技术、清洁生产技术以及行业关键设备的研究开发,使重点纺织加工技术和装备制造达到国际先进水平;二是加快企业ERP、电子商务平台和在线控制等技术的研究推广,提高企业信息化水平和市场快速反应能力;三是加强上下游产业链整合和产学研结合,创新经营模式,提高我国企业在国际纺织品服装供应链中的地位,提高产品附加值。

2. 加大原料结构调整,实现原料的多元化

一是加快PX、MEG、CPL等化纤原料建设,提高化纤原料自给率;二是加大对麻、毛、竹等非棉天然纤维及新溶剂粘胶、聚乳酸等再生资源纤维的研发和产业化推广;三是开展废旧聚酯及再生纤维的回收开发利用,提高天然及再生资源类纤维使用比重。

3. 加快重点行业调整,推进结构优化

一是继续拓宽纺织产品应用领域,大力发展医用、汽车用、建筑和过滤材料等产业用纺织品,培育纺织新的增长点;二是加大化纤行业结构调整,大力开发化纤的功能性、差别化纤维,到2010年化纤差别化率由目前的30%提高到40%;三是重点发展棉纺高支纱、精梳纱和特种纱线,扩大非棉纤维使用范围,使无接头纱、无梭布比重由“十五”末的50%左右提高到70%,高档服装面料自给率进一步提高。

4. 提高纺织资源利用效率,减少环境污染

推进纺织清洁生产和节能降耗,提高资源利用效率,到2010年,单位产值纤维使用量下降20%,吨纤维耗水下降20%。加大染整、化纤等行业废水、废气污染治理力度,减少污染物排放量,做到稳定达标排放,实现环境与社会的协调发展。

5. 大力推进自主品牌建设,创建具有国际影响力的自主知名品牌

重点支持、大力培育一批在品牌设计、技术研发、市场营销渠道建设方面的优势企业;鼓励创建具有公共属性的行业品牌、区域品牌,力争到2010年形成若干个具有国际影响力的自主知名品牌,使纺织服装自主品牌产品出口比重有明显提高。

6. 推进企业组织结构调整,提高产业集中度

一是以市场为导向,扶优扶强,加快产业整合,推动企业兼并重组,提高产业集中度;二是大力推进国际化经营,鼓励有条件的纺织企业“走出去”,充分利用两种资源、两个市场,形成一批具有全球资源配置能力的跨国企业集团;三是引导中小企业的产业集聚,促进产业集群综合竞争力的提升。

7. 促进东中西部协调发展,优化行业区域布局

沿海地区和中心城市适度控制棉纺、化纤常规产品产能的扩张,重点在时尚品牌、研发设计、市场控制力等方面有所突破;中西部地区充分利用劳动力、原材料和土地等方面的资源优势,发展与东部配套的劳动密集型加工制造业,承接来自中心城市、沿海地区以及国外的产业转移,形成各具特色、比较优势明显的梯度产业格局。

三、促进纺织结构调整和产业升级的有关政策措施

(一)大力推进纺织技术进步

落实激励企业技术创新的财税政策,引导企业和社会资金增加科技研发投入,支持企业建立技术研发中心,增强纺织企业自主创新能力。重点支持纺织新材料、清洁生产技术、高附加值生产技术和关键设备的研发和产业化,支持产业集群区公共服务平台建设,支持纺织行业自主品牌建设。调整纺织机械进口关键零部件的税收政策,提高国内纺织机械整机的竞争力。支持纺织企业加强产品设计、提高产品质量、开拓市场,研究适当提高企业广告费税前扣除比例的政策。

(二)认真执行国家产业政策

严格执行国务院关于促进产业结构调整的暂行规定,各级政府及职能部门对列入《产业结构调整指导目录》鼓励类纺织项目,要继续给予支持;对限制和淘汰类纺织项目,要严格控制,禁止投资;对淘汰类纺织工艺设备,要加快淘汰,禁止转移。严格执行

对新建聚酯项目的核准和纺织项目的登记备案制度，防止低水平产能的扩张。各金融机构要根据产业政策和信贷原则，合理配置信贷资金，积极支持纺织结构调整，有效防范信贷风险。

（三）支持发展纺织原料

在保证国家石油安全的前提下，加快纺织原料建设项目的核准，提高纺织原料的生产配套能力。将提高资源利用效率、节能降耗和废旧聚酯及再生纤维的回收开发纳入纺织行业发展循环经济的重点。加大对棉花科研、生产的政策支持力度，适当扩大优质棉区种植面积，努力提高棉花质量和单产水平。

（四）加强信息引导与预警体系建设

建立纺织重点行业和企业的动态跟踪制度，整合现有的数据资源，建立共享信息平台以及政府、银行和企业间的信息快速通道，适时发布投资动态、市场供求及行业运行等方面的信息，加强产业引导和预警。

（五）规范市场竞争环境

劳动保障、环保、税务等部门要加强对纺织企业遵守劳动法、环保法和税法情况的监督检查，营造公平竞争的市场环境。抓紧修订纺织能耗、水耗和相关技术标准，提高市场准入的门槛。鼓励纺织行业推广企业社会责任管理体系（CSC9000T），推进落实企业社会责任。

（六）充分发挥行业协会作用

支持行业协会等中介组织开展行业自律、落实企业社会责任、国际合作交流、组织境外投资和企业培训等活动，充分发挥其在产业发展中的引导和服务功能。

纺织行业结构调整是一项长期而艰巨的任务，各地区要高度重视，加强领导，结合实际，制定本地区纺织行业结构调整的实施方案和配套措施。有关部门要各司其职，密切配合，认真落实推进纺织结构调整的各项政策措施，加强对地方和行业的指导。

国家发展和改革委等部门关于2006年农产品进口关税配额再分配公告

【发布单位】 国家发展和改革委、商务部

【发布文号】 国家发展和改革委、商务部公告2006年第53号

【发布日期】 2006年8月14日

根据《农产品进口关税配额管理暂行办法》（商务部、国家发展和改革委员会令2003年第4号，以下简称《暂行办法》）、《2006年粮食、棉花进口关税配额数量、申请条件和分配原则》（国家发展和改革委员会公告2005年第58号，以下简称《分配原则》）、《2006年食糖进口关税配额申请和分配细则》（商务部公告2005年第64号，以下简称《分配细则》）中的有关规定，现将2006年农产品进口关税配额再分配的有关事项公告如下：

一、持有2006年小麦、玉米、稻谷及大米、食糖、棉花进口关税配额的最终用户，当年未就全部配额数量签订进口合同，或已签订进口合同但预计年底前无法从始发港出运的，均应将其持有的关税配额量中未完成或不能完成的部分于9月15日前交还所在地的省（自治区、直辖市、计划单列市）发展改革委、商务厅（外经贸厅）。国家发展和改革委、商务部将对交还的配额进行再分配。对最终用户9月15日前没有交还且年底前未充分使用的配额，国家发展和改革委、商务部在分配2007年农产品进口关税配额时按比例相应扣减。

二、获得本公告第一条所列商品2006年进口关税配额并全部使用完毕(需提供进口报关单复印件)的最终用户,以及符合《分配原则》、《分配细则》中所列申请条件但在年初前分配时未申请2006年进口关税配额的新用户,可以向所在地省(自治区、直辖市、计划单列市)发展改革委、商务厅(外经贸厅)提出农产品进口关税配额再分配申请。

三、申请者需在9月1日至15日以书面形式向所在地省(自治区、直辖市、计划单列市)发展改革委、商务厅(外经贸厅)递交关税配额再分配申请。申请格式依照附件《2006年农产品进口关税配额再分配申请表》的有关规定填写。

四、各省(自治区、直辖市、计划单列市)发展改革委、商务厅(外经贸厅)对申请者的申请进行初步审核后,于9月1日开始将符合条件的申请通过农产品进口关税配额计算机管理系统分别进行申报,并于9月20日前将申请按时间顺序汇总后,以书面形式分别上报国家发展和改革委、商务部。

五、国家发展和改革委、商务部按照网上申报的顺序对用户交回的配额进行再分配。10月1日前将关税配额再分配的结果通知到最终用户。

当符合条件的申请数量总和小于关税配额再分配量时,每个申请者的申请均可获得满足;当符合条件的申请数量总和大于关税配额再分配量时,根据《分配原则》、《分配细则》中的有关规定,按照先来先领的原则进行再分配。

六、再分配关税配额的有效期等其他事项按照《暂行办法》、《分配原则》、《分配细则》执行。

七、小麦、玉米、稻谷及大米、棉花进口关税配额的再分配,由国家发展和改革委会同商务部以及各省(自治区、直辖市、计划单列市)发展改革委组织实施;食糖进口关税配额再分配,由商务部以及各省(自治区、直辖市、计划单列市)商务厅(外经贸厅)组织实施。

附件:《2006年农产品进口关税配额再分配申请表》

附件

2006年农产品进口关税配额再分配申请表

申请企业盖章： 企业法人代表签字：

<table>
<tr><td colspan="6">企业名称：</td></tr>
<tr><td colspan="3">申请农产品配额名称：</td><td>□ 2005年有该农产品一般贸易进口实绩者</td><td>□ 2005年有该农产品加工贸易进口实绩者</td><td>□ 2005年无该农产品进口实绩者</td></tr>
<tr><td rowspan="2">一般贸易</td><td colspan="2">申请数量：</td><td rowspan="2">加工贸易</td><td colspan="2">申请数量：</td></tr>
<tr><td colspan="2">报关口岸：① ②</td><td colspan="2">报关口岸：① ②</td></tr>
<tr><td colspan="6">企业注册地址：</td></tr>
<tr><td colspan="2">注册资本：</td><td colspan="3">工商注册号：</td><td>联系电话：</td></tr>
<tr><td colspan="6">企业性质：□国有 □股份制 □民营 □外商投资</td></tr>
<tr><td colspan="6">企业类型：□生产企业 □贸易企业</td></tr>
<tr><td colspan="6">以下由生产企业填写：</td></tr>
<tr><td colspan="2" rowspan="4">2005年企业产品及生产能力(注：棉花填纺锭数)</td><td colspan="2">生产名称：</td><td colspan="2">所需进口农产品名称：</td></tr>
<tr><td colspan="2">日产量(吨)：</td><td colspan="2">日需要量(吨)：</td></tr>
<tr><td colspan="2">年产量(吨)：</td><td colspan="2">年需要量(吨)：</td></tr>
<tr><td colspan="4">该产品年销售额(万元)：</td></tr>
<tr><td colspan="6">以下由有加工贸易进口实绩的企业填写：</td></tr>
<tr><td rowspan="2">2005年加工贸易配额</td><td colspan="2">分配量(吨)：</td><td rowspan="2">2006年加工贸易配额</td><td colspan="2">分配量(吨)：</td></tr>
<tr><td colspan="2">实际进口量(吨)：</td><td colspan="2">已完成进口量(吨)：</td></tr>
<tr><td colspan="6">以下由有一般贸易进口实绩的企业填写(不包括代理进口)：</td></tr>
<tr><td rowspan="2">2005年一般贸易配额</td><td colspan="2">分配量(吨)：</td><td rowspan="2">2006年一般贸易配额</td><td colspan="2">分配量(吨)：</td></tr>
<tr><td colspan="2">实际进口量(吨)：</td><td colspan="2">已完成进口量(吨)：</td></tr>
<tr><td colspan="6">以下由具有粮食批发零售资格的企业填写：</td></tr>
<tr><td colspan="3">2005年粮食贸易年销售额(万元)：</td><td colspan="3">2005年粮食进出口额(万美元)：</td></tr>
<tr><td colspan="3">2006年粮食贸易已完成销售额(万元)：</td><td colspan="3">2006年已完成粮食进出口额(万美元)：</td></tr>
<tr><td colspan="6">是否同意对国外和国内应询提供本企业配额申领数量 □是 □否</td></tr>
<tr><td colspan="6">授权机构审核意见：</td></tr>
</table>

填表说明：1.“2005年企业产品及生产能力”：指以申请进口农产品为主要原料生产的产品及生产能力。2.“日、年产量”及“日、年需原料量”：指企业2005年日、年产量及对进口农产品的日、年需要量。3. 棉花申请企业在“日需要量”一栏，填纺纱设备的锭数。

国家发展和改革委关于2007年粮食、棉花进口关税配额数量、申请条件和分配原则

【发布单位】 国家发展和改革委员会
【发布文号】 2006年第64号
【发布日期】 2006年9月18日

根据《农产品进口关税配额管理暂行办法》(商务部、国家发展和改革委员会令2003年第4号),现将2007年粮食、棉花进口关税配额数量、申领条件和分配原则公布如下:

一、2007年粮食、棉花进口关税配额量为:小麦963.6万吨,国营贸易比例90%;玉米720万吨,国营贸易比例60%;大米532万吨(其中:长粒米266万吨,中短粒米266万吨),国营贸易比例50%;棉花89.4万吨,国营贸易比例33%。

二、企业通过一般贸易、加工贸易、易货贸易、边境小额贸易、援助、捐赠等贸易方式进口上述农产品均需申请农产品进口关税配额,并凭农产品进口关税配额证办理通关手续。由境外进入保税仓库、保税区、出口加工区的产品,免予申领农产品进口关税配额证。

三、农产品进口关税配额申请者的基本条件为:2006年10月1日前在国家工商管理部门登记注册(需提供企业法人营业执照副本);具有良好的财务状况和纳税记录(需提供2005年及2006年有关资料);2004至2006年在海关、工商、税务、检验检疫方面无违规记录;2005年企业年检合格;没有违反《农产品进口关税配额管理暂行办法》的行为。

在具备上述条件的前提下,进口关税配额申请者还必须符合下列条件之一:

(一)小麦

1. 国营贸易企业;

2. 具有国家储备职能的中央企业;

3. 2006年有进口实绩的企业;

4. 日加工小麦400吨以上的生产企业;

5. 2006年无进口实绩,但具有进出口经营权并由所在地外经贸主管部门出具加工贸易生产能力证明、以小麦为原料从事加工贸易的企业。

(二)玉米

1. 国营贸易企业;

2. 具有国家储备职能的中央企业;

3. 2006年有进口实绩的企业;

4. 以玉米为原料,年需要玉米5万吨以上的配合饲料生产企业;

5. 以玉米为原料,年需要玉米10万吨以上的其他生产企业;

6. 2006年无进口实绩,但具有进出口经营权并由所在地外经贸主管部门出具加工贸易生产能力证明、以玉米为原料从事加工贸易的企业。

(三)稻谷和大米(长粒米和中短粒米需分别申请)

1. 国营贸易企业;

2. 具有国家储备职能的中央企业;

3. 2006年有进口实绩的企业;

4. 具有粮食批发零售资格,年销售额1亿元人民币以上的粮食企业;

5. 粮食年进出口额2500万美元以上的贸易企业;

6. 2006年无进口实绩,但具有进出口经营权并由所在地外经贸主管部门出具加工贸易生产能力证明、以稻谷和大米为原料从事加工贸易的企业。

（四）棉花

1．国营贸易企业；

2．2006年有进口实绩的企业；

3．纺纱设备5万锭以上的棉纺企业。

四、上述农产品进口关税配额将根据申请者的申请数量、历史进口实绩、生产能力和其他相关商业标准进行分配。

（一）如进口关税配额量能够满足符合条件申请者的申请总量，则按申请者申请数量分配关税配额量。

（二）如进口关税配额量不能满足符合条件申请者的申请总量，则有进口实绩的申请者，可优先获得配额；无进口实绩的申请者，将以其加工能力或经营数量等为主要依据，按比例分配进口关税配额量。其中申请数量低于按比例分配数量的，则按申请数量分配。

五、2007年粮食、棉花进口关税配额申请时间为2006年10月15日至30日。申请者可到国家发展和改革委授权机构领取，或从国家发展和改革委网站（http://www.ndrc.gov.cn）下载《农产品进口关税配额申请表》（见附件），并如实填写。

六、国家发展和改革委授权机构负责受理属地范围内的企业申请，并于2006年11月30日前将符合公布条件的申请送达国家发展和改革委，同时抄报商务部。

七、国家发展和改革委于2007年1月1日前通过授权机构将农产品进口关税配额分配给最终用户。

附件：农产品进口关税配额申请表

附件

农产品进口关税配额申请表

申请企业盖章：　　　　　　　　　　　　　　　　　　　　　企业法人代表签字：

<table>
<tr><td colspan="6">企业名称：</td></tr>
<tr><td colspan="2">申请农产品配额名称：</td><td colspan="2">□ 2006 年有该农产品一般贸易进口实绩者</td><td>□ 2006 年有该农产品加工贸易进口实绩者</td><td>□ 2006 年无该农产品进口实绩者</td></tr>
<tr><td rowspan="2">一般贸易</td><td colspan="2">申请数量：</td><td rowspan="2">加工贸易</td><td colspan="2">申请数量：</td></tr>
<tr><td colspan="2">报关口岸：①　　　　②</td><td colspan="2">报关口岸：①　　　　②</td></tr>
<tr><td colspan="6">企业注册地址：</td></tr>
<tr><td colspan="2">注册资本：</td><td colspan="3">工商注册号：</td><td>联系电话：</td></tr>
<tr><td colspan="6">企业性质：□国有　□股份制　□民营　□外商投资</td></tr>
<tr><td colspan="6">企业类型：□生产企业　□贸易企业</td></tr>
<tr><td colspan="6">以下由生产企业填写：</td></tr>
<tr><td colspan="2" rowspan="4">2006 年企业产品及生产能力（注：棉花填纺锭数）</td><td colspan="2">生产名称：</td><td colspan="2">所需进口农产品名称：</td></tr>
<tr><td colspan="2">日产量（吨）：</td><td colspan="2">日需要量（吨）：</td></tr>
<tr><td colspan="2">年产量（吨）：</td><td colspan="2">年需要量（吨）：</td></tr>
<tr><td colspan="4">该产品年销售额（万元）：</td></tr>
<tr><td colspan="6">以下由有加工贸易进口实绩的企业填写：</td></tr>
<tr><td rowspan="2">2005 年加工贸易配额</td><td colspan="2">申领到配额量（吨）：</td><td rowspan="2">2006 年加工贸易配额</td><td colspan="2">已申领到配额量（吨）：</td></tr>
<tr><td colspan="2">实际进口量（吨）：</td><td colspan="2">已完成进口量（吨）：</td></tr>
<tr><td colspan="6">以下由有一般贸易进口实绩的企业填写（不包括代理进口）：</td></tr>
<tr><td rowspan="3">2005 年一般贸易配额</td><td colspan="2">分配量（吨）：</td><td rowspan="3">2006 年一般贸易配额</td><td colspan="2">分配量（吨）：</td></tr>
<tr><td colspan="2">实际进口量（吨）：</td><td colspan="2">已完成进口量（吨）：</td></tr>
<tr><td colspan="2">调整期退回量（吨）：</td><td colspan="2">调整期退回量（吨）：</td></tr>
<tr><td colspan="6">以下由具有粮食批发零售资格的企业填写：</td></tr>
<tr><td colspan="3">2005 年粮食贸易年销售额（万元）：</td><td colspan="3">2005 年粮食进出口额（万美元）：</td></tr>
<tr><td colspan="3">2006 年粮食贸易完成销售额（万元）：</td><td colspan="3">2006 年粮食完成进出口额（万美元）：</td></tr>
<tr><td colspan="6">是否同意对国外和国内应询提供本企业配额申领数量　□是　□否</td></tr>
<tr><td colspan="6">授权机构审核意见：</td></tr>
</table>

填表说明：1."2006 年企业产品及生产能力"：指以申请进口农产品为主要原料生产的产品及生产能力。2."日、年产量"及"日、年需原料量"：指企业 2006 年日、年产量及对进口农产品的日、年需要量。3. 棉花申请企业在"日需要量"一栏填纺纱设备的锭数。

国家发展和改革委等部门发布棉花加工资格认定和市场管理暂行办法

【发布单位】 国家发展和改革委、国家工商总局、国家质检总局
【发布文号】 国家发展和改革委令 2006 年第 49 号
【发布日期】 2006 年 10 月 10 日

第一章　总　则

第一条　为加强棉花收购、加工与市场的监督管理，进一步强化国家对棉花市场的宏观调控，保护国家棉花资源，维护棉花正常流通秩序，根据《中华人民共和国行政许可法》（以下简称《行政许可法》）、《产品质量法》、《棉花质量监督管理条例》、《无照经营查处取缔办法》等法律法规，制定本办法。

第二条　在中华人民共和国境内，从事棉花收购、加工、销售等经营活动，进行棉花加工资格认定和对棉花经营行为的监督管理，必须遵守本办法。

第三条　本办法所称棉花是指籽棉和皮棉，不包括废棉、落棉、回收棉及棉短绒。

本办法所称棉花加工资格认定制度是指从事棉花加工经营活动的企业，除应具备一般经营条件外，还须具备本办法规定的相应条件，经资格认定机关审查认定后授予其棉花加工资格的行政许可制度。

本办法所称资格认定机关是指参与棉花加工资格认定工作的省级各有关部门和机构的统称。主要包括发展改革部门、工商行政管理部门、棉花质量监督机构。

本办法所称棉花质量监督机构是指《棉花质量监督管理条例》规定的棉花质量监督机构。

第四条　国务院有关部门在各自职责范围内负责组织和实施本办法的有关工作。国家发展改革部门牵头负责全国棉花加工资格认定工作的总体指导和组织协调。各省、自治区、直辖市人民政府有关部门和机构根据本办法负责当地棉花加工企业资格认定工作，并负责本地区棉花市场管理和质量监督工作。

棉花协会向政府有关部门提供棉花加工企业规划布局、棉花加工资格认定和市场管理的政策建议；协助政府有关部门做好棉花加工企业的资格认定工作。

第五条　国家对棉花加工实行资格认定制度。

凡从事棉花加工的企业必须按照本办法的规定进行资格认定申报。省、自治区、直辖市的资格认定机关对予以受理的申报进行棉花加工资格条件的审查和认定，对符合本办法规定条件的，授予新的《棉花加工资格认定证书》（以下简称《资格证书》），并向社会公布认定企业名单。

本办法颁布之前已经获得棉花加工资格认定的企业，在过渡期内按原资格认定条件复查合格的，可继续从事棉花加工经营活动。在过渡期结束后，由国家统一公布取消原棉花收购加工资格认定证书。

按照《行政许可法》规定，资格认定不收费，所需费用按照《行政许可法》的规定解决。

第二章　棉花加工资格认定条件

第六条　取得棉花加工资格认定必须同时具备以下条件：

（一）本办法实施前已经获得棉花加工资格证书且依然有效的法人或其他经济组织。

（二）符合所在地棉花加工企业合理规划布局的要求，已经纳入全国棉花加工业生产设备（压力吨位 400 吨及以上的打包机及其辅助设施等，下同）更新

改造规划。

（三）有当地棉花质量监督机构依法出具的符合下列条件的质量保证能力资格认定证明：

1. 具备保证棉花质量所必须的棉花加工场所；

2. 具备必要的符合国家规定的进厂籽棉质量检验环境条件和相应的仪器设备；

3. 配备符合国家规定的压力吨位400吨及以上的打包机、自动取样、称重装置、条码信息系统等设备，并具备符合国家标准规定的轧花工艺和设备；

4. 配备经国家人事、劳动部门会同有关部门考核合格的专职棉花品质检验及加工技术人员（包括获得棉花质量检验师执业资格证书人员，棉花检验、加工技术职业资格证书人员）；

5. 配备符合要求的棉花标准（包括实物标准和文字标准）；

6. 具有其他必要的质量保证条件。

（四）有当地公安消防机构出具的消防条件符合要求的证明。

（五）国家规定的其他条件。

个别省区由于棉花种植区域发生较大变化，需要新建棉花加工企业的，有关情况报国家发展改革部门同意后，由省级资格认定机关按规定程序进行审批。经批准的新建棉花加工企业，应当持资格认定机关的核准文件和《资格证书》，到工商行政管理部门办理登记，领取营业执照。

第七条 有下列情形之一的，资格认定机关不受理申请者提出的棉花加工资格认定申请：

（一）因质量违法或其他违法经营被责令改正或行政处罚，企业已改正且履行处罚义务之日起至提出申请之日尚未满半年的；

（二）违反国家法律、法规、规章有关棉花质量监督管理的规定，有掺杂掺假、以假充真、以次充好或其他严重质量违法行为的，自行政处罚之日起至提出申请之日尚未满一年半的；

（三）出现过隐瞒有关情况或提供虚假材料申请棉花加工资格认定行为，至提出申请之日尚未满三年的；

（四）因违法被撤销原棉花加工资格，至提出申请之日尚未满三年的。

（五）因棉花违法经营受到行政处罚但不按法定要求履行处罚义务的；

（六）国家规定的其他情形。

第三章 棉花加工资格审核认定程序

第八条 省级发展改革部门按照《行政许可法》的要求将棉花加工资格认定的事项、依据、条件、数量、程序、期限以及需要提交的全部材料的目录和申请书示范文本等在办公场所（包括政府网站）公示。各资格认定机关应当在省级发展改革部门的统一组织下进行公示。

第九条 申请者必须在取得省级发展改革部门棉花加工业生产设备更新改造规划登记核准后方可进行设备更新改造，并在规定的期限内完成改造和通过验收。

第十条 省级发展改革部门在每年5月的前10个工作日内接受棉花加工资格认定申请。接受期限发生调整的，由省级发展改革部门提前向社会公布，同时报国家发展改革部门备案。申请者申请时须提供以下材料（每项一式三份）：

（一）棉花加工资格认定申请；

（二）原有的棉花加工资格认定证书（复印件）；

（三）证明符合合理规划布局条件的材料；

（四）证明具备质量保证能力须提供的材料；

（五）证明具备消防条件的材料（当地公安消防机构出具）；

（六）营业执照复印件；

（七）根据规定需要申请者提供的其他材料。

申请者应当保证所提交的申请材料全部真实有效。

第十一条 省级发展改革部门在接收到申请者申请材料之日起5个工作日内，作出受理或者不予受理的决定。不予受理的，书面通知申请者并注明理由。

第十二条 对决定受理申请的，省级发展改革部门组织安排资格认定机关对申请者相关条件进行审查，并征求当地棉花协会的意见，在决定受理之日起45个工作日内作出审查决定。

第十三条 对作出授予棉花加工资格决定的，省级发展改革部门自作出决定之日起10个工作日内向申请者颁发《资格证书》。对审查后不予准许的，书面通知申请者并注明理由。

省级发展改革部门定期向社会公布获得《资格证书》企业的名单，并报国家发展改革部门备案。

第十四条 各资格认定机关在棉花加工资格审核认定中所使用的文书格式和《资格证书》格式由国家发展改革部门统一规定。

第四章 棉花加工管理

第十五条 禁止企业未经过资格认定而从事棉花加工经营活动。

第十六条 获得棉花加工资格认定的企业应当履行以下义务：

（一）保证各项质量保证能力条件得到正常运行和实施；

（二）按照国家标准和技术规范的要求收购（进厂）、加工棉花；

（三）不得购买、使用国家明令禁止的设备加工棉花；

（四）必须按照国家规定挑拣、排除异性纤维；

（五）成包棉花必须参加仪器化公证检验；

（六）不得通过挂靠、联营等手段为没有通过相应棉花加工资格认定的企业从事棉花加工活动提供便利、从中牟利，即不得“一证多厂”；

（七）不得向负责监督检查的行政机关或法律法规授权的组织隐瞒有关情况、提供虚假材料或者拒绝提供反映其活动的真实材料；

（八）不得拒绝、阻碍依法开展的监督检查；

（九）应定期向所在地县级发展改革部门上报本企业棉花收购、加工、销售和库存等有关情况；

（十）国家规定的其他要求。

第十七条 《资格证书》有效期为5年，自签发之日起计算。

棉花加工企业需要延续所获《资格证书》有效期的，应当在《资格证书》有效期届满60日前向原颁发《资格证书》的省级发展改革部门（以下简称原发证机关）提出申请，并提供规定的材料。原发证机关根据申请，在有效期届满前应当作出是否予以延续的决定。

获得《资格证书》的棉花加工企业逾期未提出延续申请的，由原发证机关办理注销手续，并予以公告。

第十八条 《资格证书》如灭失，棉花加工企业应在3日内书面告知原发证机关，原发证机关接到通知后应确定该《资格证书》已无效，并向社会公布。

需要补办《资格证书》的棉花加工企业应当向原发证机关提出申请，经原发证机关批准予以补办。

棉花加工企业的《资格证书》灭失，无正当理由，既未按时通知原发证机关，又未申请补办《资格证书》的，棉花加工企业应承担由此引起的法律后果。

第十九条 棉花加工企业不得有下列行为：

（一）以欺骗等非法手段获取《资格证书》；

（二）将获得的《资格证书》倒卖、出租、出借或其他形式非法转让；

（三）使用无效、失效的《资格证书》；

（四）伪造、变造、冒用《资格证书》。

第二十条 棉花加工企业的《资格证书》记载的企业名称、法定代表人、加工场所等事项发生变更的，应向原发证机关申请变更登记，获得批准后方可继续从事棉花加工。原《资格证书》应在获得新《资格证书》之日起5日内交还原发证机关，并由其予以注销。

第二十一条 获得《资格证书》的棉花加工企业有以下任何情形之一的，认定为丧失棉花加工资格，由原发证机关撤销所发《资格证书》，并向社会公布，同时向国家发展改革部门备案：

（一）质量保证能力、消防条件、主体条件等有一项已经不具备规定的资格认定条件，且经整改无效的；

（二）出现本办法第十九条规定的任何一种情况的；

（三）《资格证书》灭失后，无正当理由，既未按时通知原发证机关，又未申请补办《资格证书》的；

（四）发生本办法第二十条的情况，未按规定进行变更的；

（五）违反国家法律、法规、规章有关棉花质量监督和市场管理的规定，有严重质量违法行为、或棉花质量违法屡查屡犯、或因质量违法被责令改正而未予改正、或有其他违法经营行为的；

（六）拒绝、阻碍依法开展的监督检查，且拒不改正、或屡查屡犯、或情节严重（如出现暴力抗拒检查的情形）的；

（七）向负责监督检查的行政机关或法律法规授权的组织隐瞒有关情况、提供虚假材料或者拒绝提供反映其活动的真实材料的；

（八）获得《资格证书》后连续两年未开展相应的棉花加工经营活动的；

（九）违反本办法其他有关规定，经资格认定机关依法决定应当取消棉花加工资格的；

（十）国家规定的应当撤销证书的其他情形。

第二十二条　有下列情形之一的，省级发展改革部门应当办理有关《资格证书》的注销手续，并向社会公布，同时向国家发展改革部门备案：

（一）《资格证书》有效期届满未延续的；

（二）获得《资格证书》的棉花加工企业依法终止；

（三）《资格证书》依照本办法第二十一条被撤销；

（四）法律、法规规定的应当注销的其他情形。

第二十三条　资格认定部门在营业执照有效期内依法吊销或撤销《资格证书》，应当在吊销或撤销《资格证书》5 个工作日内通知工商行政管理部门。相关企业应当依法到工商行政管理部门办理变更登记或者注销登记。

第二十四条　政府有关职能部门通过每年定期复查和日常监督检查，对获得《资格证书》的棉花加工企业进行监督检查。

在定期复查和日常监督检查中，实施监督检查的行政执法机构应当将监督检查的情况和处理结果予以记录，由监督检查人员签字后归档。

第二十五条　国家发展改革部门定期组织相关部门对本办法规定的棉花加工资格认定的条件、程序、效果等进行评估，依法需要调整时应当及时调整。

第五章　棉花市场管理

第二十六条　棉花收购者不得有以下行为：

（一）不明码标价收购棉花；

（二）不按照国家标准和技术规范收购棉花；

（三）提供虚假信息或误导性宣传；

（四）与交售者有收购合同或协议而拒收或限收棉花；

（五）其他违反国家质量法律、法规、规章规定的。

第二十七条　棉花销售企业不得有以下行为：

（一）购买、销售非法加工的棉花；

（二）销售的棉花没有有效的质量凭证；

（三）棉花等级、类别、重量与质量凭证、标识不相符；

（四）棉花包装、标识不符合国家标准的规定；

（五）签订棉花销售合同后不按合同规定履约；

（六）其他违反国家质量法律、法规、规章规定的。

第二十八条　严格实施主要棉花加工机械生产许可证制度。未获主要棉花加工机械生产许可证的企业，不得从事相应的棉花加工机械生产经营活动；棉花加工机械生产企业不得生产、销售不符合国家规定的棉花加工设备。

第二十九条　从事皮棉经营业务，可直接向所在地工商行政管理部门提出申请，由工商行政管理部门依据法律法规规定核准登记。

第三十条　棉花交易市场应按照国家有关法律、法规、规章的规定，建立健全棉花交易规则，有效保护客户的合法权益。棉花交易市场必须具备以下基本条件：

（一）有固定的交易场所；

（二）法人治理结构完善；

（三）建立公开、公平、公正、规范的交易规则；

（四）对市场参与者要有明确的行为规范；

（五）市场开办单位不得参与市场交易；

（六）市场交易的棉花必须附有符合国家规定的质量凭证和包装标识；

（七）市场开办单位和市场交易者要接受工商行政管理部门、棉花质量监督机构、税务部门等的监管，照章纳税、诚信经营；

（八）国家规定的其他条件。

第三十一条 禁止伪造、变造、冒用棉花质量凭证、公证检验证书、公证检验标志、其他检验标志、标识。

第三十二条 禁止在棉花收购、加工和销售活动中掺杂、掺假，以假充真，以次充好。

第三十三条 禁止无照或超范围经营棉花。

第三十四条 棉花质量监督机构和其他国家机关以及棉花质量检验机构不得以监制、监销等方式参与棉花经营活动。

第三十五条 专业纤维检验机构和依法批准成立的其他纤维检验机构，要严格按照国家有关质量法规、标准及《棉花质量监督管理条例》的规定，规范质量检验行为，公正严格检验棉花质量，对出具的检验证书依法承担相应的责任。

第三十六条 任何地方政府及部门不得采取划片、设卡、发放准运证等方式限制或变相限制企业销售棉花的区域和干预企业正常收购、加工、销售、运输活动。

第三十七条 工商行政管理部门、棉花质量监督机构应当依法在各自的职责范围内，对棉花收购、销售等经营活动实施监督检查，监督检查中可依据有关法律、法规、规章的规定行使现场检查、调查、查阅、查封、扣押等职权。

第六章 罚 则

第三十八条 违反本办法第十六条第（一）项、第（五）项规定的，由棉花质量监督机构责令改正；拒不改正或者屡查屡犯的，处以1万元以上3万元以下的罚款。

违反本办法第十六条第（二）项、第（四）项规定的，由棉花质量监督机构依据《棉花质量监督管理条例》有关规定予以处罚。

违反本办法第十六条第（三）项、第（七）项、第（八）项规定的，由实施监督检查的行政执法机构责令改正，可根据情节轻重处以1万元以上3万元以下的罚款；构成违反治安管理行为的，还应移送公安部门依法予以处罚。

第三十九条 违反本办法第十九条第（一）项至第（四）项规定的，由实施监督检查的行政执法机构责令改正，并处以1万元以上3万元以下的罚款。

第四十条 违反本办法第十五条、第十六条第（六）项、第二十九条、第三十三条规定的，由工商行政管理部门依法进行处罚。

第四十一条 违反本办法第二十六条第（一）项规定的，由价格主管部门依据《价格法》第四十二条的规定予以处罚。

违反本办法第二十六条第（二）项规定的，由棉花质量监督机构依据《棉花质量监督管理条例》第二十四条的规定予以处罚。

第四十二条 违反本办法第二十六条第（三）项、第（四）项、第二十七条第（五）项规定的，由工商行政管理部门按照有关法律法规的规定进行处理。

违反本办法第二十七条第（一）项规定的，由工商行政管理部门责令改正；拒不改正或者屡查屡犯的，处以1万元以上3万元以下的罚款。

违反本办法第二十七条第（二）项至第（四）项规定的，由棉花质量监督机构依据《棉花质量监督管理条例》第二十六条的规定予以处罚。

第四十三条 违反本办法第二十八条规定，未获生产许可证从事棉花加工机械生产经营的，由质量监督部门没收其产品，并处以罚款；生产、销售不符合国家规定的棉花加工机械的，依据《产品质量法》、《工业产品生产许可证管理条例》有关规定予以处罚。

第四十四条 违反本办法第三十条第（一）项至第（七）项规定的，由实施监督检查的行政执法机构依据有关法律、法规、规章予以处罚。无处罚规定的，责令市场开办单位限期改正，并处3万元以下罚款。

第四十五条 违反本办法第三十一条、第三十二条规定的，由实施监督检查的行政执法机构依据有关法律、法规、规章予以处罚。

第四十六条 本办法规定的吊销营业执照的行政处罚由工商行政管理部门决定。

对同一违法事实，实施监督检查的行政执法机构不得给予两次处罚。

第四十七条 隐匿、转移、变卖、损毁被行政执法机构查封、扣押物品的，由行政执法机构按照有关法律、法规、规章予以处罚。

第四十八条 货值金额按现场牌价或结算票据计算，没有现场牌价或结算票据的，按同类产品市场价格计算。

第四十九条 棉花质量监督机构或者其他国家机关违反本办法规定，以监制监销等方式参与棉花经营活动的，由其上级机关或者监察机关责令改正，有违法收入的予以没收；情节严重的，对直接负责的主管人员和其他直接责任人员依法给予行政处分。

第五十条 专业纤维检验机构伪造公证检验证书，弄虚作假的，按照《棉花质量监督管理条例》有关规定予以处罚。其他纤维检验机构伪造检验结果或者出具虚假证明的，按照《产品质量法》有关规定予以处罚。

第五十一条 违反本办法第三十五条规定的，由上级机关责令改正；情节严重的，由同级或上级机关对直接责任人员给予行政处分。

第五十二条 本办法规定的资格认定机关，在实施棉花加工资格认定活动中，违反本办法规定的，依据《行政许可法》追究相关单位和人员的法律责任。

第五十三条 地方政府及其所属部门有违反本办法规定行为的，由上一级人民政府责令改正，对负责的主管人员和其他直接责任人依法给予降级或者撤职的行政处分。

第七章 行政处罚程序

第五十四条 实施行政处罚的行政机关，必须严格执行《行政处罚法》所规定的行政处罚程序和国务院有关罚款收缴分离的规定。当事人认为行政处罚违反《行政处罚法》规定的，可依法提起行政复议或行政诉讼，并有权予以检举。

第五十五条 违反本办法规定，涉嫌构成犯罪的，由行政执法机构依法移送公安部门。

第八章 附 则

第五十六条 各省(区、市)资格认定机关可根据本办法相关规定结合本地的实际情况制定具体的实施细则。

第五十七条 本办法由国家发展和改革委、国家工商总局、国家质检总局按职能分工负责解释。

第五十八条 本办法自发布之日起施行。

国家发展和改革委关于印发毕井泉等同志在全国棉花工作电视电话会议上讲话的通知

各省、自治区、直辖市及计划单列市、副省级省会城市、新疆生产建设兵团发展改革委(厅、局)、经贸委(经委、商委)、财政厅(局)、农业厅(局)、工商局、质监局、物价局、供销社和农业发展银行：

为做好 2006 年度棉花工作，国家发展和改革委、财政部、农业部、国家工商总局、国家质检总局、全国供销合作总社和中国农业发展银行于 2006 年 9 月 28 日在北京联合召开了全国棉花工作电视电话会议。现将国家发展和改革委副主任毕井泉、财政部副部长朱志刚、农业部副部长范小建、国家工商总局副局长刘凡、国家质检总局党组书记李传卿、全国供销合作总社副主任赵显人、中国农业发展银行副行长尉士武在会议上的讲话印发给你们，请结合本地区本部门的实际情况认真贯彻落实。

附件：1. 国家发展和改革委副主任毕井泉同志的讲话

2. 财政部副部长朱志刚同志的讲话
3. 农业部副部长范小建同志的讲话
4. 国家工商总局副局长刘凡同志的讲话
5. 国家质检总局党组书记李传卿同志的讲话
6. 全国供销合作总社副主任赵显人同志的讲话
7. 中国农业发展银行副行长尉士武同志的讲话

国家发展和改革委　财政部　农业部
国家工商总局　国家质检总局　全国供销合作总社
中国农业发展银行
二〇〇六年十月

附件 1

正确分析形势　做好 2006 年度棉花工作

国家发展和改革委副主任　毕井泉

（2006 年 9 月 28 日）

同志们：

新的棉花年度已经开始。经国务院批准，今天国家发展和改革委、财政部、农业部、工商总局、质检总局、供销总社、农业发展银行联合召开全国棉花工作电视电话会议。这次会议的主要任务是，分析新年度棉花形势，部署 2006 年度的棉花工作。下面我讲三点意见。

一、正确认识棉花市场形势

过去的一年，在国务院的正确领导下，按照促进棉花生产发展、保护棉农利益、满足纺织工业用棉需要、保持我国纺织业竞争力的总体要求，各部门密切配合，做了大量工作，我国棉花产业出现了棉农增收、市场稳定、工业发展的良好局面。主要特点：

一是棉农收益增加。2005 年棉花播种面积 7593 万亩，比上年减少 11%。国家统计局公布棉花产量 570 万吨，比上年减产 9.8%。棉花单产 75 公斤/亩，比上年增长 1.4%。由于国内纺织工业的发展，棉花需求增加，收购价格提高。棉花平均收购价格 650 元/担，比上年提高 20.4%。农民因价格提高增收 132 亿元。

二是纺织工业继续较快发展。2005/2006 年度全国纱产量 1602 万吨，纺织品及服装出口 1331 亿美元，均增长 22.2%。为了满足纺织工业用棉需要，我们充分利用国内国外两个市场，按照棉花产需缺口及时发放进口配额，去年 9 月至今年 8 月共进口棉花 411 万吨。纺织工业在快速发展的同时，也取得了较好的效益。

三是棉花销售和银行贷款实现了“双结零”。农业发展银行积极支持棉花收购，在控制风险的前提下保障了棉花经营企业棉花收购资金的需要。广大棉花经营企业积极收购新棉，认真排除混入棉花中的异性纤维，加强市场营销。铁路部门优先安排棉花运输。国家也采取措施引导纺织企业采购国产棉。到 8 月底，国产棉基本销完，其中新疆棉全部销完。中国农业发展银行棉花贷款基本上全部收回。

四是棉花市场比较稳定。针对棉花收购价格上涨过快，市场风险加大的问题，去年 10 月我委及时印发了《关于做好棉花收购等工作的紧急通知》，提醒棉花企业防范市场风险，不要盲目抬价抢购，对抑制新棉价格过快上涨起到一定的作用。棉花市场销售价格比较平稳。去年 9 月到今年 2 月，棉花市场价格稳步上涨。2 月份最高时为每吨 14380 元。受国际市场价格下跌的影响，3 月份以后国内市场价格有所回落。纺织企业顾全大局，棉花经营企业积极销售，在国际市场棉价 8 月份比 2 月份下跌 9% 的情况下，国内市场棉价只下跌了 2%，降低了棉花经营企业的经营风险，减少了经营亏损。

五是质检体制改革取得新的进展。以普及公证检验、改革棉花检验标准和检测体系、改变棉花包型为主要内容的棉花质量检验体制改革全面推开，目前已有250家棉花加工企业完成了设备技术改造，23家承检机构已开展仪器化公证检验服务。按新体制运行检验出来的棉花，质量标识全面，检验数据可靠，受到棉花经营企业和纺织企业的普遍欢迎。

在充分肯定2005/2006年度棉花工作取得的成绩的同时，也要看到工作中存在的不足：一是由于棉花加工能力过大，新棉上市时部分企业盲目抬价，导致新棉收购价格偏高，给后期销售带来困难，增加了市场风险；二是在国际棉价大幅度下跌的情况下，国内棉花市场价格与国际棉花市场价格差价较大，增加了纺织企业国际竞争的压力，同时也导致棉纱进口增长过快；三是纺织工业增长仍未摆脱以低水平数量型扩张的方式，产品的技术含量、附加值和质量档次亟待提高；四是棉花混等混级收购的现象仍比较普遍，排除异性纤维的措施没有很好地落实，棉花中混入异性纤维仍然是影响国产棉质量的突出问题；五是部分产棉区棉花的统计数据与实际产量存在较大差异，给总量平衡、安排进口配额和组织铁路运输带来了困难；六是对棉花质检体制改革的宣传还不够，纺织企业对按新体制检验的棉花的认知度还有待进一步提高。

正确分析形势是做好新年度棉花工作的基本前提。近一个时期，我们会同有关部门和有关行业协会对2006年度的棉花市场形势进行了多次分析，8月下旬到9月初有关部门组成3个调查组到江苏、山东、河南、湖北、新疆等棉花主产省区进行实地调研。初步分析，2006年度棉花市场供需紧张的形势将有一定程度的缓解。第一，棉花需求增长将有所放缓。近三年来纱产量平均增长幅度在20%左右，但2006年度不会继续保持这么高的增速。主要原因：(1)欧美对我纺织品出口设限。去年6月份以来，欧盟对我10种出口纺织品、美国对我21种出口纺织品先后设限。今年1—7月，我纺织品服装对美国、欧盟出口仅分别增长1.8%和6.6%。国际竞争压力也日益加大。(2)人民币升值和出口退税政策调整。去年7月21日我国启动完善人民币汇率形成机制改革以来，人民币已升值4.1%。从今年10月1日起，纺织品出口退税率由13%调整为11%。(3)电价、工资成本及原料价格普遍上涨。今年以来，全国平均电价上涨5.2%，铁路运价上涨5.1%，工人工资成本上升8%左右。目前棉花价格比去年同期上涨4.5%，涤纶短纤价格上涨22.5%。第二，国内棉花产量增加。据国家统计局意向调查，今年全国棉花种植面积8000万亩左右，比去年增加400万亩，增长5%。各级农业部门高度重视棉花生产，改良棉花品种、推广科学种棉技术、指导农民加强田间管理，棉花长势较好，预计棉花单产78.5公斤/亩，增长2.4%；全国棉花产量630万吨左右，增长10.5%。第三，全球棉花供需基本平衡。据国际棉花咨询委员会(ICAC)最新预测，2006年度全球棉花产量2467万吨，同比减少7万吨；消费量2573万吨，同比增加85万吨；期初库存1084万吨，期末库存978万吨，仍属历史上库存较高的年份。预计2006年度全球棉花出口量达970万吨，比上年度有所增加。

各地相关部门要提醒广大棉花经营企业正确分析棉花市场形势，警惕市场风险。目前新棉陆续上市，总体看收购价格仍然偏高。第一，新疆自治区政府发布的新疆收购信息指导价每担550元。现在实际收购的籽棉每公斤5.2元，折皮棉600元/担左右。第二，内地籽棉收购价格为5.6元/公斤，折皮棉收购价格650元/担，加上加工费用后企业销售成本13500元/吨。如留到明年3月出售，销售成本将高达14000元/吨，比目前郑州商品交易所棉花期货明年3月份合约价格13860元/吨高出140元/吨。第三，目前国际市场棉花现货价格57美分/磅左右，按配额内1%关税计算，进口成本11800元/吨；按滑准税关税计算，进口成本13150元/吨。现在的国内棉花市场销售价格13930元/吨，比1%关税计算的进口成本高2130元/吨左右，比滑准税关税计算的进口成本高780元/吨。这种情况将削弱纺织行业的竞争力，也会抑制国产棉的销售。现在收购的价格过高，将为今后的棉花销售带来较大的市场风险。

二、统一对棉花市场调控和棉花工作的认识

近年来,我国棉花市场经历了由供大于求、供求基本平衡到供不应求的转变,棉花工作面临许多新情况、新问题。我们要认真研究,保持清醒的认识。

(一)国内棉花市场将进入长期供不应求的时期。2002年以前我国棉花是供大于求的。2001年底加入世贸组织和2005年起取消全球纺织品配额,为我国的纺织工业创造了难得的发展机遇。2002—2005日历年度,我国的纺织品服装出口分别增长15.9%、30.3%、21%、20.6%;纱产量分别增长11.7%、15.8%、31.2%、11.5%;消耗的棉花分别为600万吨、680万吨、880万吨、970万吨。2002年开始,我国当年棉花产需出现缺口,棉花进口逐年增加。2002—2005日历年度棉花进口分别为18万吨、87万吨、191万吨、257万吨,今年1—8月进口303万吨。预计今后一个时期,我国纺织工业仍将继续发展,国内棉花产需缺口将长期存在。

(二)棉花生产发展、棉农增收与纺织工业发展是相辅相成的。棉花是重要的农产品,也是纺织工业的重要原料。棉花产业从棉花生产、流通,工厂纺纱、织布、印染到最后做成服装,是一个完整的产业链条。棉花生产的价值最终要通过纺织品服装销售来体现。棉花生产发展、棉农增收与纺织工业的发展密不可分。在纺织工业发展不快、国内棉花供大于求的情况下,国家甚至要采取补贴的方式出口棉花。在这种情况下,棉花生产难以得到较大的发展,棉农收入的提高也相当困难。2002年以来,棉花收购价格稳步提高,棉农收入稳步增加,从根本上说得益于纺织工业的高速发展。国内棉花产不足需,国内棉花价格就会高于国际市场价格,客观上也为农民收入增加创造了条件。棉花工作和棉花市场的调控,一定要着眼于整个棉花产业链各环节的发展,着眼于棉花产业整体竞争力的提高。

(三)保护农民利益、增加农民收入是棉花宏观调控的基本原则。我国是世界上最大的棉花生产国,种植棉花的农民有1亿多人,棉花收入是农民收入的重要来源之一。近年来,在增加棉花进口、促进纺织发展的同时,国家采取了多项措施保护农民利益。一是对棉花进口实行配额管理。我国加入世贸组织时对2004年以前的棉花进口准入量达成了协议。此后的棉花进口准入量留在新一轮农业谈判中解决。在世贸组织新一轮农业谈判尚未达成协议之前,2005年以来,我们继续对棉花进口实行配额管理,按照国内产需缺口发放配额,控制进口数量,以防止过量进口冲击我国的棉花生产。二是对增发进口配额实行滑准税。近两年来,对增加发放的进口配额关税采取滑准税的方式,提高进口成本,转移了纺织工业部分效益,保护农民利益。2005年进口棉成本不低于12100元/吨,2006年不低于12950元/吨,有效地防止了进口棉花对国内棉花价格的冲击。三是进行价格引导。国家在棉花播种前发布新棉收购价格预测信息,在新棉上市前中国农业发展银行制定收购贷款支持上限,起到引导市场的作用,保证了农民种棉基本收益。四是运用储备手段调节市场。2004年棉花丰收,国家及时公布11500元/吨(后调整为12000元/吨)收储价格政策,抑制棉价下跌,促进市场棉价回升。

从近几年的情况看,棉花收购价格总体趋升。2001—2005年棉花平均收购价分别为390元/担、470元/担、750元/担、540元/担和650元/担,除2003年棉花价格过度上涨外,各年份价格总的趋势是上升的。据全国农产品成本调查统计,2001—2005年棉农种棉现金收益(扣除物质投入等费用后,含人工成本)分别为410元/亩、593元/亩、832元/亩、615元/亩和782元/亩,也是稳步增加的。

(四)努力发展国内棉花生产和根据需要组织棉花进口是纺织工业发展的重要保障。"十五"时期,为了发展国内棉花生产,满足纺织工业需要,国家采取建设棉花生产基地、改良棉花品种、改善灌溉条件、在新疆地区推广"矮、密、早"和膜下滴灌等技术,扶持国内棉花生产。"十五"时期,我国棉花年平均种植面积7454万亩,平均产量543万吨,平均单产72.8公斤/亩,分别比"九五"时期增长15.9%、26%、8.7%。今后国家将进一步采取措施,加大扶持国内棉花生产的力度,研究建立符合WTO规则、

有效保护农民利益、防止棉花生产大起大落的长效机制，促进棉花生产的发展。但从我们国家人多地少的基本国情和保证粮食安全的实际需要看，靠国内生产发展难以满足纺织工业的需要，国内棉花产需缺口将长期存在。根据国内纺织工业发展的需要组织好棉花进口，将是今后棉花总量平衡工作中的一项重要任务。

（五）国内棉价不能与国际市场棉价背离过多是保持纺织工业竞争力的基本要求。我国是纺织大国，也是原料进口大国和产品出口大国。我国纺织工业所需原料近一半来自国际市场，棉纺织工业的产品近一半销往国际市场。2005/2006 年度我国棉花消费量接近世界的 40%，棉花进口量也接近世界贸易量的 40%；我国纺织品和服装出口额占世界贸易额的 24%，如按数量计算占比会更高。我国纺织工业主要优势在于劳动力成本低、素质高，产业链完整、配套能力强。但也要认识到，我国的劳动力成本与欧、美等国比较有明显的优势，但又高于印度、巴基斯坦、越南、柬埔寨等国，近年来纺织工业已有向这些国家转移的迹象。从扩大就业考虑，我国仍应鼓励纺织工业的发展，鼓励纺织产品和服装出口。保持纺织工业的国际竞争力，是纺织工业发展、也是棉花产业发展的重要前提。在棉纱的成本中，棉花成本占 70%，劳动力成本只占 10%左右。如果国内棉花价格长期大幅度高于国际市场的棉花价格，必将抵消我劳动力成本低的优势，导致棉纱进口增加，国内纺纱企业也将逐步将工厂转移到境外，从而抑制国内棉花价格的提高；而国内棉花价格长期大幅度高于国际市场棉花价格，也将抵消我国的棉纱、棉布及服装生产劳动力成本低的优势，影响出口，造成国内纺织工业的萎缩，最终会影响就业和农民增收。因此，我们要协调平衡好保护农民利益和出口纺织品服装的关系，既要保护棉农的利益，又要使我国的纺织品和服装能够出得去，从总体上保持我国纺织工业的竞争力。

三、切实做好 2006 年度棉花工作

2006 年度棉花工作的总体要求是：抓好新棉收购，稳定棉花市场；加强市场监管，保证棉花质量；深化体制改革，健全市场体系；加强宏观调控，满足市场需求；加快结构调整，转变增长方式。要重点做好以下几项工作：

（一）切实抓好新棉收购。各产棉区有关部门要加强信息引导和宣传，引导棉花经营企业和纺织企业全面分析形势。要充分认识到，尽管 2006 年度国内棉花产需缺口较大，但国际市场资源仍然较为充裕，我国棉花的供给是有保障的。广大棉花经营企业要吸取 2003 年、2005 年的教训，理性入市，科学定价，避免盲目抬价，切实规避市场风险。中国棉花协会和棉纺织行业协会要加强对企业经营行为的引导。要鼓励籽棉收购市场的竞争，取缔任何形式的地区封锁和行业分割，维护正常的流通秩序。各级农业发展银行要继续按照择优选贷、以销定贷、以效定贷的原则，在统筹考虑各地产量和贷款企业加工能力的基础上，合理布局收购资金供应点，积极支持新棉收购。继续鼓励商业银行（包括农村信用社）等金融机构开展棉花收购信贷业务，增加棉花收购资金供应渠道。

（二）切实防范市场风险。棉花市场既受供求规律的影响，又受自然规律的影响，风险较大。规避棉花市场风险，对企业经营者是一个极大的挑战。一是增强风险意识。广大棉花经营企业和纺织企业要对棉花市场的供求形势和价格走势要进行经常性的分析，密切关注国内外棉花价格的变化，谨慎确定入市收购价格。二是规避市场风险。要学会利用期货市场进行套期保值。在看到有利可图时，可以在期货市场卖出一部分远期合同，虽然可能会减少一部分预期收入，但可以有效规避市场下跌的风险。在经营棉花盈利时，要补充一部分资本金，以补偿未来可能发生的经营亏损，从而在市场竞争中立于不败之地。三是促进棉花经营企业的兼并重组。目前我国的棉花企业经营比较分散，个体规模不大。要鼓励棉花经营企业的兼并、联合、重组，扩大经营规模，降低营销成本，降低经营风险。四是农业发展银行要加强监管。对使用中国农业发展银行贷款收购的棉花，要督促企业加快销售，确保资金安全。

（三）加强棉花市场管理和质量监督。各地区各有关部门要认真贯彻落实《棉花加工资格认定和市场管理暂行办法》，严把市场主体准入关，防止加工能力的盲目扩张。坚决取缔小轧花机、土打包机等非法加工设备，严厉打击无照经营行为。对销售或购买非法加工的棉花的企业，要按照有关规定严肃查处。要依法加强棉花质量的监督检查，加强收购加工环节质量监督管理，打击掺杂使假等质量违法行为。要引导农民按照棉花质量，切实做好籽棉分摘、分晒、分存、分售工作，保持棉花品质的一致性，切实实现优质优价，以增加收入。要继续贯彻原国家计委等五部门《避免在棉花采摘、交售、加工过程中混入异性纤维的暂行规定》，加强检查督促，抓好排除异性纤维工作，切实降低异性纤维含量。中国棉花协会要发挥协调作用，配合有关部门做好市场管理和质量监督工作。我国棉花进口数量逐年增加，进口棉质量问题屡屡发生，要加强对进口企业的指导，完善合同条款、加强质量检验、及时追索赔付，提高企业国际贸易的能力和自我保护能力。

（四）进一步加强宏观调控。要综合运用储备、进出口、信贷等手段，保持棉花供求总量的基本平衡，维护市场的稳定。要科学预测国内棉花市场需求，准确统计国内棉花产量，合理确定棉花进口配额发放数量，努力为企业创造可预期的市场环境。农业发展银行承担着农产品收购贷款发放的责任，也是国家宏观调控的重要工具。要合理确定棉花贷款支持上限水平，引导棉花企业规避市场风险；要督促企业均衡销售，及时归还贷款，保障资金安全。组织好铁路运输是做好新疆棉销售工作的关键。在棉花销售旺季，请铁路部门努力增加运力，加大新疆棉外运力度，为新疆棉销售创造必要的条件。新疆自治区有关部门要加强棉花运输的组织协调，引导企业积极销售和移库。

这里我要特别强调一下新疆棉的销售问题。新疆地处西北边陲，棉花品质好、单产高，发展棉花生产具有得天独厚的条件。新疆是我国棉花生产的重要基地，棉花收入是新疆农民收入的重要来源。新疆要充分发挥棉花生产的优势，克服运距长的劣势，引导广大棉花经营企业切实加强市场营销。要通过供需见面会、推介会、展销会等多种形式加强新疆棉的宣传，扩大新疆棉的影响，提高新疆棉的知名度。要加强与使用新疆棉的纺织企业的联系，加强售后服务，定期拜访客户，按照客户需要改进生产，提高品质。要把棉花销售的重点放在内地，把棉花的仓库建在内地，靠近市场，就近销售。棉花购销双方都要重合同、守信用，逐步建立利益共享、风险共担、相互信任的稳定的购销关系。

（五）继续深化棉花流通体制改革。按照2001年国务院确定的“一放、二分、三加强，走产业化经营路子”的改革思路，各地棉花流通体制改革取得重大进展，新的棉花流通体制已基本确立。2006年度，要继续深化棉花流通体制的改革。一是转换企业经营机制。现在棉花加工能力严重过剩，降低加工成本是提高棉花企业竞争力的关键。各地要继续抓好供销社所属棉花经营企业的改革。要参照粮食企业改革的经验，妥善解决好供销社棉花企业老人、老账等问题，使企业真正能轻装上阵。要根据棉花收购、加工的特点，改革用工制度，少用长年工、多用季节工，并在棉花经营淡季开展多种经营，千方百计降低棉花加工成本。要通过建立订单生产、规范加工操作规程、保证棉花品质、加强售后服务等方式，提高企业信誉和产品质量。二是进一步完善棉花市场体系。要充分发挥全国棉花交易市场和郑州棉花期货交易的作用，降低交易成本，吸引企业进场交易。要办好区域性棉花交易市场。鼓励交易市场之间的竞争，逐步完善棉花市场体系。三是积极推进棉花质量检验体制改革。各地区、各有关部门要切实落实各项配套政策措施，大力推进棉花质量检验体制改革。农业发展银行贷款要重点支持参加改革的棉花加工企业进行设备更新改造和棉花收购。铁路部门要优先运输经过仪器化公证检验的大包型棉花。供销总社和质检总局要组织做好相关的加工设备供应和检验机构建设。中国纺织协会、棉花协会要加强对新体制的宣传、加强对经过公证检验的新包型棉花的宣传。四是发展棉花产业化经营。要继续引导农民组建棉花生产合作社，提高棉花生产的组织化程度。要以资产为纽带，鼓励棉纺企业、棉花加工企业和棉农合作社的联合，积极探索多种组织形式的棉花产业化发展路子。

（六）促进纺织业转变经济增长方式。面对国际贸易环境变化和贸易保护、贸易摩擦产生的影响以及来自周边国家越来越激烈的竞争压力，我国纺织业要加快技术改造和产业升级，提高产品技术含量和附加值，积极转变经济增长方式。要健全与国际纺织品市场相适应的纺织品商业标准、检测和质量认证体系，增强出口产品的适应性。积极培育国产品牌，提升我国纺织品服装档次和竞争力，使我国逐步由纺织大国向纺织强国转变。鼓励有比较优势的企业"走出去"，到境外投资办厂。做好纺织行业加快结构调整转变增长方式专项资金的使用和管理工作。

（七）扶持发展国内棉花生产。纺织工业的发展为我国棉花生产发展创造了难得的机遇。要研究完善扶持我国棉花生产的政策措施，努力提高棉花生产能力和质量，促进棉农增收。国家将继续支持新疆优质棉基地建设，并加大黄淮海、长江流域优质棉基地县投资力度，改善农田水利基础设施条件。要大力推广棉花节本增效技术，加大对新疆棉花种植滴灌技术推广的投入。要加快棉花优良新品种选育、示范和推广工作。

同志们，2006 年度棉花工作任务十分繁重。各地区、各有关部门要各司其职，各负其责，密切配合，共同做好工作。产棉区发展改革委要在当地人民政府的领导下，切实加强对棉花工作的组织协调，及时解决棉花工作中出现的新情况、新问题，确保 2006 棉花年度各项工作任务的顺利完成。

附件 2

发挥财政职能作用　积极支持棉花产业发展

财政部副部长　朱志刚

（2006 年 9 月 28 日）

同志们：

刚才毕井泉副主任作了重要讲话，总结了 2005/2006 年度棉花工作，分析了当前棉花市场形势，对 2006 年度棉花工作做了部署，我完全同意。下面我就财政系统如何做好棉花工作，促进棉花产业健康发展谈三点意见。

一、2005/2006 年度棉花财政工作回顾

棉花是我国第二大农产品，是棉纺业的原料，十分重要。为贯彻落实党中央、国务院支持棉花产业发展的各项方针政策，财政部门出台了一系列支持棉花产业发展的财政政策措施。2005/2006 年度，中央和地方财政在支持棉花生产、促进棉花流通等方面又做了大量工作。

（一）生产方面。主要是深化农村税费改革，加大生产基地投入。2005 年，中央财政加大了"两减免、三补贴"的支持力度，安排转移支付资金 600 多亿元，同比增长 26%，改善了农村的生产、生活条件，支持了包括棉花主产区在内的农业省份的工作。与此同时，中央和地方财政还加大支持棉花生产基地建设的资金力度，重点支持新疆、山东等地优质棉基地的建设。

（二）流通方面。

1. 有效运用税收政策，调控棉花进口价格。适时出台滑准关税税率政策，对关税配额外增发的进口棉配额设定目标价格，将进口棉花价格控制在国家设定的目标价格范围内。同时，还根据棉花市场变动情况适时调整目标价格，既满足了纺织工业用棉需要，又减轻了进口棉对国内市场的冲击，保护了农民利益，有利于国内棉花产业的健康发展。

2. 解决棉花竞卖亏损挂账。1999 至 2003 年度，为弥补棉花产需缺口，保证纺织工业用棉，国家

集中处理了360多万吨老商品棉，形成了270多亿元的亏损挂账。2005年，中央财政一次性解决了上述历史欠账，卸掉了供销社棉花企业历史包袱，为其轻装上阵、公平参与市场竞争创造了条件。

3. 支持完善国家棉花储备体系，储备棉库存充足，国家调控能力增强。2003年以来，国家新建了10多家中央直属棉花储备库，新增仓储能力60多万吨。通过公开市场收购和直接进口棉花转入储备等方式，已新增相当数量的国家棉花储备，国储棉库存达到一定规模，国家调控棉花市场的能力得到增强。

4. 支持棉花质量检验体制改革。2005年，各级财政部门积极筹集资金，对棉花质量检验体制改革中所需的设备购置、研制等经费给予补助，保证了棉花质量检验体制改革工作的顺利开展。

通过上述工作和几年的努力，已基本形成了与棉花市场情况相适应的财政政策支持体系。财政政策在促进棉花基础设施建设、提高棉花综合生产能力、加强棉花市场体系建设和完善棉花市场调控等方面发挥了应有作用。

二、正确把握棉花形势，合理运用现行财税政策，做好2006年度棉花财政工作

当前棉花形势与几年前相比发生了根本性的变化。2002/2003年度以前，我国棉花总体上是供大于求，部分年份还需出口棉花。随着纺织工业的快速发展，从2002/2003年度开始，我国棉花当年产不足需，出现缺口，进口也逐年增加。专家判断，我国棉花市场将进入长期供不应求的阶段。2006年度，各级财政部门要把握棉花市场形势的变化情况，一方面加大对国内棉花产业的支持力度，保障棉农收益，深化棉花流通体制改革，提高国内棉花竞争力；另一方面及时跟踪棉花市场，配合相关部门，合理运用现行政策调控总量，保障棉纺业用棉需要。

（一）改进储备棉管理，充分发挥储备棉“稳定器”和“蓄水池”的作用。国家储备棉不仅具有市场调控功能，通过吞吐调剂，保证纺织用棉需要，同时还可以发挥托底作用，稳定棉花市场价格，保护棉农利益。2006年度，在储备棉的管理上，主要做好以下四项工作：一是研究出台新的国家储备棉财务管理制度。根据当前储备棉管理体制、经费渠道和费用开支标准等情况，按照财政预算管理的相关法规规定，尽快修订国家储备棉财务管理办法；二是密切跟踪棉花市场行情，一旦市场棉价出现过度波动，会同有关部门及时组织收购或抛售国家储备棉，平抑市场价格；三是建立国家储备棉定期轮换制度，通过推陈出新，确保国家储备棉的质量；四是充分发挥中央和地方两级储备的作用。要建立中央与地方储备联动协作机制，探讨有效地调控棉花市场。

（二）合理利用世贸规则，发挥棉花关税政策在棉花进口方面的调节作用。随着经济全球化，要注意利用国际国内两个市场、两种资源，保障我国棉花产业安全。2006年度，中央财政仍将继续运用关税政策，维护正常的棉花贸易秩序，同时，根据棉花市场变化情况，适时调整棉花滑准税目标价格，保护国内棉花价格的稳定，维护棉农的合理收益。

（三）增加资金投入，加大对棉花生产的财政支持力度。财政部门要继续按照相关文件精神，加大对“三农”特别是棉花方面的投入，改善棉花生产条件，重点支持棉花生产基地建设、良种繁育体系和技术推广体系等。

（四）支持棉花行业协会等中介组织发展。随着我国市场经济体制改革的深化，要充分发挥行业协会等非政府组织的作用。2006年度，中央财政将继续支持有关单位加强棉花预警体系建设，通过建立客观、公正的信息源，实现棉花供求信息的快速、准确、客观、权威，为政府宏观调控服务。

三、高度重视棉花产业，积极研究支持棉花产业发展的财税政策

棉花事关4000多万户植棉农民的收入和1900万纺织工人的就业问题，棉花产业的健康发展是我国经济发展和社会稳定的重要保证之一。各地财政部门要高度重视棉花产业，认真研究支持棉花产业发展的财税政策，积极探索财政支持棉花产业的新路子、新办法。重点是两方面的工作：

（一）尽快妥善、彻底解决棉花历史遗留问题。

供销社棉花企业在计划经济时期，因各种政策因素和自身经营原因，形成了近千亿元的历史亏损挂账。对此，国家已组织相关部门进行了认真核查，出台了处理意见。对于中央政策性因素形成的200多亿元历史亏损挂账，国家已出台了继续停息挂账的政策。同时，中央财政将根据财力情况，争取尽早解决亏损挂账的本金和利息，为供销社棉花企业创造公平竞争、健康发展的环境。对于地方政策性因素形成的历史亏损挂账，也请地方各级财政部门会同相关部门，积极研究制订相应的处理办法，予以妥善解决。

（二）抓紧研究完善棉花流通体制的政策措施。最近，国务院领导批示，要总结深化棉花流通体制改革的情况，进一步完善支持棉花产业发展的政策措施。中央和地方财政部门要认真贯彻落实国务院领导指示精神，总结棉花流通体制改革的经验，研究分析存在的问题，积极探索在市场经济条件下，进一步支持棉花产业发展的新办法。既要考虑建立符合WTO规则、有效保护农民利益、防止棉花生产大起大落的长效机制，促进棉花生产；又要研究完善棉花流通体制的政策措施，确保棉花市场健康有序，满足棉纺业的需要。

同志们，棉花产业与广大棉农和纺织业职工的利益密切相关，又是一个相对弱势的产业。希望各地财政部门认真贯彻落实本次会议精神，加大对棉花产业发展的政策研究和支持力度，与有关部门团结协作，共同做好2006年度棉花财政工作，为我国棉花产业的健康发展做出应有的贡献！

附件3

认清形势　增强信心　努力提升我国棉花竞争能力

农业部副部长　范小建

（2006年9月28日）

同志们：

刚才，毕井泉副主任全面总结了上年度棉花工作，深入分析了当前棉花产销形势，对新年度棉花工作做了部署，这对促进棉花产业稳定发展和指导农业部门的工作都非常重要。下面，我就农业部门贯彻落实这次会议精神，讲几点意见。

一、切实抓好当前的棉花生产

今年，棉花生产恢复发展的有利局面来之不易。4、5月份低温和干旱气候对棉花播种出苗造成一定影响，棉花生育期不同程度推迟，植株发育偏晚；7月下旬部分棉区持续低温、连阴雨，棉花枯黄萎病发生较重，有的棉区遭受冰雹和台风袭击，生产受到较大影响。面对不利因素，各级农业部门及时调度灾情，派出工作组，采取有效措施，帮助恢复生产。同时，组织专家深入田间地头，指导棉农积极采取有效措施，努力减少自然灾害的损失。目前，全国棉花长势良好，如果后期没有大的自然灾害，今年全国棉花单产有望跃上新的台阶，总产接近或超过历史最好水平。为确保今年棉花丰产丰收，使广大棉农获得好收成，各级农业部门要加强领导，认真做好棉花生产管理各项工作。

一是加强后期棉田管理。要组织专家和技术人员继续深入基层，指导农民进一步做好棉田管理。对早发早熟棉田，要督促棉农及时收获；对晚发晚熟棉田，要喷施催熟剂，减少霜后花；对连年种植的老棉田，要做好病虫害防治，加强土壤消毒，压低害虫越冬基数。棉花收获后要做好秸秆清理、培肥地力等工作，为明年生产打下良好基础。二是引导农民清洁收获。各地要认真贯彻国务院五部门发布的《避免在棉花采摘、交售、加工过程中混入异性纤维的暂行规定》，采取多种方式，广泛宣传异性纤维的危害，引导农民真正做到清洁采摘、清洁晾晒和清洁贮存，有效防止“三丝”混入。三是保护农民植棉收益。各级农业部门要积极协助有关部门，加强市场监管，防止收购过程中压级压价，促使“订单”及时兑现。通过信息服务，帮助农民正确分析棉花形势，引导农民适时销售，降低市场风险。促进棉农与收购企业挂钩，实现顺畅销售。四是加强棉种收购和加工管理。组织开展棉种质量抽查，对不合格棉种要就地销毁，使市场供应的棉种符合国家标准；各地良种棉加工厂要高度重视棉种收购、加工工作，采取有力措施，把良种收上来，加工好，储存好，确保棉种质量，保障明年用种需求。

二、及早谋划明年的棉花生产

当前的麦棉比价对增加明年棉花播种面积有利，但由于流通环节的影响，农民的种植意向还会有一些变数。各级农业部门要未雨绸缪，加强引导，做好服务，保护棉农积极性。着力做好以下几方面工作：

一是继续优化生产布局。积极实施优势区域发展规划，引导农民集中种植，规模发展，使棉田进一步向生态条件适宜、比较效益高、生产潜力大、竞争优势强的区域集中，减少低产棉区和风险棉田面积，提高棉花产量、质量和植棉效益。二是加快优良品种推广。要加大新品种的培育推广力度，优化品质结构，丰富品质类型。同时，将品质的优化与生产区域化结合起来，努力做到按品质区划种植适宜品种。从良种统一生产、统一供应等方面入手加快优良品种推广应用。三是提高集约化经营水平。要增强服务功能，大力推广病虫统防、施肥统测的服务方式，推进生产的集约化。要因势引导棉农扩大规模种植，特别是通过棉花协会、棉花合作社、订单农业等形式，提高棉花生产的组织化程度。四是大力推进产业化经营。通过培育壮大龙头企业，大力发展棉农合作经济组织，鼓励发展多种棉花产业化经营模式等途径，加快实现棉花产业化经营，提高广大棉农和企业抵御市场风险的能力。农业部门的良种棉加工厂要适应棉花质量检验体制改革的要求，更新设施、革新技术，提高生产能力，完善服务功能，在推进产业化进程中发挥积极作用。五是努力改善生产管理。各级农业部门要强化棉花生产管理工作，提高管理人员的素质和水平，帮助基层和棉农解决生产中的实际问题。要加强对棉花信息的研究及发布，帮助棉农科学分析形势，提高适应和应对市场的能力。

刚才，毕井泉副主任根据国务院领导同志的指示精神，提出要进一步采取措施，加大扶持国内棉花生产的力度，研究建立符合 WTO 规则，有效保护农民利益，防止棉花生产大起大落的有效机制，我非常赞同。我们一定积极配合，希望加快工作的进程，争取早日取得成效。

三、千方百计提高我国棉花竞争能力

我国是世界棉花生产第一大国，用世界 14%的棉花面积生产了 24%的棉花产量。我国棉花生产任何一次大的起伏都会造成世界棉花产销格局的大幅波动。入世以后，我国的棉纺织行业取得了长足的发展，这种发展为增加棉农收入提供了巨大的市场空间。因此，稳定发展国内棉花生产，既是稳定供求，满足纺织工业的现实需要，也是增加农民收入，加快推进新农村建设的重要途径。各级农业部门一定要认清形势，提高认识，坚定信心，采取切实措施，大力增强我国棉花生产的竞争能力。为此，我部将从明年开始组织实施“棉花竞争力提升行动”。坚持科学的发展观，充分发挥主产区的优势，强化科技支撑，加大投入力度，进一步提高棉花单产，改善品质，增加总产，提升效益，增加棉农收入，保证我国棉花产业的安全。

明年棉花生产管理工作总的要求是，抢抓机遇，创新工作思路，转变增长方式，加大支持力度，努力把我国棉花竞争能力提高到一个新的水平。要在适当恢复面积，促进长江流域、黄河流域及西北内陆三大棉区协调发展的基础上，把提高棉花竞争能力重点放在依靠科技进步，努力提高单产的路子上来。重点抓好以下八大技术的推广应用和试验示范：

一是转基因抗虫棉及其配套技术推广。近两年全国转基因抗虫棉保持在棉花总面积的 70%以上，对稳定我国棉花生产发挥了重要作用。明年，要进一步加强转基因抗虫棉的品种管理和种植区域管理，深化转基因抗虫棉非靶标害虫的发生规律和防治对策研究，完善规范配套技术，加快推广步伐。

二是杂交棉及其配套技术推广。“十五”期间我国杂交棉发展迅速，今年达到了2280万亩，占全国棉花面积的30%。进一步完善杂交棉配套栽培技术，加大推广力度，有利于提高我国棉花单产水平。当前杂交棉推广中存在两个问题：一是密度下降，二是生产中大量使用F2代种子。各地要采取有针对的措施，加强杂交棉种子市场管理，保证棉种质量，指导棉农增加种植密度。

三是高品质棉及其配套技术应用。推广高品质棉是优化棉花品质结构，适应纺织工业发展需求的重要措施，今年全国推广高品质棉170万亩。通过加强品质区划、优选品种、配套技术等措施，力争明年增加100万亩。

四是超早熟短季棉及其配套技术试验示范。在黄淮部分地区，推广超早熟短季棉可以麦后直播，有利于缓解粮棉争地矛盾，扩大棉花面积。今年我部组织了对超早熟短季棉的区域试验和栽培试验，明年要在总结试验结果的基础上，积极稳妥地推进试验示范。

五是轻简栽培技术的深化研究和示范。以无土育苗移栽技术为代表的棉花轻简栽培技术省工省力，是棉花栽培的发展方向，是稳定棉花生产的重要措施。2006年，我部在7个省安排1000多亩进行示范，有关科研单位也进行了多点试验，目前全国示范面积达10多万亩。明年要本着科学严谨、实事求是的原则，认真总结成功经验和失败教训，在条件成熟的区域因地制宜扩大推广。

六是膜下滴灌及其配套技术应用。膜下滴灌技术可以节约1/3灌溉用水，增产15%－20%。目前新疆已推广760多万亩。明年我们将通过国家大型棉花基地建设项目的实施，进一步完善技术，扩大应用规模，力争达到900万亩。

七是高密度栽培模式的完善与应用。高密度栽培是新疆棉花生产实践的创新，是该区棉花连续高产、稳产的重要保障，目前应用面积已占棉花播种面积的80%。要进一步完善技术，强化管理，挖掘潜力，使新疆棉花的单产水平再上新台阶。

八是棉花枯黄萎病技术的深化研究。近年来，棉花枯黄萎病发生呈逐年加重趋势，给生产造成严重损失。目前，在抗病品种选育、田间防控技术等方面的研究已取得初步进展，明年我们要继续加大这方面的研究力度，大力推广抗病品种，优化栽培技术，减少病害损失。

通过上述技术的深入研究和推广应用，力争提高实用栽培技术的到位率和入户率，使棉花生产物质费用每年降2%，努力提高棉花单产水平，改善原棉品质，有效治理“三丝”问题，使我国棉花在国内外市场上的竞争能力进一步提高。

同志们，这次会议十分重要，各级农业部门要认真学习贯彻会议精神，扎实做好新年度棉花生产工作，为棉花生产稳定发展，为提高棉花竞争能力做出新的贡献。

附件4

充分发挥工商行政管理职能作用　切实维护棉花市场秩序

国家工商总局副局长　刘凡

（2006年9月28日）

同志们：

为做好2006年度棉花工作，今天七部门联合召开全国棉花工作电视电话会议。这次会议的主要任务是分析新年度棉花形势，部署今年棉花市场监管工作，非常重要，也非常及时。下面，就充分发挥工商行政管理职能作用，加强棉花市场监管，维护棉花流通秩序，我谈几点意见。

一、充分认识发挥工商行政管理职能作用对于加强棉花市场监管的重要性，进一步增强工作积极性和主动性

我国是世界上最大的棉花生产国，有近1亿农

民从事棉花生产，农民种植棉花收入是仅次于种植粮食的收入来源。工商行政管理部门作为市场监管和行政执法部门，担负着整顿规范市场秩序、营造公平竞争市场环境的重要职能。维护农民利益，促进农民增收是工商行政管理部门的重要职责。加强棉花市场监管，维护棉花市场正常的流通秩序是工商行政管理部门重要工作。要充分发挥工商行政管理职能作用，尊重农民意愿，维护农民利益，促进农民增收，以高度的责任感和带着对广大农民的深厚感情，增强工作积极性和主动性，切实加强棉花市场监管的各项工作。

二、严把市场准入关，加大监管力度，切实维护棉花流通秩序

各级工商行政管理机关要认真贯彻落实《棉花加工资格认定和市场管理暂行办法》的有关规定，严把棉花市场主体准入关，要对辖区内所有棉花加工企业进行全面清理，对不符合条件的，要坚决予以取缔。要进一步完善棉花收购、加工准入和退出机制，实现对棉花市场主体准入、交易、竞争和退出行为的监管。加大对大案、要案的查处力度，严厉查处非法加工棉花、销售或收购非法加工棉花的违法违规行为；严厉查处无照经营和超范围经营棉花的行为；严厉查处通过挂靠、联营、转包等形式为不具有棉花加工资格的企业从事棉花加工活动提供便利、从中牟利的行为；严厉打击流通领域中掺杂使假、以次充好等扰乱市场秩序的行为，切实维护棉花流通秩序。

三、大力发展和规范棉花经纪人，推动棉花生产与市场需求相衔接

棉花经纪人活跃在城乡市场、从事棉花流通和信息传递，架起了农民与市场之间的桥梁，实现了棉花生产与市场的有效衔接，从而促进了棉农增收，保护了农民种棉的积极性，稳定了棉花生产。各级工商行政管理机关要立足职能，制定和完善各项工作制度，确保棉花经纪人管理工作有规可依，有章可循；加强棉花经纪合同的规范管理，充分发挥行政调解职能，认真解决棉花经纪活动中发生的合同纠纷。严厉查处棉花经纪人利用虚假信息诱导农民签订合同，从事坑农害农损农的不法行为。

四、加强棉花订单合同的监管，切实维护合同双方的合法权益

发展棉花订单合同对于提高棉花市场化程度、增加农民收入、促进棉花产业化经营和结构调整等都具有重要意义。各级工商行政管理机关要充分发挥合同监管职能，积极开展合同帮扶工作，大力推行以龙头企业和商标为依托的棉花订单合同，要加强对棉花订单合同的事前、事中、事后监管，严格监管合同履行，促进合同履约率。严厉查处合同欺诈违法行为，确保订单农业取得实效。

五、创新市场监管方式方法，建立长效监管机制

各级工商行政管理机关要以科学发展观为指导，深入研究棉花市场监管工作，不断推进棉花市场监管方式的创新。继续完善市场巡查制、市场预警制等行之有效的市场监管方式，认真落实责任制和责任追究制，不断创新市场监管方式方法，逐步建立棉花市场长效监管机制，实现棉花市场监管执法职能到位，进一步提高工商行政管理机关开展棉花市场监管的水平。

要认真实行棉花收购、加工主体信用分类监管制度，要建立管理档案，对信用好的棉花市场主体给予扶持和鼓励；对失信和存在不良记录的棉花市场主体要予以警示或限期整改；对多次违法违规、信用差的要向社会公布并进行重点监控，对情节严重的，责令其退出棉花收购和加工领域。

要积极引导以棉花资源为依托的棉农和收购、加工企业树立商标意识，扩大棉花商标知名度，使“公司＋农户＋商标”成为促进农民增收和农业产业化发展的新模式。加大棉花商标的保护力度，严厉查处棉花商标的侵权行为。大力扶持棉花收购、加工企业做强做大，提高市场竞争力。

六、加强协调配合，形成工作合力

各级工商行政管理机关要密切与相关部门以及

行业协会的合作，共同努力维护棉花市场秩序。加强与发展改革委、农业、公安、质检等部门的协调配合，形成管理合力。充分发挥行业协会的作用，指导行业协会组织开展自我约束、自我规范的活动，引导棉花经营者加强自律，营造"诚信经营"的良好环境。

同志们，棉花市场监管工作任重而道远。我们要坚持以邓小平理论和"三个代表"重要思想为指导，全面落实科学发展观，团结进取，共同努力，努力维护良好的棉花市场秩序，为推进社会主义新农村建设，促进农民增收做出更大的贡献。

附件 5

依法加强棉花质量监督管理　全力推进棉花质量检验体制改革

国家质检总局党组书记　李传卿

（2006 年 9 月 28 日）

同志们：

这次全国棉花工作电视电话会议，非常重要，对做好今年新棉收购工作，具有十分重要的指导意义。刚才，毕井泉副主任等领导同志都做了重要讲话。各级质量技术监督部门和纤检机构要按照此次会议要求认真抓好落实。下面，我结合质检工作职能，就依法加强棉花质量监督管理，大力推进棉花质量检验体制改革，讲三点意见。

一、坚持从源头抓质量，棉花质量工作取得明显成效

近年来，各级质检部门坚持从源头抓质量，监督工作的有效性逐步增强，我国棉花质量稳步提高。一是加强棉花收购加工环节监督检查，2005/2006 年度，全系统共出动检查人员 2.69 万人次，检查收购企业 2130 家（次），抽查籽棉 49.26 万吨，检查加工企业 5383 家（次），抽查加工成包皮棉 22.58 万吨。二是不断加大打假治劣工作力度，棉花非法加工、掺杂使假等违法活动得到有效遏制。2005 年，全国纤维检验系统共出动执法人员 6 万余人次，检查各类单位、场所 3.4 万个，查处各类纤维及制品案件 3804 件，端掉制假售假窝点 113 个，查获各类涉案物品总值 2.82 亿元。三是开展"两小一土"专项整治，取得实效。去年共取缔非法加工窝点 480 个，封存、销毁"两小一土"非法加工设备 2100 台。四是保质保量完成公证检验任务。截至 2006 年上半年，2005/2006 年度全国共完成公证棉花检验任务 11.01 万批，320.75 万吨，占同期商品棉的 88%。经过公证检验为交易双方挽回经济损失 12.96 亿元。五是棉花质检体制改革推行基本顺利，适应新体制要求的仪器化检验体系初步形成。可以说，在有关各方的共同努力下，2005/2006 年度棉花质量工作取得了很大成绩。

二、全面履行职能，依法加强棉花质量监管

当前，我国棉花产需缺口进一步扩大，棉花质量形势不稳定因素依然存在。各级质检部门一定要认真学习、深刻领会国务院领导对于 2006 年度棉花工作的重要批示和此次电视电话会议的精神，及时把握供求形势，分析新棉上市后可能出现的质量问题，排查潜在隐患，制定符合地域特点的监督检查方案，切实履行职能，加强棉花质量监管。

一是严格规范市场准入。各级棉花质量监督机构要依据修订后的《棉花质量监督管理条例》与《棉花加工资格认定与市场管理暂行办法》的要求，继续做好棉花加工企业质量保证能力审查工作，严把市场准入关。要严格按照《办法》中关于棉花加工资格审核认定程序要求，规范操作，加强管理；要依据行政许可监管工作要求，落实责任，保证工作质量。

二是要不断完善棉花公证检验制度。要继续加强公证检验监督抽验工作，重点对期货交割棉等证书作用强、质量纠纷多的公证检验进行实地检查；要

根据新的棉花国家标准，对各种公证检验的检验规程、文书及出证软件进行完善；要进一步加强技术基础工作，充分发挥公证检验在用棉企业配棉、质量信息统计、棉花仓单注册等方面的作用。

三是要进一步加大执法打假工作力度。要落实打假责任制，通过鼓励举报、组织暗访、回访等方式，提高监管有效性，加大重点区域整治力度，确保整治效果，坚决制止棉花掺杂使假反弹；要继续落实再加工纤维整治各项措施，研究并制定再加工纤维使用政策界限和监管办法；要加大对高校销售和使用的絮用纤维制品质量监督力度，创新高校集团采购絮用纤维制品质量监控工作方式；要抓好絮用纤维制品生产源头的监督工作，加强对絮用纤维制品生产企业的监督管理，推动并引导企业建立行业组织，加强行业自律；要继续组织好专项打假行动，保持对"黑心棉"执法打假的高压态势，切实维护絮用棉市场秩序，保护广大消费者的合法权益。

四是要继续开展"两小一土"专项整治活动。各级纤检机构要进一步认识查处"两小一土"非法棉花加工设备工作的迫切性和重要性，坚持加强对专项整治工作的领导，切实把"两小一土"专项整治的各项任务落到实处，决不能留下死角。对使用"两小一土"非法加工设备的，要发现一起查处一起，并对设备予以查封销毁。要组织力量加大重点区域监管整治力度，提高整治效果；要继续发挥社会力量参与监督，公布举报电话，扩大信息来源；对举报"两小一土"非法加工和棉花掺杂使假的行为，要认真受理，件件查实，严厉打击，不留后患。

五是要继续做好棉花收购加工环节巡回检查。要加大检查力度，增加检查力量，扩大检查区域要达到全面覆盖；要重点控制棉花质量问题多发区、重灾区，制定处理棉花质量问题突发性应急预案，发现质量问题应按照应急预案迅速处理；要针对异性纤维、混等混级、超水棉、质量与标识不符等棉花质量问题，加大对加工企业的检查力度，并及时查处质量违法行为；要加强监督管理，严格规范检查工作程序，严格落实监管责任，特别要加强对棉花收购加工后期的监督检查工作。

六是要加快棉花质量诚信体系建设。要继续做好棉花加工企业质量信用档案建档工作，结合棉花收购加工环节监督检查和质量保证能力审查工作，完善加工企业质量信息，保证数据库动态更新。要加快棉花质量诚信体系建设，形成棉花企业质量信用等级评价体系，并对企业按质量信用等级实行分类动态管理，逐步建立企业质量信用激励和惩戒机制；要开展扶优治劣活动，鼓励诚信自律，促进企业创立棉花品牌；要建立"黑名单"制度，对缺乏质量保证能力、质量管理体系不健全、棉花质量问题频发的企业，列入"黑名单"并向社会公布，促进棉花加工企业优胜劣汰、健康发展。

三、扎实工作，全面推进棉花质量检验体制改革

2006 年度是棉花质检体制改革的第二个年头，推行的力度将直接关系到改革的进程。因此，各地一定要继续按照国务院批复的《棉花质量检验体制改革方案》的要求，扎实工作，迎难而上，全力攻坚，密切配合，重点做好以下三方面工作。一是继续扎实做好改革推行阶段仪器化检验工作。要把握好 2006 年度列入改造计划加工企业的更新改造进度，引导加工企业按照申报程序申报新体制棉花公证检验；要组织好在岗培训和岗位练兵，熟悉仪器设备性能，提高操作熟练程度；要严格执行信息反馈和处理制度，提高发现问题解决问题的工作效率。二是做好 2007 年度改革准备工作。承担 2007 年度棉花质量仪器化检验的纤检机构，要抓紧完成检验前的各项准备工作，按期完成实验室改造、检验设备、信息系统安装调试，组织检验人员加强培训，提高技能，适应新体制棉花检验要求。三是继续采取多种方式宣传改革，动员各方，全面推进棉花质检体制改革。

同志们，依法加强棉花质量监督管理，全力推进棉花质量检验体制改革，是深化棉花流通体制改革的重大举措。今年的棉花质量监督工作十分繁重，质量检验体制改革工作十分关键，各级质量技术监督部门和纤检机构要认真贯彻落实此次会议精神，全力以赴，扎实工作，确保 2006 年度棉花质量工作再上新台阶。

附件 6

深化企业改革　加强行业服务　全力做好棉花购销工作

全国供销合作总社副主任　赵显人

（2006 年 9 月 28 日）

同志们：

新的棉花年度已经开始，收购工作即将全面展开。今天，国家发展和改革委等部门联合召开电视电话会议，部署新年度棉花工作。我完全同意刚才毕井泉副主任和财政部、农业部、工商总局、质检总局负责同志的意见。供销社系统和社属棉花企业要认真贯彻落实这次会议精神，全力做好今年棉花购销工作。

下面，我讲三点意见。

一、2005/2006 年度供销社棉花工作概况

2005/2006 年度，我国纺纱量再创历史最高水平，资源缺口进一步扩大，国家采取了一系列有效的宏观调控措施，棉花市场保持平稳，供销社棉花企业市场份额基本稳定。截至 2006 年 8 月底，全国供销社棉花企业（供销社控股、参股棉花企业等）累计收购皮棉 297.1 万吨，占全国棉花总产量的 52.1%。新疆自治区和兵团供销社棉花企业收购皮棉 162 万吨，占全区收购总量 83.07%，继续发挥了棉花购销主渠道作用。2005/2006 年度棉花购销价格均比上年度大幅提高，平均收购价格 13000 元/吨（650 元/担），较上年度提高 2200 元/吨（110 元/担），增幅 20.4%；销售价格方面，中国棉花价格指数（CC Index328）年度平均值为 14077 元/吨，较 2004/2005 年度均值提高 1654 元/吨，增幅 13.3%。

2005/2006 年度是棉花放开收购的第五年。经过几年的深化改革，积极探索，供销社棉花企业在改革和竞争中发展、壮大，自身实力不断增强。供销社收购加工企业，几年来保持 50%以上的初级市场份额，在稳定市场大局、保证棉花质量、保护农民利益等方面，起到了重要的作用。

二、做好 2006 年度棉花工作的意见

（一）认真分析形势，全力做好棉花购销工作。有关部门预计，今年的棉花种植面积 8000 万亩左右，比去年有所增加。气候总体正常，尤其是 8 月份天气晴好，有利于棉花吐絮生长。中国棉花协会预计，如果后期正常，总产有望达到 634 万吨。纺织生产、出口仍是增长趋势，新年度棉花缺口将比上年度扩大。在国际国内市场日益接轨的形势下，对国内产需缺口应该全面、动态地分析，对市场运作方式的变化，包括棉花进口方式、企业采购方式，应该综合考虑。国际市场棉花资源总体平衡，国内缺口可通过进口弥补，加之纺织品出口面临出口退税率降低、贸易摩擦、人民币升值等诸多因素影响，国内棉花市场将与去年一样呈现平稳运行态势。供销社棉花企业要注意总结前几年棉花购销工作的经验教训，科学、理性地分析、判断国际国内市场变化趋势。一方面，要高度重视可能出现的市场变化，谨慎入市收购，防范市场风险；另一方面，要增强服务意识，合理确定价位，切实维护棉农和纺织企业的利益。

（二）重视质量管理，维护企业信誉。由于本年度气候较好，棉花产量增加，质量总体也好于上年。但由于收购加工主体过多，容易形成恶性竞争，因此质量问题仍要引起高度重视。目前已经出现争收抢购的苗头。各地供销社及所属棉花企业要吸取以前年度的经验教训，决不参与其中。要把“质量第一”、“信誉第一”作为企业立足之本，把好收购加工质量关，特别注意超水棉、混等混级棉和异性纤维问题。要严格内部管理，继续把树品牌，创名牌作为企业发展的战略目标，建立规范的保障措施和质量保证体系，发挥质量管理的传统优势，以优质的服务，树立供销社棉花企业良好形象。

（三）积极应对挑战，继续深化企业改革。近年来，各级供销社加快了企业改革的步伐，体制进一步理顺，真正成为了自主经营、自负盈亏、自我发展、自我约束的经济实体。但是，体制的改革并不等于机

制的改变，部分改制的企业仍然存在着管理落后、经营不善、竞争乏力的现象，这些问题必须通过不断深化改革、创新机制去解决。供销社企业现在不仅仅是同国内为数众多的收购加工企业竞争，同时要面对资金雄厚、管理经验丰富的国际大棉商进入国内经营领域。而国内现有流通企业还缺乏规避风险的有效手段，缺乏适应市场经济的经营业态。面对市场格局的新变化，供销社棉花企业必须认真思考，重新定位，加快自身体制和机制创新，加快传统营销方式的改革，深入研究市场运行规律和影响供求关系变化的重要因素，规范经营行为，通过提高产品和服务质量，通过产业化经营模式，创造企业的核心竞争力，在市场竞争中赢得自己的生存和发展空间。

（四）切实抓好“新网工程”建设，推进产业化经营。今年以来，中华全国供销合作总社围绕为建设社会主义新农村做贡献这一主题，提出在“十一五”期间，供销合作社工作要在夯实基层社基础的同时充分发挥自身优势，加快建设新农村现代流通网络工程（简称“新网工程”），我们要充分认识其重要意义。对于供销社棉花企业来说，重点是建立棉花经营服务网络，按照产业化经营的要求，加快系统内外联合与整合步伐。这既是供销合作社助农增收的有效途径，也是自身生存和发展的必由之路。近年来，各地供销合作社在这些方面进行了积极的探索，取得了一些成功经验，应该认真总结推广。我们希望，棉花企业无论是供销社控股、参股企业，还是民营企业，都要继续推进棉花产业化经营。要通过领办和组织棉花合作社，把棉农组织起来，推广棉花优良品种，逐步扩大棉花优势区域的种植面积，加大科技含量和模式化栽培力度，探索多种形式的产业化经营模式，稳定产购销关系，维护市场秩序。有条件的产棉县（市）供销社应引导组织农民发展棉花专业合作社，成为自主生产、加工、销售的新型市场主体。要鼓励专业合作社与龙头企业对接，通过有效的资产关系和经济联系，探索切合实际的“龙头企业＋棉花专业合作社＋农户”的发展模式，提高农民的组织化程度。

（五）继续推进质检体制改革，增强企业实力。棉花质量检验体制改革已进入全面推行阶段。各级供销合作社及参与改革试点的相关单位，要认真总结试点工作经验，及时研究和妥善解决试点工作存在的问题，继续高度重视并全力支持棉花质量检验体制改革工作，确保改革全面推进顺利进行。以此为契机，加快企业的重组改造步伐，提升供销社系统棉花加工企业的科技含量，打造一批大型棉花产业集团，增强企业的市场竞争力和为农服务水平。

三、适应新形势，做好行业协调服务工作

棉花流通体制改革后，棉花行业管理进一步加强。中国棉花协会成立三年来，致力于维护棉花产业的总体利益，积极向国务院和有关部门献计献策，努力在棉花行业内发挥服务、协调、自律、维权的作用，成为棉农、企业和政府之间的桥梁和纽带。目前，产棉区各地大部分已经组建地方棉花协会，以新的体制和机制做好行业协调服务工作。当前，各级棉花协会要尽快形成联动机制，积极参与棉花加工企业的资格认定，引导企业合理定价，发布市场供求和行业预警信息，维护企业合法权益。要做好行业协调服务工作，形成一个政府宏观调控、行业协会中介服务和自律性管理、企业自主经营的新体制格局。继续做好中国棉花协会制定的《棉花买卖合同及一般条款（适用于非国产棉贸易）》即《中棉协条款》的推介和培训工作，使更多的企业增强诚信观念，加强自我保护意识，促进我国棉花进口秩序的进一步好转。

全国棉花交易市场要努力提高服务水平，发挥国家宏观调控载体作用，积极配合中国农业发展银行做好第三方监管的库存管理工作。通过良好的服务，积极吸引棉花流通企业和纺织企业入场规范交易，推进我国棉花市场的健康发展。

最后，希望各地供销合作社以这次会议精神为动力，切实做好本年度棉花购销工作，为深化棉花流通体制改革、推进棉花产业化进程，促进棉花生产和棉农增收，为建设社会主义新农村做出更大的贡献。

附件 7

坚持以科学发展观为指导认真做好 2006 年度棉花收购资金供应和管理工作

中国农业发展银行副行长　蔚士武

（2006 年 9 月 28 日）

同志们：

为做好 2006 年度棉花工作，经国务院批准，国家发展和改革委等部门联合召开这次电视电话会议，全面安排部署新年度的棉花工作。刚才，国家发展和改革委、财政部、农业部、国家工商总局、国家质检总局和供销总社的领导都作了重要讲话。各级中国农业发展银行要认真学习，结合实际贯彻落实。下面，我讲几点意见。

一、认清形势，统一思想

2006 棉花年度，中国农业发展银行面对的棉花信贷资金供应与管理工作的形势依然非常复杂。一是 2006 年度棉花产量预计稳中有升，但产需缺口仍较大。二是棉农增收期望较高，市场价格风险要力求把握。三是我行棉花贷款客户 80％仍属于流通企业，这些流通企业整体上看抗风险能力较弱，帮助和指导这些企业认清形势，搞好棉花购销，在实现棉农利益基础上实现企业利益，需要做大量的工作。四是棉纺企业出口压力增大，盈利空间有限。

因此，各级行一定要认清形势，统一思想，充分认识 2006 棉花年度信贷工作的复杂性和艰巨性，在服务和服从于国家宏观调控的前提下，坚持从大局出发，从实际出发，进一步增强政策意识、市场风险意识和服务意识，进一步增强责任意识和历史使命感，按照科学发展观的要求，紧紧抓住发展这个主题，努力做好 2006 棉花年度信贷资金的供应与管理工作。

二、准确把握信贷政策，积极支持新棉收购

为做好 2006 年度棉花收购资金供应和管理工作，总行已于 8 月下旬下发了《关于做好 2006 棉花年度信贷工作的意见》（农发银发[2006]217 号），并召开了中国农业发展银行新业务暨秋季粮棉信贷工作会议进行了具体部署。请各行结合这次会议精神，认真贯彻落实。

（一）认真搞好市场调查，准确测算收购资金需求量。各行要对本地棉花产量、我行支持收购的市场占有量和资金需求量，及时进行调查和预测，做到心中有数。同时做好信贷计划的衔接和资金调度安排，按政策确保收购资金需要。

（二）切实做好棉花企业贷款资格认定工作，严把贷款准入关。各行要按照贷款条件和择优选贷的原则，认真筛选企业，落实贷款对象。首先是加强产销衔接，组织开户的棉纺企业和产业化龙头企业入市收购，或是指导棉纺企业和产业化龙头企业同购销企业签订购销合同或委托收购合同，由购销企业组织定向收购；其次是对按期归还贷款、信誉好、风险承受能力强的购销企业，要优先予以认定，并积极给予贷款支持。对 2005/2006 年度未按期归还贷款的企业，暂缓认定新的贷款资格，待企业归还全部贷款后再认定。

（三）按照贷款上限政策积极支持企业随行就市收购棉花。近几年的工作实践表明，贷款上限政策在配合国家实施宏观调控、保护棉农利益、稳定市场价格、防范贷款风险等方面发挥了重要的作用。2006 年度，根据市场预测，在征求国家发展和改革委意见基础上，总行决定继续实行收购贷款上限控制政策，并将根据棉花购销市场行情变化情况及时予以调整。各行要在总行确定的贷款上限幅度内，结合本地实际，确定较为合理的价格水平，积极支持企业做好新棉收购工作。努力做到既要防止出现“卖棉难”又要有效防控信贷风险。

（四）及时发布棉花收购价格预警。为配合国家调控棉花价格，有效防控信贷风险，促进棉花产业健康发展，总行决定今年在实行收购贷款上限控制的基础上设定棉花收购价格警戒线。收购价格风险警戒线主要参考国内外棉花市场终端消费的价格水平设定，即以贷款日当天的国际棉价指数折算的外棉到岸价为基准，扣除行业平均加工费用、企业应承担的利息、管理费及税费等其他成本测算形成的。对于企业超过棉花收购价格风险警戒线收购棉花时，各行应停止发放贷款。在市场价格出现较大波动时，总行将随时发布市场价格风险预警。

（五）加强棉花企业自筹资金、风险准备金和风险担保金管理。今年要切实加强企业自筹资金比例的管理，增强企业抗风险能力。在新棉收购开始前，各行要督促企业将与收购贷款配套的自筹资金筹集到位。要加强对企业财务报表、资金到账凭证、集资合同等的研究，认真分析企业自筹资金来源，确保自筹资金真实可靠，对合同定金、预收货款，不得作为自筹资金配套我行贷款。各行必须加强企业自筹资金管理，严格杜绝企业由于缺乏自筹资金而出现少收多报、低收高报以及提前抽逃自筹资金形成的虚库等情况。企业出现上述行为，要立即停止发放贷款，收回已放贷款，并按规定给予信贷制裁。要对企业风险准备金和经营者风险担保金实行专户管理，在本年度贷款本息未全额收回前，企业和经营者个人不得动用。在企业无力归还贷款本息时，可直接用于收贷收息。

（六）严格贷款期限管理。开户行要根据企业预计收购量和销售计划，在贷款发放时逐笔商定企业收购贷款期限，以促进企业实现均衡销售和按期还贷。要帮助企业树立赚取平均利润的经营理念，促使其边购边销，快购快销。对不执行销售计划、赌后市思想严重的企业，要及时采取措施促使其销售或筹措其他资金归还贷款。

（七）配合国家棉花质检体制改革，做好棉花企业技术设备改造贷款的发放与管理工作。2006 年度是国家棉花企业技术设备改造五年发展规划实施的第二年，各行要对纳入国家棉花质检体制改革规划，符合我行贷款条件的企业发放好相应的技改贷款，促进棉花质量检验体制改革的顺利进行。

（八）加大对棉花预购和良种贷款的投放力度，扶持棉花生产，改善棉花质量。2006 棉花年度，各行要加大对棉花生产性资金需求以及棉花良种生产、经营资金需求的支持力度，进一步扶持棉花生产，改善棉花质量。各行要在防范风险的前提下，积极加强棉花预购贷款、良种繁育贷款和良种经营贷款等贷款品种的营销，并严格贷后管理。

三、几点工作要求

（一）及时传达全国电视电话会议精神。各行要将这次电视电话会议精神迅速传达到各有关市（地）分行及县支行，并于 10 月 15 日前将贯彻情况上报总行。

（二）加强组织领导，确保新棉收购工作的顺利进行。各行要高度重视新棉花年度的收购资金供应和管理工作，加强组织领导，精心部署。要切实转变工作作风，深入基层调查研究，及时了解掌握收购过程中出现的新情况、新问题，结合国内外市场变化情况，及时提出防范和化解信贷风险的有效措施，确保新棉收购工作的顺利进行。

（三）广泛宣传政策，加强部门沟通协调。各行要充分利用各种新闻媒介，及时向社会各界广泛宣传我行信贷政策。对新棉收购中出现的新情况和新问题，要及时向总行和当地政府及有关部门汇报反映。要进一步加强与国家发展和改革委、质检、工商、供销社等有关部门的沟通协调，密切配合共同做好新棉收购工作。

（四）切实改进信贷服务。各行要不断强化服务意识，进一步树立以客户为中心的服务理念，不断改进各项金融服务，要以实现客户利益、提高客户满意度为出发点，做好各项信贷服务工作。

财政部等部门关于促进我国纺织业转变外贸增长方式支持纺企“走出去”相关政策的通知

【发布单位】 财政部、国家发展和改革委、商务部
【发布文号】 财企[2006]227 号
【发布时间】 2006 年 7 月 26 日

各省、自治区、直辖区、计划单列市财政厅(局)、经贸委(经委、工业办)、北京市、河北省、河南省、海南省发展改革委、商务主管部门,新疆生产建设兵团财务局、发展改革委、商务局,中国纺织工业协会,有关中央管理企业:

为了更好地促进我国纺织行业的健康发展,有效缓解贸易摩擦,经国务院批准,中央财政对我国纺织行业加快结构调整、转变外贸增长方式、鼓励纺织企业“走出去”予以专项资金支持,现将有关事项通知如下:

一、资金支持方向

(一)支持纺织行业实现技术创新,加快结构调整,转变外贸增长方式。对纺织关键技术和成套设备研发、产业聚集地公共创新平台建设以及纺织服装自主品牌建设与推广给予必要的扶持。重点支持纺织行业产品与技术研发、高新技术装备引进消化吸收、质量检测和标准制定、品牌建设与推广、信息提供和管理人才培训、现代物流和纺织行业公共服务体系建设等。

(二)支持海外纺织工业园区建设,为纺织企业“走出去”提供良好的环境平台。主要包括制定园区建设贷款贴息专项政策,对园区建设企业为入园纺织企业提供的平整土地、专用厂房以及公共服务设施建设等给予专项补贴,对园区建设企业为入园纺织企业提供服务给予定额补贴,引导纺织企业集群式进入。

(三)支持有实力的纺织企业“走出去”,到海外投资设厂,实现原产地多元化。重点鼓励有配套基础的纺织服装企业集群式进入境外纺织工业园区投资办厂。具体内容包括:对企业技术研发、咨询服务、可行性研究和项目评估、知识产权保护以及与“走出去”相关的前期费用等方面给予资助,以降低入园纺织企业投资成本。对于企业在境外设立营销网络可以给予适当资助。同时,对为纺织企业“走出去”提供组织协调、推广服务的中介组织和龙头企业予以适当支持。

二、资金支持的方式

对于支持纺织行业技术创新,加快结构调整,转变外贸增长方式的项目,根据项目类别和建设内容,给予一次性无偿资助。有关支持纺织行业转变增长方式的具体支持内容、申报要求详见《纺织行业加快结构调整、转变增长方式专项资金项目申报指南》(附件 1)(略)、《纺织行业加快结构调整转变增长方式专项资金项目申报表》(附件 2)(略)、《纺织行业加快结构调整转变增长方式专项资金项目可行性研究报告提纲》(附件 3)(略)。

对于支持纺织企业“走出去”的项目资金下拨地方管理,对中央企业“走出去”的政策支持,按照属地化原则进行管理。对支持纺织企业“走出去”专项资金的使用,各地方要根据商务部和财政部提出的具体指导意见和规定的资金使用方向,制定本地区支持纺织企业“走出去”专项资金管理办法报商务部、财政部备案。

三、资金申报及管理

(一)地方企业于2006年9月20日前按照本通知规定,将有关纺织行业加快结构调整转变增长方式专项资金项目申报材料报送省级纺织行业主管部门及省级财政部门,由省级纺织行业主管部门会同省级财政部门对申报材料进行初审后,于2006年10月10日前,联合上报财政部、国家发展和改革委。

中央企业于2006年10月10日前按照本通知规定,将纺织行业加快结构调整转变增长方式专项资金项目的申报材料报送财政部和国家发展和改革委。

财政部、国家发展和改革委组织专家对上报的纺织行业加快结构调整转变增长方式专项资金申请项目进行评审,确定支持项目及补助金额。

(二)各省级商务主管部门会同省级财政部门于2006年11月30日前,将本地区支持纺织企业"走出去"专项资金管理办法联合上报财政部、商务部备案。

(三)财政部门按照财政国库管理制度规定拨付相应资金。对已实行国库集中支付的按国库集中支付规定拨付资金,对未实行国库集中支付的按现行规定办理。

(四)企业收到的专项资金,按照现行财务规定进行处理。

(五)财政部、国家发展和改革委、商务部负责纺织专项资金的预算安排、审计监督和资金使用的跟踪问效。财政部、国家发展和改革委聘请专家和委托中介机构对纺织行业加快结构调整转变增长方式专项资金项目进行评审和论证、监督检查、绩效评估和审计等管理性支出,按不超过专项资金总额的3‰的比例据实列支。

四、法律责任

(一)各有关单位要严格按照国家规定管理和使用财政专项资金,并自觉接受财政、审计部门的监督检查。

(二)任何单位不得以任何形式骗取、截留、挪用专项资金,对违反规定的,财政部将全额收回专项资金,并按照《财政违法行为处罚处分条例》(中华人民共和国国务院令第427号)予以处理,情节严重涉嫌触犯国家法律的依法追究相关人员或单位的责任。

财政部等部门关于调整部分商品出口退税率和增补加工贸易禁止类商品目录的通知

【发布单位】 财政部、国家发展和改革委、商务部、海关总署、国家税务总局
【发布文号】 财税[2006]139号
【发布日期】 2006年9月14日

各省、自治区、直辖市、计划单列市财政厅(局),国家税务局,发展改革委,商务主管部门,海关总署广东分署,天津、上海特派办,各直属海关,新疆生产建设兵团财务局、发展改革委:

经国务院批准,调整部分出口商品的出口退税率,同时增补加工贸易禁止类商品目录。现就有关事项通知如下:

一、调整部分出口商品的出口退税率

(一)取消下列商品的出口退税。

1. 进出口税则第25章除盐、水泥以外的所有非金属类矿产品;煤炭,天然气,石蜡,沥青,硅,砷,

石料材，有色金属及废料等。

2. 金属陶瓷，25种农药及中间体，部分成品革，铅酸蓄电池，氧化汞电池等。

3. 细山羊毛、木炭、枕木、软木制品、部分木材初级制品等。

（二）降低下列商品的出口退税率。

1. 钢材(142个税号)出口退税率由11%降至8%。

2. 陶瓷、部分成品革和水泥、玻璃出口退税率分别由13%降至8%和11%。

3. 部分有色金属材料的出口退税率由13%降至5%、8%和11%。

4. 纺织品、家俱、塑料、打火机、个别木材制品的出口退税率，由13%降至11%。

5. 非机械驱动车(手推车)及零部件由17%降至13%。

（三）提高部分商品的出口退税率。

1. 重大技术装备、部分IT产品和生物医药产品以及部分国家产业政策鼓励出口的高科技产品等，出口退税率由13%提高到17%。

2. 部分以农产品为原料的加工品，出口退税率由5%或11%提高到13%。

具体商品名称及税号见附件3(略)。

（四）执行时间。

1. 以上出口退税率调整自2006年9月15日起执行(以报关出口日期为准)。

2. 对2006年9月14日之前(含14日)已经签订的出口合同，凡在2006年12月14日之前(含14日)报关出口的上述调整出口退税率的货物，出口企业可以选择继续按调整之前的出口退税率办理退税。但是出口企业必须在2006年9月30日之前持合同文本到主管出口退税的税务机关登记备案，逾期未能备案的以及2006年12月15日以后报关出口的，一律按调整后的出口退税率执行。

上述出口合同是指：合同签订日期、商品名称、单价、数量、金额等内容明确，经出口企业和外商双方代表签字确认或盖章，符合《合同法》等相关法律法规规定，真实有效的书面出口合同，对不符合规定的合同一律不予备案。出口合同一经备案一律不得修改。具体出口合同备案管理办法由国家税务总局另行下达。

出口企业采取涂改、伪造、倒签日期等手段谋取非法利益的，一经发现，税务机关不予退税，已退或多退税款予以追回，并按照有关法律法规的规定予以处罚。

3. 对2006年9月14日之前(含14日)已经签订的价格不可更改的煤炭出口长贸合同，在2006年9月30日之前持已经签订的合同文本到主管出口退税的税务机关登记备案。经备案后的出口合同，准予按调整前的出口退税率执行完毕。

以上所述的报关出口时间均按《出口货物报关单[出口退税专用]》上海关注明的出口日期为准。

二、增补加工贸易禁止类商品目录

将此前已经取消出口退税以及本次取消出口退税的商品列入加工贸易禁止类目录。对列入加工贸易禁止类目录的商品进口一律征收进口关税和进口环节税。禁止类目录的具体商品名称及税号由商务部会同有关部门另行发布。本规定自2006年9月15日起施行。对此前已经商务主管部门批准并在海关备案的加工贸易业务，准予按原进口保税政策在有效期内执行完毕。如到期未完成复出口的，不予延期，按加工贸易内销规定办理。由商务部会同海关总署根据上述精神另行对外发布公告。

上述规定也适用于出口加工区、保税区等海关特殊监管区域。

特此通知。

财政部、国家发展和改革委、商务部、
海关总署、国家税务总局
二〇〇六年九月十四日

商务部关于下达部分输美21种纺织品2006年度第一次分配方案的通知

【发布单位】 商务部
【发布文号】 商贸函[2005]104号
【发布日期】 2005年12月14日

各省、自治区、直辖市、计划单列市、新疆生产建设兵团商务主管部门，哈尔滨、长春、沈阳、西安、南京、武汉、成都、广州市商务主管部门：

根据商务部下达的输美21种纺织品全国各经营者2006年度第一次可申请数量（商贸函[2005]102号），结合各地商务主管部门汇总上报的经营者申请，现下达全国经营者2006年度第一次分配方案（详见附件）。有关事项通知如下：

一、请各地商务主管部门将本通知转发本地区获得出口许可数量的经营者，并按照出口许可数量及《纺织品临时出口许可证件申领签发工作规范（暂行）》为有关经营者签发相关出口证书。

二、相关经营者应按照出口许可数量安排2006年度内相关纺织品的成交、出运。使用不完的可出口量，应及时上缴。

商务部关于印发《纺织品临时出口许可证件申领签发工作规范》的通知

【发布单位】 商务部、配额许可证事务局
【发布文号】 商配发[2005]707号
【生效日期】 2006年1月1日

各省、自治区、直辖市、计划单列市、重点省会城市及新疆生产建设兵团商务主管部门：

为规范纺织品临时出口许可证件申领签发工作，实现发证业务的标准化、制度化和科学化，依据《中华人民共和国对外贸易法》、《纺织品出口临时管理办法》和《纺织品出口许可数量招标细则》及相关规定，商务部制定了《纺织品临时出口许可证件申领签发工作规范》。现印发给你们，自2006年1月1日起实施，《纺织品临时出口许可证件申领签发工作规范（暂行）》（商配发[2005]376号）同时废止。

第一章 总 则

第一条 为规范纺织品临时出口许可证件申领签发工作，实现发证业务的标准化、制度化和科学化，依据《中华人民共和国对外贸易法》、《纺织品出口临时管理办法》和《纺织品出口许可数量招标实施细则》及相关规定，制定本规范。

第二条 商务部授权配额许可证事务局（以下简称许可证局）统一管理、指导全国各地方商务主管部门发证机构（以下简称各发证机构）的纺织品临时出口许可证件的发证工作，许可证局对商务部负责。各地商务主管部门为纺织品临时出口许可证件的发证机构，在许可证局的统一管理、监督、检查和指导下负责受权范围内的发证工作。

第三条 各省、自治区、直辖市、计划单列市、新疆生产建设兵团及哈尔滨、长春、沈阳、南京、武汉、成都、广州、西安商务主管部门（以下简称各地商务主管部门）负责签发本地区对外贸易经营者（包括中央企业，以下简称经营者）的纺织品临时出口许可证件。

经营者在出口《输欧盟纺织品出口临时管理商品目录》（商务部、海关总署、质检总局 2005 年第 103 号公告）、《对美出口纺织品临时管理商品目录》（商务部、海关总署、质检总局 2005 年第 87 号、104 号公告）、商务部 2005 年第 49 号公告及商务部、海关总署 2004 年第 82 号公告所列货物前，应到当地发证机构办理相应的纺织品临时出口许可证件。

第四条 许可证局负责监督、检查各发证机构的纺织品临时出口许可证件审核签发情况；负责对纺织品临时出口许可证件签发数据及其在国内外海关的清关数据的监控及核查，协调和处理纺织品临时出口许可证件签发业务过程中的有关问题；根据需要验证纺织品临时出口许可证件的真伪；调查并根据受权处罚违规发证行为；通过海关联网核查热线，为经营者提供通关服务。

第五条 本规范所指纺织品临时出口许可证件包括输欧盟纺织品出口许可证（一式五联，见附件 1）、输欧盟纺织品产地证（一式四联，见附件 2）、输美纺织品出口许可证（一式五联，见附件 3）、输美纺织品原产地证（一式四联，见附件 4）、输欧盟手工制品证（一式五联，见附件 5）、输欧盟丝麻制品产地证（一式四联，见附件 6）、输土耳其丝麻制品产地证（一式四联，见附件 7）、输土耳其纺织品产地证（一式四联，见附件 8）和中华人民共和国纺织品临时出口许可证（一式四联，见附件 9，以下简称纺织品临时出口许可证）。

第六条 经营者出口《输欧盟纺织品出口临时管理商品目录》所列货物时，应持纺织品临时出口许可证在中国海关报关；持输欧盟纺织品出口许可证和输欧盟纺织品产地证在欧盟报关。经营者出口《对美出口纺织品临时管理商品目录》所列货物时，应持纺织品临时出口许可证在中国海关报关；凭电子数据在美国海关报关，输美纺织品出口许可证和输美纺织品原产地证备查。

经营者出口《输欧盟纺织品出口临时管理商品目录》和《对美出口纺织品临时管理商品目录》所列以外货物时，持发证机构按照本规范第二十八条签发的相关证书报关。

第七条 纺织品临时出口许可证件的签发实行两级审核制。

第二章 纺织品临时出口许可证件的受理

第八条 各发证机构应严格按照商务部发布的《纺织品出口临时管理办法》受理纺织品临时出口许可证件申领签发事宜。接受经营者通过书面或网上递交的纺织品临时出口许可证件申请。

第九条 纺织品临时出口许可证件的网上申请（事后递交）和书面申请（事前递交）都需递交以下书面材料：

一、输欧盟纺织品出口许可证/产地证申请表、输欧盟纺织品产地证申请表、输欧盟手工制品证/产地证申请表、输欧盟丝麻制品产地证申请表、输土耳其丝麻制品产地证申请表、输土耳其纺织品产地证申请表或输美纺织品出口许可证/产地证申请表及纺织品临时出口许可证申请表（以上申请表一式两联）。经营者在许可证局网站上下载相关申请表，进行填写、打印，并加盖经营者行政公章。

二、有效的纺织品出口合同（正本复印件）。

三、首次申请的经营者除上述材料外，还应提供以下材料复印件：

（一）营业执照；

（二）加盖经营者备案登记专用章的《对外贸易

经营者备案登记表》或《中华人民共和国进出口经营者资格证书》；外商投资企业须提供审批部门颁发的《批准证书》；

上述材料在备案后如发生变化，经营者须及时向当地发证机构提供变更后的文件材料。

经营者应当对所提交材料的真实性负责，并保证其有关经营活动符合国家法律规定。如果各发证机构发现上述材料有误或不齐全的，应一次性告知经营者做出修改或补充。

第十条 纺织品临时出口许可证件的网上申请

一、经营者网上申请纺织品临时出口许可证件前，应到各发证机构办理用于身份认证的电子钥匙（经营者此前已经办理的用于网上申领许可证的电子钥匙适用于纺织品临时出口许可证件的办理）。

二、经营者网上申请纺织品临时出口许可证件时，应登录许可证局网站，点击网上企业申领链接，进入许可证网上申领平台，点击“纺织品临时出口许可证件申领系统”，根据出口合同内容，按要求如实地在线逐项填写、保存、上报申请表电子数据。

三、经营者可以对尚未上报的申请表电子数据进行修改、删除等操作。如需对已上报的申请表电子数据内容进行更改，应在申请被审核通过之前在线提交撤销申请并通知发证机构，发证机构在接到通知后即将申请表作同意撤销或退回操作。

四、经营者上报申请表电子数据后，可通过纺织品临时出口许可证件申领系统查询发证机构网上初审的结果。审核未通过时根据审核意见修改申请表电子数据并再次上报；复审通过后打印纺织品临时出口许可证申请表。

第十一条 纺织品临时出口许可证件的书面申请。

经营者递交第九条要求的文件材料。此时经营者递交的申请表应为从网上下载、打印并自行填写，并加盖了经营者行政公章的申请表。

第三章 纺织品临时出口许可证件的审核

第十二条 各发证机构工作人员应严格遵守上网操作规程，使用本人的用户名和密码登录纺织品临时出口许可证件申领系统，及时审核经营者网上提交的申请。

第十三条 纺织品临时出口许可证件网上申请的审核。

对符合本规范规定的申请，各发证机构经办人点击“予以通过”；对不符合本规范规定的申请，须在“审核意见”一栏详细注明理由后，点击“不予通过”（输欧盟纺织品出口许可证证书内容规范见附件10，输美纺织品出口许可证证书内容规范见附件11，纺织品临时出口许可证证书内容规范见附件12）。

第十四条 纺织品临时出口许可证件书面申请的审核。

各发证机构经办人对不符合规定的申请，应及时一次性告知经营者不予受理的理由；若申领材料存在非关键或不改变申请性质的可当场更正的错误时，应当允许申请人当场更正；申领材料不齐全或不符合法定形式的，应及时一次性告知申请人补正的全部内容。

第十五条 对当天所签发的纺织品临时出口许可证件，发证机构因对其电子数据的内容进行核对，审核无误的电子数据应立即点击“确认发送”，确保电子数据可以传至国外海关。

第四章 纺织品临时出口许可证的签发

第十六条 对于发证量大的重点纺织品出口口岸，相关发证机构可酌情考虑允许具备打印条件的出口企业自行打印（纺织品临时出口许可证除外）已通过发证机构审核的各类纺织品证件。

自行打印证书的企业领证时，要将打印完好的证书和第十条要求提供的材料递交发证机构审核盖章。发证机构应严格对自行打印企业空白证书、证书号码段的管理，制定相应的操作细则，并将自行打印企业名称、地址和操作细则等报许可证局备案。

第十七条 各发证机构对内容正确且形式完备的申请，应在3个工作日内签发纺织品临时出口许可证件。

第十八条 纺织品临时出口许可证件原则上由

各经营者指定并报发证机构备案的领证人员申领。

网上申请纺织品临时出口许可证件的领证人员凭申请表、本人有效证件以及第十条要求提供的文件领取纺织品临时出口许可证件；书面申请纺织品临时出口许可证件的领证人员凭申请表第二联和本人有效证件领取纺织品临时出口许可证件。

经营者领证时，须在相应的“企业领证登记表”上注明领取日期并签名。

第十九条　各发证机构对经营者提交的申请表及其他文件材料与许可证证面内容审核无误后，签发加盖纺织品许可证专用章的纺织品临时出口许可证件。

第二十条　根据《纺织品出口临时管理办法》规定：“出口样品的，对于每批商品数量不超过50件(含50件、套、双、公斤或其他商品单位，不包括打、打双、打套、吨数量单位)的，可免领出口许可证；但属于进口国海关要求凭许可证放行的，经营者应在本企业可申请数量范围内向发证机构申领许可证。”

根据《中美关于纺织品和服装贸易的谅解备忘录》规定，美国从中国进口纺织品，属于进口者自用的非零售产品，无论价值多少，及作了适当标注的、金额等于或少于800美元的商用样品，美国海关不予限制。

欧盟对于样品的规定见欧委会相关文件。

第五章　纺织品临时出口许可证件的更改、退证与遗失的处理

第二十一条　各发证机构对已审核通过的纺织品临时出口许可证件的申请不得在证面上做任何更改，如有变更事项，一律撤销旧证，办理新证。

第二十二条　经营者已领取的纺织品临时出口许可证件如需退证或换证的，必须向原发证机构退回纺织品临时出口许可证件，从许可证局网站上下载相应的退、换证申请表，填写表格并加盖行政公章。网上申请者还须在线填写退换申请后进行网上提交，发证机构按以下规定做相应的撤换证处理：

一、撤销未使用的全套证书。适用于全套证书都未报关使用的情况。

二、更换纺织品临时出口许可证。适用于只对未使用的临时出口许可证进行除出口商、发货人、国别、数量、总值、类别以外栏目的修改，而对应的输欧、美纺织品出口许可证和产地证(输欧手工制品证)不变的情况。

三、单独更换输欧、美纺织品出口许可证和产地证。适用于临时出口许可证已经报关出运，而更改输欧、美纺织品出口许可证和产地证(输欧手工制品证)的情况。企业应向发证机构提交中国海关报关单和撤换证申请，发证机构核对企业在中国海关清关的电子数据无误后，撤销旧证，换发新证。

第二十三条　纺织品临时出口许可证件如有遗失，经营者应立即向原发证机构和纺织品临时出口许可证证面注明的国内报关口岸书面报告挂失，原发证机构收到挂失报告后，经核对国内外海关电子数据，确认相关证书均未使用后，作删除处理。

第六章　空白证书、签证章和许可证档案的管理

第二十四条　各发证机构应认真核算每年度的空白证书需求量，按要求填写《空白证书征订单》(可在网上下载)，合理上报年度征订数量。各发证机构的空白证书不得相互借用，如空白证书使用数量不足，应提前二十天填写《空白证书征订单》，提出申请。使用空白证书时应注意提高使用率，减少浪费。

第二十五条　各发证机构对空白证书与签证章的管理实行处长领导下的专人负责制。实行专柜、专库统一保管。

第二十六条　各发证机构立卷归档的证件材料必须完整，归档的方式可根据证书种类按许可证件号或流水号进行归档，也可按证件打印日期或其他有效方式立卷归档，但上述方式只能选择一种，以保证该项制度的稳定性。

立卷归档的档案应使用专用档案盒(或袋)统一封存。档案盒(袋)上须填写证件卷号、证书种类、起止编号、起止日期、总份数及经办人姓名。

各发证机构应及时完成本单位所签发证件的立卷归档工作，每年3月底前应将上一年度的证件档

案全部入库。

第二十七条 空白证书、签证章和许可证档案应按照有关规定销毁。

第七章 其 他

第二十八条 对输欧盟和土耳其其他纺织品证件的申请，发证机构应凭企业递交（书面申请事前递交、网上申请事后递交）的出口合同、相关申请表（包括《输欧盟纺织品产地证申请表》、《输欧盟手工制品/产地证申请表》、《输欧盟丝麻制品产地证申请表》、《输土耳其纺织品产地证申请表》、《输土耳其丝麻制品产地证申请表》）及文件材料签发相应证书：

一、对不占用许可数量的2类、7类、20类和39类手工制品签发输欧盟手工制品证、输欧盟纺织品产地证和纺织品临时出口许可证；对5H类手工制品（附件9），只签发输欧盟手工制品证和输欧盟纺织品产地证（证面第4栏应标注5H），不签发纺织品临时出口许可证。

二、依据欧方签署的OPT产品证明签发输欧盟纺织品产地证和纺织品临时出口许可证。

三、对输欧盟十个类别以外的产品签发输欧盟纺织品产地证。

四、对输欧盟丝麻制品签发输欧盟丝麻制品产地证。

五、对输土耳其各种产品，按原规定签发输土耳其纺织品产地证和输土耳其丝麻制品产地证。

六、发证机构凭输欧盟手工制品证和OPT产品证明为企业签发与之对应的纺织品临时出口许可证。OPT产品出口不计入企业出口业绩。

七、对于持有其他国家（地区）原产地证，从中国海关出口到美国的相关纺织品（《对美出口纺织品临时管理商品目录》所列产品），发证机构凭原产国（地区）主管部门出具的原产地证明和企业申请，签发与之相应的纺织品临时出口许可证，并将原产地证和企业申请（复印件）及处理情况每月向商务部备案。这部分出口将不计入该企业的出口业绩。

第二十九条 证书和签证章的使用及管理。

一、签发输欧盟各类证书（输欧盟纺织品出口许可证、输欧盟纺织品产地证、输欧盟丝麻制品产地证、输欧盟手工制品证）、输美各类证书（输美纺织品出口许可证、输美纺织品产地证）和纺织品临时出口许可证全部使用红章（直径42mm）；

二、签发欧盟115类使用输欧盟纺织品出口许可证、输欧盟产地证和纺织品临时出口许可证。签发十个类别以外的输欧盟丝麻制品延用输欧盟丝麻制品产地证，使用红章（直径42mm）；

三、签发输土耳其纺织品和丝麻制品延用输土耳其纺织品产地证和输土耳其丝麻制品产地证，使用原欧盟印章（蓝色，直径60mm）。

第八章 附 则

第三十条 纺织品临时出口许可证件实行“一批一证”和“一证一关”制。“一批一证”指纺织品临时出口许可证件在有效期内一次报关使用；“一证一关”指纺织品临时出口许可证件只能在一个海关报关。

第三十一条 纺织品临时出口许可证件不得买卖、转让、涂改、伪造和变造。

第三十二条 一套输欧盟、输美纺织品出口许可证和产地证可以对应多份纺织品临时出口许可证，经营者应一次性申办并领取。对超过一个月不领取的证书，发证机构可予以收回并撤销。

第三十三条 发证机构在初审及复审时，必须检查输欧盟、输美纺织品出口许可证和与之对应的纺织品临时出口许可证的出口商和发货人名称、总数量、总金额等关键项是否对应。

第三十四条 为解决《对美出口纺织品临时管理商品目录》所列部分货物计量单位与中国海关不一致问题，与输美纺织品出口许可证对应的纺织品临时出口许可证，由系统自动在备注栏打印“输美纺织品出口许可证号、类别号、数量、单位、单价和总值”。

第三十五条 纺织品临时出口许可证件有效期一般为六个月，在公历年度内有效，逾期自行失效。经营者在有效期内未出口的，可以到原发证机构办理延期手续，最长延期不超过3个月，有效期不得超过本公历年度的12月31日。需延期的，应撤销旧证，办理新证。

第三十六条 本规范所涉及的申请表(表样略)均可从商务部许可证局网站(http://www.licence.org.cn)主页面"相关业务"栏中"相关软件下载"处下载。

第三十七条 本规范由许可证局负责解释。

第三十八条 本规范自2006年1月1日起施行。《纺织品临时出口许可证件申领签发工作规范(暂行)》同时废止。

附件:1. 输欧盟纺织品出口许可证
2. 输欧盟纺织品产地证
3. 输美纺织品出口许可证
4. 输美纺织品原产地证
5. 输欧盟手工制品证
6. 输欧盟丝麻制品产地证
7. 输土耳其丝麻制品产地证
8. 输土耳其纺织品产地证
9. 中华人民共和国纺织品临时出口许可证
10. 输欧盟纺织品出口许可证证面内容规范
11. 输美纺织品出口许可证证面内容规范
12. 纺织品临时出口许可证证面内容规范

(附件1—9略)

附件10

输欧盟纺织品出口许可证证面内容规范

第一栏 出口企业名称、地址、国家:出口企业的全称和详细地址,十三位企业代码。

第二栏 证书号码:进口国代码,一律用英文大写。

第三栏 年度:货物实际出运年度(当年配额只能当年使用),以货物离开中国最后一个港口时间为限。年度打全称,不得简称。

第四栏 类别号:实际出口纺织品类别号,一份证只打一个类别号。

第五栏 收货人名称、地址、国家:目的国进口商名称和地址。

第六栏 原产地国家:已印制。

第七栏 目的地国家:货物最终到达的国家名称。

第八栏 装运日期、地点、运输方式:实际装运日期(年、月),具体港口名称,运输方式。

第九栏 加注内容:

1. 若为4类童装(小于130厘米),则按五件童装折三件成人装计算,此栏应加注"The conversion rate for garments of a commercial size of not more than 130 cm must be applied"(不用输入,程序已设定,只需在递交申请表时,选择第九栏下拉菜单中"是")。

2. 如有遗失加注原输欧盟纺织品出口许可证证号。

第十栏 唛头及包装号、包装种类及件数、商品说明:

1. 按照发票上的唛头填写完整的图案、文字标志及包装号;如无唛头,须填"N/M"(若唛头打不下,可另加附页,打上许可证号码,加盖发证机构证章)。

2. 商品名称应具体,并标明协调分类制编码。

3. 生产厂商代码、名称及地址。

4. 加注TOTAL:英文的数量及计量单位大写。

第十一栏 数量:按实际出运货物的数量填写。

第十二栏 离岸价值:FOB价,以元为单位,小数保留两位,币别应与发票一致。

第十三栏 有关发证机构证明:发证机构所在城市名称、发证日期(发证系统自动生成);发证机构盖章(经办人不再手签姓名)。

第十四栏 有关发证机构的名称、地址、国家:发证机构的具体名称和地址(不用输入,程序已设定)。

附件 11

输美纺织品出口许可证证面内容规范

第一栏 出口商(代码、名称和地址):出口企业全称和详细地址,出口企业13位代码。

第二栏 许可证号码:已印制。

第三栏 协议年度:货物实际出运的年度。以货物实际离开中国最后一个港口时间为限。年度打全称,不得简称。

第四栏 类别号:按商务部、海关总署、质检总局公告2005年第87号发布的《对美出口纺织品临时管理商品目录》类别打印;一份证只能打印一个类别号(如果货物既包括340类也包括640类,应为340/640类;如果货物全部为340类商品,货物类别为340类,不得为640类)。

第五栏 发票号码:为实际出口货物所对应的发票号。

第六栏 收货人(名称和地址):进口商的名称和地址,及实际收货人。

第七栏 装运地、装运日期及目的地:指货物出口时的装运港口和日期,以及最终目的国名称。

第八栏 中国港口离岸价值:许可证项下货物的FOB总值。按信用证规定的币别符号折算为FOB价。

第九栏 唛头、包装件数、商品名称。

第十栏 数量。

第十一栏 单价。

第十二栏 总值。

第十三栏 生产厂家代码。

第十四栏 发证机构证明,已印制。

第十五栏 发证机构签章;发证日期(发证系统自动生成)。

附件 12

纺织品临时出口许可证证面内容规范

1. 出口商:

(1)应打印进行过对外贸易经营者备案登记的经营者(出口商)名称。

(2)进出口企业代码即为对外贸易经营者备案登记证上编定的13位代码。

2. 发货人:

指具体执行合同发货报关的单位,应与出口商一致。

3. 纺织品临时出口许可证号:

结构为:××-××-××××××

(1)　(2)　(3)

(1)二位数字表示年份。

(2)二位数字或字母表示签发纺织品临时出口许可证的机构代码。

(3)由一个字母和五位数字组成,计算机自动顺序编排。

4. 纺织品临时出口许可证有效截止日期:

纺织品临时出口许可证有效期自发证之日起设定为6个月。

5. 贸易方式:

此栏内容有:一般贸易、易货贸易、来料加工、补偿贸易、进料加工、外资企业出口、边境贸易、其他贸易等。

6. 合同号:

(1)指申领纺织品临时出口许可证、报关及结汇时所用出口合同的编号。

(2)每份许可证只能对应一份出口合同,只能有一个合同号。

7. 报关口岸：

指出口口岸，此栏只允许填写海关总署的一个直属海关或关区。

8. 出口最终目的国(地区)：

指最终目的地，即合同目的地，只能打印一个国家(地区)名，不允许使用地域名(如欧洲等)。

9. 付款方式：

(1)此栏内容有：信用证、托收、汇付、现付、记账、免费。

(2)一份合同采用两种支付方式时(指签合同时已明确的)，此栏只填主要的一种，其他在备注栏内注明。

10. 运输方式：

(1)打印货物报关离境时的运输方式。

(2)包括：海上运输、铁路运输、公路运输、航空运输、邮政运输、海运\陆运、固定运输、内河运输、海运\空运等。

(3)只能填写一种运输方式。

11. 商品名称：

打印《输欧盟纺织品出口临时管理目录》(商务部、海关总署、质检总局 2005 年第 103 号公告)和《对美出口纺织品临时管理商品目录》(商务部、海关总署、质检总局 2005 年第 87 号、104 号公告)发布的名称和相应的 10 位商品编码。

12. 规格、等级：

此栏打印出口产品品种规格、等级。同一编码商品规格型号超过四种时，应另行打印许可证。

13. 单位：

(1)指计量单位。由计算机自动录入。

(2)各商品使用的计量单位统一按程序设定的名称打印，不得任意变动。

(3)合同中使用的计量单位与程序设定名称不一致时，应换算成程序设定的计量单位。

14. 数量、单价及总值：

(1)数量表示该证允许出口货物的多少。数量总量必须与对应的输欧盟纺织品出口许可证、输美纺织品出口许可证一致，由企业自行填写。

(2)单价是指与计量单位相一致的单位价格。

(3)总值由企业自行填写。金额总值必须与对应的输欧盟纺织品出口许可证、输美纺织品出口许可证一致。

15. 备注：

(1)输欧盟或输美许可证号：填写与已申领的输欧盟或输美纺织品出口许可证相对应的许可证号码(如 CN50123456)。

(2)类别号：填写与已申领的输欧盟或输美纺织品出口许可证相对应的许可证中显示的纺织品类别号(如输欧 2 类)。

商务部关于纺织品临时出口许可数量跨地区转让有关事项的通知

【发布单位】　商务部
【发布文号】　商贸函[2006]1 号
【发布日期】　2006 年 1 月 6 日

各省、自治区、直辖市、计划单列市及新疆生产建设兵团商务主管部门，哈尔滨、长春、沈阳、西安、南京、武汉、成都、广州市商务主管部门：

根据《纺织品出口临时管理办法》(2005 年商务部第 20 号令)第十四条的有关规定，现将办理纺织品临时出口许可数量(以下简称许可数量)跨地区转让的办理程序及其要求通知如下。

一、办理程序

(一)转让许可数量的经营者向商务部授权的所在地商务主管部门(各省、自治区、直辖市、计划单列市、新疆生产建设兵团及哈尔滨、长春、沈阳、南京、武汉、成都、广州、西安商务主管部门,下同)提交《纺织品临时出口许可数量跨地区转让申请表》和营业执照复印件。

各地商务主管部门汇总、审核当地经营者的转让申请材料后,于每月1日—10日向商务部(对外贸易司)提交申请,并附经营者转让申请材料。相关电子数据须同时发送至商务部对外贸易司及中国国际电子商务中心。

(二)受让许可数量的经营者向商务部授权的所在地商务主管部门上报营业执照复印件和进出口企业资格证书或对外贸易经营者备案登记表或经过年检的外商投资企业批准证书复印件。

各地商务主管部门汇总、审核当地所辖经营者的受让证明材料后,于每月10日前将初审结果报商务部(对外贸易司),并附经营者受让证明材料。

(三)商务部根据各地商务主管部门上报的申请(正本)和相关经营者的转受让材料办理跨地区转让备案事宜,并于当月20日前以商务部部批件的形式将备案结果告相关地方商务主管部门。

(四)部批件下达后,受让许可数量的经营者可在所在地商务主管部门办理申领《纺织品临时出口许可证》的相关手续。

二、《纺织品临时出口许可数量跨地区转让申请表》一式两联,第一联报商务部(对外贸易司),第二联地方商务主管部门留存。

三、地方商务主管部门应按照附件2规定的格式,将转让许可数量的相关电子数据同时发送至以下地址。

mgsfp7@mofcom.gov.cn;

cieccfp@ec.com.cn。

四、对于出现以下情况的,商务部不予办理跨地区转让备案事宜。

(一)转出许可数量的经营者名下相关类别实际剩余数量小于转出数量的;

(二)未按要求提供转让申请材料及证明材料的;

(三)转让申请材料与相关电子数据内容不一致的;

(四)转让申请材料与受让证明材料相关内容不一致的。

五、通过招标获得许可数量的跨地区转让按照《纺织品出口许可数量招标实施细则》(商贸发[2005]502号)有关规定办理。

六、请各地商务主管部门尽快将本通知通告本地经营者,并遵照执行。

商务部等部门对《对美出口纺织品临时管理商品目录》进行调整的公告

【发布单位】 商务部、海关总署、质检总局

【发布文号】 商务部、海关总署、质检总局公告2006年第6号

【发布日期】 2006年1月24日

【生效日期】 2006年1月27日

根据《中华人民共和国与美利坚合众国政府关于纺织品和服装贸易的谅解备忘录》有关产品的规定,商务部、海关总署、质检总局对《对美出口纺织品临时管理商品目录》(商务部、海关总署、质检总

局 2005 年 87 号、104 号公告)进行以下调整,现公告如下:

类别 222 项下增加中国海关商品编码 6002901000,6002903000,6002904000,6002909000,6004901000,6004903000,6004904000,6004909000,6006310000,6006320000,6006330000,6006340000,6006410000,6006420000,6006430000,6006440000。

类别 229 项下增加中国海关商品编码 6003300000,6003400000。

本公告自 2006 年 1 月 27 日起执行。

商务部关于下达全国各经营者输美国输欧盟纺织品 2006 年度第二次分配可申请数量方案的通知

【发布单位】 商务部外贸司
【发布文号】 商贸函[2006]26 号
【发布日期】 2006 年 3 月 27 日

各省、自治区、直辖市、计划单列市及新疆生产建设兵团,哈尔滨、长春、沈阳、西安、南京、武汉、成都、广州商务部主管部门:

根据《纺织品出口临时管理办法》(以下简称办法)、《纺织品出口临时管理商品目录》,现下达输美国、输欧盟纺织品全国各经营者 2006 年度第二次业绩分配可申请数量(见附件 1)。有关事项通知如下:

一、输美国二十一类纺织品 2006 年第二次业绩分配可申请数量为各经营者 2006 年度全年业绩分配可申请数量与各经营者 2006 年第一次业绩分配可申请数量的差值(详见商贸函[2005]102 号)。据此计算的部分企业第二次可申请数量出现了负数(见附件 2),出现负数的相应类别数量将在相关经营者 2007 年度第一次业绩分配中作等量扣减。

二、输欧盟十类纺织品 2006 年度第二次业绩分配可申请数量为年度业绩分配总量的 25%。此次公布的数量是各经营者 2006 年全年业绩分配可申请数量的剩余部分(详见商贸函[2005]85 号)。

三、此次分配的最低可申请量为 200 件(条、公斤、平米)或 20 打(打双)。凡低于上述标准的经营者,本次不可申请。

四、请各地商务主管部门尽快通知本地区经营者按照本文附件下达的可申请数量提交申请,如实填报下达附件中缺少企业 13 位进出口代码或者中文名称的数据,并于 4 月 15 日前将本地区经营者的申请报告及电子数据汇总上报商务部(请通过纺织品出口临时管理签证系统接收并上报电子数据)。

五、商务部将根据各地商务主管部门汇总上报的书面申请及相关电子数据下达正式分配方案,正式分配方案另文通知。商务部下达的正式分配方案作为各地方为相关经营者签发《纺织品出口临时许可证》的依据。

六、请各地商务主管部门将本通知转发本地区相关经营者,并告知相关业绩、可申请数量均可在商务部官方网站外贸司子站“纺织品出口信息”栏目中查阅。

七、相关经营者应配合各地商务主管部门的确认工作,在规定时间范围内提交申请。凡在规定日期之后上报的申请,均视为无效申请。

商务部关于下达2006年4月纺织品临时出口许可数量跨地区转让备案结果的批复

【发布单位】 商务部
【发布文号】 商贸批[2006]116号
【发布日期】 2006年4月20日

北京市、天津市、沈阳市、上海市、江苏省、南京市、浙江省、宁波市、福建省、厦门市、山东省、青岛市、广东省、广州市、深圳市、四川省、成都市、重庆市商务主管部门：

根据《商务部关于纺织品临时出口许可数量跨地区转让有关事项的通知》(商贸函[2006]1号，以下简称《通知》)的要求，结合各有关地方商务主管部门报送的转让申请及证明材料，现公布2006年4月纺织品临时出口许可数量跨地区转让备案结果(详见附件)。有关事项通知如下。

一、请有关地方商务主管部门将跨地区转让备案结果告知本地相关经营者。受让许可数量的经营者可在所在地商务主管部门办理申领《纺织品临时出口许可证》的相关手续。

二、请电子商务中心做好相关数据的技术处理工作。

三、为顺利做好跨地区转让备案工作，请有关地方商务主管部门按照《通知》的规定上报材料，并注意以下问题：

(一)应按输欧、输美标准类别号填写；

(二)传送的电子数据应只提供所在地区经营者的转出数据，不应包括受让数据；

(三)避免重复发送电子数据。

四、对于缺少跨地区转让申请材料或证明材料，转出数量大于实际剩余量，以及未在规定时间内递交材料的跨地区转让申请，此次备案暂不予办理。

商务部2006年第31号公告

【发布单位】 商务部
【发布文号】 公告2006年第31号
【发布日期】 2006年4月25日

根据中欧双方为落实谅解备忘录达成相关行政安排的规定，现对《商务部2005年第49号公告》所列输欧盟手工制品范围进行调整。现将调整情况公布如下：

一、在《商务部2005年第49号公告》附件1第一款所列产品中增加输欧盟5类、26类；在附件2

中增加"纯手工织或钩编连衣裙"。

二、输欧盟手工制品其他事宜仍按照《商务部2005年第49号公告》的规定执行。

本公告自颁布之日实施。

商务部2006年第34号公告

【发布单位】　商务部

【发布文号】　公告2006年第34号

【发布日期】　2006年4月25日

根据《中华人民共和国商务部和巴西联邦共和国发展、工业和外贸部关于在贸易和投资领域加强合作谅解备忘录》的有关条款，从2006年4月3日起，巴西对原产于中国的丝绸、灯芯绒、聚酯纤维、毛衫和套头衫、针织衬衫和T恤衫、外衣、大衣和夹克衫、化纤布、刺绣产品单方实行进口管理。中方对这些产品不实行出口管理。为使企业了解巴方对部分纺织品服装实施进口管理的具体内容，方便企业对巴出口相关纺织品服装，现将相关纺织品服装的品名和巴方税号、管理期限及有关要求公告如下：

一、品名和巴方税号

1. 灯芯绒：58012200，58012300；

2. 刺绣产品：58109100，58109200，58109900；

3. 针织衬衫和T恤衫：61051000，61052000，61059000，61061000，61062000，61069000，61091000，61099000；

4. 聚酯纤维：54023300；

5. 化纤布：54075100，54075210，54075220，54075300，54075400，54076100，54072000，54073000，54074100，54074200，54074300，54074400，54077100，54077200，54077300，54077400，54078100，54078200，54078300，54078400，55151200，55152100，55159100，55162100，55162200，55162300，55162400，54079100，54079200，54079300，54079400，54083100，54083200，54083300，54083400，54076900；

6. 外衣、大衣和夹克衫：61013000，61032300，62011300，62019300，62032300，62102000，61023000，61042300，61043300，62021300，62029300，62042300，62043300，62103000；

7. 毛衫和套头衫：61102000，61179000，61101100，61101200，61101900，61103000，61109000；

8. 丝绸：50071010，50071090，50072010，50072090，50079000。

二、管理期限

上述产品管理期限为2006年4月至2008年12月。

三、有关要求

企业对巴西出口上述产品，应先了解进口商是否已获得巴西政府所发的相关进口批准文件，避免造成损失。

商务部等部门2006年第30号公告

【发布单位】 商务部、海关总署、质检总局
【发布文号】 公告2006年第30号
【发布日期】 2006年4月27日

为适应管理需要，商务部、海关总署、质检总局对《对美出口纺织品临时管理商品目录》（商务部、海关总署、质检总局2005年87号、104号、2006年6号公告）以及《输欧盟纺织品出口临时管理商品目录》（商务部、海关总署、质检总局2005年103号公告）中涉及管理与非管理产品使用同一海关商品编码的情况进行了调整。现将调整后的目录公告如下：

一、调整后的《对美出口纺织品临时管理商品目录》（详见附件1）及《输欧盟纺织品出口临时管理商品目录》（详见附件2）自2006年5月1日起正式实施。原《对美出口纺织品临时管理商品目录》（商务部、海关总署、质检总局2005年87号、104号、2006年6号公告）以及原《输欧盟纺织品出口临时管理商品目录》（商务部、海关总署、质检总局2005年103号公告）同时废止。

二、在此之前领取的《中华人民共和国纺织品临时出口许可证》、《输美纺织品出口许可证》以及《输欧盟纺织品出口许可证》，涉及编码变化并准备于5月1日及之后报关的，须按照新目录换领出口许可证。

商务部关于2006年度输欧、输美纺织品出口许可数量协议招标公告

【发布单位】 商务部
【发布文号】 商贸发[2005]502号
【发布日期】 2006年7月27日

根据《纺织品临时出口许可数量招标实施细则》（以下简称《细则》）的有关规定和中国纺织品进出口商会征求中标企业意见形成的建议，商务部纺织品出口许可数量招标委员会（以下简称招标委员会）决定，对企业上交的2006年公开招标许可数量和公开招标弃标数量（逾期未交保证金数量）实施协议招标。有关事项公告如下：

一、投标资格：在8月5日前上交公开招标许可数量和已全额交纳中标金的企业，可参加此次协议招标。

二、企业协议标最高投标量按照以下原则确定：

（一）对于已交纳30%中标保证金且将中标数量上交的，企业最高投标量包括：①上交数量；②按企业上交数量占该类别全国上交总量的比例，从弃

标总量的 20%中计算得出的数量。

（二）对于全额交纳中标金的，其中标量企业无须上交，最高投标量为：按企业全额交纳中标金数量占该类别全国全额交纳中标金数量的比例，从弃标总量的 80%中计算得出的数量。

三、受招标委员会委托，招标办公室通过征求专家、主要出口企业意见的方式确定了各类别协议招标最低投标价，详见附表。投标企业在协议招标最高投标数量范围内，投标价格不低于最低投标价，即可中标。依据本公告第二条第一款计算的协议标量，企业最低投标价为附表中 A 列所列价格；依据第二款计算的协议标量，企业最低投标价为附表中 B 列所列价格。

四、招标委员会预定于 8 月 11 日公布协议招标中标结果（最高投标量）。中标企业应在中标结果公布后的十五天内，一次性全额交清中标金。企业全额交清中标金后即可领证使用或转让。

五、逾期未全额交清中标金的经营者，视为自动放弃。

六、招标办公室联系方式

电　话：010－67739327、67739213、67739208、67739209

传　真：010－67719297、67719300。

附件：各类别协议招标最低投标价格

附件

各类别协议招标最低投标价格

价格单位：人民币元/单位

输美、欧盟纺织品类别号及品名	单　位	最低投标价格（A）	最低投标价格（B）
200/301 输美棉纱、缝纫线及纱	公斤	0.04	0.02
222 输美针织布	公斤	0.16	0.06
229 输美特殊用途布	公斤	0.02	0.01
332/432/632－A 输美袜子（中筒袜）	打双	0.08	0.03
332/432/632－B 输美袜子	打双	0.58	0.22
338/339 输美棉制针织衬衫	打	1.79	0.67
340/640 输美男式梭织衬衫	打	1.57	0.59
347/348 输美棉制裤子	打	4.80	1.80
349/649 输美棉及化纤制胸衣	打	0.64	0.24
352/652 输美棉及化纤制内衣	打	0.36	0.14
359－S/659－S 输美泳衣	公斤	0.80	0.30
363 输美起绒毛巾	条	0.04	0.02
443 输美毛制西装套装	套	1.50	0.56
447 输美毛制裤子	打	4.80	1.80
619 输美长纤织物	平米	0.12	0.05
620 输美其他合纤织物	平米	0.12	0.05
622 输美玻璃纤维织物	平米	0.20	0.08
638/639 输美化纤制针织衬衫	打	2.20	0.84
345/645/646 输美套衫	打	0.64	0.24
647/648 输美化纤制裤子	打	4.00	1.50

续表

输美、欧盟纺织品类别号及品名	单　位	最低投标价格(A)	最低投标价格(B)
666 输美窗帘	公斤	0.07	0.03
847 输美毛制裤子	打	1.90	0.72
2 输欧棉布	公斤	0.08	0.03
4 输欧 T 恤衫	件	0.06	0.02
5 输欧套头衫	件	0.24	0.09
6 输欧裤子	件	0.18	0.07
7 输欧女式衬衫	件	0.16	0.06
20 输欧床单	公斤	0.45	0.17
26 输欧连衣裙	件	0.24	0.09
31 输欧胸衣	件	0.10	0.04
39 输欧桌布	公斤	0.31	0.12
115 输欧亚麻纱	公斤	0.19	0.07

商务部等部门关于做好 2006 年度农轻纺产品贸易促进资金项目申报工作的通知

【发布单位】 商务部、财政部
【发布文号】 商贸函[2006]78 号
【发布日期】 2006 年 8 月 23 日

各省、自治区、直辖市、计划单列市及新疆生产建设兵团商务主管部门、财政厅(局),有关出口行业组织和中央管理企业:

为推动农轻纺产业升级和结构调整,提高农轻纺产品出口质量,增强国际竞争力,根据《农轻纺产品贸易促进资金暂行管理办法》(商规发[2005]507 号,以下简称《办法》)有关规定,现将申报 2006 年度农轻纺产品贸易促进资金项目的有关事项通知如下:

一、2006 年资金支持重点范围

(一)实施行业公共技术平台服务的费用资助

行业公共技术平台是指由行业组织、企业及其他社会团体独资、合资或合作兴办,以本行业出口企业为服务对象,通过提供主要面向出口市场的研发、设计、质量控制、产品检测所需的公共技术及设备,为新技术、新设计、新材料、新工艺、新标准的制订、交流、推广、咨询、培训或出口产品自检、预检等提供服务的机构。

(二)建立出口农产品质量可追溯体系的费用资助

出口农产品质量可追溯体系是指出口企业根据良好农业规范(GAP)、危害分析与关键控制点(HACCP)或有机产品等标准及相关规定要求,建立的出口产品溯源和追踪体系。企业建立的追溯体系，应记录农药、兽药、种苗、种畜禽使用及农产品种植、养殖档案和流通情况，并通过电子标签、条形码等信息手段，确保产品可追溯回加工、生产环节。

已根据国家有关规定申报、享受中央财政有关纺织企业"走出去"等专项资金资助的项目，不可重复申报、享受以上相同内容的资助。

二、资金支持的标准

所有项目均实行部分支持方式。中西部地区的资助比例不超过项目实际投资金额的70%；其他地区的资助比例不超过50%。行业公共技术平台资助项目的资助资金不超过200万元，建立出口农产品质量可追溯体系项目的资助资金不超过100万元。

2004年1月1日—2006年12月31日期间完成的项目可以进行申报。

三、申报项目需提供的材料

（一）申报项目的申请单位须提供以下材料：

1. 2006年度农轻纺产品贸易促进资金项目申请书，应包括企业的基本情况，如申请行业公共技术平台资助应提供申请单位目前的服务对象范围、现有服务项目和产品以及实施本项目后预期的服务情况、可达到的目标和效果以及是否申报、享受同类中央财政资金资助等；如申请建立出口农产品质量可追溯体系资助，申请单位应提供2003年至2005年的生产加工及出口情况，出口农产品质量可追溯体系建立的基本情况（管理方式、基地建设、注册备案、认证、实验室、对出口的影响）及下一步规划和目标等。

2. 申请单位所取得的有关认证认可文件。

3. 申报单位法人营业执照副本复印件。

4. 申报企业的《对外贸易经营备案登记表》（复印件）。

5. 经中介机构审计的2004、2005/2006年度财务报告。

6. 项目资金实际支付凭证。

7. 其他需要提供的申报证明材料。

（二）省级商务主管部门和财政主管部门（以下简称地方主管部门）及中央单位（指中央企业及全国性出口行业组织，下同）须报送以下材料：

1. 2006年度农轻纺产品贸易促进资金申请报告，包括组织初审的情况、申请单位及项目的基本介绍，初审意见等内容；如申请公共技术平台资助项目，须提供该项目建成后，预期可达到的目标和效果。

2. 申请行业公共技术平台服务项目，应提供省级商务主管部门（或其授权的部门，下同）与申请单位签署的该项目向企业提供优惠服务的协议。协议中应包括申请单位向企业提供的具体内容，定期向商务主管部门报送服务的对象、服务内容和收费金额的条款，以及申请单位须承担未按约定提供服务的违约责任等内容。中央单位须提供与项目所在地省级商务主管部门（受商务部委托）签署的上述协议。

3. 农轻纺产品贸易促进资金申请项目汇总表，并按项目优先程度进行排序。

4. 申报项目的申请单位提供的材料（仅送商务部外贸发展事务局）。

地方主管部门和中央单位报送的材料一式三份，分别报送商务部（外贸司）、财政部（企业司），同时抄报商务部（外贸发展事务局），报送截止时间为2006年10月31日。

以上申报材料用A4纸打印，按顺序于左侧装订成册，连同电子文档（光盘形式）一同报送。

逾期报送的材料不予受理，对不符合要求的报送材料，将不得参与项目评审。

以外币为计算单位发生的费用支出，按费用支出凭证发生日中国人民银行公布的外汇牌价，折算为人民币。

四、审核及拨付

商务部会同财政部按《办法》和本通知的规定，对项目进行审核，确定资助项目。财政部将资金拨付至相关省级财政部门。

项目资金实行事后拨付原则，即项目完成并经验收合格后据实拨付：

（一）地方单位执行完毕的项目，由省级商务主管部门组织验收合格后，报同级财政部门审核拨付资助资金。

（二）中央单位执行完毕的项目，由外贸事务局组织验收合格并经商务部审核后，报请财政部审定拨付资助资金。

验收工作应在2007年2月15日前完成，到期未完成验收的项目，将不予拨付资助资金，资金结转下年度使用。

具体验收规定另行下发。

地方主管部门要加强协调配合，积极做好项目申报的组织和初审工作，并按《办法》规定，切实加强资金的监督检查和追踪问效，对本地区（单位）资金的使用情况进行总结分析，按时上报商务部和财政部。

商务部关于相关纺织品服装的品名和南非税号、管理期限及有关要求的公告

【发布单位】 商务部

【发布文号】 公告2006年第71号

【发布日期】 2006年9月5日

根据《中华人民共和国政府与南非共和国政府关于促进两国贸易和经济技术合作的谅解备忘录》的有关条款，从2006年9月28日起，南非对原产于中国的部分纺织品服装产品单方实行进口管理。中方对这些产品不实行出口管理。为使企业了解南非对部分纺织品服装实施进口管理的具体内容，方便企业对南非出口相关纺织品服装，现将相关纺织品服装的品名和南非税号、管理期限及有关要求公告如下：

一、品名和南非税号

包括31种产品，具体名称及南非税号见附件。

二、管理期限

上述产品管理期限为2006年9月28日至2008年12月31日。

三、有关要求

企业对南非出口上述产品，应严格遵循中南双边协议及南非发布的相关法律规定。

附件

产品名称及税号

南非海关产品税号	中文名称
5208	棉织物、含棉量在85%以上
5209	棉织物,每平方米重量大于200克
5210	棉织物,含棉量在85%以下
5514	聚酯合成纤维和棉混纺每平方米重量大于170克
6005	经编织物
6006	其他针织或钩编织物
6303	窗帘
6103.4	男式针织长裤
6104.3	女式针织短上衣
6104.5	女式针织裙
6104.6	女式针织长裤
6105	男式针织上衣
6106	女式针织外套
6107.1	男式针织内裤、三角裤
6108.2	女式针织衬裤
6111	针织的婴儿服装
6201.9	男式机织风衣
6202.1	女式机织大衣
6202.9	女式机织风衣
6203.1	男式机织西服套装
6203.3	男式机织短上衣
6203.4	男式针织长裤
6204.3	女式机织短上衣
6204.4	女式机织套裙
6204.5	女式机织裙子
6204.6	女式机织长裤
6205	男式机织衫
6206	女式机织外套
6211.3(90)	男式机织运动服
	6211.31.90
	6211.32.90
	6211.33.90
	6211.39.90
6211.4(90)	女式机织运动服
	6211.41.90
	6211.42.90
	6211.43.90
	6211.49.90
6212.1	胸罩

商务部关于纺织品出口管理办法(暂行)

【发布单位】 商务部
【发布文号】 商务部令 2006 年第 21 号
【发布日期】 2006 年 9 月 18 日

《纺织品出口管理办法》(暂行)已经商务部审议通过,并商海关总署、国家质检总局同意,现予发布,自发布之日起施行。2006 年度纺织品临时出口许可数量仍按《纺织品出口临时管理办法》(商务部令 2005 年第 20 号)执行。《纺织品出口临时管理办法》(商务部令 2005 年第 20 号)自 2007 年 1 月 1 日起废止。

第一条 为规范纺织品出口经营秩序,根据《中华人民共和国对外贸易法》和《中华人民共和国行政许可法》,制定本办法。

第二条 商务部负责全国纺织品出口管理工作,并会同海关总署和质检总局制定并调整《纺织品出口临时管理商品目录》(以下简称《管理商品目录》)。

《管理商品目录》应以公告形式发布,内容包括涉及的产品类别及其税则号、涉及的国家或者地区、实施时间范围和许可总量等。

第三条 商务部授权各省、自治区、直辖市、计划单列市、新疆生产建设兵团及哈尔滨、长春、沈阳、南京、武汉、成都、广州、西安市商务主管部门(以下简称地方商务主管部门)负责本地区纺织品临时出口许可管理工作。

质检总局根据商务部的建议,临时授权上述部门负责《管理商品目录》所列纺织品的原产地证书签发工作。

第四条 本办法出口国指最终目的国(地区),加工贸易出口指实际报关出口国(地区)。有关转口贸易管理,不适用本办法。

第五条 本办法适用于一般贸易、易货贸易、来料加工装配贸易、补偿贸易、进料加工、保税工厂和其他贸易方式的纺织品出口许可管理。

从境内区外进入保税区、出口加工区等海关特殊监管区域、保税场所且属于《管理商品目录》所列的纺织品,海关不验核许可证,待上述货物实际离境申报时,按照有关规定,对出口到实行纺织品临时出口管理的国家(地区)的,海关凭许可证办理验放手续。

《管理商品目录》所列的纺织品经出口监管仓库(出口配送型)出口的,海关在入仓环节验核许可证,并在许可证规定的有效期内(离境)出口至《管理商品目录》指定的国家(地区),不得留在境内。

第六条 《管理商品目录》所列的纺织品,实行临时出口管理制度。商务部授权许可证事务局统一管理、指导各地商务主管部门的《纺织品临时出口许可证》(以下简称许可证)发证工作。发证机构名单、许可证样式和专用章由商务部、海关总署、质检总局另行公布。

第七条 对外贸易经营者(以下简称"经营者")在出口《管理商品目录》所列的纺织品前,应当向当地商务主管部门办理临时出口许可审批手续,并申领许可证,凭许可证向海关办理报关验放手续。

第八条 出现下列情形之一的商品将列入《管理商品目录》。

(一)有关国家或地区对我实行限制的纺织产品;

(二)双边协议规定需要临时进行数量管理的纺

织产品。

第九条　《管理商品目录》所列纺织品的临时出口许可数量，通过业绩分配、协议招标等方式配置到各经营者。具体类别和数量由商务部另行公布。

业绩分配按照本办法的规定执行。协议招标的具体规定，由商务部根据本办法另行公告。

如遇市场变化剧烈、出口许可数量使用率过低或出口秩序混乱等特殊情况，经纺织品出口行业商协会提议，商务部可采取本条第一款规定之外的临时性措施，以恢复正常的出口秩序。

第十条　经营者应按照国家有关劳动、安全和环保等法律法规的规定从事经营活动。

对经有关部门认定，未能依法履行劳动、安全和环保等义务的经营者，商务部可取消其按照本办法第九条获得的临时出口许可数量资格，并收回已获得的全部许可数量。

第十一条　业绩分配部分以相关商品出口实绩为依据，按照如下计算公式确定经营者海关出口实绩项下的临时出口许可可申请数量（以下简称可申请数量）。

$S=T\times(70\%\times Q1/M1+30\%\times Q2/M2)$

其中：

（一）S 为经营者可申请数量；

（二）T 为确定的全国临时出口许可总量；

（三）$Q1$ 为经营者对设限国家（地区）出口实绩，$Q2$ 为经营者（$Q1\neq0$）除设限国家（地区）之外的对全球的出口实绩；

（四）$M1$ 为全国经营者对设限国家（地区）出口实绩，$M2$ 为全国经营者（$Q1\neq0$）除设限国家（地区）之外的对全球的出口实绩；

（五）各类别商品的最低可申请数量由商务部另行公布。凡根据上述公式计算的可申请数量低于最低可申请数量的，经营者可申请数量为零；

（六）低于最低可申请数量的剩余数量按业绩优先的原则分完为止。

第十二条　商务部根据以下原则，确定经营者相关商品出口实绩：

（一）按照中国海关十位税则号项下的出口统计数据；

（二）统计时间范围为临时出口许可数量使用年度之前的 12 个月；

（三）一般贸易、加工贸易的出口实绩均按中国海关出口统计金额的 100%计算；

（四）西部地区企业的出口实绩按中国海关出口统计金额的 150%计算，中部地区和东北老工业基地企业的出口实绩按中国海关出口统计金额的 130%计算；

（五）拥有多家子公司、分公司或者控股公司的集团型企业，按照实际的经营者（按海关企业代码）数量进行统计，临时出口许可数量计入各经营者名下。

第十三条　商务部根据上述分配原则确定各经营者可申请的商品类别和数量，分批次以书面和电子形式下达至各地商务主管部门，并在商务部网站上公布。

第十四条　经营者应在商务部下达的可申领类别和数量范围内向地方商务主管部门提出许可数量申请。

第十五条　自可申请数量下达之日起的 15 天内，地方商务主管部门汇总本地区经营者的申请上报商务部并附电子数据。

在收到地方商务主管部门的申请报告以及电子数据后 15 天内，商务部确定并下达全国各经营者临时出口许可的分配数量。

第十六条　纺织品临时出口许可数量允许转让。转受让经营者可登陆纺织品临时出口许可数量转受让平台（http:\\xk. ec. com. cn）直接操作，地区内转让也可由地方商务主管部门做技术处理。受让经营者必须在工商行政管理部门登记注册、在对外贸易主管部门备案登记并依法履行劳动、安全和环保等义务。

第十七条　纺织品临时出口许可证实行“一批一证”、“一关一证”，在公历年度内有效，有效期为 6 个月，逾期作废。

逾期未出口的，可以到原发证机构办理延期手续，最长延期不超过 3 个月。延期或更改许可证内容的，均应重新换发新证。

第十八条 获得临时出口许可数量的经营者在临时出口许可数量有效期内未能全部使用的，应于许可年度的9月30日前将剩余数量通过各地商务主管部门向商务部上交。

第十九条 经营者上交的、未申请和放弃的数量计入当年度纺织品临时出口许可剩余数量。剩余总量由商务部按照第十一条的有关规定继续分配，并在不迟于许可年度结束前75天下达分配结果。

第二十条 获得纺织品临时出口许可数量的经营者，在有效期内未使用量超过业绩分配量20%且小于等于30%并未按期上交的，商务部将在下一年度分配中按等比扣减。在有效期内未使用量超过业绩分配量30%并未按期上交的，商务部将在下一年度分配中按双倍扣减。

第二十一条 获得临时出口许可数量的经营者申领许可证时，应当如实填写《许可证申请表》，并加盖单位印章。网上申请的，应当如实填写相关电子表格并传送至相应的发证机构。

以书面形式或者通过网上申请的，经营者应当同时将相关出口合同复印件寄送至发证机构。

第二十二条 各发证机构应在收到内容正确且形式完备的许可数量有效申请后，按照商务部授权的地方商务主管部门下达的临时出口许可数量批准文件和相关电子数据，在3个工作日内签发许可证。

第二十三条 实行临时出口许可管理的商品，经营者在办理临时出口许可证后，应向质检总局授权的临时发证机构申领纺织品原产地证书。发证机构凭许可证签发纺织品原产地证书。

原产地证书与许可证的数量、金额等内容应完全一致。

第二十四条 经营者凭加盖纺织品许可证专用章的许可证办理出口报关手续；在有关进口国（地区）凭商务部电子数据和书面许可证及主管发证机构出具的原产地证验放通关。

第二十五条 海关在办理相关纺织品出口手续时，需验核加盖纺织品许可证专用章的许可证。对属法定检验出口的纺织品，海关还应凭检验检疫机构出具的《出境货物通关单》办理验放手续。

商务部会同海关总署对许可证实施电子联网核查。有关电子核查机制及相关验核管理办法另行公布。

第二十六条 纺织品临时出口许可证不得伪造和变造。凡伪造、变造出口许可批准文件或出口许可证的，依照《中华人民共和国外贸法》、《中华人民共和国海关法》、《中华人民共和国货物进出口管理条例》及《货物出口许可证管理办法》的相关规定处罚。

第二十七条 出口样品的，对于每批商品数量不超过50件（含50件、套、双、公斤或其他商品单位，不包括打、打双、打套、吨数量单位）的，可免领出口许可证；但属于进口国（地区）海关要求凭许可证放行的，经营者应在本企业可申请数量范围内向发证机构申领许可证。

第二十八条 赴国（境）外参展或者举办展览会的展品、展卖品的出口，参照《货物出口许可证管理办法》相关规定办理；属于进口国（地区）海关要求凭许可证放行的，按照本办法相关规定办理。

第二十九条 经营者规避本办法的规定，将原产于中国的商品经第三国（地区）转口至《管理商品目录》规定的国家（地区）的，商务部将依法予以处罚，自相关行政处罚决定生效之日起一年内禁止该经营者从事所有与本办法相关的出口经营活动。

第三十条 除另有规定外，对许可证的签发、执法部门的调查、发证机构的核查，以及对违反本办法有关规定的发证机构和伪造、变造许可证的经营者的处罚，按照《货物出口许可证管理办法》的有关规定办理。

第三十一条 通过外发加工方式在内地加工且原产地非中国内地的纺织品不适用本办法。

第三十二条 本办法由商务部负责解释。

第三十三条 本办法自发布之日起施行。

商务部2007年度输欧、输美纺织品第一次协议招标公告

【发布单位】 商务部

【发布日期】 2006年9月20日

根据《纺织品出口管理办法》(暂行)(以下简称《办法》)规定及明年的出口形势,综合纺织出口行业商协会和各地商务主管部门的意见和建议,2007年度输欧4类、5类、6类、7类、26类、31类,输美338/339类、340/640类、347/348类、349/649类、638/639类、647/648类、847类实行协议招标。现就2007年度第一次协议招标有关事项公告如下:

一、年度协议招标总量及第一次协议招标数量

上述各类别2007年度协议招标总量和第一次协议招标数量见附件一。

二、协议招标投标资格及企业可投标数量

(一)凡符合《办法》规定,在2006年1－7月对欧盟或美国有上述类别出口实绩达到一定规模的企业,均可参加此次相应类别的协议招标。前述"出口实绩达到一定规模"指根据本条第(二)项计算得出的企业最高投标量须大于或等于第(三)项规定的最低投标量。

(二)各企业的最高投标量按照本企业2006年1－7月出口实绩(海关统计)及《办法》第十一条规定的公式计算得出。因在2006年度公开招标中未交中标保证金被取消2007年度投标资格的企业,其本次协议招标中相关类别的最高投标量为根据公式计算得出数量的70%。

(三)考虑到商业上的可操作性,各类别分别设定最低投标量。

(四)企业可在具备投标资格的类别上,在本企业该类别最高投标量和最低投标量之间自主决定投标数量。

三、协议标价格

各类别的协议标价格根据明年的市场形势和纺织品进出口商会征求主营企业意见后提出的建议确定。

四、投标

本次协议招标采用电子投标方式进行。具备投标资格的企业应在11月15日上午9:00至11月24日凌晨2:00之间通过"电子投标系统"将电子标书发送至招标办公室,并在11月23日前将本企业全额投标保证金(由企业根据本企业所投标类别、所投数量及本公告第三条规定的协议标价格计算加总得出投标保证金)以同城信汇、异地电汇方式一次性交纳到(到账)指定银行账户。此次协议招标,企业交纳投标保证金时,无需通过原公开招标时使用的"招标二期系统"发送电子交款申请。

"电子投标系统"的安装和使用,请参见"电子投标技术操作指南",相关技术问题可通过登陆中国国际电子商务网(www.ec.com.cn)或电话咨询中国国际电子商务中心(客服热线:010－67870108,拨通后按号码1再按号码3)。

投标保证金缴纳账户信息如下:收款人:中国纺织品进出口商会,开户银行:中信银行北京万达广场支行,账号:7112410182600024798。相关财务问题可登陆中国纺织品进出口商会网站"招标专栏"

(www.ccct.org.cn)或电话咨询(中国纺织品进出口商会财务部电话:010－67739343)

五、评标规则

具备投标资格的企业,按照本公告规定的投标数量和价格等要求,在上述规定时间内完成电子投标、交纳投标保证金两项要件,并经招标办公室审核电子标书与所交投标保证金数额一致的,即为中标。

下列情况将被视为废标或自动放弃协议招标:

(一)无相关类别投标资格的企业所投的标书;

(二)高于最高投标数量或低于最低投标数量的标书;

(三)低于协议标价格的标书;

(四)纸面标书等未按本公告规定的形式发送的标书;

(五)未在规定时限内发送的电子标书或在规定时限内发送两次及两次以上的电子标书;

(六)未在规定时限内将投标保证金交纳到(到账)指定银行账户的;

(七)投标保证金不是一次性交齐的;

(八)根据电子标书合计的投标保证金和实际交纳的投标保证金数额不一致的;

(九)由其他企业、组织或自然人代交投标保证金的;

(十)以同城信汇、异地电汇之外其他方式交纳投标保证金的。

(十一)不符合《办法》或招标公告规定的其他情况。

六、中标结果公布

招标办公室预定于12月8日通过中国纺织品进出口商会网站(www.ccct.org.cn)公布初步中标结果。各投标企业也可登陆"电子招标企业信息服务系统"查询本企业中标情况。投标企业如对初步中标结果有疑问的,可于公布初步中标结果日起两个工作日内向招标办公室提出,逾期不予受理。正式中标结果由招标委员会在商务部网站上公布(www.mofcom.gov.cn)。

七、中标金

正式中标结果公布后,中标企业交纳的投标保证金自动转为中标金,企业无需再交纳。未中标企业交纳的投标保证金予以退还。无论中标数量使用情况如何,中标金不予退还。

八、领证和转让

正式中标结果公布后,各中标企业即可按照《办法》规定申领出口许可证。

企业中标后获得的许可数量允许转让。转受让通过"纺织品临时出口许可数量转受让平台"进行。

商务部关于下达2007年度输美国、输欧盟纺织品第一次业绩分配可申请数量方案的通知

【发布单位】 商务部

【发布文号】 商贸函[2006]102号

【发布日期】 2006年9月20日

各省、自治区、直辖市、计划单列市及新疆生产建设兵团,哈尔滨、长春、沈阳、西安、南京、武汉、成都、广州商务部主管部门,各有关出口企业:

根据《纺织品出口管理办法》(暂行)(以下简称

《办法》)、《纺织品出口临时管理商品目录》,现下达输美国、输欧盟纺织品全国各经营者2007年度第一次业绩分配可申请数量。有关事项通知如下:

一、2007年度对输美200/301、222、229、332/432/632A(B)、352/652、359S/659S、363、443、447、619、620、622、345/645/646、666类,输欧2、20、39、115类实行业绩分配,第一次业绩分配总量为上述类别2007年度协议产品数量的50%,具体见附件1。

二、各经营者的可申请数量根据《办法》确定的原则计算,经营者出口实绩统计时间为2006年1月1日一7月31日。其中,以OPA方式、输欧OPT方式以及输欧手工制品的出口,已在相应类别的出口实绩中等额扣减。

三、根据《办法》第十一条第五、六款的规定,凡可申请数量低于附件1所列最低可申请数量的,经营者可申请数量为零,剩余数量按业绩优先的原则分完为止。

四、请各地商务主管部门尽快通知本地区经营者按照本文附件2下达的可申请数量提交申请,如实填报下达附件中缺少企业13位进出口代码或中文名称的数据,并于10月30日前将本地区经营者的申请报告及电子数据汇总上报商务部(请通过纺织品出口临时管理签证系统接收并上报电子数据)。

五、商务部将根据各地商务主管部门汇总上报的书面申请及相关电子数据下达正式分配方案,正式分配方案另文通知。商务部下达的正式分配方案作为各地签证机关为相关经营者签发《纺织品出口临时许可证》的依据。

六、请各地商务主管部门将本通知转发本地区相关经营者,并告知相关出口业绩、可申请数量均可在商务部政府网站外贸司子站"纺织品出口信息"栏目中查阅。

七、相关经营者应配合各地商务主管部门的确认工作,在规定时间范围内提交申请。凡在规定日期之后上报的申请,均视为无效申请。

八、请中国国际电子商务中心做好相关技术准备工作。

商务部关于下达2007年度输美国、输欧盟纺织品第一次业绩分配方案的通知

【发布单位】 商务部
【发布日期】 2006年10月13日

根据商务部下达的2007年度输美国、输欧盟纺织品第一次业绩分配可申请数量(商贸函[2006]102号),结合各地方商务主管部门汇总上报的经营者申请,现下达全国经营者2007年度第一次业绩分配方案。有关事项通知如下:

一、请各地方商务主管部门将本通知转发本地区获得出口许可数量的经营者,并按照出口许可数量及纺织品临时出口许可证件申领签发工作规范为有关经营者签发出口证书。

二、相关经营者应按照出口许可数量安排2007年度内受限纺织品的成交、出运。

三、请商务部电子商务中心做好出口许可数量管理数据的技术处理工作。

农业部办公厅关于2006年发展棉花生产的意见

【发布单位】 农业部办公厅
【发布文号】 农办农[2006]15号
【发布日期】 2006年3月27日

各产棉省(自治区)农业(农林)厅(委员会)、新疆生产建设兵团农业局:

为贯彻落实中央农村工作会议和全国农业工作会议精神,促进今年棉花生产稳定发展,切实提高综合生产能力,保障我国棉花产业安全,现提出如下意见。

一、正确分析棉花产需形势

(一)国内棉花供不应求。据国家统计局统计,2005年我国棉花种植面积7590万亩,总产量570万吨,分别比上年下降11%和9.8%;同期全国纱产量1440万吨,同比增长11.5%,棉花总消费量950万吨左右。纺织品服装出口达1150亿美元,同比增长20.7%,连续三年保持20%以上的速度增长。

(二)进口棉花急剧增加。目前,棉花已成为我国继大豆和食用油之后的第三大进口农产品。2001—2005五年共进口原棉566.6万吨(2001、2002、2003、2004分别为5.6万吨、17万吨、87万吨、190万吨和257万吨),其中2005年进口棉花占同期世界棉花贸易量的29%,占同期国内棉花消费量的27%。

(三)棉花生产基础不牢。我国大部分棉田基础设施薄弱,远不能抵御洪涝灾害,棉花生产"靠天吃饭"的局面没有根本改变;棉田土壤有机质下降,养分失调,土质结构变差,耕地地力下降较为严重;棉田土壤中病菌积累增加,老棉区枯、黄萎病混生、蔓延暴发。同时,棉铃虫抗性增强,部分棉田非靶标害虫大发生等问题也对棉花生产造成一定的影响。

(四)贸易环境有所改善。2005年在香港召开的WTO部长级会议决定从2006年起,发达国家全面取消棉花出口补贴,棉花的国内外价差将有所缩小,有利于扩大国内棉花生产。

二、2006年棉花生产的指导思想和总体目标

(五)指导思想。以恢复增加棉花播种面积为基础,以增加科技含量为支撑,以提高单产水平和纤维品质为重点,大力推广节本增效实用技术,不断提高棉花种植效益,提升棉花综合生产能力,为满足纺织工业发展原料需求和保障棉花产业安全做出贡献。

(六)总体目标。力争棉花播种面积达到8000万亩左右,平均单产75公斤/亩以上,实现皮棉总产量600万吨以上。其中长江流域棉区稳定在2000万亩,黄河流域棉区恢复增加到4200万亩,西北内陆棉区适当扩大到1800万亩。进一步优化品种、品质结构,提高植棉效益和竞争力。

三、恢复增加棉花种植面积

(七)大力发展优势区域内的棉花生产。继续实施《全国棉花优势区域发展规划》,使棉花种植进一步由分散棉区向优势区域集中。各级农业部门要及时提供棉花供求信息,正确引导农民适当扩大棉花种植面积,稳定发展棉花生产。各棉花主产省(区)要在资金、项目、人员、技术等多方面予以重点扶持,确保优势区域内棉花生产稳定,努力提高优势区域内的棉花综合生产能力,带动周边地区棉花生产水平的提高。

(八)努力提高复种指数。长江流域和黄河流域

两大棉区要积极发展棉花与小麦、油菜、玉米套种，因地制宜地推广棉花与大蒜、马铃薯等其他作物的间种，提高耕地复种指数，实现棉花与粮食及其他作物的协调发展。为积极推进超早熟短季棉的试验示范，今年我部已将其列入国家级棉花区域试验。同时，在河北、山东、河南和新疆等省（区）开展栽培试验，研究超早熟短季棉的适宜区域、生长特性和配套栽培技术，为品种审定、推广提供依据。各有关农业部门要积极配合，做好相关技术储备，稳步推进超早熟短季棉的试验示范工作。

（九）积极扩大宜棉区棉花面积。河北、山东等盐碱地较多的省份要采取积极措施，加大盐碱地改良力度，推广耐盐碱的棉花品种，增加盐碱地植棉面积。新疆棉区在水利条件相匹配的情况下，可以适当开垦荒地，扩大棉花种植。

四、努力提高棉花单产水平

（十）提高棉田地力。各地要根据中央和我部关于搞好“沃土工程”建设的要求，增加棉田土壤有机质投入，提高肥料和水资源的利用率，改造中低产田、防止水土退化。同时，配合“测土配方施肥行动”的实施，积极开展棉田耕地质量建设，改良土壤环境，提高棉田地力。

（十一）推广优良品种。各地要加大抗病、抗虫优良品种的研发和推广力度，重点培育高抗棉铃虫和棉花枯黄萎病的新品种；加快杂交棉的推广步伐，扩大杂交棉种植面积；积极发展高品质棉，推行良种良法配套，充分发挥优良品种的增产潜能。

（十二）做好科技入户工作。以实施“科技入户工程”为契机，围绕标准化棉花生产示范基地建设，大力开展品种展示示范，引导各地确定主推品种，提高优良品种和关键技术的到位率和入户率。在棉花生产关键时期，组织棉花专家组深入各主产区指导生产，切实解决生产中出现的实际问题。

（十三）加大新技术示范力度。大力推进棉花简化栽培和节本增效技术的普及应用，减少用工，降低成本，增加效益。通过实施“棉花无土育苗移栽技术集成创新与推广”项目，研究其棉苗的生长发育规律和配套栽培技术，加快技术的转化应用。各地要结合本地实际，确定1—2项主推实用新技术，将优良品种与主推技术相配套，并组织多种形式的现场观摩会，促进主导品种与主推技术大面积应用，努力增加棉花生产的科技含量，提高棉花种植效益。

五、着力改善棉花纤维品质

（十四）调优品种结构。因地制宜地推广适纺高支纱和中支纱原棉品种的种植面积，调优棉花品种结构。长江流域重点发展纤维长度32mm左右、断裂比强度33以上、马克隆值3.8—5.0、适纺60支左右高支纱的高品质棉花品种。黄河流域及西北内陆棉区重点推广纤维长度30mm左右、断裂比强度30以上、马克隆值3.4—4.5、适纺32—40支左右中支纱的棉花品种。有条件的地区通过“订单”生产适纺低支纱的专用品种。

（十五）推进规模种植。各棉花主产区要积极推行规模栽培，统一品种布局，努力实现“一乡一品”，搞好技术服务，切实提高原棉品质一致性。

（十六）全程控制“三丝”。各产棉区要严格对采摘、晾晒、包装、运输等环节的“三丝”控制。今年，我部将在新疆开展防“三丝”标准化生产试点，着力探索解决我国棉花“三丝”的有效途径。各地都要采取有效措施，动员广大农民使用棉布包、袋摘拾棉花，从源头减少和控制“三丝”的混入。

六、扎实做好当前棉花生产的重点工作

（十七）认真搞好春耕备播工作。各地要认真组织，加强指导。切实搞好棉田整地保墒、造墒等工作，努力扩大棉田造墒面积；要备足备好良种、肥料、农膜、农药等生产资料，做好农机具检修；同时要抓好技术培训工作。

（十八）切实加强棉种检疫和市场管理。各级农业部门要及早调剂棉种余缺，确保棉种供应充足，加强对棉种市场的监管力度，严禁假冒伪劣棉种流入市场。在棉种调运和调剂过程中，严格检疫检验制度，严防带菌种子流入非病区，特别是要加强对黄萎病菌的检验，努力控制黄萎病的发生，使其不再蔓延。

国家质检总局关于对棉花质量检验师执业资格制度落实情况开展检查的通知

【发文单位】 国家质检总局办公厅

【发布时间】 2005年12月2日

各省、自治区、直辖市质量技术监督局：

根据《国务院关于深化棉花流通体制改革的决定》(国发[1998]42号)关于对棉花质量检验人员具备执业资格的要求，人事部和原国家质量技术监督局颁布了《棉花质量检验师执业资格制度暂行规定》(人发[2000]70号)。5年来，在各有关部门和单位以及广大棉花检验人员的积极响应和大力支持下，棉花质量检验师执业资格制度顺利实施，为提高棉花质量检验人员素质，确保棉花检验工作质量，规范棉花市场，维护棉花流通秩序发挥了积极作用。为进一步督促落实棉花质量检验师执业资格制度，国家质检总局决定对全国棉花收购、加工、经销单位的棉花质量检验师岗位设置、人员配备及执业注册等情况，进行一次检查。现就有关事宜通知如下：

一、检查依据

2004年，国务院第412号令《国务院对确需保留的行政审批项目设立行政许可的决定》，将包括棉花质量检验师在内的列入政府管理的专业技术人员执业资格审批统一设立为行政许可项目，进一步明确了棉花质量检验师执业资格制度的法律地位。

《棉花质量检验师执业资格制度暂行规定》第四条规定："凡出具棉花质量检验证书的棉花质量监督单位和棉花收购、加工、经销等经营单位，在检验技术的关键岗位，必须配备棉花质量检验师，并以此作为开办棉花质量监督单位、棉花经营单位和在棉花质量检验关键岗位工作的必备条件。在产棉、用棉单位中，从事棉花质量检验关键岗位工作的专业技术人员，也应取得棉花质量检验师执业资格。"第三十四条规定"对未按规定配备棉花质量检验师的单位，须在本规定发布后三年内完成配备工作。对已在需由棉花质量检验师担任的岗位工作，但尚未取得棉花质量检验师资格的人员，要进行强化培训，限期达到要求。对经过培训仍不能通过棉花质量检验师资格考试者，必须调离岗位。"根据上述规定，2000年原国家质量技术监督局印发了《棉花质量检验师岗位设置及职责暂行规定》(质技监局人发[2000]189号)，对棉花质量检验师岗位设置和人员配备做出了具体要求。国家质检总局先后印发了《棉花质量检验师注册管理暂行办法》(国质检人函[2001]684号)、《棉花质量检验师注册管理办法》(国质检人[2004]499号)和《棉花质量检验师继续教育暂行规定》(国质检人[2002]176号)，对棉花质量检验师注册和继续教育分别做出了相应的规定。但是，棉花质量检验师执业资格制度实施5年来，仍有一些出具棉花质量检验证书的棉花收购、加工、经销等经营单位，在检验技术的关键岗位，没有按照规定配备棉花质量检验师，影响了棉花质量检验师执业资格制度的严肃性和有效性，影响了棉花质量检验工作的科学性和公正性。有一些单位和取得棉花质量检验师执业资格证书的人员，没有及时按照有关规定办理注册和接受继续教育，影响了棉花质量检验师执业活动的合法性和公正性，影响了棉花质量检验师技术水平的提高。因此，必须按照有关规定，对这些单位和个人加以督促落实。

二、检查内容

各省、自治区、直辖市质量技术监督局(以下简称省局)要结合本地区棉花质量检验师执业资格制度工作中存在的主要问题和具体实际，有重点地对棉花质量检验师执业资格制度相关规定落实情况进行检查。检查重点是：

(一)棉花收购、加工、经销等经营单位，及其他出具棉花质量检验证书的棉花质量检验机构，棉花质量检验师的岗位设置及人员配备情况，其棉花检验部门的负责人和主要检验人员(出具检验证书或检验报告的人员)取得棉花质量检验师执业资格证书情况、注册情况和继续教育情况等。

(二)上述单位所出具的棉花质量检验证书上棉花质量检验师的签名情况。

(三)上述单位在保证本单位棉花质量检验师注册和接受继续教育方面是否提供了必要的支持。本地区棉花质量检验师未注册、未接受继续教育人员的主要原因。

(四)上述单位的棉花质量检验师，根据有关规定应享有的相应权利是否得到保障。

(五)本地区已取得棉花质量检验师执业资格证书，但未被聘用到棉花质量检验师岗位或待岗人员情况。

三、检查工作的组织实施

检查工作由总局人事司和中国纤维检验局领导，全国棉花质量检验师执业资格制度工作办公室负责对各地检查工作进行指导，并组织对部分地区进行抽查。

(一)各省局要高度重视此项工作，根据本地区工作实际，制定具体的检查工作方案。由省局分管领导挂帅，省局人事部门和省级纤维检验机构参加，组成检查工作领导小组，负责组织领导本地区的检查工作。省级纤维检验机构负责组织各级纤维检验机构具体实施检查工作。在开展检查工作中，要积极争取有关部门和单位的支持配合和理解，并利用社会媒介进行必要的宣传。

(二)各省局要抓紧组织落实检查工作，力争在2006年1月底前基本完成，并于2006年2月底前将有关情况汇总形成检查报告，报全国棉花质量检验师执业资格制度工作办公室。总局人事司和中国纤维检验局将根据对检查情况的分析，研究提出下一步工作意见。

(三)各省局应向被检查单位告知检查结果，并根据有关规定指出存在的问题和限期整改要求。对不了解有关政策规定的，要做好深入细致的政策解释工作，并督促、指导、帮助其尽快解决存在的问题，完成整改任务；对经过努力，本单位现有人员确实无法取得棉花质量检验师执业资格的，应在待岗的取得棉花质量检验师执业资格人员中选聘。

对不符合规定要求的单位，整改期限内不能按期完成整改，或有意拒不整改的棉花收购、加工企业应取消其质量保证能力认可证书，或不予受理其质量保证能力审查申请，并建议有关部门吊销其营业执照。

四、工作目标

棉花质量检验工作公正性、技术性很强，专业纤维检验机构和棉花收购、加工企业，必须坚持高标准要求。要通过此次检查和整改工作，在2年内达到以下目标：

(一)取得棉花加工资格的企业，根据其规模大小，必须配备若干名注册棉花质量检验师；取得质量保证能力认可证书的棉花加工企业必须配备至少2名以上注册棉花质量检验师。

(二)棉花收购企业和其他出具棉花质量检验证书的棉花质量检验机构必须配备至少1名注册棉花质量检验师。

(三)各地区取得棉花质量检验师执业资格证书人员，均按规定注册和接受继续教育，并被受聘到棉花质量检验师岗位，获得高于一般棉花检验人员水平的劳动报酬。

各省局和纤维检验机构要增强服务意识，帮助有关单位搞好整改工作，根据本地区棉花收购、加工单位的实际情况，积极引导他们贯彻落实棉花质量检验师执业资格制度的有关精神，为他们提供政策、技术、信息服务，帮助其搞好检验人员培训，提高检验队伍素质，保证棉花质量检验执业资格制度的健康发展。

中国农业发展银行关于做好2006棉花年度信贷工作的意见

【发布单位】 中国农业发展银行
【发布文号】 农发银发[2006]217号
【发布日期】 2006年8月

为做好2006年度棉花收购资金供应和管理工作，中国农业发展银行总行已于8月下旬下发了《关于做好2006棉花年度信贷工作的意见》(农发银发[2006]217号)，并召开了中国农业发展银行新业务暨秋季粮棉信贷工作会议进行了具体部署。

(一)认真搞好市场调查，准确测算收购资金需求量。各行要对本地棉花产量、中国农业发展银行支持收购的市场占有量和资金需求量，及时进行调查和预测，做到心中有数。同时做好信贷计划的衔接和资金调度安排，按政策确保收购资金需要。

(二)切实做好棉花企业贷款资格认定工作，严把贷款准入关。各行要按照贷款条件和择优的原则，认真筛选企业，落实贷款对象。首先是加强产销衔接，组织开户的棉纺织企业和产业化龙头企业入市收购，或是指导棉纺织企业和产业化龙头企业同购销企业签订购销合同或委托收购合同，由购销企业组织定向收购；其次是对按期归还贷款、信誉好、风险承受能力强的购销企业，要优先予以认定，并积极给予贷款支持。对2005/2006年度未按期归还贷款的企业，暂缓认定新的贷款资格，待企业归还全部贷款后再认定。

(三)按照贷款上限政策积极支持企业随行就市收购棉花。近几年的工作实践表明，贷款上限政策在配合国家实施宏观调控、保护棉农利益、稳定市场价格、防范贷款风险等方面发挥了重要的作用。2006年度，根据市场预测，在征求国家发展和改革委意见基础上，总行决定继续实行收购贷款上限控制政策，并将根据棉花购销市场行情变化情况及时予以调整。各行要在总行确定的贷款上限幅度内，结合本地实际，确定较为合理的价格水平，积极支持企业做好新棉收购工作。努力做到既要防止出现“卖棉难”又要有效防控信贷风险。

(四)及时发布棉花收购价格预警。为配合国家调控棉花价格，有效防控信贷风险，促进棉花产业健康发展，总行决定今年在实行收购贷款上限控制的基础上设定棉花收购价格警戒线。收购价格风险警戒线主要参考国内棉花市场终端消费的价格水平设定，即以贷款日当天的国际棉价指数折算的外棉到岸价为基准，扣除行业平均加工费用、企业应承担的利息、管理费及税费等其他成本测算形成的。对于企业超过棉花收购价格风险警戒线收购棉花时，各行应停止发放贷款。在市场价格出现较大波动时，总行将随时发布市场价格风险预警。

(五)加强棉花企业自筹资金、风险准备金和风险担保金管理。今年要切实加强企业自筹资金比例的管理，增强企业抗风险能力。在新棉收购开始前，各行要督促企业将与收购贷款配套的自筹资金筹集到位。要加强对企业财务报表、资金到账凭证、集资合同等的研究，认真分析企业自筹资金来源，确保自筹资金真实可靠，对合同定金、预收贷款，不得作为自筹资金配套中国农业发展银行贷款。各行必须加强企业自筹资金管理，严格杜绝企业由于缺乏自筹资金而出现少收多报、低收高报以及提高抽逃自筹资金形成的虚库等情况。企业出现上述行为，要立即停止发放贷款，收回已放贷款，并按规定给予信贷制裁。要对企业风险准备金和经营者风险担保金实行专户管理，在本年度贷款本息未全额收回前，企业和经营者个人不得动用。在企业无力归还贷款本息时，可直接用于收贷收息。

（六）严格贷款期限管理。开户行要根据企业预计收购量和销售计划，在贷款发放时逐笔商定企业收购贷款期限，以促进企业实现均衡销售和按期还贷。要帮助企业树立赚取平均利润的经营理念，促使其边购边销，快购快销。对不执行销售计划、赌后市思想严重的企业，要及时采取措施促使其销售或筹措其他资金归还贷款。

（七）配合国家棉花质检体制改革，做好棉花企业技术设备改造贷款的发放与管理工作。2006 年度是国家棉花企业技术设备改革五年发展规划实施的第二年，各行要对纳入国家棉花质检体制改革规划，符合中国农业发展银行贷款条件的企业发放好相应的技改贷款，促进棉花质量检验体制改革的顺利进行。

（八）加大对棉花预购和良种贷款的投放力度，扶持棉花生产，改善棉花质量。2006 棉花年度，各行要加大对棉花生产性资金需求以及棉花良种生产、经营资金需求的支持力度，进一步扶持棉花生产，改善棉花质量。各行要在防范风险的前提下，积极加强棉花预购贷款、良种繁育贷款和良种经营贷款等贷款品种的营销，并严格贷后管理。

中国棉花协会棉花买卖合同及一般条款（适用于非国产棉贸易）

【发布单位】　中国棉花协会
【发布日期】　2006 年 5 月 8 日

棉花买卖合同
COTTON PURCHASE CONTRACT

合同编号：	日期：
Contract No.：	Date：
买方：	卖方：
Buyer：	Seller：
地址：	地址：
Address：	Address：
电话：	电话：
Tel：	Tel：
传真：	传真：
Fax：	Fax：
电子邮件：	电子邮件：
E-mail：	E-mail：

本合同由买卖双方订立，根据本合同规定的条款，买方同意购买、卖方同意出售下述商品：

This Contract is made and entered into by and between the Buyer and the Seller; and in accordance with the terms and conditions of the Contract, the Buyer agrees to buy and the Seller agrees to sell the following commodity：

1　商品名称

1　Commodity

产地：

Origin：

生产年度：

Crop year：

类别：__________（细绒棉，长绒棉）

Category: __________ (upland cotton, long-staple cotton)

加工方式：锯齿棉　　皮辊棉

Ginning: saw ginned　　roller ginned

2　规格/质量

2　Specifications/Quality

级别：USDA 通用棉花标准 ______

Grade: USDA Universal Cotton Standards ______

凭小样（小样型号）______

by type: ______

长度：__________（英寸，毫米）

Staple Length: __________ (inch/mm)

马克隆值：____________________ NCL

Micronaire: ____________________ NCL

断裂比强度值：最小值__________克/特克斯，平均值______克/特克斯以上

Strength: minimum __________ grams/tex, average above ______ grams/tex

3　数量

3　Quantity

净重：____________（吨，磅，包）

Net Weight: ____________ (ton/pound/bale)

溢短装率：______%（默认值为 1.5%）　不允许多装

Weight Tolerance Ratio ______% (If not specified here, 1.5% will be applied) Excess not allowed

吨与磅的换算公式：1 吨＝2204.62 磅

Conversion between ton and pound: 1 ton = 2204.62 pounds

4　价格

4　Price

单价：______（美分/磅，人民币元/吨）

Unit Price: ______ (USC (cent)/pound or RMB(Yuan)/ton)

价格条件：______（CIF，CFR，FOB，其他）

Terms: ______ (CIF, CFR, FOB or others)

总价：__________（美元，人民币元）

Total Value: __________ (USD/RMB)

5　付款方式　信用证　凭单托收　其他

____

5　Payment Terms　Letter of Credit　D/P　Others

6　重量、质量检验：CIQ 检验证书为结算和索赔的依据

6　Weight and Quality Inspection: CIQ Inspection Certificate shall be the basis for settlement and compensation

7　装运/交货日期：从________（年月日）到________（年月日），或按月等量装运/交货（每月数量）________（吨，磅，包）

7　Shipment / Delivery: shipment /delivery from ________ (mm/dd/yy) to ________ (mm/dd/yy) Or equal monthly shipment/delivery as follows: ________ (ton, pound, bale)

8　目的地：____________________

8　Destination: ____________________

9　一般条款

9　General Terms

一般条款为本合同不可分割的一部分。对该条款中任何一款的修改和删除应在备注中注明。

The General Terms shall constitute an integral part of the Contract. Amendment to or deletion of any general terms shall be specified in the Remarks.

10　仲裁：凡因本合同引起的或与本合同有关的任何争议，双方同意提交：（中国国际经济贸易仲裁委员会[CIETAC]；国际棉花协会[ICA]；其他仲裁机构），按照申请仲裁时该仲裁机构现行有效的仲裁规则进行仲裁。

10　Arbitration: Any dispute arising from or in connection with the Contract shall be referred to ______ (CIETAC, ICA, OTHERS) for arbitration in accordance with its arbitration rules effective at the time of application.

11 本合同采用书面形式，由买卖双方授权代表签字。双方在合同签订日之前以其他书面通讯方式，如信函、电报、传真或电子邮件形式达成的成交内容，须由本合同确认。

11 This Contract shall be made in written form and signed by the authorized representatives of the parties. The signed or stamped contract shall verify the terms and conditions of the contract previously agreed to at an earlier date in other written communications including mail, telegraph, fax, or e-mail.

12 备注

12 Remarks

买方签字：__________ 卖方签字：__________

Signature of the Buyer: __________ Signature of the Seller: __________

日 期：__________ 日 期：__________

Date: __________ Date: __________

一般条款
GENERAL TERMS

本一般条款是《棉花买卖合同》不可分割的一部分。

These General Terms shall be an integral part of the Cotton Purchase Contract.

1 定义

1 Definitions

在本合同中，下列词语的含义如下：

The following terms shall have the following meanings in the Contract:

• CIQ：中国出入境检验检疫机构。

CIQ: China Entry-Exit Inspection and Quarantine.

• NCL：不允许超出控制界限。

NCL: No control limit is allowed.

• USDA：美国农业部。

USDA: United States Department of Agriculture.

• 通知：采用电报、信函、传真、电子邮件等方式告知对方。

Notification: to notify the other party by telegraph, mail, fax, e-mail, or other methods.

• 皮重：棉花包装材料的重量。

Tare: the weight of cotton's packaging materials.

• 净重：总重扣除皮重后的重量。

Net Weight: the gross weight less tare.

• 非棉物质：混入棉花中对使用有严重影响的硬软杂物，如化纤丝、麻丝、破布、木屑、金属物品等。

Non-Cotton Substance: soft or hard sundries mixed in the cotton that have serious impact on the use of the same, including chemical fiber, flax, cloth, wooden chips metal articles, etc.

• 无纺用价值棉花：霉变棉、水渍棉、油污棉、火烧棉、棉花废料、棉短绒等。

No Spinning Value Cotton: mouldy cotton, water damaged cotton, oil stained cotton, burned cotton, cotton waste and linters, etc.

• 棉花废料：加工或使用棉花过程中产生的下脚回收废料等。

Cotton Waste: leftover and/or recycling waste left during the processing or use of the cotton.

• 欺诈棉包：单个棉包中：含有与棉花完全无关的非棉物质；里面含有污染棉花，但从棉包外部或可看出或看不出来；好棉花在外面，次棉花包在里面，以免在常规检查中被发现；有一定数量的无纺用价值棉花。

False Packed Bale: cotton in a single bale: containing substances entirely foreign to cotton; containing damaged cotton in the interior with or without any indication of such damage upon the exterior; composed of good cotton upon the exterior and decidedly inferior cotton in the interior, in such a manner as not to be detected by customary examination; or containing a certain amount of no spinning value cotton.

• 混杂棉包：单个棉包中含有一定数量不同品级、不同长度或不同颜色类型的棉花。

Mixed Packed Bale: a bale containing a certain amount of different grades, staples or colors of cotton.

• 溢短装率：到岸重量超出或少于合同规定重量的部分占合同总重量的百分率。

Weight Tolerance Ratio: the percentage of the part of the CIQ landed weight exceeding or shorter than the weight provided by the Contract against the total contract weight.

• 棉包密度：采用通用棉包密度，是指根据国际标准化组织——ISO 第 8115－1986(E)的规定，一个货包长度在 1060－1400 毫米，宽度 540 毫米，高度 700－950 毫米。

Bale Density: Universal Bale Density as determined by the International Standards Organization-ISO Reference No. 8115－1986 (E) is a bale with the nominal dimensions of 1060 to 1400 mm in length by 540 mm in width and 700－950 mm in height.

2 包装

2 Packing

适合于海运的紧缩机出口包装，外裹棉布或其他不能产生异性纤维的包装，捆扎牢固，包装完整。如果使用容易产生异性纤维的包装材料包装棉花，则卖方须承担全部清理异性纤维的费用。棉花须以通用密度压缩货包的形式供货。

Compressed export packing suitable for voyage, outside wrapped by cotton cloth or other packing materials that do not contain foreign matters, tightly and completely packed. If any packing materials that may easily produce foreign matters are used to pack the cotton, the Seller shall bear all the expenses for the cleaning of foreign matters. The cotton shall be supplied in forms of universal density compressed package.

3 唛头

3 Marks

除非另有约定，在棉包上挂有永久性棉包标识卡或在棉包的两侧用不褪色的颜料按下列项目逐包刷唛，其内容为：

Unless otherwise agreed, hang permanent cotton identification card onto the cotton bale or mark on both sides of each cotton bale with unfading paint the following items:

A. 批号/包号　B. 毛重　C. 合同号

A. Lot Number/Bale Number　B. Gross Weight　C. Contract Number

若唛头不清，由此而产生的混唛理货费由卖方承担。

If the marks are not clear, all the expenses arising from sorting the mixed mark bales shall be borne by the Seller.

4 装船通知

4 Shipment Notice

4.1 如为 FOB 成交：卖方应在收到船公司的装运通知后 48 小时内，通知买方合同号、品级、长度级或小样型号、包装、净重、金额；装船日期、装船口岸、目的港和预计到港日期，并航寄、传真或电子邮件的形式将装船单据副本一式三份给买方。

4.1 Under FOB terms: the Seller shall notify the Buyer by telegraph, fax or e-mail of the contract number, grade, staple or type, packing, net weight, and price; as well as shipment date, shipment port, destination port and estimated arrival date within 48 hours after notification from the shipping line and mail, fax or e-mail three copies of the duplications of the loading documents to the Buyer.

4.2 如为 CFR/CIF 成交：卖方应在收到船公司的装运通知后 48 小时内，通知买方船名、船龄(老船卖方要付超龄加保费)、船旗、装船日期、装船口岸、目的港、合同号、提单号、总金额、毛重、净重。

4.2 Under CFR/CIF terms: the Seller shall notify the Buyer of the ship name, ship age (for aged ship the Seller shall pay the over-age extra premium), ship flag, shipment date, shipment port, destination port, contract number, number of the bill of lading, total price, gross weight and net weight within 48 hours after the shipment notification from the shipping line.

4.3　如卖方未按上述4.1、4.2款规定通知买方，以致买方未能及时购买保险，由此而产生的损失由卖方负担。

4.3　If the Seller fails to notify the Buyer by telegraph, fax or e-mail as provided in above Article 4.1 and Article 4.2 and thus the Buyer is unable to purchase the insurance in time, all the losses arising therefrom shall be borne by the Seller.

5　单据

5　Documents

在开证时，卖方需向议付行，不开证时需向买方指定的银行提供下列单据：

The Seller shall provide the following documents for the negotiating bank in the event of issuing a letter of credit or the bank designated by the Buyer when not issuing a letter of credit:

5.1　商业发票、装箱单正本和副本各三份，详细注明信用证号、合同号。

5.1　Three originals and three copies of the original commercial invoice and packing list, specifying the letter of credit number and contract number in details;

5.2　逐包或逐集装箱过重的重量码单一式二份。

5.2　Two copies of weight memo by weighing the bales or containers one by one;

5.3　全套可转让的清洁海运提单正本和副本各三份。

5.3　Three originals and three copies of the full set of the clean bill of lading;

5.4　卖方给买方的装船通知副本一份。

5.4　One copy of the shipment notification from the Seller to the Buyer;

5.5　在CIF条款下，保险单正本和副本各一份。

5.5　One original and one copy of the certificate of insurance under CIF terms;

5.6　产地证明、植物检疫证明和非木质包装证明正本和副本各一份。

5.6　One original and one copy of the certificate of origin, phytosanitary certificate, and non-wooden packing certificate.

6　付款方式

6　Payment Method

6.1　在双方约定以信用证为付款方式时，在合同规定的最晚装运日前30天，由买方通知开户银行开出以卖方为受益人的不可撤销的信用证，凭第5项单据条款规定的单据电汇付款。信用证的内容应与合同规定相符。信用证的到期日为最晚装运日后的第21天。

6.1　In the event that the parties hereto agree to make payment by letter of credit, the Buyer shall cause the opening bank to issue an irrevocable letter of credit in favor of the Seller within 30 days prior to the latest shipment date provided by the Contract, and the payment shall be made by wire on the basis of the documents provided in Article 5-Documents. The content of the letter of credit shall be consistent with the terms and conditions of the Contract. And the expiry date of the letter of credit shall be the 21st day after the latest shipment date.

6.2　在双方约定以凭单托收为付款方式时，买方凭第5项单据条款规定的全套单据，由买方指定的银行按发票金额付款。

6.2　In the event that the parties here to agree on documents against payment, the bank designated by the Buyer shall make the payment at the invoice amount on the basis of whole set of documents that are provided in Article 5-Documents.

7　到货检验

7　Inspection Upon Delivery

7.1　检验机构

7.1　Inspection Institution

货物到目的地后由CIQ检验，其出具的重量检验证书(包括对欺诈棉包和混杂棉包的认定)和质量检验证书(如有残破还应出具残损证书)，作为买卖双方结算和索赔的依据。

CIQ will conduct inspections after the goods arrive at the destination and issue the weight inspection certificate (including the confirmation of false packed bale and mixed packed bale) and the quality inspection certificate (such as the damage certificate if the cotton is damaged), which shall be the basis for the settlement and claims between the Seller and the Buyer.

7.2　重量检验

7.2　Weight Inspection

根据实际到货情况，CIQ将采用逐包过重或用地衡以一个集装箱为单位过重，出具重量检验证书，按实际净重结算。

In accordance with the actual delivery circumstance, CIQ will scale the weight of each bale or weigh by container with land scale, issue the weight inspection certificate and make the settlement by actual net weight.

皮重：根据数量的多少、包装类型的差异，CIQ将从每批货中随机抽取(1－5)%的包数，以加权平均确定平均皮重。按实际平均皮重计算到岸净重。

Tare Weight: in accordance with the quantity and package type, CIQ will sample(1－5)% bales from each lot of cotton and compute the average tare weight by weighted average. And calibrate the net weight upon arrival at the port based on the actual average tare weight.

买卖双方均可派代表(须凭授权委托书)到现场察看称重、扦样过程，卖方应在货物到达目的地前通知买方，买方应予必要协助。

Both the Seller and the Buyer may assign representatives (with a power of attorney) to the site for the purposes of observing the weighing and sampling process, and the Seller shall notify the Buyer of the same prior to the goods arriving at the destination, and the Buyer shall provide necessary assistance.

7.3　质量检验

7.3　Quality Inspection

抽样：品级、长度：从每批棉包中随机抽样10%；马克隆值和强度：从品级、长度抽取的样品中随机抽取其样品总量的一半，作为马克隆值和强力的检验样品。

Sampling: grade and staple: 10% to be sampled at random for each lot of bales; micronaire and strength: one half of the 10% is to be sampled at random for each bunch of bales.

检验方法：采用仪器测试和感官检验相结合。如双方有争议时，以感官检验为主。

Inspection method: combined equipment testing with sensory evaluation; where there is any dispute, the outcome of sensory evaluation shall prevail.

7.4　复验

7.4　Re-inspection

重量不复验。报验人对CIQ质量检验结果有异议的，可在收到检验结果之日起15日内，向做出检验结果的CIQ或者国家质量监督检验检疫总局申请复验。复验只对抽取留存的样品，复验结果为最终依据。

No weight re-inspections. If the applicant has objections to the CIQ quality inspection result, such applicant may apply for a re-inspection with the CIQ that renders the inspection result or with the General Administration of Quality Supervision, Inspection and Quarantine within 15 days after the receipt of the inspection result. The re-inspection will only be conducted to the sampled samples and the re-inspection result shall be final.

8 细绒棉质量降级差价(按合同单价的百分比%)

8 Price Deduction for Upland Cotton Inferior Quality Grade (% of the contract unit price)

除非双方另有约定,否则适用以下规定:

Unless otherwise agreed to by the parties, the provisions hereinafter shall apply:

8.1 品级降级差价

8.1 Price Deduction due to Inferior Quality Grade

8.1.1 按USDA通用棉花标准签约的:

8.1.1 In terms of Contract provided in USDA Universal Standards:

GM ——, SM -3%, M -7%,SLM -12%, LM -19%,SGO -28%,GO -39%。

淡点污棉比照白棉按降1个级处理,即SM LIGHT SPOTTED按M级计算差价;点污棉比照白棉按降2个级处理,即SM SPOTTED按SLM级计算差价;淡黄染棉比照白棉按降3级处理,即SM TINGED按LM级计算差价;黄染棉比照白棉按降4级处理,即SM YELLOW STAINED按SGO计算差价。CIQ出具的证书内只注明LIGHT SPOTTED或SPOTTED或TINGED或YELLOW STAINED。

Light spotted cotton is regarded as one grade inferior with reference to white cotton, i. e. , the price deduction of SM LIGHT SPOTTED shall be calculated based on M Grade; spotted cotton is regarded as two grades inferior with reference to white cotton, i. e. , the price deduction of SM SPOTTED shall be calculated based on SLM Grade; light tinged cotton is regarded as three grades inferior with reference to white cotton, i. e. , the price deduction of SM TINGED shall be calculated based on LM Grade; and yellow stained cotton is regarded as four grades inferior with reference to white cotton, i. e. , the price deduction of SM YELLOW STAINED shall be calculated based on SGO Grade. Only LIGHT SPOTTED, SPOTTED, TINGED or YELLOW STAINED will be specified in the certificate issued by CIQ.

8.1.2 凭小样成交签约的:

8.1.2 Contract by Type

检验结果低于小样 Inspection outcome is less than the sample	扣减幅度(%) Deduction (%)
1个级 Grade	-3.75
2个级 Grades	-9
3个级 Grades	-15.5
4个级 Grades	-23

8.2 长度降级差价

8.2 Inferior Staple Deduction

8.2.1 合同长度在1又1/32英寸及以上的:

8.2.1 The Contract staple is 1-1/32 inches and longer:

检验结果低于合同长度(英寸) Inspection outcome is less than contract staple (inch)	扣减幅度(%) Deduction (%)
1/32	-2
1/16	-4
3/32	-7
1/8	-10
5/32	-13.5
3/16	-17

8.2.2 合同长度在1英寸及以下的:

8.2.2 The Contract staple is one inch and shorter:

检验结果低于合同长度(英寸) Inspection outcome is less than contract staple (inch)	扣减幅度(%) Deduction (%)
1/32	-1.5
1/16	-3.5
3/32	-5
1/8	-7
5/32	-10

8.3　马克隆值差价

8.3　Micronaire Variance

8.3.1　马克隆值在3.5—4.9范围值之间的没有折扣，超出范围值的，差价如下：

8.3.1　No deduction for a micronaire variance within the range of 3.5—4.9; and the price deduction shall be as follows for the micronaire exceeding the said range:

仪器测试值 Tested Value	扣减幅度(%) Deduction(%)
5.3及以上 5.3 and above	−2
5.0—5.2	−1
3.3—3.4	−1.5
3.0—3.2	−3.5
2.9及以下 2.9 and less	−8

8.3.2　对于规定了马克隆值最小值的合同，未达到此最小值的，差价如下：

8.3.2　With respect to the contract that provides the minimum micronaire, the price deduction shall be as follows if the minimum value is not met:

仪器测试值低于最小值 Value tested less than the minimum value	扣减幅度(%) Deduction (%)
0.1	−0.5
0.2	−1.0
0.3	−2.0
0.4	−3.0
0.5	−4.0
0.6	−5.0

如此类推，马克隆值每低0.1，扣减幅度增加1%。

Based on the foregoing, for each 0.1 micronaire value less than the minimum, the deduction shall increase 1%.

8.3.3　对于规定了马克隆值最大值的合同，超过此最大值的，差价如下：

8.3.3　With respect to the contract that provides the maximum micronaire, the price deduction shall be as follows if the maximum value is exceeded:

仪器测试值超过最大值 Value tested more than the maximum value	扣减幅度(%) Deduction (%)
0.1	−0.5
0.2	−1.0
0.3	−2.0
0.4	−3.0
0.5	−4.0
0.6	−5.0

如此类推，马克隆值每高0.1，扣减幅度增加1%。

Based on the foregoing, for each 0.1 micronaire value more than the maximum, the deduction shall increase 1%.

8.4　强度差价

8.4　Strength Variance

对于规定了断裂比强度最小值的合同，未达到此最小值的，差价如下：

In terms of a contract that provides the minimum strength, the price difference shall be set forth below if it fails to reach the minimum strength:

仪器测试值低于最小值 Value tested less than the minimum value	扣减幅度(%) Deduction (%)
1.0—2.0	−1.0
2.1—3.0	−1.5
3.1—4.0	−3.0
4.1—5.0	−5.0
5.1—6.0	−8.0

比6.0还低的，每低1克/特克斯，扣减幅度增加4%。

If less than 6.0, for each gram/tex lowered, the deduction is 4%.

9　长绒棉质量降级差价(按合同单价的百分比%)

9　Price Deduction for Long-staple Cotton Inferior Quality Grade (% of the contract unit price)

除非双方另有约定，否则适用以下规定：

Unless otherwise agreed to by the parties, the provisions hereinafter shall apply:

9.1　品级降级差价(按 USDA 通用棉花标准)

9.1　Price Deduction due to Inferior Quality Grade (in accordance with the long staple cotton grade provided in USDA universal standards):

1 级——，2 级－3%，3 级－7%，4 级－12%，5 级－19%，6 级 －28%。

Grade1——, Grade 2－3%, Grade 3 －7%, Grade 4 －12%, Grade 5 －19%, Grade 6 －28%。

9.2　长度降级差价

9.2　Inferior Staple Deduction

检验结果低于合同长度(英寸) Inspection outcome is less than contract staple (inch)	扣减比例(%) Deduction (%)
1/16	－3%
1/8	－10%
3/16	－17%

9.3　马克隆值差价

9.3　Micronaire Variance

与细绒棉相同。

As per Upland cotton.

9.4　强度差价

9.4　Strength Variance

与细绒棉相同。

As per Upland cotton

10　违约索赔

10　Contract Settlement Differences

10.1　延迟装运

10.1　Delay of Shipment

由于卖方原因造成不能按期装运的，则卖方应从合同规定的最晚装运日的第十一天起，按照实际延迟的天数，每月付给买方货值金额 1.25% 的迟装费。

If the cotton fails to be shipped as scheduled due to the Seller's reasons, the Seller shall pay the Buyer a delayed delivery fee equivalent to 1.25% of the value of the commodity for the delay incurred in the contracted latest shipment date from the eleventh day after the month the cotton was due to be shipped.

由于买方原因造成不能按期装运的，则买方应从合同规定的最晚装运日的第十一天起，按照实际延迟的天数，每月付给卖方货值金额 1.25%的迟装费。

If the cotton fails to be shipped as scheduled due to the Buyer's reasons, the Buyer shall compensate the Seller carrying charges equivalent to 1.25% of the value of the commodity for the delay incurred in the contracted latest shipment date from the eleventh day after the month the cotton was due to be shipped.

由于买卖双方中任何一方的原因造成超过合同规定的最晚装运日 45 天仍不能装运的，另一方有权解除合同，但违约方仍应承担违约责任。

If the cotton fails to be shipped within 45 days after the contracted latest shipment date as provided by the Contract due to the reasons attributable to either Party, the other Party is entitled to terminate the Contract and the breaching Party shall be liable for such termination of Contract.

10.2　重量差异

10.2　Weight Differences

到岸重量与合同重量的差异在合同允差范围内的，按合同价结算。超出合同允差的多装部分买方有权拒收；超出合同允差的少装部分按其货值金额(按合同价计算)的 15%赔偿给买方。

If the difference between the CIQ landed weight and the contract weight is within the contract tolerance weight, payment shall be settled at the contract price. The Buyer is entitled not to accept the part exceeding the contract tolerance weight and the Buyer shall be compensated at 15% of the value (calculated at the Contract price) of the short part.

10.3 质量不符

10.3 Quality Differences

出现下列质量不符行为，根据 CIQ 提供的有关证明，卖方应做如下赔偿：

The Seller shall make compensations provided as follows for any quality differences set forth below with relevant certificate provided by CIQ:

10.3.1 对合同规定品级、长度与到岸检验品级、长度相差 1 个级的棉包，则按上述 8.1、8.2 条款规定的差价率补偿。

10.3.1 In terms of the delivered bales of which the grade and staple for inspection are one grade inferior than the grade and staple provided by the Contract, compensations at the deduction rate provided in the foregoing Article 8.1 and Article 8.2 shall be made.

10.3.2 如果合同规定品级、长度与到岸检验品级、长度相差 2 个级的棉包数量占该批棉包总数量的比例超过 5%的，除按上述 8.1、8.2 条款规定的差价率补偿外，还应按全部降级棉包合同金额的 20%作为违约金赔偿给买方。

10.3.2 If more than 5% of the landed shipment are bales two grades inferior to the contract grade in terms of quality and staple, then in addition to price deduction compensations as in Articles 8.1 and 8.2, the Buyer shall be given extra liquidated damages equivalent to 20% of the contract value of the total defective bales.

10.3.3 对商检后棉花级别低于合同规定级别 3 个级及以上的棉包、欺诈棉包和混杂棉包，买方可选择：A. 退货，卖方除退还全额货款外还要按这些问题棉包合同金额的 50%作为违约金赔偿给买方，并承担退货费用；B. 按上述 8.1、8.2 条款规定的差价率补偿，并按问题棉包合同金额的 50%作为违约金赔偿给买方。

10.3.3 In terms of a bale of cotton of which the quality, upon CIQ inspection, is 3 or more than 3 grades inferior to the grade agreed in the Contract, false packed bales and mixed packed bales, the Buyer may choose to: A. return the bales, in which case the Seller shall pay the Buyer liquidated damages equivalent to 50% of the contract value of the problematic bales in addition to the full refund of purchase payment as well as the expenses arising from return of bales; or B. have price deduction compensations as provided in the foregoing Articles 8.1 and 8.2, in which case the Seller shall pay the Buyer extra liquidated damages equivalent to 50% of the contract value of the problematic bales.

11 索赔期限

11 Term of Claim

除非双方另有约定，索赔期不能超过最后到港日或出保税库日后 70 天。有问题棉包的索赔期限按第 12 条款处理。

Unless otherwise agreed to by the parties, claims for noncompliance with the weight or quality provisions shall be made to the other party within 70 calendar days after the last day of landing or its release from a bonded zone. The term of claim of problematic bales shall be dealt with Article 12 below.

12 有问题棉包的处理

12 Disposal of Problematic Bales

买方须在棉花到港后 6 个月之内对欺诈棉包、混杂棉包等问题棉包提出索赔。索赔提出后棉包须另外分开存放 56 天以供卖方核查，逾期视为卖方接受索赔。卖方同意支付买方处置棉包使之恢复使用价值所需的合理费用。

The Buyer shall make claims in terms of false packed bales, mixed packed bales or other problematic bales within 6 months after the cotton arrives at the port. The bales against which the claims are made shall be stored separately for 56 days for the purposes of the Seller's inspection, and the Seller shall be deemed to accept the claims if the Seller delays the said inspection. The Seller agrees to pay the Buyer the reasonable expenses for the disposition of the bales so as to restore the use value of the same.

13 费用标准

13 Rate

13.1 检验费用

13.1 Inspection Expense

13.1.1 重量检验费由卖方负担，每包 50 美分。如果检测回潮率，卖方还应承担 80 美分的样品费和每个样品 2 美元的水分测试费。

13.1.1 The Seller shall bear the weight inspection expense at the rate of USD 50 cents per bale. In terms of moisture regain inspection, the Seller shall bear the sampling expense not approved at the rate of USD 80 cents per sample and the moisture testing expense at the rate of USD $ 2 per sample, in addition.

13.1.2 质量检验费由买方负担，每包 1 美元。如品级降级时，卖方应负担同样的费率。

13.1.2 The Buyer shall bear the quality inspection expense at the rate of USD1 per bale. In the event of inferior grade, the same rate shall apply to the Seller.

13.2 病虫害熏蒸费用

13.2 Expense for Insects Fumigation

卖方所交之棉花，不得带有国家检疫对象的病虫害。如棉花来自中国政府规定必须做熏蒸的国家或地区，则货到港后 CIQ 根据国家检疫规定作熏蒸处理时，其因熏蒸而产生的各项费用，均由卖方负担。

The cotton delivered by the Seller shall not contain any damage by disease or insect subject to national quarantine. When the CIQ conducts the fumigation in accordance with the national quarantine provisions after the cotton is delivered to pier, the various expenses arising from the fumigation shall be borne by the Seller.

14 合同的终止

14 Termination of the Contract

除非另有规定，本合同在下述任一种情况下终止：

Unless otherwise provided herein, the Contract may be terminated in any of the following events:

A 通过双方共同书面协议；或

A The Parties hereto reach an agreement in writing; or

B 如果另一方完全因其责任在合同规定的时间内未履行其义务，程度严重，并且在收到未违约方的书面通知后 30 天内未能消除违约影响或采取补救措施，在此种情况下，非违约方有权给另一方书面通知来终止合同。

B In the event a Party fails to perform its obligations to a material or substantial extent within any of the shipping periods provided by the Contract due to the reasons fully attributable to such Party and where such Party fails to eliminate the breach or take any remedial measures within 30 days after the receipt of the written notice from the non-breaching Party, the non-breaching Party shall be entitled to close out the Contract and subsequent thereto provide a written notice to the other Party.

合同终止不影响终止合同方的任何权利，包括但不限于因合同终止而要求损害赔偿的权利。

The termination of the Contract shall not affect any right of the Party taking such action, including, but not limited to, the right of claiming compensation for losses incurred in the termination of the Contract.

15 本合同对任何贸易术语(如 CIF、FOB、CFR)的援引都视为是对 2000 年国际商会贸易术语解释通则(INCOTERMS)的相关术语的援引。

15 Any quotation of trade terms (such as CIF, FOB and CFR) shall be deemed as the quota-

tion of the relevant term under the 2000 International Rules for the Interpretation of Trade Terms (INCOTERMS).

16 本合同应适用《联合国国际货物销售合同公约》(CISG,即 1980 维也纳公约,the 1980 Vienna Convention on Contracts for the International Sale of Goods)。

16 This Contract is subject to the *United Nations Convention on Contracts for the International Sale of Goods* ("CISG", namely 1980 Vienna Convention-the 1980 Vienna Convention on Contracts for the International Sale of Goods).

17 不可抗力

17 Force Majeure

合同当事人因战争及严重的水灾、地震、禁运、罢工、兵变、暴乱或其他该方当事人无法控制,并在签订本合同时不能合理预见、不可避免或无法克服的事件造成其无法履行或迟延履行全部或部分合同义务,则该合同一方当事人应免责。但是,因不可抗力而影响其履约的合同一方应尽快通知另一方事件的发生,并应在事件发生后不迟于 14 天内向另一方发送由事件发生地有关政府、行业协会或当地商会出具的关于发生不可抗力事件的证明或文件。在中国,出具证明的机构为中国国际贸易促进委员会。

If either Party to the Contract is unable to perform or delays the performance of the obligations of the Contract, partially or entirely, due to reasons of war, serious fire, earthquake, embargo, strike, mutiny, riot or any other event that the parties are unable to control and is reasonably unforeseeable, unavoidable and unconquered at the time of signing the Contract, such Party here to shall not be liable. However, the Party of which the performance is affected by the force majeure event shall notify the other Party at the time of the occurrence of the said event and shall provide evidence of such event in the form of a certificate or document issued by relevant local governmental agencies, or local trade union where the force majeure event occurs for the other Party no later than 14 days after the occurrence of the said event. In China, the institute that issues such certificate shall be the China Council for the Promotion of International Trade.

如果不可抗力事件持续超过[60]天,合同双方可协商合同的履行或终止。如果不可抗力事件发生后[90]天内双方不能达成协议,则任何一方有权终止合同。如果合同如此终止,则任一方应自行承担各自的费用,且不能对与终止合同有关的损失要求赔偿。

If a force majeure event lasts more than [60] days, the Parties hereto may negotiate whether to perform or terminate the Contract. If both Parties fail to reach an agreement within [90] days after the force majeure occurs, either Party may terminate the Contract. If the Contract is terminated, either Party shall bear the expenses on its own and shall not claim any compensations arising from the termination of the Contract against the other Party.

18 仲裁:如果双方选择由中国国际经济贸易仲裁委员会仲裁,则按照申请仲裁时该会现行有效的仲裁规则进行仲裁。

18 Arbitration: If the parties select CIETAC arbitration, the arbitration shall be conducted in accordance with the arbitration rules effective as of the time of application.

19 适用语言:本条款的中英文版本具有同等效力。

19 Applicable language: This contract is written in Chinese and English. The Chinese version and English version have equivalent legal effect.

纺织品进出口商会等对2006年输美欧纺织品剩余招标许可数量实施有偿自主申领的通知

【发布单位】　纺织品进出口商会、纺织品出口许可数量招标办公室

【发布日期】　2006年11月29日

2006年度输美、欧纺织品出口许可数量招标及有偿自主申领后，现仍有部分类别有剩余数量。根据商务部纺织品出口许可数量招标委员会11月29日《关于解决有偿自主申领剩余许可数量的复函》(商贸司便纺E字[2006]137号)，为尽可能提高协议类别的使用率，招标委员会决定对剩余的招标许可数量继续实施有偿自主申领。现将有关事项通知如下：

一、具备2006年度投标资格的企业可在2006年12月31日前向招标办公室提出申领申请，采取“先到先领”的原则，直至剩余许可数量申领完毕。

二、申领价格按附件一(略)执行，获得有偿自主申领数量的企业须在5个工作日内交纳全额中标金，并在招标二期程序中发送电子交款申请。

三、企业获得的有偿自主申领数量只能自用，不得转让，并且计入该企业今年的中标数量。

四、申领流程：

1.从2006年11月29日起，招标办公室每个工作日在中国纺织品进出口商会网站(www.ccct.org.cn)“招标专栏”中，公布可申领类别、可申领总量、申领价格等信息，直至所有剩余数量全部申领完毕；

2.申领企业按照招标办公室公布的信息，下载打印“申请表”(附件二略)，填好后加盖企业公章，传真至招标办公室(传真：010－67719297)；

3.招标办公室对企业的申请进行审核，每个工作日在中国纺织品进出口商会网站“招标专栏”中，公布有偿自主申领确认结果，包括：企业代码、企业名称、类别、数量、价格、应交中标金金额、中标金到账及发送电子交款申请截止时间等信息；

4.获得有偿自主申领数量的企业根据上述确认结果，以同城信汇、异地电汇的方式，按时将全额中标金交纳到招标专用账户(以款到账日期为准，账户信息为：收款人：中国纺织品进出口商会，开户银行：中信银行北京万达广场支行，账号：7112410182600024798)，并在招标二期程序中发送电子交款申请，确认后即可领证出口；

5.逾期款未到账或未发送电子交款申请的，视为弃标，其所获得的有偿自主申领数量将被收回，计入剩余数量继续自主申领。

郑州商品交易所关于暂停部分棉花交割仓库入库业务的通告

【发布单位】 郑州商品交易所

【发布文号】 郑州商品交易所[2006]第 11 号

【发布日期】 2006 年 7 月 17 日

经研究决定，郑州商品交易所决定暂停以下棉花交割仓库的入库业务，仅保留其交割仓库资格(共9家)：

1. 中棉集团廊坊储运有限公司
2. 天津市天棉棉花有限公司
3. 芜湖市棉麻有限责任公司
4. 中国储备棉管理总公司漯河直属库
5. 邢台邦力工贸购销中心
6. 中国储备棉管理总公司青岛直属库
7. 湖南六九零一单位
8. 山东省禹城棉麻有限公司
9. 连云港新苏豫棉花储运有限公司

郑州商品交易所关于修改棉花期货合约、部分细则及管理办法的通知

【发布单位】 郑州商品交易所

【发布文号】 郑商发[2006]35 号

【发布日期】 2006 年 5 月 31 日

各会员单位：

郑州商品交易所棉花期货合约(修正案)已获中国证监会批准(证监期货字[2006]85 号)。《郑州商品交易所棉花交割细则(修正案)》、《郑州商品交易所棉花风险控制管理办法(修正案)》、《郑州商品交易所棉花标准仓单管理办法(修正案)》已经郑州商品交易所第五届理事会 2006 年 5 月 22 日审议通过，并报中国证监会备案，现予公布。

经研究决定，自二〇〇六年六月一日结算时起，棉花期货合约最低交易保证金降至 5%，每日价格最大波动限制调整为±3%。新合约月份自 CF705 合约开始执行。新的仓单分类方法自 2006 棉花年度新产棉花开始实施。

特此通知，望及时转告投资者。

附件：1. 郑州商品交易所棉花期货合约

2.《郑州商品交易所棉花交割细则》修改条款

3.《郑州商品交易所风险控制管理办法》修改条款

4.《郑州商品交易所棉花标准仓单管理办法》修改条款

附件 1

郑州商品交易所棉花期货合约

一号棉花期货合约

交易单位	5 吨/手(公定重量)
报价单位	元(人民币)/吨
最小变动价位	5 元/吨
每日价格最大波动限制	不超过上一交易日结算价±4%
合约交割月份	1、3、5、7、9、11 月
交易时间	星期一至星期五 上午:9:00—11:30 (法定节假日除外) 下午:1:30—3:00
最后交易日	合约交割月份的第 10 个交易日
交割日	合约交割月份的第 12 个交易日
交割品级	基准交割品:328B 级国产锯齿细绒白棉(符合 GB1103—1999) 替代品及其升贴水,详见交易所交割细则
交割地点	交易所指定棉花交割仓库
最低交易保证金	合约价值的 5%
交易手续费	8 元/手(含风险准备金)
交割方式	实物交割
交易代码	CF
上市交易所	郑州商品交易所

二号棉花期货合约

交易单位	5 吨/手(公定重量)
报价单位	元(人民币)/吨
最小变动价位	5 元/吨
每日价格最大波动限制	不超过上一交易日结算价±4%
合约交割月份	1、3、5、7、9、11 月
交易时间	星期一至星期五 上午:9:00—11:30 (法定节假日除外)下午: 1:30—3:00
最后交易日	合约交割月份的第 10 个交易日
交割日	合约交割月份的第 12 个交易日
交割品级	基准交割品:228B 级国产锯齿细绒白棉(符合 GB1103—1999) 替代品及其升贴水,详见交易所交割细则
交割地点	交易所指定棉花交割仓库
最低交易保证金	合约价值的 5%
交易手续费	8 元/手(含风险准备金)
交割方式	实物交割
交易代码	CS
上市交易所	郑州商品交易所

附件 2

《郑州商品交易所棉花交割细则》修改条款

第三章 棉花交割

第十三条 棉花期货合约交割品标准由交易所按照《中华人民共和国棉花 细绒棉国家标准》(GB1103－1999)制定(见附件 1,略)。

一、一号棉花期货合约:

(一)基准交割品:符合 GB1103－1999 规定的 328B 级国产锯齿细绒白棉。

(二)替代品及升贴水:符合 GB1103－1999 规定的国产锯齿细绒白棉一级升水 450 元/吨;二级升水 300 元/吨;四级贴水 600 元/吨;五级及以下国产锯齿细绒白棉不允许注册。

长度 28 毫米以上(含 28 毫米)的国产锯齿细绒白棉可以替代交割,同品级 30 毫米及以上长度升水 100 元/吨,28 毫米以下国产锯齿细绒白棉不允许注册。

同等级棉花的马克隆值为 A 级和 B 级的国产锯齿细绒白棉替代交割时不升贴水,马克隆值为 C 级的国产锯齿细绒白棉不允许注册。

(三)一号棉花期货合约见本细则附件 2(略)。

二、二号棉花期货合约:

(一)基准交割品:符合 GB1103－1999 规定的 228B 级国产锯齿细绒白棉。

(二)替代品及升贴水:符合 GB1103－1999 规定的国产锯齿细绒白棉一级升水 150 元/吨;三级贴水 300 元/吨;四级贴水 900 元/吨,五级及以下国产锯齿细绒白棉不允许注册。

长度 28 毫米以上(含 28 毫米)的国产锯齿细绒白棉可以替代交割,同品级 30 毫米及以上长度升水 100 元/吨,28 毫米以下国产锯齿细绒白棉不允许注册。

同等级棉花的马克隆值为 A 级和 B 级的国产锯齿细绒白棉替代交割时不升贴水,马克隆值为 C 级的国产锯齿细绒白棉不允许注册。

(三)二号棉花期货合约见本细则附件 3。

三、每批棉花公定重量为 20±0.500 吨,且抽样总包数中含异性纤维包数在 10%(含 10%,四舍五入)以内,可用于期货交割。

四、一号棉花合约的标准仓单,用于二号棉花合约替代交割时同等级升水 600 元/吨,交割时随货款一并结算。

五、N 年产锯齿细绒白棉从 N+1 年九月合约交割起(包括九月合约交割),每交割月增加贴水 200 元/吨,即九月贴 200 元/吨,11 月贴 400 元/吨,贴水随货款一并结算。

附件 3

《郑州商品交易所风险控制管理办法》修改条款

第二章 保证金制度

第四条 棉花期货实行保证金制度。棉花期货合约最低交易保证金为合约价值的 5%。

经中国证监会批准,交易所可以调整交易保证金标准。

第六条 一般月份棉花期货合约按持仓量的不同采取不同的交易保证金比例。具体见下表:

一般月份交易保证金比例

双边持仓量(N 万手)	N≤16	16<N≤20	20<N≤30	N>30
交易保证金比例	5%	7%	10%	15%

附件 4

《郑州商品交易所棉花标准仓单管理办法》修改条款

第三章 标准仓单注册

第十六条 每年九月的最后一个交易日(含该日)郑州商品交易所开始接受新年度棉花的报验申请。(新加条款)

第二十二条 指定交割仓库应自得到承检机构出具的《期货交割棉公证检验证书》(以下简称《公证检验证书》)之日起五个工作日内,向交易所申请注册标准仓单。并同时向交易所报送《标准仓单注册申请表》、《货物存储证明》和由承检机构出具的交易所留存的《公证检验证书》原件一份。

第二十四条 交易所自指定交割仓库提出注册申请之日起七个工作日内予以登记注册。

根据《公证检验证书》出具的日期,注册的标准仓单分为两类:

C1 类,N 年生产的、《公证检验证书》出具日期在 N 年十一月三十日(含该日)之前的标准仓单;

C2 类,N 年生产的、《公证检验证书》出具日期在 N 年十一月三十日(不含该日)之后的标准仓单。

第四章 标准仓单的流通

第三十一条 标准仓单有效期如下:

C1 类标准仓单的有效期至 N＋1 年九月份合约的交割日之后第三个工作日(含该日)。

C2 类标准仓单的有效期至 N＋1 年十一月份合约的交割日之后第三个工作日(含该日)。

第五章 标准仓单注销

第四十二条 注销标准仓单申请的内容包括会员名称、会员号、投资者名称、交易编码、品种、等级、生产年度、类别、数量和提货仓库意向等。

投资者可根据《标准仓单持有凭证》中的标准仓单数量在同一品种、同一生产年份、同一类别的标准仓单里选择一个或几个指定交割仓库提取不同等级、不同产地(内地、新疆)的交割棉花。

第四十四条 投资者应自交易所开出《提货通知单》之日起五个工作日内持《提货通知单》(原件)、提货人身份证、提货人所在单位证明到指定交割仓库办理提货手续,包括确定运输方式、申明到站、去向、收货人,并预交各项费用。

第四十九条 C1 类标准仓单必须在 N＋1 年九月合约交割日之后的三个工作日内办理标准仓单注销手续;C2 类标准仓单必须在 N＋1 年十一月合约交割日之后的三个工作日内办理标准仓单注销手续。逾期未办理的,交易所可将其标准仓单注销,由此造成的一切损失,由标准仓单持有人承担。

郑州商品交易所关于调整限仓数额的公告

【发布单位】 郑州商品交易所
【发布文号】 郑州商品交易所[2006]第3号
【发布日期】 2006年7月27日

根据郑州商品交易所风险控制管理办法的有关规定，经交易所理事会批准和中国证监会备案，现将中粮期货经纪有限公司、中国国际期货经纪有限公司、广发期货经纪有限公司、上海中期期货经纪有限公司、浙江永安期货经纪有限公司的限仓数额调整如下：

一、中粮期货经纪有限公司棉花、白糖“业务增数”的限仓增额系数分别调整为0.75和0.50。

二、中国国际期货经纪有限公司棉花、强麦“业务增数”的限仓增额系数调整为1.00。

三、广发期货经纪有限公司棉花、白糖、强麦“业务增数”的限仓增额系数分别调整为0.25、0.50和0.25。

四、上海中期期货经纪有限公司棉花、白糖、强麦“业务增数”的限仓增额系数分别调整为0.25、0.50和1.00。

五、浙江永安期货经纪有限公司棉花、白糖、强麦“业务增数”的限仓增额系数分别调整为1.00、0.75和0.25。

六、中粮期货经纪有限公司与中国国际期货经纪有限公司的棉花、白糖、强麦、硬麦限仓数额的信用增数为0.40，浙江永安期货经纪有限公司的棉花、白糖、强麦、硬麦限仓数额的信用增数为1.00。

七、本次持仓限额的调整只针对经纪公司持仓总额，其投资者持仓仍按照规则规定持仓限额执行。

八、本次调整的适用期限为2006年7月21日至2007年1月20日。

郑州商品交易所关于调整部分棉花交割仓库升贴水的通知

【发布单位】 郑州商品交易所
【发布文号】 郑商发2006年(50号)
【发布日期】 2006年7月17日

经研究决定，郑州商品交易所决定对衡水棉麻总公司、湖北银丰仓储物流有限责任公司两家棉花指定交割仓库注册的仓单升贴水作如下调整，从2006年度生产的棉花开始实施，每吨棉花比期货合约价升贴水由0元调整为－200元。

郑州商品交易所出台交割棉溢短计价新规定

【发布单位】 郑州商品交易所
【发布文号】 郑州商品交易所[2006]第15号
【发布日期】 2006年9月26日

根据《郑州商品交易所棉花交割细则》第二十二条规定，经广泛深入调研，确定06/07年度生产的交割棉重量溢短的计价标准为13000元/吨。

全国棉花交易市场关于公开竞卖老商品棉的公告

【发布单位】 全国棉花交易市场
【发布文号】 2006年第01号
【发布日期】 2006年8月17日

有关部门研究决定，2006年8月22日起将最后一批1998年度及以前库存老商品棉（以下简称“老商品棉”）通过全国棉花交易市场（以下简称“交易市场”）公开竞卖交易。为确保老商品棉交易的顺利进行，现将有关事项公告如下：

一、老商品棉竞卖交易按有关部门批准的《老商品棉竞卖交易办法》执行（见附件）。

二、为了便于交易市场交易商、会员单位及其客户识别，交易市场将此次国家统一处理的老商品棉的编码标志确定为“L”。

三、此次老商品棉委托中国纤维检验局组织公证检验，并根据公证检验结果上市交易，请参与竞买时留意实际公证检验时间。老商品棉的起报价不分等级统一确定为10000元/吨，最小加价幅度为10元/吨。如市场棉价发生较大变化需要调整起报价，另行公告。

老商品棉每日上市数量以交易市场公布的详细资料为准。

四、老商品棉交易时间为8月22日起的国家法定工作日下午2:00起，即下午2:00开始交易，2:30开始两分钟倒计时，3:00开始1分钟倒计时，直至闭市。

五、老商品棉的出库费不高于22元/吨，由买方自行负担。

六、老商品棉的卖方为中华棉花集团有限公司。成交后，买方与中华棉花集团有限公司通过交易市场直接签订《购销合同》，交易市场见证。为了加快结算速度，减少资金在途时间，建议买方严格按照合同金额汇款并使用电汇方式交纳货款。银行确认资金到账后办理相关手续。

七、根据实际情况，可将存放在同一仓库和同一年度生产的老商品棉打“捆”竞卖，具体打捆情况以交易市场实际公布的数据为准。

八、为了让更多企业及时了解交易市场棉花成交信息，交易市场为具备上网条件的棉花企业、纺织用棉企业以及其他对老商品棉交易感兴趣的企业和个人免费提供实时行情服务。

九、为确保履约，交易市场要求交易商、会员单位参加交易前在交易市场预存不少于30万元的保证金，以保证交易的进行。交易市场对交易商和会员的保证金实行实时监控、日清月结管理办法，交易商或会员预存保证金出现赤字，交易系统自动关闭该交易商、会员交易席位或交易终端，直到交易商、会员补足保证金后方可开通其交易席位或交易终端。请交易商、会员单位根据资金余额和预计交易数量预存足额保证金，确保交易正常进行。

如交易商或会员单位拟将存放于交易市场其他账户上的保证金划转到老商品棉竞卖交易保证金账户，须本单位出具同意划转的书面传真，并加盖单位公章和财务专用章。

全国棉花交易市场关于老商品棉竞卖的公告

【发布单位】 全国棉花交易市场
【发布文号】 2006年第02号
【发布日期】 2006年8月18日

有关部门研究决定：一、自2006年8月28日起，湖北省内的近期未公证检验的老商品棉暂不上市交易，何时上市交易，另行通知。二、授权全国棉花交易市场对湖北省内2002年、2003年、2004年公证检验的老商品棉库存情况进行复核。

全国棉花交易市场关于老商品棉竞卖的公告

【发布单位】 全国棉花交易市场
【发布文号】 2006年第04号
【发布日期】 2006年9月6日

有关部门研究决定，将《老商品棉竞卖交易办法》第九条“买方在起报价基础上自主加价，每次最小加价幅度为10元/吨”修改为“买方在起报价基础上自主加价，每次最小加价幅度为20元/吨”，并自2006年9月6日老商品棉上市交易起执行。

附件

老商品棉竞卖交易办法

第一章　总　则

第一条　为规范老商品棉竞卖交易行为，根据国家老商品棉处理的有关政策及《全国棉花交易市场交易规则》制定本办法。

第二条　老商品棉是指1999年9月1日前生产的商品棉。

第二章　交易地点和时间

第三条　老商品棉竞卖交易在全国棉花交易市场(以下简称“交易市场”)进行。

第四条　老商品棉竞卖交易时间为每周星期一至星期五下午2:00起至倒计时结束(国家法定节假日及特殊情况除外)。

第三章　交易者

第五条　老商品棉交易的卖方为中华棉花集团有限公司(以下简称“中棉公司”)，买方为交易市场所有交易商、会员及其代理客户，但禁止购买本企业上市交易的棉花。

第六条　会员或交易商可通过远程网络参加交易，也可委派交易员到交易市场交易大厅参加交易。如到交易市场大厅参加交易，每一会员或交易商可指派若干交易员，每个交易席位在交易时间内不超过2名交易员进行操作。交易员在交易市场的一切交易活动均被视为该会员单位或交易商行为，会员或交易商应对其承担经济和法律责任。

第四章　交易方式和合同

第七条　老商品棉采用竞卖交易方式进行交易。

竞卖交易是指老商品棉竞卖数据通过交易市场预先公告后挂牌报价，由竞买方自主加价，按价格优先、时间优先原则，以最高竞买价成交，双方通过交易市场签订购销合同的交易方式。

第八条　竞卖交易实行倒计时制。即所有参与竞价的交易商和会员对当日所有批次的老商品棉在规定时间内不再提出任何新的报价，则全场结束竞价，自动成交。

第九条　竞卖交易起报价由国家有关部门核定，交易市场公布和实施。买方在起报价基础上自主加价，每次最小加价幅度为10元/吨。

第十条　竞卖交易使用经国家工商行政管理局登记备案的《全国棉花交易市场棉花购销合同》(以下简称《购销合同》)。成交后，买方与中棉公司签订合同，交易市场见证。

第十一条　竞卖交易的计量单位为“吨”，计价以“元/吨”为单位(含增值税)。

第五章　交易资料披露

第十二条　老商品棉竞卖交易资源由国家有关部门委托中棉公司负责组织和提交。具体办法由有关部门另行规定。

第十三条　中棉公司按照有关部门规定的格式和时间向交易市场提供拟上市交易的老商品棉批号、生产年度、产地、存放仓库、原验及公证检验质量、数量、交货仓库、上市日期等基础资料。

第十四条　老商品棉在上市前由中国纤维检验局(以下简称中纤局)组织公证检验。公证检验证书作为参与交易和成交结算货款的质量、数量依据。

第十五条　上市交易的老商品棉必须附有公证检验证书，实物必须与公证检验结果相符，包装完整，标识齐全。

第十六条　中棉公司和中纤局分别对其提供的老商品棉数据负责。

第十七条　交易市场于上市交易24小时前对外公布拟上市竞卖的老商品棉资料。

第十八条　交易市场为参与交易的交易商、会员和客户提供实时行情服务。交易市场每日对外公布价格行情及成交量等信息。

第十九条 交易市场及时将成交情况报送国家有关部门和中棉公司。

第六章 保证金、货款收付和手续费

第二十条 参加老商品棉交易的交易商、会员单位于交易前需在交易市场指定账户存放不少于30万元的保证金。

第二十一条 竞卖交易中，交易市场从会员预存保证金中按700元/吨暂扣履约保证金。交易商或会员保证金不足将暂停交易，直到补足为止。

第二十二条 买方必须在成交后3个工作日内签订《购销合同》，并在成交后10个工作日内按照合同规定的款额和账户汇款(以买方汇出凭证原件或复印件为准)，否则视为买方违约，交易市场按合同规定扣除买方履约保证金。

第二十三条 中棉公司在确认收到买方货款后即开具出库单，同时向交货仓库发出有关出库通知。买方凭出库单到交货仓库办理提货手续。

第二十四条 交易市场凭中棉公司开出的出库单退还买方履约保证金。

第二十五条 交易市场按10元/吨(含税)向交易商或会员收取交易手续费。卖方中棉公司交易手续费按有关政策规定执行。

第七章 交易纠纷处理和质量保障

第二十六条 交易市场鼓励交易双方协商解决交易纠纷，协商不成可向交易市场申请调解。

第二十七条 在交易或提货过程中发现交易资料有误时，属于提供资料错误，分别由中棉公司和中纤局负责；属于交易市场数据处理错误由交易市场负责。因上述原因造成的退货，不作买方违约处理。

第二十八条 买方和老商品棉产权单位、保管单位的历史债务纠纷，不得与老商品棉交易活动挂钩。

第二十九条 本次竞卖的老商品棉的质量和重量以中国纤维检验局公证检验结果为准。除非发现以下情况，否则不予退货，如买方坚持退货，按700元吨扣除买方履约保证金。

1. 掺杂使假；
2. 棉花包装内部有污染、霉变；
3. 小轧花机、土打包机加工的棉花。

第八章 交收、代理交收和履约监督

第三十条 老商品棉承储单位应在合同规定时间内发货，并应根据买方要求，在代办运输、申报车皮计划、搬倒、装运等方面提供必要的协助。

第三十一条 实物交收过程中，所有票据的合法性和有效性由提供方负责。

第三十二条 买方应及时到合同约定的交货仓库提货。合同签订后15个工作日仍不提货的，视为产权转移，其后发生的保管、保险等费用由买方据实承担。

第三十三条 经买方提出，承储仓库可为买方提供有偿代理交收服务，包括代办运输、代为提货和发货等。具体收费标准由提货方与承储仓库自行协商。

第三十四条 老商品棉出库费由国家有关部门统一规定，授权交易市场公布。除双方事先另有约定外，各地承储仓库不得额外收取任何费用，不得无故拒绝、拖延交货，不得强行要求买方使用指定的运输工具。

第九章 其 他

第三十五条 中棉公司收到老商品棉售棉企业开具的增值税发票5个工作日内向买方开具增值税专用发票。

第三十六条 交易市场于本次竞卖交易结束后向交易商、会员交付各种费用清单和发票。

第三十七条 交易市场鼓励交易商、会员及其代理客户诚信交易。对信用好的交易商、会员和客户，可以减少保证金比例，直至免交保证金；对信用差的交易商或会员，将采取增加保证金比例、暂停交易直至终止交易等处罚。

第十章 附 则

第三十八条 本办法由老商品棉工作协调小组通过后实施。

专注棉花，覆盖全球
中国北京市东城区东直门外大街48号东方银座写字楼11C
邮政编码:100027
电话:86-10-51600791
传真:86-1051600790
电子邮件:dvtbj@dunavant.com.cn

DUNAVANT
ENTERPRISES, INC.

DUNAVANT（中译名“达利文”）公司总部设在美国田纳西州的孟菲斯(MEMPHIS)，是一家完全私人拥有的具有80多年历史的家族公司，DUNAVANT公司是世界上最大的棉花贸易商，也是世界上最大的棉花轧花商和棉花仓储商之一。公司全球营销网络包括：四个核心销售公司，九个地区性贸易公司，十一个棉花采购公司，五个代表处，九个轧花项目，四十一个代理商等。公司每年的全球棉花贸易量均在100万吨以上，年销售额超过17.5亿美元。

在棉花领域，DUNAVANT公司是全世界涉及棉花各个行业覆盖面最广的棉花企业：在美国本土及世界很多棉产国拥有大型棉花仓库和轧花厂，在美国有专门从事美国国内棉花运输的集装箱货车货运公司，从事期货交易的商品期货公司等经济实体。此外，在其它领域，DUNAVANT公司还拥有多家房地产开发公司和专门负责投资各个资本市场的风险资本研究中心。

在棉花现货贸易中，不但美棉是DUNAVANT公司的优势，其它世界主要产地的棉花包括澳棉、西非棉花、中亚棉花、印度棉、巴西棉等DUNAVANT同样具有优势。在对华贸易方面，在中美贸易解禁后的1972年11月，DUNAVANT公司成为第一批出售美棉给中国大陆的棉商，并从此以后不断扩大与中国的棉花贸易，在1994年，DUNAVANT公司达成了棉花国际贸易历史上单笔最大的合同出口到中国。到目前为止，由DUNAVANT公司出售并运往中国的棉花在每个棉花进口年度都位居前列。

在美国众多国际企业中，DUNAVANT公司一直被美国“福布斯杂志” (Forbes Magazine)列为“美国最好的小型企业”之一。从1989年以后，DUNAVANT公司一直被列为“福布斯杂志”的“私人企业”400强之一。目前，DUNAVANT是孟菲斯地区公认的最大私人企业。

在中国加入WTO之后以及中国市场的进一步开放， DUNAVANT与中国棉花企业关系越来越密切， 相信在不久的将来， DUNAVANT会和中国企业一起， 共同开拓美好的未来！

嘉吉 is 棉花

公司简介

嘉吉棉花与全球所有棉花生产和消费地区都有业务往来。我们的业务包括棉花交易，轧棉和仓储。在美国我们的仓储容量超过五十七万多包以确保我们世界各地的客户都能获得有效、可靠的货运。我们的年交易量高达五百万包，在大多数年份里，公司收益超过二十亿美金。嘉吉棉花的质量、可靠性、规模和管理在全球同行业中享有盛誉，无可匹敌。

我们的工作人员不断努力，在物流领域取得了新进展，其中包括通过火车、卡车、货船运送棉花或将上述运输方式结合起来。我们的棉花通过货舱、集装箱、货车从产区运往消费地。

通过孟菲斯和利物浦的主要业务办事处，在世界任一时区我们都能提供及时服务。 我们在世界上七个国家设有办事处，四十多个国家有代理商。

嘉吉棉商们在利物浦棉花协会、美国国家棉花理事会、美国棉花货运协会、国际棉花理事会、纽约棉花交易所及上述组织的地方附属机构和全球各个交易所担任会长和官员。如果棉花界需要领导者，那就是嘉吉棉花。

嘉吉棉花的基本商业哲学与我们的母公司嘉吉集团类似。客户至上，改革创新，优质高效是我们从商的三大准则，也是我们管理的基石。这充分显示了我们希望在我们参与的任何一个商业领域中处于领先地位的愿望。嘉吉棉花在全世界拥有1000多名员工，我们全体员工都为一个共同的目标而努力，那就是100%客户满意度。

通过我们上海的分公司我们拓展中国市场。在过去的 30年间，嘉吉棉花始终处于中国棉花贸易的前沿，将中国的棉花远销世界各地并将世界各地的棉花引进中国。我们致力于成为中国纺织业最大的外资棉花供应商。

在我们公司，我们总是期待着能确定行业走势并决定我们应该如何做才能在日益增长的全球棉花业内保持领先地位。尽管我们的棉花贸易历史悠久，但我们意识到每年都会发生新的变化，如今我们的客户已不满足于我们过去为他们所做的一切，他们更关注我们现在和将来能为他们做什么。嘉吉棉花将一如既往成为棉花业的领导者。

了解嘉吉请访问 www.cargill.com
了解嘉吉棉花请访问 www.cargillcotton.com

H·FANG

|中国驰名商标 | 中国名牌产品 | 国家免检产品|

China Well-known Trademark / China Brand Name Product
National Inspection-exemption Product

中国华芳集团
HuaFang Group of China

[华芳价值观] HUAFANG'S SENSE OF VALUE

华芳的价值观念引育着每一位员工,树立“爱家、护家、发家”的集体大家庭思想,凝聚起强大的智慧合力与工作动力,推动着华芳事业的不断飞跃,如今综合实力已在行业中处于领先地位。现在,一个以纺织为主业,充满现代化气息的特大型集团企业将展现在你的面前......。

Huafang sense of value pilotages every staff member to set up the collective ideology of a big family: "Love, protect and develop the family." With all the wisdom and motivation gathering together, the sense of value promotes Huafang to develop unceasingly, and as a result, its comprehensive power has come out at the top of the same field. Today, a broad-scale modernized group corporation majoring in textile will take on a new look...

[华芳---我们共同缔造的家园]
HUAFNG -- THE HOME WE HAVE CREATED TOGETHER

崛立中国纺织产业　　力创行业一流品牌

HOdo 红豆集团

诚信、务实、创新、争先

红豆集团是江苏省重点企业集团，国务院120家深化改革试点企业之一。产品涉及服装、橡胶、机车、地产、生物医药五大领域。“红豆”商标于1997年被国家工商局认定为中国驰名商标；主要产品通过ISO9001：2000质量体系认证；拥有红豆衬衫、西服、茄克三个“中国名牌”产品，红豆羽绒服、西服、衬衫、西裤、休闲服、内衣六个“国家免检产品”。集团现有九家子公司，其中一家为上市公司，美国纽约、洛杉矶两个境外分公司，员工2万余人。

红豆集团公司远东有限公司是红豆集团下属九大子公司之一。远东公司拥有棉纺、羽绒服、彩印纸箱三大领域，员工2500多人，各类专业技术人才200多名。公司各行业已通过ISO9001：2000质量体系认证，并根据 GB/T19001-2000 标准进行专业化、精细化、制度化的管理和创新工程的持续运作，进一步提升产品的品质。

棉纺项目是远东公司重点发展的项目之一。远东公司下属无锡红豆棉纺有限公司自2003年成立以来，仅三年时间，发展到目前为止已拥有25000平方米钢结构标准化车间一座。该公司引进了德国、意大利等国外具有当今世界最先进水平的各类棉纺设备，拥有一线员工500多名，设备维护保养人员90多名，相关工程师、技术人员数十名，主要产品为纯棉60—120支棉纱。该公司现有15万锭的生产基础，全年总产量达8000吨，全年无重大质量事故，销售继续保持零库存状态，全年销售超两亿元。目前，该公司正新建一座生产能力达20万锭的车间，建成后可年产60—120支棉纱15000吨。

公司本着诚信、务实、创新、争先的企业精神，精心设计，用心选料，精细操作，无止境地追求质量的改进，以无可挑剔的质量、价格、服务来满足客户需求，稳中求胜，逐步向世界一流同类企业靠近，进而开拓更广阔的事业领域。

红豆集团 | 诚信为本 创新为魂

无锡红豆棉纺有限公司

生态

邓州市雪阳棉纺集团有限公司

刘红中

雪　阳　集　团　董事长
上海市河南商会　副会长
全球新豫商十大风云人物
2006年度河南经济人物

雪阳集团简介

河南省邓州市雪阳棉纺集团是一个集棉花科研、种植、加工、纺织、彩棉服饰为一体的大型现代化企业。

雪阳集团是中国农业发展银行“AAA”级信用企业；河南省农业产业化龙头企业；河南省“守合同、重信用”企业；河南省“2006年度最具成长性的100家标杆”企业；“2006年度河南省品牌100强”企业；雪阳商标被评为“河南省著名商标”；棉花和彩棉纱均为“河南省名牌产品”；“雪阳”牌天然彩棉内衣系列产品为“中国著名品牌”；集团所有产品全部通过ISO9001国际质量管理体系认证、ISO14001环境管理体系认证。

彩棉种植基地

纺纱车间

与河南省工业经济联合会
会长钟力生(右)在一起

彩色棉纱

新厂区鸟瞰

雪阳服饰形象代言人

雪阳棉屋
全国统一的终端销售模式

中棉集团

中华棉花集团有限公司

CHINA NATIONAL COTTON GROUP CORPORATION

中棉集团公司是中华全国供销合作总社重点骨干企业，也是棉花行业首家国家级农业产业化龙头企业，享有棉花进口国营贸易经营权。自1993年成立以来，主要承担着国家储备棉、出疆棉、进口棉的调运、保管和竞卖销售等国家政策性业务。2001年以来，中棉集团公司适应国家棉花流通体制改革的要求，面向国内外市场，大力开拓各类棉花经营业务，不断拓宽经营领域，经营范围涉及棉花收购、加工、仓储、现货贸易、期货贸易、电子撮合、国际贸易等多个相关领域，分别在我国棉花主产区和主销区建立了8个全资公司和11个控股企业，并在集团内部建立了棉花物流配送和检验体系，与全国80多家10万锭以上大型纺织企业建立了良好的贸易伙伴关系，构建和扩展了产、加、销一体化的棉花产业化链条，稳步建立了较为完善的市场营销网络和物流配送基础设施。同时，通过进出口贸易，对国际棉花市场的参与程度不断提高，与世界各国主要棉商建立了可以信赖的合作伙伴关系，成为棉花进出口贸易的一支主力军。目前，棉花经营规模达到40余万吨，主要经营指标处于同行业领先水平，在国内外棉花行业具有很强的品牌和市场影响力，已经发展成为集棉花收购、加工、销售为一体，多种经营业态并举的市场化大型棉花流通企业集团。

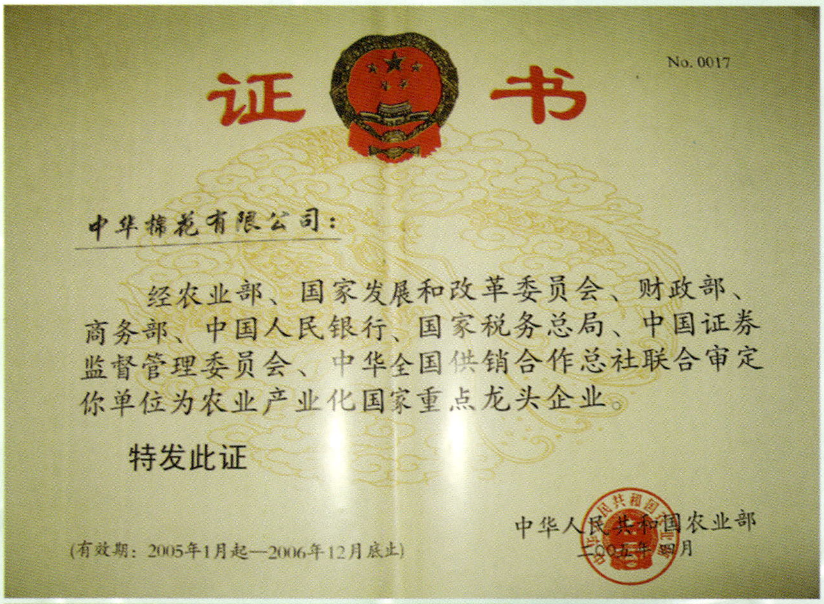

证书

No. 0017

中华棉花有限公司：

经农业部、国家发展和改革委员会、财政部、商务部、中国人民银行、国家税务总局、中国证券监督管理委员会、中华全国供销合作总社联合审定你单位为农业产业化国家重点龙头企业。

特发此证

中华人民共和国农业部

[illegible]

（有效期：2005年1月起—2006年12月底止）

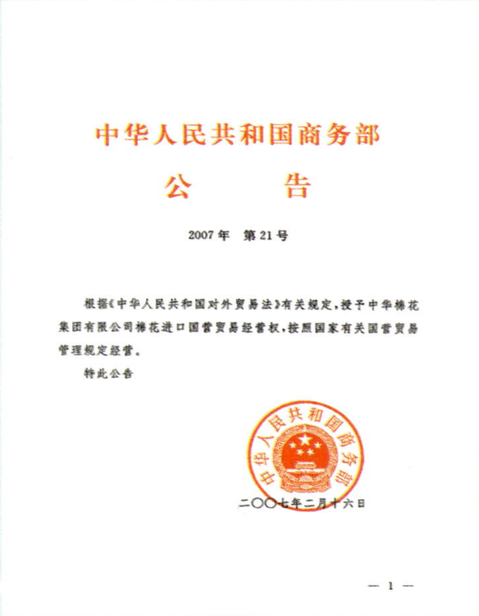

中华人民共和国商务部

公　告

2007年　第21号

根据《中华人民共和国对外贸易法》有关规定，授予中华棉花集团有限公司棉花进口国营贸易经营权，按照国家有关国营贸易管理规定经营。

特此公告

二〇〇七年二月十六日

— 1 —

中棉集团廊坊棉检中心

中棉集团

中华棉花集团有限公司

地址：中国北京西城区金融大街33号
通泰大厦C段11层
邮编：100032
电话：(010)88086549/6550/6560
/6581/6582
传真：(010)88086562
e-mail:master@chncc.com
网址：http://www.cncgc.com

集团公司经营部门

国际事业部

电话：88086570　传真：88086558

棉花贸易一部

电话：88086564　传真：88086547

棉花贸易二部

电话：88086923　传真：88086583

京外分公司

中棉集团四川分公司

地址：成都市锦里东路5号国嘉华庭3-23-1
邮编：610041
电话：028-86112023
传真：028-86132580

中棉集团大连分公司

地址：大连市西岗区花园街36号1-3-1号 1-2-1号
邮编：116001
电话：0411-83605558
传真：0411-83603794

中棉集团湖北分公司

地址：武汉市汉口洞庭湖街107号东大厦8层A座
邮编：430017
电话：027-82778607
传真：027-82857593

中棉集团天津分公司

地址：天津市和平区昆明路100号京海公寓11层2105室
邮编：300051
电话：022-83523513
传真：022-83522513

区域子公司

中棉集团新疆棉花有限公司

公司地址：新疆乌鲁木齐市中山路105号建银大厦18层
邮编：830002
电话：0991-2319323　传真：0991-2319323

中棉集团阿克苏棉花有限公司

公司地址：新疆阿克苏市东大街21号新农时代广场A座16-3
邮编：843000
电话：0997-2285293　传真：0997-2285185

中棉集团河北棉花有限公司

公司地址：石家庄市槐中路201号宾南花园A座1单元606室
邮编：050021
电话：0311-85808977　传真：0311-85808933

中棉集团河南棉花有限公司

公司地址：郑州市未来大道71号未来花园B座四层
邮编：450008
电话：0371-65628903　65618206　传真：0371-65618267

中棉集团青岛棉花有限公司

公司地址：青岛东海东路73号　邮编：266061
电话：0532-85898148　传真：0532-85895377

中棉集团上海棉花有限公司

公司地址：上海市浦东大道1097弄9号　邮编：200135
电话：021-58512385　传真：021-58522379

中棉集团广东棉花有限公司

公司地址：广州市陶金路36-38号帝景大厦10层B、C、D座
邮编：510095
电话：020-83574221　传真：020-83590707

中棉集团廊坊储运有限公司

公司地址：廊坊市开发区云鹏道38号 邮编：065001
电话：0316-6077196　传真：0316-6077166

北京中棉华泰国际贸易有限公司

公司地址：北京西城区金融大街33号通泰大厦C段11层　邮编：100032
乌鲁木齐市北京南路美克大厦1206室　邮编：830011
电话：0991-3663080、010-88086955
传真：0991-3665722、010-88086955

北京中棉通泰经贸有限公司

公司地址：北京西城区金融大街33号通泰大厦C段11层
邮编：100032
电话：010-88087881　传真：010-88087408

廊坊直属库鸟瞰图

公司简介

Gongsijianjie

山东省鲁棉集团有限公司

山东省鲁棉集团有限公司成立于2006年9月，是由山东省供销社集团总公司、山东省棉麻有限公司、山东省天元纤维有限公司等共同出资组建，注册资本1亿元人民币。主要从事棉花收购、加工和购销经营及仓储运输业务。集团公司作为山东省鲁棉集团的核心企业，还承担着加强集团建设，协调企业管理，整合企业资源，组织企业经营活动的重要职能。集团公司现有独资、控股企业24家，其中棉花储备库5座，拥有货场面积36万平方米，库房面积12万平方米，铁路专运线5条；棉花加工厂7处，拥有大型棉花加工设备22台套，年加工能力5万吨。公司还拥有中型棉纺企业一处，棉花检测中心一处。公司资产总值25亿元，2005年经营棉花20余万吨。

集团公司成立后，通过有计划的资产重组，棉花经营的业务构架已初具规模。所属七个大型棉花加工基地分布在省内各棉花产区，承担着地产棉的收购、加工任务。以济南库为中心、以青岛、高密库和聊城、平原库为两翼的棉花储运网络，发挥棉花储存中转等仓储物流功能。公司的棉花采购和销售网络，在新疆棉合作经营和省内外重点棉纺企业服务和进口棉经营方面上都起到了越来越重要的作用。2006/2007棉花年度，为适应棉花市场和经营格局的变化，集团公司将调整创新业务经营的思路，把以销定购、加快周转、特色服务、规模经营作为今年棉花的基本经营策略，扎实做好各项操作，力争经营棉花30万吨，使棉花经营的规模、效益和运作水平再上一个新的台阶。

热忱欢迎广大客户朋友前来公司指导、洽谈业务。

公司董事长、总经理：郭明泉

地址：济南市历城区辛祝路2号

电话：0531—82599769

传真：0531—82599762

LUMIAN

山东省鲁棉集团有限公司

Shandong Lumian Group Limited

铁路专运线

轧花车间

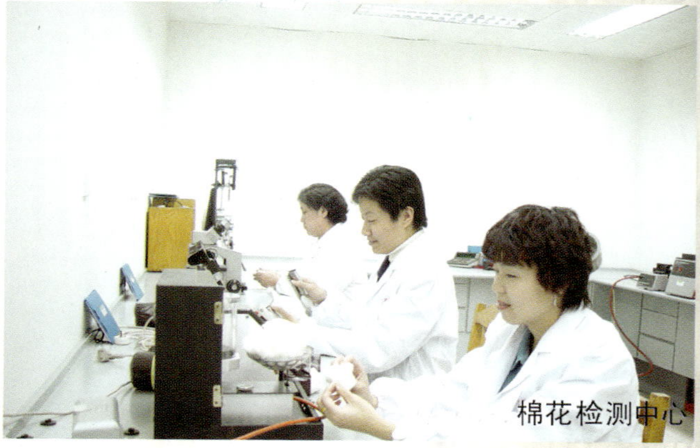

棉花检测中心

装卸作业

安徽省棉麻有限责任公司

安徽省棉麻有限责任公司由原安徽省棉麻公司改制而来，注册资金1800万元，实际拥有资产近2亿元，是集棉花及其副产品生产、收购、加工、检验、经营、储备于一身，内外贸并举、具有较强综合实力的大型综合性企业。总部下属合肥棉麻中转库、巢湖6981库、宿州符离集棉麻库、上海皖棉贸易有限公司、安徽金花贸易有限公司、全国棉花交易市场安徽工作站，并采取自办、租赁、合作 的形式开辟了9个轧花厂的收购业务。

公司内设办公室、人力资源部、财审部、信息管理部、长江分公司、江淮分公司、淮北分公司、金家农分公司、国际贸易分公司、实业开发分公司、东至分公司和博路分公司。

公司的前身曾有30多年的经营管理棉花生产、收购、加工、贸易的丰富经验。30多年来共为国家交纳税金2亿多元，为社会创造各类经济效益近3亿元，属省农业产业化龙头企业和省供销社龙头企业。公司现在主要从事棉花、棉短绒及其副产品、化纤、棉花加工机械配件、棉花检测仪器、化肥、农药、种子、再生资源等经营业务，并开辟了棉花进口代理业务。现公司年销售额达10亿元，拥有比较固定的购销客户达300家，购销网络遍布全国产棉和用棉各地，代理进口的触角延伸至美国、澳大利亚、印度、巴西、斯里兰卡、乌干达等国。

质量第一　信誉至上

“质量第一，信誉至上”，这是公司多年来一直信奉的经营理念。随着社会主义市场经济的发展，公司坚持“以效益为中心，以经营为主轴，强化总部，带动直属；现代管理、规范运营，分级负责、各司其职；协调外部，理顺关系，信誉第一，形象至上；以人为本，以企为家，荣辱共存，共同发展。”的管理理念，不断增强企业活力和市场竞争能力，在市场竞争中公司总是以良好信誉在合作伙伴中树立良好的形象。公司大力加强精神文明建设和企业文化建设，大力倡导“质量第一，信誉至上；团结奋进，求真务实，开拓创新，发展强大；以效益为中心，以经营为主轴，以人为本，协调发展”的企业精神，从而在职工中形成凝聚力，促进企业不断走上良好发展轨道，使得企业以崭新的形象，昂首阔步迈向未来！

以效益为中心，
以经营为主轴，
以人为本，协调发展

地址：安徽省合肥市美丹路99号（徽州大道）
邮编：230051
电话：0551-3431122
传真：0551-3431122

"以人为本、追求卓越"
"诚信服务、永续经营"

南通新三维棉业有限公司

南通新三维棉业有限公司是一家按照现代企业制度建立起来的股份制民营企业。位于江苏省通州市五甲工业园区。公司占地150多亩，计划总投资1.5亿元，首期工程建筑面积35000平方米，注册资本2000万元。

公司经营的指导思想是：遵循“三维”方针，即维护国家利益，维护棉农利益，维护员工利益。在做好棉花收购及深加工生产的同时，按照社会大生产的客观要求走农、工、贸一体化的发展道路。

作为南通新三维棉业有限公司的紧密层企业南京通洋纺织有限公司，拥有10.2万纱锭，年用棉量超过18000吨，南通新三维棉业有限公司可为南京通洋提供皮棉6000吨，同时年产1.5万多吨棉纱，总产值将达2.8亿元。

目前，已建成的南通新三维棉业有限公司拥有两台型MY-96锯齿轧花成套设备，八台型MR一144D棉籽剥绒成套设备和江海MDY-200BK（大箱）、江海MDY-160打包机各壹台， 年收购加工皮棉6000吨以上，可带动本地及周边10多万亩棉花生产，满足了棉农的售棉需求，同时，公司按一定的保护价收购，保护了棉农利益。去年初已投资3200万元，新上了棉纺项目。其中纱锭3万、线锭2万，现已投入生产，预计三年内达到纱线规模10万锭。公司目前已招收长年工、季节工四百多人，全面建成投产后用工将达1200多人，为农村劳动力的就地转移，增加农民收入创造了条件。

南通新三维棉业有限公司，已连续两年成为国家纤检局指定的唯一的一家（除新疆外）棉花品级实物标准采集和制作单位，2005年被南通市发改委评为农业产业化（棉花类）“龙头企业”。

联系人：马汉青

手机：13951611881

电话：0513-86203288

地址：通州市五甲工业园区

中国统计出版社最新资料书简目

(仅供参考,以最后出书为准)

中国统计年鉴-2006
中国统计摘要-2006
2006中国发展报告
中国城市统计年鉴-2005
中国劳动统计年鉴-2006
中国人口统计年鉴-2006
中国工业经济统计年鉴-2006
中国市场统计年鉴-2006
2005中国经济景气年鉴
中国建筑业统计年鉴-2005
中国城市调查年鉴-2006
中国商品交易市场统计年鉴-2006
中国连锁餐饮企业统计年鉴-2005、2006
中国连锁零售业统计年鉴-2005、2006
中国能源统计年鉴-2004、2005
全国农产品成本收益资料汇编-2005
国际统计年鉴-2006
中国对外经济贸易统计年鉴-2005
中国基本单位统计年鉴-2005
中国民政统计年鉴-2006
中国高技术产业统计年鉴-2006
中国房地产行业名录
中国农村统计年鉴-2006
中国农村住户调查年鉴-2006（中文）
中国农村住户调查年鉴-2006（英文）
中国乡镇统计资料-2006
中国县（市）社会经济调查年鉴-2006
中国西部农村统计资料-2006
中国建制镇统计资料-2006
中国农产品价格调查年鉴-2006
中国国民经济核算年鉴-2006
中国经济普查年鉴-2004
中国棉花年鉴-2004、2005
中国百强县（市）发展年鉴-2006
中国教育经费统计年鉴-2005

北京统计年鉴-2006
天津统计年鉴-2006
河北经济年鉴-2006
山西统计年鉴-2006
内蒙古统计年鉴-2006
辽宁统计年鉴-2006
吉林统计年鉴-2006
黑龙江统计年鉴-2006
上海统计年鉴-2006
江苏统计年鉴-2006
浙江统计年鉴-2006
安徽统计年鉴-2006
福建统计年鉴-2006
江西统计年鉴-2006
山东统计年鉴-2006
河南统计年鉴-2006
湖北统计年鉴-2006
湖南统计年鉴-2006
广东统计年鉴-2006
广西统计年鉴-2006
海南统计年鉴-2006
重庆统计年鉴-2006
四川统计年鉴-2006
贵州统计年鉴-2006
云南统计年鉴-2006
西藏统计年鉴-2006
陕西统计年鉴-2006
甘肃年鉴-2006
青海统计年鉴-2006
宁夏统计年鉴-2006
新疆统计年鉴-2006
新疆生产建设兵团统计年鉴-2006
石家庄统计年鉴-2006
唐山统计年鉴-2006
邯郸统计年鉴-2006
张家口统计年鉴-2006
朔州统计年鉴-2006
呼和浩特经济统计年鉴-2006
鄂尔多斯市统计年鉴-2006
包头统计年鉴-2006
沈阳年鉴-2006
大连统计年鉴-2006
鞍山统计年鉴-2006
长春统计年鉴-2006
吉林市社会经济统计年鉴-2006
四平统计年鉴-2006
延吉统计年鉴-2006
哈尔滨统计年鉴-2006
齐齐哈尔经济统计年鉴-2006
黑龙江垦区统计年鉴-2006
上海浦东新区统计年鉴-2006
南京统计年鉴-2006
苏州统计年鉴-2006
无锡统计年鉴-2006
常州统计年鉴-2006
徐州统计年鉴-2006
南通统计年鉴-2006
盐城统计年鉴-2006
镇江统计年鉴-2006
江阴统计年鉴-2006
杭州统计年鉴-2006
宁波统计年鉴-2006
绍兴统计年鉴-2006
台州统计年鉴-2006
舟山统计年鉴-2006
温州统计年鉴-2006
金华统计年鉴-2006
嘉兴统计年鉴-2006
湖州统计年鉴-2006
安庆经济统计年鉴-2006
福州统计年鉴-2006
福州年鉴-2006
厦门经济特区年鉴-2006
福州经济技术开发区年鉴-2006
南昌经济社会统计年鉴-2006
上饶经济社会统计年鉴-2006
九江经济统计年鉴-2006
济南统计年鉴-2006
青岛统计年鉴-2006
潍坊统计年鉴-2006
淄博统计年鉴-2006
郑州统计年鉴-2006
洛阳统计年鉴-2006
三门峡统计年鉴-2006
南阳经济统计年鉴-2006
武汉统计年鉴-2006
宜昌统计年鉴-2006
十堰统计年鉴-2006
荆州统计年鉴-2006
长沙统计年鉴-2006
广州统计年鉴-2006
东莞统计年鉴-2006
惠州统计年鉴-2006
深圳统计年鉴-2006
南宁统计年鉴-2006
桂林经济社会统计年鉴-2006
柳州经济统计年鉴-2006
来宾统计年鉴-2006
河池地区经济社会统计年鉴-2006
海口统计年鉴-2006
成都统计年鉴-2006
贵阳统计年鉴-2006
昆明统计年鉴-2006
西安统计年鉴-2006
兰州年鉴-2006
西宁统计年鉴-2006
银川统计年鉴-2006
乌鲁木齐统计年鉴-2006
吐鲁番统计年鉴-2006

编辑部电话：(010) 63376859 63376860　**电子出版部电话**：(010) 63376877 63376879　E-mai：yearbook@stats.gov.cn
欲购以上图书请与中国统计出版社发行部联系。电话：(010) 63376907　同辑行书店电话：68783171
通讯地址：北京市西城区三里河月坛南街57号。邮政编码：100826